新羅考古学研究

An Archaeological Study of the Old Silla

李 熙 濬 著

諫早直人 訳／吉井秀夫 解説

雄山閣

刊行にあたって

　本書は、1998年にソウル大学校大学院考古美術史学科に提出した博士学位論文『4～5世紀新羅の考古学的研究』に、その翌年、『嶺南考古学』第25号に発表した「新羅の伽耶服属過程に対する考古学的検討」を加えたものである。内容が古墳資料にもとづいているため『新羅古墳研究』とすべきであろうが、同名の研究書が既にあり、かといって『'新'新羅古墳研究』とする訳にもいかず、そのまま『新羅考古学研究』とした。もちろんこのタイトルはただの飾りではない。なぜなら古墳資料にもとづくとはいえ、「古墳文化」それ自体ではなく、古墳資料を通じて新羅社会を自分なりに復元することに焦点を合わせたためである。本当の意味での新羅考古学、すなわち考古資料にもとづいて新羅を研究するのであれば、古墳資料だけでなく生活遺跡資料も分析対象としなければならない。しかし、周知のように現時点では、古墳資料のほかにはそれほど重要な資料が蓄積していない、というのが実状である。そのため暫定的ではあるけれども、新羅考古学を古墳資料による新羅研究と規定し、議論できると判断した次第である。この場合の「新羅」には当然「統一新羅」も含めるべきであろうが、本書ではおおむね4世紀中葉から6世紀初にかけての麻立干期に焦点を絞った。

　本書ではまず、4世紀末以降の新羅領域が洛東江以東地方全域に及んでいたことを考古学的に証明し、ともすれば伽耶古墳とみられることもあった洛東江東岸一帯の古墳を新羅古墳として「復権」させる。次に、それらに対して総合的分析をおこない、新羅国家の地方支配の様相について探る。さらには、5世紀から6世紀に渡る新羅の伽耶進出過程について検討し、今後、考古学から新羅史を復元する上で必要となる基本的な枠組みを構築する。学位論文の審査委員である李鮮馥教授が筆者の博士論文を一言で「新羅考古学のマニフェスト」と評されたのは、おそらく以上のような主目的ゆえであろう。マニフェストとは宣言書であり、何か新しいことを標榜したかのように映るかもしれないが、実際はほかの多くのマニフェストと同様、本書もそうではない。新しいことを宣言したというよりは、失踪（？）した新羅考古学を取り戻さんとするものであり、そのような観点からいくつかの方法論的模索を試みたに過ぎない。しかし、先学たちの業績を踏台として問題の所在を明らかにし、それに対して自分なりの解決策を提示したことが新しくみえるのであれば、宣言書といっても差し支えないのかもしれない。

　本書の最後の章にあたる上述の論文を投稿した後、すぐに学位論文と合わせて出版するつもりであったが、結局ほぼ10年の歳月が過ぎてしまった。

　当時は学位論文をそのまま出版するより、書籍の体裁に合わせて修正、補完しなければならないという考えに囚われていたが、かといって本書の体裁が学位論文から根本的に変わったということもなく、ただ怠慢だけをさらしてしまった。時間は経ったけれども、学史的意味とまではいわなくとも、1998年当時の研究を示す意義もなくはないので、ほぼそのまま出しても問題ないという激励というよりは慰め（？）をある方からいただき、勇気を出した次第である。誰にでも

刊行にあたって

経験のある、以前に書いた文を少しとはいえ手直しするというちょっと面倒なとでもいうか、辛い仕事であった。それでも文章を整えて、少し行き過ぎた表現を除くなど最小限の修正をする中で、一部アップデートをすることができた点は収穫といえば収穫であった。本書の内容には、時として度を越していると思わせるほどに根掘り葉掘り是非を問うように映る部分があるかもしれない。筆者の性格のせいもあるかもしれないが、一方で、常々私たちの考古学にこのような議論が少し不足しているのではないかと感じていたため、意図的にそうした部分もあることをご理解いただきたい。

　本書を出版するにあたって、謝意を示さねばならない方たちが思い浮かぶ。金元龍先生は1980年6月、まだ慌しい時節に、当時勤務していた職場の業務の関係で部屋を訪問した筆者に、ちょうど取り出した扇風機を回してあれこれ話をなさる中、いきなりここは若者が長くいる場所ではないとおっしゃられた。筆者も長くいるつもりはなかったので、心の中を読まれたと思いながらも、先生が初めて会った人間に対してなぜこのような言葉をかけられたのかいぶかしく思ったのも事実である。今振り返って考えてみると、少なくとも筆者はその言葉によって考古学と縁を結ぶことになり、いうなれば先生ご自身も知らないうちに筆者を考古学に招待された訳である。実際、学位論文を準備する過程で、先生がいらっしゃれば内容をお見せして議論したいと思ったことがしばしばあったが、既に亡くなられており名残惜しい気持ちだけが胸に積もった。遅くなってしまったが、先生のご霊前にこの本を捧げたい。また同じく既に鬼籍に入られた韓炳三先生は、金元龍先生とともに筆者が教授として生きていく機会を与えていただいた方である。生前に学位論文を差し上げたが、今一度感謝の気持ちを込めて本書を捧げたい。

　本書は亡くなった父にも当然捧げなければならない。子供が多少回り道をしている間もずっと何もいわずに、やがて学問の道を本格的に歩みはじめた時になって初めて、幼い頃から自分の子には勉強の適性があると考えていたが、今やっとその通りになったと打ち明けてくれた思慮深い愛情に感謝せずにはいられない。父が亡くなった後も、変わらず子供を心配し、孫の面倒を見てくれる母にも感謝したい。

　論文に関わる直接的な援助はいただかなかったが、無為の道、生命（いのち）の生き方を示され、万事導いてくださり、勉強もまた一つの遊びであることを悟らせてくださった師匠李承雨先生にもまた感謝したい。

　大変遅くなったが学位論文指導教授である任孝宰先生、審査をしていただいた李基東先生、金正培先生、崔夢龍先生、李鮮馥先生にも感謝したい。

　1985年に大邱に来る以前から、ずっと生き方や勉強の姿勢で模範を示され、助けていただいた金鐘徹先生、筆者が今の職場で研究することのできるよう、誰もができない困難な説得をしていただき、またすべての仕事にいつも傍から兄のように教訓深い言葉をくださる李白圭先生、近くで勉強にインスピレーションを与え、どんなことも拒絶しない生き方を見る度に感嘆を禁じえない朱甫暾先生にも謝意を表したい。あわせて勉学に忙しい中、写真を手配してくれた趙晶植氏、図面をすべて新たに作成してくれた慶北大学校大学院の崔允銑氏、校正をしてくれた梁承玟氏、李在玉氏の苦労を明記しておく。

ii

今考えてみれば無謀にも職場を辞め、新たに研究をはじめた時も止めるどころか激励してくれ、また生活を支えてくれた妻高仁淑と、学問の道を歩む中、いつも幸せをもたらし、喜びとなっている二人の息子にも感謝したい。

　最後に、縁あってこれまでも筆者の訳書や本書を出版する機会をいただいてきた社会評論の尹哲鎬社長、直接担当された金千熙チーム長にも感謝しない訳にはいかない。

　なお、本書は慶北大学校 2006 年度著述研究奨励費の支援を受けて出版したことを明記しておく。

　2007 年 12 月

李　熙　濬

日本語版序文

　本書の原著を韓国で刊行したのは、2007 年末のことである。韓国考古学界で発表したいくつかの学術論文がもととなっており、最後の論文を公表した年は1999 年にまで遡る。そのテーマは『新羅考古学研究』というタイトルが暗示するところと同じく、4〜6 世紀における洛東江以東地方の古墳資料から新羅領域とその動態を探るというものであった。一つの学説としては今からちょうど20 年も前に出したものであり、その内容は日本考古学と直接関係するものではない。それにもかかわらず、日本語版の刊行に同意した理由は二つある。

　まずは本書の翻訳を企画し、担当してくれた吉井秀夫先生と諫早直人先生との縁である。私が在職していた慶北大学校で留学生活を送った両先生が、この企画についてそれなりの意味を見出し、実現しようと働きかけてくれたこと自体に、自分なりの意味を感じたのである。確かにこれから韓国考古学を学ぼうという日本の学生にとっては、韓国語の本よりは日本語の本の方が、遙かに接近が容易になるだろう。

　また 20 年間が過ぎた今も、筆者の考えに対する包括的な反論は出ておらず、個人的には自説が一つの重要な仮説としてある程度認められたのではないかと感じていた、ということもある。もちろんまったく反論がなかったというわけではない。ただ、それらは筆者の仮説に対する直接的な反論というよりは、主に洛東江以東地方の特定地域が加耶なのか新羅なのかに焦点をあてたもので、新羅と伽耶の領域あるいは圏域を区分する上で欠くことのできない包括的、相対的なアプローチが採られていない点、すなわち一地域だけではなく嶺南地方全域に適用可能な総合的基準にもとづいた議論ではない点で、方法論的にも首肯しがたいものであった。いかなる文献史料的根拠も提示することなく、5 世紀から 6 世紀初めまでの嶺南地方が、慶州地域の新羅とそれ以外の加耶に分かれていたとみる枠組みに基礎をおく立場からの反論は、果たして文献史学における研究成果との整合性を保てているのか、極めて疑わしいものであった。

　要するに、本書で洛東江以東地方の古墳資料の定型性と称した規則性あるいは特性の把握それ自体に誤りがあるといった直接的批判や、それらを認めたとしてもそれに依拠する筆者の解釈に大きな誤謬があり、それに代わる別の解釈を提示するといった反論は、これまでに一つもなかった。いくつかの反論についても、筆者が新羅領域に含めた特定地域が、自身の考える基準によれば伽耶であるという理由だけで、筆者の説すべてに反駁しているかのようにみえるというような、とても正鵠を得たものとは感じられないものであった。

　もう一つの理由として、考古学において普遍的研究テーマの一つといえる過去の物質資料にもとづいた国家形成過程研究という観点からみて、新羅の国家形成過程をテーマにする本書が、考古学にもとづく日本の古代国家形成過程研究にもあるいは参考になるのかもしれないという考えに及んだということもあった。ただし、比較にあたっては新羅考古学の独特な研究環境を念頭に

おく必要がある。第一は、日本古代国家形成過程に関する研究においては『日本書紀』がさほど大きな意味をもたず、ほぼ考古学に立脚して進められているのとは異なり、新羅の国家形成研究においては『三国史記』などに立脚する文献史学が基本的な枠組みを提供している点であり、文献史学の成果との整合性を必ず考慮しなければならない点である。そして第二は、4世紀中頃から6世紀初めにかけての新羅国家の国内統合が同時期の倭の統合よりも早く進行したようにみえる理由の一つが、統合対象となる圏域の広さに懸隔の差があったという点である。

　最後に本書の翻訳を企画し、日本の読者のために解説を書いてくださった吉井秀夫先生と、韓国語版の一部の誤りを見出すまでに心血を注いで翻訳してくださった諫早直人先生、そして出版の機会を与えてくださった雄山閣に深く感謝したい。また日本語版のために図面を新たにつくりなおしてくれた(財)嶺南文化財研究院の崔正凡氏にも感謝の意を表したい。

　2019年8月

李　熙濬

■新羅考古学研究／目次■

刊行にあたって ……………………………………………………………………………… i

日本語版序文 ……………………………………………………………………………… iv

序　論 ……………………………………………………………………………………… 1

❖ 第1部　新羅考古学の方法論 ❖

第Ⅰ章　序　説 ………………………………………………………………………… 11
　1. 問題提起 …………………………………………………………………………… 11
　2. 考古学と文献史学の接ぎ木 …………………………………………………… 14
　3. 新羅考古学の時空的範囲 ……………………………………………………… 17
　4. 地域単位の設定 …………………………………………………………………… 19

第Ⅱ章　古墳資料からみた新羅の領域とその性格 ……………………………… 28
　1. 新羅と伽耶の区分 ……………………………………………………………… 28
　2. 洛東江以東地方における古墳資料の定型性 ……………………………… 36
　　1）土器様式 …………………………………………………………………… 37
　　2）威信財 ……………………………………………………………………… 42
　　3）高　塚 ……………………………………………………………………… 45
　3. 4・5世紀における新羅の領域とその性格 ………………………………… 50

第Ⅲ章　新羅古墳の編年 …………………………………………………………… 61
　1. 編年研究の現状と分期および編年の方法 ………………………………… 61
　　1）編年研究の現状 …………………………………………………………… 61
　　2）分期と編年の方法 ………………………………………………………… 63
　2. 新羅様式土器の変遷と分期 ………………………………………………… 64
　　1）変遷・分期・絶対年代の再検討 ……………………………………… 64
　　2）新羅様式土器の変遷と分期 …………………………………………… 69
　3. 新羅古墳の編年 ………………………………………………………………… 71
　　1）慶州・釜山地域 …………………………………………………………… 71
　　2）梁山地域 …………………………………………………………………… 80
　　3）慶山地域 …………………………………………………………………… 81
　　4）大邱地域 …………………………………………………………………… 84
　　5）星州地域 …………………………………………………………………… 86
　　6）昌寧地域 …………………………………………………………………… 87
　　7）義城地域 …………………………………………………………………… 91
　　8）まとめ ……………………………………………………………………… 95
　4. 編年に関連するいくつかの問題 …………………………………………… 95

❖ 第2部　4～6世紀の新羅考古学 ❖

第Ⅰ章　4世紀における新羅の成長 ……………………………………………107
　1. 新羅の成立背景 ……………………………………………………………107
　2. 新羅の成長過程 ……………………………………………………………114
　　1）文献史料の検討 ………………………………………………………115
　　　⑴『魏志東夷伝』の国名と異なる『三国史記』の小国名　115
　　　⑵『三国史記』の小国服属記事　117
　　　⑶『三国史記』新羅本紀・阿達羅尼師今条の内陸路開通記事　120
　　　⑷『晋書』東夷伝・辰韓条の対西晋朝貢記事　121
　　2）地理の検討 ……………………………………………………………121
　　3）考古資料の検討 ………………………………………………………124
　3. 4世紀における新羅の地方支配 …………………………………………133

第Ⅱ章　5世紀における新羅の地方支配 ……………………………………148
　1. 新羅における高塚の意義 …………………………………………………148
　2. 高塚からみた5世紀における新羅の地方 ………………………………155
　　1）各地域の様態 …………………………………………………………156
　　　⑴ 慶州地域　156　　⑵ 釜山地域　161　　⑶ 梁山地域　166　　⑷ 慶山地域　169
　　　⑸ 大邱地域　176　　⑹ 昌寧地域　181　　⑺ 義城地域　186
　　2）5世紀における新羅の地方支配 ……………………………………190
　3. 高塚の衰退と地方支配の変化 …………………………………………193

第Ⅲ章　6世紀における新羅による伽耶服属 ………………………………208
　1. 520年代までの伽耶進出戦略 ……………………………………………209
　　1）洛東江の境界性と新羅・伽耶 ……………………………………209
　　2）520年代までの伽耶進出戦略 ………………………………………212
　2. 530年代における洛東江中・下流域伽耶3国の服属 …………………220
　　1）卓淳、㖨己呑の位置 …………………………………………………220
　　2）洛東江中・下流域伽耶3国の服属過程 …………………………227
　3. 530年代以後、562年までの伽耶服属 …………………………………228

結　　論 …………………………………………………………………………239

　索　　引 ………………………………………………………………………249
　主要著作目録 …………………………………………………………………257
　新羅王系図 ……………………………………………………………………260
　解説（吉井秀夫）………………………………………………………………263
　訳者あとがき …………………………………………………………………269

■図版・写真・表目次■

【図版】

図 1　嶺南地方の山脈 ……………………… 23

図 2　大東輿地全図（嶺南地方）……………… 24

図 3　慶州様式、慶山様式、昌寧様式土器の
　　　変遷比較 ……………………………… 34

図 4　4世紀中・後半の初期新羅土器 ……… 39

図 5　洛東江以東様式土器（新羅様式土器）の
　　　変遷 …………………………………… 41

図 6　地形と古墳群（高塚群）の分布から
　　　みた洛東江以東地方の古代交通路 …… 48

図 7　大邱、慶山、慶州地域における高塚の
　　　内部構造 ……………………………… 50

図 8　慶州月城路古墳群カ地区出土土器と
　　　他地域の比較資料 …………………… 73

図 9　東萊福泉洞古墳群の分布（一部）……… 75

図 10　慶州・釜山地域のⅠ期土器 ………… 77

図 11　新羅土器の変遷 ……………………… 78

図 12　慶山地域出土土器と他地域の比較資料… 83

図 13　昌寧地域出土土器と他地域の比較資料… 90

図 14　義城地域出土土器 …………………… 93

図 15　朝鮮半島南部における鉄鉱山の分布 … 123

図 16　斯盧と他地域の関係変化 …………… 131

図 17　東萊福泉洞古墳群の時期別墓槨分布 … 134

図 18　東萊福泉洞古墳群における低所の小型墳出
　　　土土器と高所の大型墳出土土器の比較… 135

図 19　大邱達城古墳群（高塚群）の分布 …… 150

図 20　慶州地域の地形と遺跡 ……………… 156

図 21　慶州市内における古墳群（高塚群）の
　　　分布 ………………………………… 160

図 22　東萊福泉洞1号墳、10・11号墳の位置と
　　　東萊蓮山洞4号墳の内部構造 ……… 164

図 23　洛東江下流域の古地形と遺跡 ……… 167

図 24　大邱・慶山地域の地形と古墳群の
　　　分布 ………………………………… 171

図 25　慶山林堂・造永洞地区の地形と古墳
　　　（高塚）………………………………… 174

図 26　昌寧地域の地形と主要古墳群（高塚群）
　　　位置 ………………………………… 181

図 27　植民地時代における昌寧校洞一帯の
　　　古墳群（高塚群）…………………… 183

図 28　大邱・昌寧・高霊・宜寧付近洛東江両岸
　　　における監視・防御施設の分布 ……… 214

図 29　陜川玉田古墳群出土遺物 …………… 216

図 30　洛東江中流域と南江下流域の地形 …… 223

図 31　洛東江下流域の地形 ………………… 224

図 32　昌原加音丁洞古墳群出土新羅土器 …… 229

図 33　陜川三嘉古墳群出土新羅・伽耶土器と
　　　比較資料 ……………………………… 230

【写真】

写真 1　東萊福泉洞古墳群1次発掘調査全景
　　　　（北側から）……………………… 133

写真 2　慶山林堂G-5、6号墳………………… 139

写真 3　慶州金尺里古墳群（高塚群）………… 157

写真 4　慶州舍羅里130号墓 ………………… 158

写真 5　東萊蓮山洞8号墳の石槨検出状況 … 163

写真 6　梁山北亭里古墳群（高塚群）………… 168

写真 7　大邱不老洞古墳群（高塚群）………… 170

写真 8　大邱達城遠景 ……………………… 177

写真 9　星州星山洞38号墳の板石造石槨…… 179

写真 10　星州星山洞39号墳の割石造石槨…… 179

写真 11　義城大里里3号墳第2槨 ………… 188

【表】

表 1　李盛周（1993）の編年案 …………… 65

表 2　金龍星（1996）の分期と編年 ………… 81

表 3　昌寧地方における古墳の各編年案 …… 88

表 4　洛東江以東地方各地域の古墳編年 …… 94

表 5　洛東江以東地方に比定される国名
　　　（地名）………………………………… 117

表 6　U字形鍬鋤先とサルポが出土した
　　　古墳 ………………………………… 153

表 7　釜山地域の古墳に副葬された鉄鋌の
　　　サイズ ……………………………… 165

表 8　慶山地域における古墳群の等級と
　　　グループ区分（金龍星1989）………… 170

凡例

・本書は（李熙濬2007『新羅考古学研究』社会評論）の日本語版である。索引については原著をもとに新たに作成した。巻末には主要著作目録と新羅王系図、解説（吉井秀夫）を付した。

・特に断りのない限り、本文中に出てくる前稿とは（李熙濬1998『4～5世紀 新羅의 考古学的 研究』（서울大学校大学院考古美術史学科博士学位論文））を指す。

・漢字語についてはできる限り日本国内で一般に用いられている用語に改めた。特に必要な場合のみ原文を〔　　〕で示した。

・読者の便宜のために訳者が補った部分については〔　　〕で示した。

・原著の注は（　）で、訳注については〔　〕で示した。

・引用・参考文献については原則としてハングルで表記しているが、読者の便宜のために可能な範囲で漢字に改めた。

・本書の図版は一部原著とは異なる。

序　論

　新羅史において 4・5 世紀という時期は、中央集権的な古代国家が完成する前の過渡期的段階にあたる。国家形成過程においては決定的に重要な時期にあたるが、文献史料の上では謎の時期でもある。3 世紀以前については、『三国史記』〔1145 年成立〕や『三国遺事』〔13 世紀末頃成立〕の記録は頼りないものの、『三国志』魏書東夷伝（以下、『魏志東夷伝』とする）〔280 年代成立〕によってある程度の状況を把握することが可能である。6 世紀以降については、豊富な文献史料に加えて金石文資料があり、その実状をかなり詳細に知ることができる。このような前後の時期に比べると、4・5 世紀の文献史料は非常に少ない。今後、4・5 世紀代の金石文資料が新たに発見される可能性も、これまでの趨勢からみてさほど高くはないだろう。それゆえに、この時期の歴史復元に占める考古学の比重は、ほかのいかなる時期よりも高いといえる。

　では、考古学から 4・5 世紀の新羅史を復元するにあたって、利用できる資料は何か。それは古墳資料であろう。新羅・伽耶[1]の主要な舞台である嶺南地方[2]の各地域[1]に分布するおびただしい数の古墳は、新羅と伽耶が古代国家を形成する過程で築造されたものであり、当時の政治・社会・文化に関する情報を様々なかたちで保存している。とりわけ、5 世紀を前後する時期に築かれた中・大型の高塚[3]は、朝鮮半島［韓半島］南部のほかの地方には類例を探しえない顕著な考古学的現象であり、当時の新羅・伽耶の状況を探る上で、最も有力な手がかりとなる。

　新羅・伽耶の古墳は外形的にも目立ち、当時の歴史情報を豊富に保存していると考えられてきたため、早くから、そしてほかのいかなる時期や地方の遺跡よりも活発に調査がなされてきた。その結果、膨大な資料が報告され、研究するに十分な資料が既に蓄積している。長年に渡って研究が積み重ねられた結果、それらの古墳のもついくつかの定型性[4]（pattern）についてもある程度は把握されている状態である。嶺南地方においてそれらの定型性は、通時的にみると軌を一にする面がある一方で、空間的にみると地域ごとに様相を異にする面もある。たとえば、洛東江以東地方[2]の 4・5 世紀の古墳から出土する土器は、いわゆる洛東江以東様式という広域的な共通性をみせながらも、地域ごとの特色、すなわち地域色を呈する。

　ところで、「新羅・伽耶考古学」という名のもとに包括されるこれまでの研究を振りかえってみると、遺物・遺構の時空的体系の樹立とその変遷の記述を指向する研究が依然として大勢を占めていることに気がつく。明らかとなりつつある定型性のもつ意味を積極的に解釈し、そのような遺物・遺構を残した新羅・伽耶史の復元を試みる研究は、意外なほどに少ない[3]。そのため新羅と伽耶の実体把握はもちろん、その前提となる新羅・伽耶の区分さえもままならない状態である。

　このような現象を招いた要因はいくつかあるだろう。よく新羅と伽耶を考古学的に復元するために必要な資料はまだ十分ではないといわれるが、ほかの時代や地方に比べれば、良好な資料が一定程度蓄積していることは先述した通りである。すなわち、〔このような現象を招いた〕主たる原因は資料の量や質ではなく、考古資料を通じて何を明らかにするのかがはっきりと定まってお

らず、たとえ具体的研究目標が定められたとしても、いかにしてその目標を達成するのか、という方法論が欠如していたことに求めるべきであろう。たとえば、新羅と伽耶〔という政治体〕が成立し、古代国家の完成に向かって進んでいく4〜6世紀の考古学的研究において、究極的に指向されるべき最重要目標の一つが、両政治体の性格の解明にあるにもかかわらず、そのような目標がはっきりと認識されたことはこれまでなかった。すなわち新羅・伽耶考古学研究は、「誰が」、「いつ」、「どこで」、「何を」という問いに執着し、「なぜ」や「いかにして」には、さほど関心を傾けてこなかったといってよい。

　要するに現在の新羅・伽耶考古学が直面している最も重要な課題は、これまでの研究成果にもとづいて、新羅・伽耶史の復元のために解明すべきテーマを明確にし、関連する考古資料から定型性を抽出し、それらを一貫した論理で説明できる適切な方法論を模索することにある。今ここで、これまでに蓄積した資料とそれらから把握された定型性をもとに提起しうる、新羅・伽耶考古学の「なぜ」と「いかにして」の主要項目を挙げると以下の通りである。

1. 洛東江を境界にして東西の土器様式や威信財[5]〔威勢品〕様式がなぜ異なり、それは新羅と伽耶の領域とどのような関係があるのか。
2. 考古資料から新羅と伽耶を区分することが可能であるならば、何が基準となり、それはいかにして抽出できるのか。
3. 考古資料から歴史を復元するにあたり、どのような方法を採り、いかにして文献史学との再構成をおこなうべきか。
4. 各地域の高塚はいかなる過程において登場し、いかなる意味をもつのか。また各地域の高塚の埋葬施設が多種多様である理由は何か。
5. 高塚の登場時期が地域によって異なり、その規模や数に差異が生じる理由は何で、またどのようにすれば一貫した説明ができるのか。
6. 洛東江以東様式土器のいわゆる地域色はなぜ存在し、またそれはなぜ時間が経つにつれて、洛東江以東地方全域で弱化、統一されていくのか。

　密接に関係しあうこれらの問いに対して、総合的に答えようとする作業が、考古学的な分析や解釈の次元に留まるものではないことは容易に理解されるが、まずは4・5世紀の嶺南地方社会の物質的所産であり、問題解決の糸口となる考古資料を、文献史料上この地方に存在した歴史的実体である新羅、伽耶と、いかなる方法によって、あるいはいかなる脈絡のもとに関連づけられるのかを明らかにする必要がある。この問題に対する解答というか、それらに関わる考古資料の解釈は、結局のところ当時の新羅・伽耶〔という政治体〕の解明と不可分の関係にある。つまり、文献史学と考古学を調和させる方法論の確立こそが、最も優先されるべき課題といえよう。その際、まず解決しなければならないのが、1と2の問いである。なぜならば、新羅と伽耶という政治体の領域、または圏域を考古学的に区分することなしに、古墳資料を新羅や伽耶に関連づけて解釈することは不可能だからである。

　本書はこのような問題認識を前提として、第1部においてまず新羅考古学の基本的枠組みを設定するための方法論について議論する。新羅考古学と銘打つ以上、古墳資料だけでなく生活遺跡

資料も対象とすべきであるが、周知のように現時点では古墳資料ほどに重要な資料がないため、暫定的ではあるが本書では古墳資料に限定して議論をおこなう。また新羅考古学という際の「新羅」には、当然「統一新羅」〔676－935年〕も含むべきであろうが、本書はおおむね4世紀中葉から6世紀初めにかけての麻立干[6]期に焦点をあてている。次に第2部においては第1部の成果に立脚し、考古学から4～6世紀の新羅史を復元する際の最適なテーマとして、4世紀における新羅の成長過程、5世紀における新羅の発展と地方支配の進展、6世紀における新羅による伽耶服属過程についてそれぞれ考察する。これらを通じて洛東江以東地方の各地域の古墳が、新羅の成立・発展過程における中央（慶州斯盧[4]）と地方（そのほかの地域）の相互作用の中で築造されたことを論証する。さらには、それをもとに辰・弁韓以来の新羅の成長と発展、そして膨張過程をトレースする。各部と各章の内容を要約すると次の通りである。

　第1部では、4・5世紀の洛東江以東地方の古墳資料のもつ定型性を抽出し、その意味を知る上で必要となる方法論的議論をおこなう。第Ⅰ章第2節では新羅考古学の基本的枠組みを模索し、考古学と文献史学をどのように接ぎ木[7]するのかを最初の課題として設定した。おおむね麻立干期に該当する4・5世紀は[5]、周知のように辰・弁韓から新羅が成立し、中古期[8]（514－653年）の直接支配が実現に至るまでの期間にあたる。すなわちこの時期は、文献史料から（相対的に）状況をよく知ることができる3世紀と6世紀の間の、過渡期的時期に該当する。したがって、麻立干期新羅の研究において考古学と文献史学を接ぎ木する際には、前後の時期で把握されている文献史学や考古学の研究成果を十分に参照しなければならない。また、麻立干期が前者（3世紀）から後者（6世紀）へという過程における過渡期的様態をみせる、という進化論的枠組みから逃れられないことも、よく認識しておく必要がある。このような認識にもとづいてなされる文献史学と考古学の接ぎ木が、考古資料の定型性を文献史料にそのままあてはめて解釈したり、考古学側が文献史学の研究成果をただただ恣意的に利用するといったものではなく、両者を総体的に解釈する枠組みの中でなされる必要があることを論ずる。また考古資料は大局的に解釈しなければならないことも強調する。

　第Ⅰ章第3節では、以上のような見地に立脚し、いかにして新羅考古学の時空的範囲を具体的に把握できるのかについて論ずる。新羅考古学の起点をいつからとするかは、考古学よりはむしろ文献史学の問題といえるが、本書では辰・弁韓を新羅・伽耶の前史とみる観点に立って論を進める。すなわち『魏志東夷伝』の記載を尊重し、いわゆる『三国史記』初期記録[9]に関しては、内容についてはおおむね受けいれつつも、年代についてはいわゆる修正論の立場から、3世紀後半あるいは末から4世紀前半にまで下げてみる。新羅考古学の空間的範囲をどのように捉えるのかという問題は、時間の経過に伴って新羅の領域が変化したことを考慮する必要があり、本研究の大前提となる。詳細は第Ⅱ章で論ずるとして、新羅・伽耶の前史段階においては慶州一円、斯盧が周辺地域を服属させ広域新羅をなす段階においてはそのすべての領域が、新羅考古学の空間的範囲ということができる。

　このような前史論の立場から、新羅考古学の時空的範囲を捉えるならば、辰・弁韓時期の嶺南地方内の各地域政体である「国」[6]同士の関係が3世紀末以降に変化して成立したものが、新羅・伽耶ということになる。ここであえて3世紀末に限定するのは、「辰韓」が280年代に西晋

3

序　論

に朝貢したとする『晋書』〔7世紀中葉成立〕の記事[10]からみて、「新羅」の成立はどれだけ早く
ともそれ以後と考えられるためである。ただし、「斯盧」が自身の領域を越え、他地域と持続的
な統属関係をもちはじめた時をもって「新羅」の成立と定義するのであれば、3世紀末以前に遡っ
て新羅と呼ぶことも可能であろう。『三国史記』初期記録に伝える小国服属は3世紀後半代にま
で遡るとはいえ、辰韓全体の中ではあくまで一部の地域に過ぎず、3世紀末になっても依然とし
ておおよそ洛東江以東は、対外的には辰韓として認識されていたのかもしれない。

　新羅の成立後に起きた新羅国家の性格変化についても、同じく主体である斯盧と各地域政治体
間の関係変化という観点から把握することができる。辰・弁韓の「国」々の中でも特に辰韓諸国
は、3世紀後半から4世紀初め頃（広く捉えるなら4世紀前半にかけて）に内的・外的変化を経る
ことによって、平等的な関係であった以前とは異なる、優越性を内包した新しい次元の関係を形
成したとみられる。すなわち、新羅とは斯盧を中心とする上下関係へ転化したものであり、時間
が経つにつれて中央と地方の関係がより強固な上下関係に統合されていく過程こそ、新羅の性格
変化であり、発展とみなすことができるのである。

　もしそうであれば、嶺南地方の各地域単位の範囲の把握が、極めて重要な問題となってくる。
第Ⅰ章第4節では、各地域政治体の空間的範囲の設定にあたっては、麻立干期の考古学的証拠で
あり、各地域政治体の存在を示す中・大型高塚群の分布様相と、各地域間を自然に区分する地理・
地形的構造をもとに、各地域様式土器の分布圏を検証資料としつつ、『三国史記』地理志の郡県
関係記事を参考にしなければならないことを論じる。

　第Ⅱ章では、新羅考古学の最も重要な前提となる新羅の領域を、考古資料から区分する。まず
第1節ではこれまでの研究史を簡略に検討し、問題の所在を明らかにする。第2節では洛東江以
東地方の4・5世紀の古墳資料が示す定型性について、土器、威信財、高塚の三つに分けて考察し、
それらが相互に関連していることを具体的に論証する。第3節ではこれをもとに4・5世紀の新
羅の領域を明らかにする。そして、当該期の洛東江以東地方の古墳にみられる諸現象が、新羅の
地方として存在した各地域と、中央である斯盧地域との間の政治・経済的関係によって始まった
ことを推論する。その政治的・経済的関係が、間接支配という名の政治的統属関係であることは
改めていうまでもないだろう。

　第Ⅲ章では、洛東江以東地方各地域の4・5世紀の古墳を編年し、各地域の古墳資料の相違性
と相似性を抽出するための基礎作業をおこなう。これまでの研究史を批判的に検討すると、新羅
古墳の編年において最も重要な基準は土器と判断され、まずは土器を用いた既往の地域別編年研
究の成果を整合的に整理・統合する必要がある。したがって編年にあたっては、新羅様式土器の
中でも慶州様式土器の変遷相にもとづいて編年と分期を設定し、これを軸に各地域様式土器編年
との併行関係を設定するという方法を採る。

　分期と絶対年代の比定は、慶州月城路カ-13号墳と皇南大塚南墳の築造年代をそれぞれ4世紀
中頃［中期］と5世紀初めとみる筆者の年代観にもとづいて、両墳の土器相を基準に、新羅土器
様式が成立する4世紀中頃から短脚高杯が出現する6世紀中葉以前の期間を大きく4期に分ける。
さらに前の3期についてはそれぞれ二つの小期に細分する。これにもとづいて慶州、釜山、梁山、
慶山、大邱、昌寧、星州、義城地域の古墳の分期と編年をおこなう。この作業を通じて、これま

4

でに調査された高塚は、慶州をはじめとする一部の地域ではⅠa期（4世紀第3四半期）ないしそれ以前から、ほかの大部分の地域ではⅡ期（5世紀第1四半期）以降に築造されたことを明らかにする。同時に、新羅土器様式がいわゆる高句麗南征（400年）以降に成立し、嶺南地方の高塚がおおよそ5世紀後半に築造されはじめたとみる既存の圧縮編年観では見いだせなかった、高塚築造の消長の地域差を浮き彫りにする。

　第2部では第1部の方法論に立脚し、新羅国家の成立と4・5世紀の地方支配を中心テーマとして、いくつかの地域の古墳の相違性と相似性に対する解釈を試み、従来文献史学の独壇場であった6世紀における新羅の伽耶進出問題について、考古資料を軸に両分野を接ぎ木する立場から検討する。

　第Ⅰ章第1節では、新羅の地方支配を考察するための前提となる新羅の成立背景についてみる。新羅の成立をもたらした二つの重要な要因として、斯盧の位置する慶州地域が嶺南地方内における交換、および対外交易において地理的に有利な位置にあるという点と、軍事的服属活動を挙げる。中でも長期持続的要因である前者については、洛東江以東地方の地理的特性と関連づけて論ずる。第2節では新羅の成長過程と成長初期の姿について、文献史料に焦点をあてつつ再構成し、考古資料からそれを検証する。第3節ではケーススタディとして、4世紀代の様相が比較的明らかな東莱福泉洞古墳群を対象に、麻立干期成立前後の変化相を分析し、4世紀後葉までの新羅国家の地方支配がいかなる性格をもち、地域支配層はその地方支配によってどのように変化したのかについて論じる。

　新羅麻立干期の地方支配については、間接支配とも呼ばれるが、文献史学では各地の実状を知ることはほとんどできない。また文献史料の性格上、4世紀と5世紀も一括に扱わざるをえない。その一方で、考古資料は地域の様態を通時的に探ったり、地域間を共時的に比較できるという長所をもっている。そこで第Ⅱ章では、おおむね5世紀代の高塚資料から、新羅国家の地方支配がいかなる様相であったのかについて地域ごとに推論し、相互比較を試みる。第1節では5世紀代の最も顕著な考古学的現象が高塚であることを鑑みて、新羅高塚の意義について考察する。これによって洛東江以東の各地域の高塚が、新羅の地方支配強化を主たる契機として出現したことを論証する。第2節ではこれを土台に各地域の高塚が示す特性にもとづいて、おおよそ5世紀の間の各地域がいかなる様態であったのかについて検討をおこなう。検討対象地域は慶州、釜山、梁山、慶山、大邱、昌寧、義城地域である。さらには新羅全域を見わたした時に見いだされる共通点と相違点を総合し、その意義について簡単に吟味する。第3節ではまだ資料は不足しているけれども、5世紀後半でも遅い時期になると、地方で高塚衰退現象が起きはじめることを確認し、新羅国家の地方支配の進展と関連づけて解釈する。あわせてそのような衰退現象に際して認められる南部地方と北部地方の差異が、両地方が新羅に領域化されて以来、麻立干期の間に経た歴史的過程の違いに起因することを論ずる。

　最後に第Ⅲ章では、以上のような地方支配の進展の結果、新羅国家が6世紀に入って洛東江以西の伽耶地域に進出する過程を文献史学と考古学を接ぎ木する立場から追究してみたい。長期的な歴史展開過程という観点から新羅の伽耶進出をみると、530年前後、すなわち南加羅など伽耶

3国服属直前までを準備段階、この伽耶3国服属から伽耶全域の服属までを一つの段階と捉えることができる。そこで第1節ではまず、洛東江の境界性［左右地域分割性］が新羅と伽耶間の関係、特に新羅の伽耶進出史においてもつ意義を簡単に検討する。またそれに立脚しておおよそ520年代までの新羅が、伽耶に進出する際に採ったとみられる戦略について考古資料を中心に探る。第2節では異論の多い伽耶の卓淳と喙己呑の位置比定問題を中心に、洛東江中・下流域の伽耶3国の服属過程について検討する。第3節では伽耶3国服属以後、新羅に伽耶が完全に服属する562年以前の時期に、文献史料には記載されなかったものの、そのほかの伽耶勢力の一部も新羅に服属していた可能性が高いことを考古学的に論じる。さらには地理、文献史料、考古資料を総合的に検討して、新羅による伽耶服属が長期間に渡る漸進的過程であったことを改めて強調したい。

註

(1) 日常的に「地方」と「地域」という用語は混用して使われ、また「地方」は「中央」に対比される独特な意味をもっている。このような日常的な用語ではなく、考古学の空間分析に有効な単位概念とするため、本書ではいくつかの「地域」からなる包括的な空間範囲を「地方」と規定する崔鍾圭の提案にしたがう（崔鍾圭1995『三韓考古学研究』書景文化社, p.108 註9）。さらには、一地域を構成するいくつかの単位を「地区」とし、一地区を構成するいくつかの単位を「地点」とする。すなわち、本書では空間的範囲を基本的に地方＞地域＞地区＞地点と区分する。ただし、地点（locality）については、たとえば〔有名な旧石器時代の遺跡である京畿道漣川〕全谷里遺跡第1地点のように、考古学的に一遺跡内の相互に区分された単位を示すこともある。たとえば大邱達城古墳群は、大邱地域の中心地区の一古墳群であり、それ自体が一地点でもあるが、達城古墳群を構成するいくつかの小グループを指す際にも地点という用語を用いる。

(2) 以下、「洛東江以東地方」については、特に断りのない限り、洛東江の支流で大邱を東西に貫流する琴湖江以南については洛東江以東のみを、そして琴湖江以北については以東・以西のすべてを指す概念として用いる。

(3) 1990年代初めまでを対象とするものではあるが、新羅・伽耶考古学の研究動向に関しては、崔秉鉉が整理していて参考になる（崔秉鉉1992「新羅・伽耶의 考古学—研究史的 検討—」『国史館論叢』33, pp.177-221）。

(4) 「斯盧」や「新羅」などの名称が新羅史の展開過程においてもつ意味については、朱甫暾の研究を参照のこと（朱甫暾1994「新羅 国号의 確定과 民意識의 成長」『九谷 黄鍾東教授 停年紀念史学論叢』, pp.245-277）。

(5) 周知のように麻立干号を初めて使用した時期については、『三国遺事』と『三国史記』で差異がある。前者は17代奈勿麻立干（在位356-402年）から、後者は第19代訥祇麻立干（在位417-458年）からとなっている。本書では『太平御覧』〔の新羅王楼寒関連記事〕にもとづいて『三国遺事』の立場を採用する一般的見解にしたがう。

(6) 辰・弁韓時期の地域単位政治体を城邑国家、邑落国家などと呼ぶこともあるが、「国家」という用語が次の段階〔三国時代〕の広域政治体である領域国家、古代国家と同じため、両者の性格の違いを表現しづらい。そこで本書では権五栄の提唱にしたがい、三韓社会を構成する単位政治体を『魏志東夷伝』に出てくる通り、単に「国」と呼ぶ（権五栄1996『三韓의 「国」에 대한 研究』（서울大学校大学院国史学科博士学位論文）, pp.12-13）。そうすることによって、4世紀以後も完全な領域国家段階には到達しなかった伽耶の一国が、文献史料（『日本書紀』〔720年成立〕）では「卓淳国」などと呼ばれることとも符合し、また部族国家など○○国家と抽象的に表現することによって生じる不必要な矛盾もなくなる。

訳註

〔1〕「伽耶（カヤ、가야）」については、「加耶」と表記する場合もあり、日本ではむしろこちらのほうが一般的である。前者は『三国遺事』、後者は『三国史記』を典拠とし、このほかにも「加羅（カラ）」など様々な表記がみられるが、どれが正しいというものでもない（田中俊明 2009『古代の日本と加耶』山川出版社, p.3 など）。本書では著者が原著において用いている「伽耶」を基本とし、ハングルで表記されたものについてはすべて「伽耶」の字をあてた。ただし、文献史料を引用する場合、書名や論文名などで「加耶」と漢字表記している場合はこの限りではない。

〔2〕朝鮮半島南東部。太白山脈の南側、小白山脈の東側の地方名称。朝鮮八道の慶尚道の別称。

〔3〕「高塚（고총）」に対する著者の定義については第 1 部第 II 章, p45 参照。『韓国考古学専門辞典 古墳篇』によれば、「高塚は積石や封土による明確な墓域をもち、永続的な墳丘の維持を意図した古墳を指すが、それ自体が社会発展の産物である点から、単純に墳丘の存在のみで定義することはできない。これは日本列島の前方後円墳が高大な墳丘のみならず、埋葬主体部である竪穴式石槨と割竹形木棺、副葬品である三角縁神獣鏡の共有を特徴とする点と同じである」とあり（朴天秀 2009「高塚古墳」『韓国考古学専門辞典 古墳篇』国立文化財研究所, pp.86-87）、その定義は研究者によって異なるものの、韓国考古学においてその出現や消長は、三国時代における社会発展を考古学的に論ずる上での一つの指標として理解されている。

〔4〕「定型性（정형성）」については pattern という英語があてられており、パターンと訳すことも可能であるが、本文中にはこれ以外に「○○定型」、「定型化」、「定型的」など類語が頻出するため、本書では原文のままとした。日韓の考古学用語の対応関係とその課題については、（吉井秀夫 2000「第 9 回「威信財」と「威勢品」—日・韓考古学用語にまつわる覚書（1）—」https://hb3.seikyou.ne.jp/home/Hideo.Yoshii/omoituki/my001012.html 最終閲覧日：2019 年 9 月 1 日）を参照。

〔5〕もともと欧米圏の文化人類学・経済人類学の用語である prestige goods に対して、韓国考古学では「威勢品（위세품）」という訳語を、日本考古学では「威信財」という訳語をあてている。「厳密な意味合いにおいて、日本で用いられる「威信財」とはやや異なる意味を内包していると考えられることから」、「威勢品」の語をそのまま用いる意見もあるが（咸舜燮（金宇大 訳）2013「新羅樹枝形帯冠の展開過程研究」『文化財と技術』第 5 号 工芸文化研究所, 訳者註（1））、日本考古学においても「威信財」概念が厳密に定義、運用されてきた訳ではない（下垣仁志 2018「威信財論批判序説」『古墳時代の国家形成』吉川弘文館）。原著を含む韓国の「威勢品」論も欧米や日本の「prestige goods ＝威信財」論のゆらぎの中に十分におさまるものと判断し、本書では「威信財」と訳した。

〔6〕新羅王号の一つ。『三国史記』新羅本紀によれば、第 22 代智証麻立干 4 年（503）に「居西干」（第 1 代）、「次次雄」（第 2 代）、「尼師今」（第 3 - 18 代）、「麻立干」（第 19 - 22 代）といった固有語由来の王号をやめ、「王」に改めたという。なお、著者は第 17 代奈勿王から「麻立干」とする『三国遺事』の立場を採用しており（本章註 5 参照）、本書の「麻立干期」は第 17 代奈勿麻立干から第 22 代智証麻立干までの期間（356 - 514 年）を指す。

〔7〕広辞苑によれば「接ぎ木」は「植物で、ある個体の芽や枝を切りとって、根をもった他の個体の茎や枝などに接ぎ、活着させること」を意味するが（新村出編 2018『広辞苑』第 7 版 岩波書店, p.1937）、韓国の辞書をひも解くと「接ぎ木（접목）」にはそのような本来の意味に加えて、「二つ以上の異なる現象などを適切に調和させること」という意味がある（「NAVER 国語辞典」https://dict.naver.com/ 最終閲覧日：2019 年 9 月 1 日）。比較的似た日本語として「統合」あるいは「融合」などが挙げられるが、「接ぎ木」に込められた相互に独立した存在を繋ぎあわせるというニュアンスが欠落してしまうため、本書では原文のままとした。

〔8〕『三国遺事』の時期区分。第 23 代法興王（在位 514 - 540 年）から第 28 代真徳王（在位

序　論

647 – 654 年）までを「中古」とし、それ以前を「上古」、それ以後を「下古」としており、
本書の中古期はこの「中古」に相当する時期を指す。なお、『三国史記』は「上代」、「中代」、
「下代」という時期区分を採用しており、上古・中古＝上代、下戸＝中代・下代と両者の時期
区分は一致しないが、法興王代を画期とみる点は共通する。

〔9〕本書で用いられている『三国史記』初期記録とは、『三国史記』新羅本紀のうち、奈勿尼師今
代以前（『三国史記』新羅本紀第1・2）の記録のこと。なお『三国史記』初期記録の内容につ
いては、一定程度であれ史実として認めようとする韓国の文献史学界と、基本的には史実と
は認めがたいとする日本の文献史学界で意見が大きく分かれている。

〔10〕第2部第Ⅰ章, p.121 参照。

第1部
新羅考古学方法論

第Ⅰ章　序　説

1. 問題提起

　嶺南地方のいくつかの地域には、膨大な数の古墳が密集して分布している。これらの古墳に対しては、植民地時代［日帝］以来、ほかのどの時代や地方の遺跡よりも活発な調査がなされ、かなりの資料が蓄積している。これらは新羅と伽耶の古代国家形成過程においていくつかの地域に存在した勢力が残した足跡であり、当該期を研究する上で、文献史料のような役割を果たしていることは周知の通りである。これらの古墳資料に関する研究を新羅考古学または伽耶考古学と呼んでも差しつかえないだろう[1]。

　ただし、これまでの新羅・伽耶考古学に関する研究の多くは、その最終目標ともいえる考古資料を通じた本格的な新羅・伽耶研究にまでは至らなかったようである。大部分の研究は、純粋な遺構・遺物の分析とその整理に留まり、それらがもつ歴史性の追究とは乖離していた。たとえば「土器文化」や「甲冑文化」、「馬具文化」などと、それらがあたかも当時の社会単位とは別の分析単位であるかのように設定し、それらの特定の遺物だけに対象を絞って相互間の影響などを論ずる傾向が主流であった。この場合の影響が、文化的影響を指すことは改めていうまでもない。もちろん考古資料をもとに特定地域の社会構造などを描きだそうとする試みがなかった訳ではない[2]。しかし、武具や馬具など嶺南地方全域や一部の地域から出土する特定資料を対象にした研究の多くが、文化とその影響を説く方向へ回帰してしまっていることは否定できない。

　このように既往の新羅・伽耶考古学は、多少漠然とした意味での「古墳文化」を研究の分析単位とし、その記述に傾倒してきたがために、この分野が本来目標とすべき人間集団の研究には至らず、遺物・遺構学に留まってしまう危険性を抱えている。考古資料が文化のみを反映するのならば、それでよいかもしれないが、それでは考古学は人間の研究という真の目標を失い、（意図するかどうかは別として）純粋に記述的な学問に転落してしまうだろう。膨大な資料が蓄積しているにもかかわらず、文献史料から復元される当時の歴史像とは距離をおいて、いわゆる物質文化だけを語るのであれば、果たして考古資料を文献史料と同じように利用しているといえるだろうか。新羅考古学と銘打つ以上、その研究によって新羅の実体にアプローチしなければならないが、これまでの研究がそこに焦点をあててきたかについては疑問がある。

　このような現状は、いくつかの要因が複合的に作用した帰結である。とりわけ方法論面における最も重要な要因として、この時期の考古学的研究が、歴史考古学と呼ばれているにもかかわらず、先史考古学と同じ認識と方法論で古墳資料を解釈しようとしてきた傾向を指摘したい。社会複合が相当に進んだ当該期の考古資料を、先史時代と同じ次元で扱うことは適当ではなく、考古資料から歴史像を描きだすためには先史時代とは異なる次元の認識とアプローチが必要である。従来の先史考古学においては、いわゆる物質文化に反復的に現われる定型性を考古学的文化として概念化し、それらの考古学的文化を相互に区分される社会的実体をもつ人間集団にそのまま対

応させてきたが、今日ではそのような対応関係は認められていない[3]。一方で歴史時代においては、ある考古資料が、明確な定型性をもつ様式の分布圏によって他地域の社会と区分される場合、それはある一定の社会単位の所産である可能性が非常に高い[4]。つまり、歴史考古学の分析単位は先史考古学的な意味での「文化」ではなく、そのような文化を担う、相互に区分された地域集団とならねばならない。

　現在のように歴史考古学の主要な目標を先史考古学と同じく、漠然と文化の研究と復元におき、文化を分析単位に据え、そこに没頭するのであれば、おのずとその文化を担った人間集団や社会と考古資料を関連づける観点は没却されてしまう。もちろん考古学の研究目標は多様であるべきで、当時の物質文化を記述することの重要性を否定するつもりはない。しかし、歴史考古学が当時の社会単位を無視し、ただ文化のみを論じていて果たしてよいのだろうか。嶺南地方における歴史時代の考古学は、歴史的に明らかな社会実体である新羅・伽耶とそれぞれの構成単位を解明する仕事を、研究の第一目標としなければならない。

　第二の要因として、「純粋」に考古学的なアプローチのみを強調する傾向を指摘することができる。これは結果的に、同じ時代を研究対象とする文献史学との乖離をもたらした。考古資料は過去の文化を反映するという理解のもと、考古資料と文献史料は性格がそもそも異なるため、それぞれ過去社会の異なる側面に対して別個に研究した上で、その結果を後で総合して全体的な歴史像を復元するのが望ましい、という方法論を掲げているのかもしれない。考古資料を独自に分析して総合することによって、いつかはその性格が明らかになるはずなので、文献史学とはその後で接ぎ木すればよく、それまではいわゆる古墳文化の記述に終始するのもいたしかたないとする立場である。しかし考古資料がもっぱら文化だけを反映するという認識は誤りであり、また考古学の立場や可能性をみずから狭め、制限する結果をもたらす考え方といえる。考古学の学問的独立性を過度に意識し、このような方法に固執すれば、歴史の復元とは無縁の、物質文化研究に転落してしまう恐れがある。

　最近の歴史考古学にみられる考古学的アプローチのみを強調する傾向は、文献史学との接ぎ木が決して容易ではないことを意識したことに起因しているようにもみえる。ともすれば文献史学の必要性を十分知りつつもあえて知らないふりをし、別々に進められた研究結果を後で接ぎ木する方法を採っているのではないか、とも受けとれる。しかし、これは歴史考古学の正しい方法とはいえない。文献史料のない先史時代と違い、新羅と伽耶の研究は考古学の専有物では決してなく、その役割や持ち場がいくら拡大しても〔その成果は〕文献史学と共有されねばならない。すなわち、いかなる研究であれ、どこかで両分野の研究を接ぎ木しなければならない訳であるが、完全に別々に研究を進めて、後から接ぎ木できる可能性はさほどないようにみえる。というのも純粋な考古学的研究の大部分は、先述のように文化に焦点をあてているため、新羅の実体とは距離があり、それゆえそのような研究成果がいくら蓄積されたとしても、そもそも文献史学の研究成果と接ぎ木するに値する性質が備わっていないからである。

　考古資料から新羅と伽耶の領域、ないしは圏域を区分できていない点も、現在の方向性喪失の主たる原因と看取される。〔多くの〕歴史考古学が「文化」研究に主眼をおいてきたのもおそらくはこのためであろう。考古資料の性格は時間性と同じくらい空間性によって左右される。その

ため古墳資料にもとづいて嶺南地方の歴史時代を研究する際には、その歴史的実体である新羅と伽耶の領域を考古学的に区分する作業が先行されなければならない。にもかかわらず昨今の考古学研究は、研究の独自性を標榜しながら、この問題を無視して漠然と「新羅・伽耶」考古学研究としたり、考古資料に現れる定型性を無視して、『三国遺事』五伽耶条にみられる伽耶国の位置比定を無批判に受容する場合が大部分である。

　文献史学においても確たる区分がなされていない新羅と伽耶の境界を考古資料から設定することが、容易でないことも事実である。そのため将来的に資料が蓄積してその境界が明らかになる時を待ちつつ、ひとまずは考古学だけで分析・総合していくことが望ましい、という考え方になるのかもしれない。しかし、新羅と伽耶の圏域区分に関する一定の考古学的基準がない状態で、新羅または伽耶の名のもとに（大部分は伽耶の名のもとに）、いくら精緻に考古資料を分析・総合しても、その結果は歴史復元の助けとはならず、むしろ障害となりかねない。新羅の資料を伽耶の資料と把握した研究は、議論の出発点から間違っているため、考古資料の定型性はもちろん、それにもとづいた歴史解釈も当然歪曲されてしまっているからである。

　考古資料から新羅と伽耶の圏域を区分するのは困難で、またある根拠にもとづいて両者を区分したとしても、確定はできないというのが現在の一般的な見解である。そのような認識がまったく間違っているとまではいわないが、かといってそのことで新羅と伽耶が歴史上、明らかに区分される政治的実体であったという事実が変わることはない。文献史料をみる限り、両者が厳然と区分される実体であることは事実だからである。それゆえ我々は、それが考古資料に何らかのかたちで反映されていると予想することができ、実のところ、それを具体的に明らかにすることができる点こそが考古学の長所ということができる。先史・歴史時代を問わず、社会考古学の第一歩が研究対象である社会単位の規模を規定することにあるという一般論[5]をあえてもち出すまでもなく、新羅と伽耶の区分は、嶺南地方の歴史考古学が出発点から向き合わねばならない課題であり、避けることのできる性質の問題では決してない。この点においても、歴史時代の考古学が文献史学と別々には存在しがたいことが分かる。

　この新羅の空間的範囲の設定と不可分の関係にあるのが、起点の問題である。考古学においてこの問題に対する確たる枠組みがないことも新羅の領域区分の障害となっている。考古学のみで新羅の起点を決めることはできず、文献史学の助けを借りるほかないことは改めていうまでもない。事実、考古学においては新羅といえば慶州地域を思い浮かべ、慶州地域の紀元前後以降の考古学的現象を新羅考古学研究の主対象とみなすのみで、起点の問題はとりわけ問題とされてこなかった。しかし新羅・伽耶の起点を把握するにあたって、文献史学には周知のように「前期論」と「前史論」という非常に対立的な二つの立場があり、問題は簡単ではない。どちらの立場に立つかによって、新羅史と伽耶史の理解自体が大きく変わってくるからである[6]。辰・弁韓を新羅・伽耶の前史とみる立場に立てば、新羅はおおよそ4世紀に入って初めて成立したことになり、前期とみる立場に立てば、斯盧国の成立こそが新羅の成立となり、その年代は4世紀よりも遥かに遡ることになる。

　もちろん考古学はこのような区分に捉われることなく、慶州という新羅の核心地域の考古資料の時間的変化から、新羅の変化や発展をトレースするという立場に立つことも可能である。しか

しその立場のもとでは、ある時期以降に慶州地域の斯盧国がほかの「国」を統合することで成立した広域新羅の領域内に認められる様々な考古学的現象は、完全に無視されてしまう。結果的に新羅に対するイメージを大きく歪曲し、考古学だけがもつ長所をみずから放棄してしまうことになりかねないこの立場は、決して望ましいものではない。嶺南地方の大部分を統合した広域新羅は、弁・辰韓時期の多少分散的であったいくつかの地域単位が、ある時期以降、斯盧を中心に再編されることで生まれたものである。すなわち新羅の実体を明らかにするためには、領域区分の問題と表裏の関係にある起点の問題を同時に考慮する必要があり、この点もまた、考古学と文献史学をいかにして接ぎ木するかという問題と結びつくことになる。

　新羅と伽耶という政治体を構成した基本単位としての地域政治体に対する認識が依然不足している点も、今日の研究状況を招いた原因の一つとなっている。これも古墳資料が単に文化を反映するという誤解に起因するものである。歴史時代の考古資料から観察される様式の共通分布圏が、単に文化的流行の範囲ではなく、それと関わる人間集団、あるいは勢力の領域や空間範囲を示しているとみるのであれば、ある遺物が出土した地点を包括する地域単位政治体の範囲や、その地域内における該当地点の位置などを無視しては、それに対して正しい解釈を下すことはできない。

　大部分の研究は、今日の郡や市という行政単位を根拠として過去の地域単位を設定し、当時の地域間関係を探ったり、比較を試み、地域色の明瞭な土器の分布圏にもとづいて地域集団の範囲を設定する。しかし、ある土器の出土地点が、たとえば現在の安東市造塔洞であったとしても、現在の安東市を一つの単位とする地域政治体の脈絡内ではその意味を正しく解釈することはできない。なぜなら、造塔洞古墳群から出土している土器類はいわゆる義城様式であって、造塔洞古墳群は今日の義城郡金城面塔里一帯を中心とする地域政治体の、一邑落[1]の古墳群と判断されるためである[7]。『三国史記』地理志などをみる限り、当時の地域単位は現在までおおむね維持されているが、地域によっては細部にかなりの変化がある。同一の地域様式土器が出土する範囲が、一つの地域単位を構成するとも一概にはいえない。地理やほかの脈絡からみて、明らかに一つの地域政治体を構成するにもかかわらず、土器様式は異なる様相を示すということも少なくない。つまり、地域単位の範囲を設定する際には考古資料、地理、文献史料などいくつかの要素を総合してアプローチする必要がある。

　以上の問題提起にしたがって、以下では考古学と文献史学をいかにして接ぎ木するかという問題、新羅の時空的範囲をどのように設定するかという問題、そしてその前提となる地域単位をどのように設定するかという問題について、新羅考古学の方法論的側面から論ずる。ただし、新羅の領域を考古学的に区分するという問題は本書の根幹をなす重大な問題であり、章を改めて詳述することとし、ここでは問題にアプローチしていくための基本的な枠組みだけを言及することにしたい。

2. 考古学と文献史学の接ぎ木

　先に論じたように新羅考古学の正しい方法とは、考古学と文献史学が相互に補完しあうところにあり、それゆえ両者をいかにして接ぎ木していくのかが問題となる。

考古資料は文献史料と性格が大きく異なるために、文献史学とは無縁の考古学的方法によって時空的体系を設定し、それにもとづいて帰納的に歴史的事実を解釈し、最終的に文献史学の研究成果と接ぎ木していくべきであるという見解が提案され[8]、実際にそのようなアプローチが一般的なようである。このような方法は一見論理的で、妥当であるようにも思える。しかし実際には、そのような方法が適切に採られてきたとはいいがたい。もちろん時空的体系の樹立までは、純粋な考古学的方法が適用されなければならない。とはいえ、それに立脚した歴史的解釈までもが帰納的でなければならない、という点については同意しがたい。そのような帰納的アプローチを可能とするためには、資料が「十分に」蓄積されるまで、際限なく待たねばならないだろう。仮にある程度十分な資料が集まり、帰納的研究が可能となったとしても、その結果は遺物・遺構の変遷史に留まり、歴史性をもつ解釈を導出したとはいえず、主として政治・社会的な側面に焦点をあてる文献史学の研究成果との接点を探しがたい。

　考古資料は過去の人間集団や社会に関する情報を扱うとはいえ、その証拠の大部分は間接的なものである。さらに考古学者が野外調査で確保した資料は、本来の情報の中のごく一部に過ぎない。過去社会の復元研究をパズルにたとえるなら、考古学者は常にわずかなピースのみが手元にあるような状況におかれているといえる。そのため帰納的なアプローチのみで、過去を復元することは困難であり、資料が蓄積されていなければ尚更である。その断片的な資料が示す定型性を捉え、解釈していくためには、帰納的なアプローチではなく、一定の解釈の枠組み、すなわち「モデル」を利用したアプローチが必要となる。ここに歴史考古学と文献史学の接点があって、両者の関係は考古資料が本来もっている性格、すなわち確率的性格[9]によって規定されることとなる。考古資料が本来確率的性格をもっている以上、その意味は対局的に把握されるべきであり、同じ時期を研究対象とする文献史学において明らかとなっている歴史像は、考古学的解釈にも一定の土台を提供するだろう。

　しかしこれは、文献史料にみられる特定の歴史事件を考古資料の年代決定に結びつける方法[10]を採るべきという意味ではない。考古資料を解釈するためのモデルをつくる際、文献史学において有力視される歴史像を土台に据えなければならず、そのような土台の上に具体的なモデルが構成されて初めて、それを通じた解釈が生き生きとした歴史像をもつ、ということである。パズルの比喩をもう一度出すならば、考古学者のおかれている立場は、ほんの一部に過ぎないピースを本来あるべき位置へおいて、全体のテーマを把握しようと懸命に努力しているようなものである。もちろん努力の結果、何らかの端緒を得られるかもしれない。しかしそれよりはパズルのテーマについて、かすかではあっても、貴重なヒントを外部から（この場合は文献史学から）得て、ピースの本来の位置をおおむね定めた上で、それらをもとに抜け落ちた部分を復元する方が遥かに合理的である。ただし、新羅考古学の場合、考古資料が相対的に不足している1〜4世紀は文献史学の枠組みが一層大きな役割を果たすであろうが、考古資料が豊富な5世紀は反対に考古資料に比重がおかれるといったように、二つの分野がもつ相対的な重みは、時期ごとに異なる。

　このようなアプローチの仕方については、モデルの利用といいつつも結局は文献史学の枠組みに当てはめているだけではないかという疑念[11]に加えて、考古学の立場を狭める結果をもたらすことを憂慮する雰囲気がある。この憂慮はモデル概念に対する誤解に起因するようであるが、

第1部　新羅考古学方法論

モデルの利用目的は、決められた枠組みに当てはめることではなく、性格の多少異なる両分野の資・史料を融合できるような解釈の枠組みをつくり、それによって当該期の考古学的現象を説明することにこそある。韓国考古学においては多少耳慣れないかもしれないが、モデルは西洋考古学の概論書においてしばしば登場する概念である。西洋の考古学史では、いわゆる好事家とその段階から抜けだした考古学者を峻別する際、過去の人間の残した証拠を理解するにあたって解釈の枠組みを使っているかどうかを基準の一つとしている。この解釈の枠組みこそが、考古学を含む様々な学問分野においてモデルと呼ばれているものである[12]。特に社会科学の方法論においては、モデルは研究の発見装置であり、ある現象を研究する際に援用する理論的構造と定義されるほどに重要視され、韓国では「模型」という訳語があてられている[13]。

　周知のように考古資料はみずからものを語らない。すなわち、考古学者がものを語らせなければならないのであるが、その際の方法として上述のようなモデルを利用するのである。文献史料と考古資料を歴史時代の同一社会に関する記録とみるのであれば、モデルを利用せざるをえないだろう。嶺南地方を例にとれば、3世紀までの状況と6世紀代の状況を伝える文献史料にもとづいて、4・5世紀が両者の過渡期的様態を示すという予想のもと、4・5世紀の考古資料を解釈することは、決して文献史料の記載に当てはめていることにはならない。むしろ過渡期に該当する考古資料の解釈に一定の枠組みを提供し、当時の社会進化過程を考える際にも大きな参考となるであろう。考古資料が本来もつ標本抽出に際しての誤謬、代表性の問題を考慮すれば、モデルの利用は決して考古学の自由や解釈を制約するものではなく、むしろ事実と乖離する危険性を低下させるものといえる。

　もしそうであれば考古学の立場は狭まらず、むしろ強化される側面すらある。考古学と文献史学の長所と短所を具体的にみてみよう。文献史学では多少問題はあるものの、『魏志東夷伝』などからおおむね3世紀までの歴史の大筋を把握することが可能であり、6世紀以降は安定した文献史料と金石文資料から当時の状況をよく知ることができる。そして両時期の状況にもとづいて、両者を結ぶ線上に4・5世紀の姿を描くことが可能である[14]。ただし文献史料の不足もあって、4・5世紀を一括りにして中古期の前段階として扱っているのは多少問題で[15]、文献史学においては4世紀と5世紀を異なる時期とみる視角が不足していることは否定できない。一方で考古資料は、両者の差異を具体的に知ることができる。すなわち、文献史学が史料的制約のために、4・5世紀をほぼ同時期として扱うのみならず、新羅領域内の状況も一括して扱い、各地域の状況を個別的に検討する余地がほぼないのに対して、考古学は資料を時空間を細分した上で、アプローチできるという長所をもっている。

　考古学は独自のアプローチを試みる必要があるとしつつも、文献史料に対する解釈がいかなるかたちであれ、その研究の枠組みをなしているのが現実である。このことを端的に示しているのが、新羅と伽耶の区分に関する考古学の一般的立場である。すなわち考古資料による区分は文化的意味をもつのみとし、『三国遺事』五伽耶条にもとづいた伽耶国の位置比定や範囲推定を、しばしば安易に受けいれてきたのである。もしくは五伽耶条を前提に、洛東江を境界に二分された新羅・伽耶土器様式分布圏のもつ意味を多少政治的に解釈して、洛東江東岸の「親新羅系伽耶」と洛東江以西の「親百済系伽耶」という曖昧な区分をしたりもする[16]。これは一見すると、文

献史料と考古資料をよく繋ぎ、伽耶の性格を一目瞭然に示した解釈のようにも感じられる。もちろん「伽耶」側に重心をおく限りは何の問題もないようにみえるかもしれないが、「親新羅」や「親百済」側に重心をおくと、その問題点は明らかである。なぜなら、洛東江以西の親百済系伽耶についても洛東江東岸のいくつかの勢力が伽耶として存在しながら新羅の領域圏に入ったと解釈するのと同じように解釈せねばならず、主体的な存在としての伽耶は実質的に存在しなかったことになってしまうという自家撞着に陥りかねない。

3. 新羅考古学の時空的範囲

　文献史学と考古学の接ぎ木を新羅考古学の基本的なアプローチとする際、「新羅」をどのように設定するのかという問題が、当面の課題として浮かびあがってくる。考古資料の観点でいえば、いかにして時空間の中で新羅を把握するかが問題となろう。

　まず、新羅考古学の起点をいつからとするのかという問題は、決して考古学固有の領域に属するものではなく、むしろ文献史学の領域といえるだろう。周知のように文献史学からみた新羅と伽耶の成立は、『魏志東夷伝』に記録された辰・弁韓の認識の仕方によって大きく異なってくる。これは、『三国史記』と『魏志東夷伝』の嶺南地方に対する記録をそれぞれの年代通りにみた時、どちらが当時の状況をよく示していると考えるのかという問題に言いかえることができる。『三国史記』に比重をおき、辰・弁韓を新羅・伽耶の前期とみるのであれば、辰・弁韓の成立が、すなわち新羅・伽耶の成立となる。これに対し、『魏志東夷伝』に比重をおき、辰・弁韓を前史とみるのであれば、辰・弁韓が消滅する時期こそが新羅・伽耶の成立となる。この問題に対し考古学が採るべき立場は、実は考古資料が本来もつ特性によっておのずと決まっている。

　考古資料からこの時期の嶺南地方社会の様態を描きだすにあたっては、大きく二つのアプローチがある。一つは地域単位ごとの変遷を通時的にトレースし[17]、そこから導出される各地域の状況を総合して嶺南地方の様態を推論する方法、もう一つは初めから地域間関係に焦点をあて、それを共時的・通時的にトレースする方法である。前者は地域史的アプローチ、後者は関係史的アプローチとでも名付けられよう。両者は相互補完的な関係にあり、論理的には前者が深まって初めて、後者を適切に進めることが可能となる。しかし、各地域の考古資料が十分に蓄積されている訳でもなく、また各地域がほかの地域と無関係な独立状態であったとも想定できないため、純粋に地域史的なアプローチのみから当時の様態を適切に描くことは非常に難しい。仮に純粋に地域史的な研究を指向したとしても、結局は暗黙裡に地域間の関係を想定し、それにもとづいて地域史を復元せざるをえないのである。であればまずいくつかの地域資料を比較し、全体的な関係史の輪郭を捉えた上で、その枠組みの中で地域史研究を進めるという手順の方が望ましい。もちろん地域史研究それ自体を追究する必要性は否定しないが、その成果は絶えず関係史研究にフィードバックする必要がある。

　関係史的アプローチを採る際、新羅考古学の立場においては、辰・弁韓時期を新羅・伽耶の前期とみるよりは、前史とみる方が何かと有利である。というのも前期論による限り、慶州地域を中心に通時的な変化相をトレースする必要があるが、そのために必要な資料も不足しており、何

第1部　新羅考古学方法論

よりもそれだけでは広域政治体としての新羅のもつ本当の性格を把握しがたいためである。現段階において、新羅という広域政治体の成立とその変化を考古学的に確認するためには、新羅の核心である慶州地域の考古資料に対する通時的な研究に限定するよりは、それを参考に慶州地域と他地域の関係を示す資料の変化を追跡することこそが肝要であり、〔その点において前期論より〕前史論の方がより適切な枠組みを提供するといえる。また前期論にもとづいたアプローチは、慶州斯盧国や金海狗邪国中心の視角に囚われ、辰・弁韓時期の他地域が無視されてしまうという深刻な問題がある[18]。斯盧以外の地域の考古資料が正当な待遇を受けられない点において、これは文献史学よりは考古学においてより深刻な問題といえる。

　前史論の立場に立てば、新羅・伽耶は『魏志東夷伝』に「国」として記録された辰・弁韓時期の嶺南地方各地の地域政治体間の関係が3世紀末以降に変化することによって成立したということになる。その後の新羅国家の性格変化についても、おのずと中心主体である斯盧とほかの地域政治体との間の関係変化という観点から把握されることとなる。それは、首長制社会段階〔君長社会段階〕〔chiefdoms〕であった斯盧国という一地域政治体が、独自にある内的変化のもとに成立した、といった新進化主義的社会発展論の図式通りに新羅の形成過程を理解できないことを意味する[19]。3世紀中葉頃までの状況を伝える『魏志東夷伝』にみえるほぼ並列的な状態から、経済的な関係を基盤に緩やかな政治的ネットワークを形成した辰・弁韓の「国」の中で、主として辰韓諸国の関係が、3世紀末から4世紀初めないし前半頃までにかけての内的・外的な変化の過程において、斯盧国を中心とした支配−被支配関係に変化し、以前とは明らかに異なる新たな関係に転換したものこそが、新羅であるといえる。新羅考古学の起点を厳密に規定するならば、斯盧国が周辺国を次第に統合しながら広域政治体、すなわち新羅となった時点からということができる。

　このように文献史学の前史論と考古学の関係史の観点を合わせることで、新羅成立以降の斯盧を中心とするいくつかの地域との関係が、次第に強い上下関係へと変わる過程、すなわち統合強化の過程こそが、新羅の性格変化であり、発展であると理解することが可能となる。新羅国家がその後、中央政府の権力を各地域やその下部単位にまで浸透させていく過程を考古学的にトレースする作業も、そのような理解によって初めて可能となる。

　それでは本来的な意味において新羅が占めていた空間的範囲は、いかにして設定できるのであろうか。これは新羅考古学の全体を貫く核心事項であるため、次章で詳述することとし、ここではこの問題にアプローチするための枠組みについてだけ、簡単に言及しておきたい。

　新羅と伽耶の圏域を考古学的に区分する研究がこれまでなかった訳ではなく、一定の成果が蓄積されてきている。しかし、その大部分が新羅と伽耶を文字通り「考古学的に区分」するに留まり、考古資料から新羅と伽耶を区分するには至らず、そのことを躊躇していた感すらある[20]。これは、歴史時代の考古資料が先史時代の資料と同様に文化を反映するのみで、それを通じて政治単位や社会単位を区分することはできないとみることに起因するようである。そのため古墳資料による新羅と伽耶の圏域区分の可能性は軽視され、多くは『三国遺事』五伽耶条の位置比定をそのまま受けいれ、それぞれの空間的範囲を設定してきた。また文献史料から新羅の範囲内であることが確実な慶州地域の古墳資料のみを対象とした研究を、新羅考古学とする傾向も根強い[21]。これは結果として、嶺南地方の残りの地域の考古学的研究を伽耶考古学と称したり、洛東江東岸地域

の考古学的研究を新羅でも伽耶でもない正体不明のものとしてしまうといった間違った歴史像を生む恐れがある。ある側面からみれば、新羅と伽耶の領域区分問題にアプローチする際に前期論の立場に立ち、両者の領域が時間が経つにつれて変化した可能性を考慮することなく、没時間的に理解したためにそのような結果となったということもできる。すなわち、新羅の成立をいつとみるのかによって、領域に対する理解は大きく異なってくるにもかかわらず、これまでそれが考慮されることはほとんどなかった。要するに新羅と伽耶のおおよその領域を区分することすらまだ混乱しており、もし区分が試みられたとしても歪曲されてしまっているというのが実状である。

　このような混乱状態を抜けだし、新羅と伽耶の領域に関して明確な答えを出すことなくしては、歴史考古学の真の進展は期待しがたい。しかしながら、蓄積された資料を土台に先行研究を批判的に分析し、この問題について考古学的に解明するための基準が提示されたことは、これまでなかった。これについては次章で詳述することとし、これまで考古学者の足かせとなってきた『三国遺事』五伽耶条については、文献史学からも根本的な史料批判が提起されており、今後はこれに縛られることなく、考古資料の客観的分析からこの問題にアプローチしていく必要があることだけをここでは指摘しておきたい。

　辰・弁韓について新羅・伽耶の前史とみる枠組みを採用するのであれば、辰韓の斯盧国が既存の領域を越えてほかの「国」々を統合しはじめるのは、早くとも3世紀中葉以降とみなければならない。したがって論理的には、3世紀中葉以降の拡大した領域を示す考古学的証拠を探しだし、時間が経つにつれてその分布圏がどのように変化していったのかを追究する必要がある。しかし、当該期の考古資料はこの問題を明らかにできるほどには蓄積されておらず、そのような試みは時期尚早である。現時点ではひとまず3世紀中葉以降、嶺南地方を大きく二分する考古学的証拠を基準として、領域区分の可能性を問うていく必要があろう。それに最も適した考古資料がすなわち、洛東江以東土器様式である。洛東江以東土器様式の成立は、本書の暦年代観によれば4世紀中葉頃であり、新羅史における麻立干期の開始とおおむね一致する。これは偶然の一致ではなく、洛東江以東土器様式の成立と変化が新羅という広域政治体の成立と変化を背景としたことを意味する。

　以上、新羅考古学の時空的範囲について前史論の立場から論じてきた。新羅考古学の時空的範囲は、時間的には慶州以外の地域に対する斯盧の支配成立を起点とし、空間的には斯盧と該当地域を包括する。ただし、新羅の母胎となった慶州地域については、それ以前の時期から新羅考古学の空間的範囲に入れても差しつかえないであろう。

4. 地域単位の設定

　新羅の成立を3世紀中葉以降の嶺南地方、とりわけ洛東江以東地方に属する各地域政治体間の関係変化という観点から理解し、それを土台として新羅の成長過程や発展の問題を扱う際、各地域政治体の占める地理的範囲をどのように設定するのかが、重要な問題として浮かびあがってくる。

　最も簡単な地域範囲設定方法は、現在の市・郡単位に準ずることである。現在の市・郡という

19

単位が長い歴史的過程の産物であり、多くの地域で麻立干期まで遡り、おおまかな地域単位区分をする上でも参考になることは事実である。しかし、地域によっては後代に意図的に変更されているため、現在の市・郡単位の地域区分を安易に受けいれることはできない。たとえば麻立干期における梁山地域政治体の範囲は考古学的証拠や地理からみると、現在の梁山市の中でも東側の迦智山国立公園を越えた熊上邑一帯を除く、西側のいわゆる梁山断層地溝帯に局限されていたと推定される[22]。

　次に『三国史記』地理志にみえる各郡単位にもとづく方法がある。『三国史記』地理志に記載される郡は、麻立干期の地域単位を土台としていて、現在の市・郡よりは麻立干期の実状を遥かに正確に示しているものと推測される。ただし一部の地域については、地理志に記載された地名のみでは正確な位置比定や地理的区分が困難であるのみならず、麻立干期からこの地理志が作成されるまでの間に多少の変動があったことが推定されている地域もある。とりわけ新羅国家の地方支配が進展する過程で、ある地域の単位を意図的に縮小するといった措置があったことが想定されており、考古学的な証拠と対比することで実際にそのような点が明確に認められるケースもある。代表的な例として、義城地域を挙げよう。高塚群の分布からみて、麻立干期には現在の義城郡金城面塔里一帯を中心とすることの明らかなこの地域政治体の単位が、地理志では義城邑を中心地とする単位に変わっているのである。このような変化は、麻立干期またはそれ以前に該当地域政治体がもっていた比重や位相を示唆するもので重要である。同時にそのような変化を念頭におけば、やはり地理志だけを根拠とした地域単位区分は危険であるともいえよう。

　これらの方法のほかに、麻立干期の所産とでもいうべき中・大型高塚群の分布を基準とする地域区分方法がある。この中・大型高塚群はどこにでも分布する訳ではなく、当時の地域単位の中心地区や重要地区に限って造営されたため、それらの分布から地域政治体の範囲を推定することができる。これは同時代資料にもとづく点で、最も合理的なアプローチといえよう。問題は、そのような高塚群の存在する一地域社会が包括した空間的範囲である。隣接地域の最高位階[2]古墳群との距離を二分し、それぞれの地域単位の範囲を規定する試みもあるが[23]、そのように一律に決められるものではないだろう。地域ごとに高塚群の規模や数が異なる点は、画一的な区分が困難なことを間接的に示している。また距離といっても、単純距離や絶対距離ではなく、地理的障害などを考慮した実際的距離、相対距離[24]でなければならないだろう。つまり、高塚群が分布する地点の周囲の河川や山のような地理的障害を、主要要素として考慮する必要がある。

　地域様式土器の分布圏はそのような高塚群による地域範囲設定の補助、ないし検証の根拠となる。地域様式土器の分布圏は、該当社会単位の地理的範囲を設定する根拠にはならないという李盛周の断定的な主張[25]に対する朴淳發の適切な反論[26]が示すように、当時、密接な社会関係を結んでいた一単位内において共通して用いられた地域土器様式の分布圏が、その性格はさておき一定の単位を示していることについては疑いの余地がない。その単位とは、経済的な単位であると同時に政治的な単位でもあったことが十分に推測される。もしもある地域様式の土器が地理的障害を越え、隣接地域の古墳群から持続的に出土するのであれば、その古墳群が位置する地区は、該当地域内の単位地区ではない可能性さえ考慮せねばならないだろう。

　以上をまとめると、各地域単位は中・大型高塚群の分布と地理的障害を考慮した単位区分を基

軸に据え、古墳出土土器の地域色を補助資料とし、現在の市・郡単位の範囲や『三国史記』地理志の記事を参考にして設定すべきであろう。

このような手続きによって、洛東江以東地方の麻立干期の各地域政治体の空間的範囲は設定できるとして、それ以前の辰・弁韓段階の各地域の範囲はどのように設定できるだろうか。これが解決されて初めて地域間関係変化の観点から嶺南地方の古墳資料を通時的に分析、解釈することが可能となる。ただ、これは『魏志東夷伝』にみられる「国」の範囲や位置を推定する作業であり、果たして当時の文献史料や考古資料からそれをすることが可能であるのかが、まず問題となる。もしそれが不可能であれば、いかにしてこれを区分すべきであろうか。

『魏志東夷伝』によれば、3世紀中葉頃の辰・弁韓には、24の「国」とそのほかの「小別邑」[3]なるものが存在したとされ、これらは地理的に相互に区分された単位であったと考えられる。複数の邑落で構成されたと考えられる「国」の多くは、盆地のような多少広い地域に、そして「小別邑」は「国」の間の狭小な地域や小盆地、または広い盆地内でも大きな河川などによって「国」とは区分された地区に位置していたと推定される。

文献史学には『魏志東夷伝』に記載された国名の音似にもとづいて、各「国」の具体的位置を比定し、そこから各地域単位の範囲を現在の行政単位に対応させる研究もある。しかしそのような位置比定はあくまで推測の域を超えるものではなく、現在の市・郡の地名に対応させたそれらの範囲もまた、そのまま信用することは難しい[27]。

一方、考古学においては、「国」の成立時期からおおむね3世紀までの資料が、各地域単位を区分できるほど蓄積されていない。また今後、資料が十分に蓄積したとしても、果たして純粋に考古資料だけをもって区分が可能であるかは疑問である。なぜなら、この時期の考古資料は、地域性よりも嶺南地方全域の様式的共通性が強いことが明らかとなりつつあるからである。

このように辰・弁韓当時の文献史料や考古資料から、各地域単位を区分することは困難であり、異なるアプローチが必要である。現時点において最も簡単な方法は、麻立干期の地域単位を辰・弁韓の時期にそのまま投影する方法である。すなわち、辰・弁韓時期の各地域単位がほとんどそのまま麻立干期に継続したとみるのである。もちろん、現時点においてそのような設定が可能であるという直接的根拠はない。しかし、これは次の二点からおおむね妥当であろうと考えられる。一点目は、辰・弁韓の時期の「国」や「小別邑」が新羅に統合されてから麻立干期までの支配方式が、いわゆる間接支配であったことである。これは各地域の既存の支配層をほとんど温存したまま、それらを介して支配する方法である。つまり、極めて例外的な場合を除けば、既存の地域単位を解体して統合したり、再編することはなかったと考えられる。二点目は、辰・弁韓の「国」が形成される過程と、新羅に編入される前の政治・社会的統合度を考慮した時、麻立干期に入り各地域単位の範囲に大きな変化が起こったとはみなしがたい点である。これについては文献史料からの推論とともに、地理的要因に対する検討が必要である。特に後者は、麻立干期の地域単位区分においても重要な問題であるため、少し詳しくみてみよう。

地形とそれをもとにした地理が、社会単位の成長や変化の長期的な背景となることについては、改めていうまでもないだろう。社会の統合度〔複合度〕が低く、躍動性がさほどない時代ほど、その影響は大きなものとなる。それゆえ地理的要因は、辰・弁韓以前から地域単位形成の基礎と

なってきたといえる。同時にそれは、地域単位内外の相互作用、とりわけ経済交換関係の流れや類型を決定づける根幹ともなったであろう。嶺南地方のように山脈や川が、地域間の自然障害として機能するところにおいてはなおさらのことである。

小白山脈によって北側と西側が塞がれた嶺南地方の地形について、洛東江以東を中心にみると、まず大脊梁たる太白山脈が東海岸に近接して南北に走り、そこから大小の支脈がおおよそ東西に延びていて、小白山脈からも支脈が延びるといった様相を呈している。これらの支脈の間には洛東江の大小様々な支流がおおむね東西方向に流れ、ところどころで盆地やそれに類する地形を形成し、太古からの人間活動の中心地となった。また水系を異にする地域同士は山岳によって区切られ、かなり高い峠を越えなければ交通もままならず[28]、また同じ水系もところどころに横たわる丘陵や小支脈によって細分されている。このような嶺南地方の地形の大綱は、山脈や小支脈を模式化した地図（図1）[29]をみれば容易に理解され、多少図式化されているものの〔朝鮮時代の〕『大東輿地全図』（図2）をみても一目瞭然である。

これらの地図を通じて、嶺南地方全域が微細な地形によっていくつもの単位に区分されていることがよく分かる。問題はこのような地形的区分が、辰・弁韓の時期の地域単位である「国」や「小別邑」が形成される際に、実際どのような影響を与えたのかである。それは文献史料から垣間みえる3世紀中葉段階の辰・弁韓の「国」の様態から類推することができる。

辰・弁韓時期の「国」は一般的に複数の邑落から構成され、各邑落は複数の自然集落からなると考えられる。「国」には中心邑落である国邑があったとしても、ほかの邑落を確実に統括するまでには至らなかった。これは各邑落が「国」内でおおむね自治的な小単位として存在したことを示すものである。辰・弁韓に関するものではないが、〔『魏志東夷伝』にみえる〕「濊の責禍」[4]は邑落単位の独立性を示すよい例である。

それでも国邑が存在した理由は、国邑と比定される中心邑落が何らかの中心的機能を担っていたためであろう。その機能は経済的、政治・軍事的、宗教的なものに分けられるが、その中でも最も重要な機能はおそらく経済的機能であったと推定される[30]。すなわち、邑落は自治的な単位でありながらも経済的交換のためにそれぞれ連携しており、その中でも国邑は対外交換において代表的な役割をしていたと推測される。すなわち、「国」内の集落は自治的ではあったものの、自足的ではなかったために、それらを取り囲む地理的な障害の内部において様々な面で相互作用の密度が高く、それゆえ一つの単位として結束し、自然障害をもって区分される隣の地域集落とは別個の単位をなしていたと推測することができる。その淵源は「国」形成以前にまで遥かに遡るであろう。いいかえれば地理的な要因は、一定数の邑落やそれを構成する下位集落が緊密な経済的相互関係を結ぶ際の基礎となり、その上に「国」や「小別邑」という単位が形成されたと考えられる。

もちろん地理的障害を越えた交通や交換がなかった訳ではないが、地理的障害は限定された範囲内の相互関係を相対的に増加させる要因として作用した。今日においても生活圏や通婚圏が、ともすれば地理的要因によって左右される点は、そのような推定をするにあたって参考となる[31]。とにかく、各地域内の統合が進展する以前においては、そのような自然地理的障害を越えて、その隣の「国」はもちろん、その隣の邑落や集落を自身の地域政治体内に統合することはなかった

第Ⅰ章 序 説

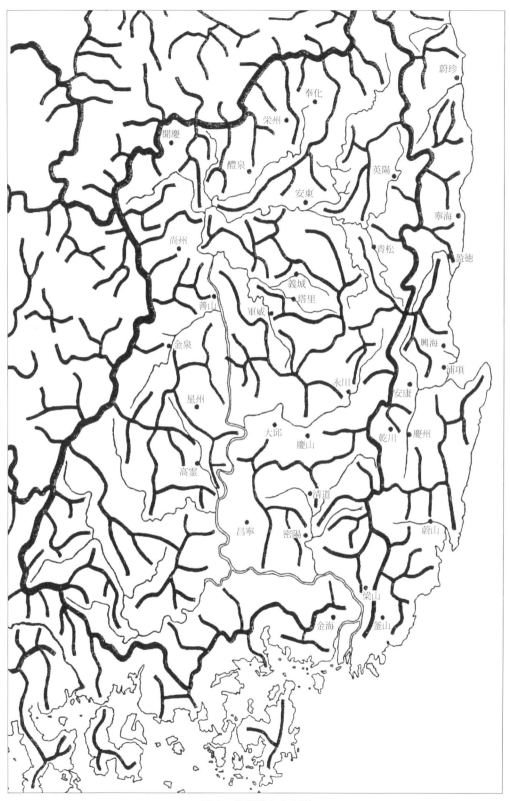

図1　嶺南地方の山脈

第1部　新羅考古学方法論

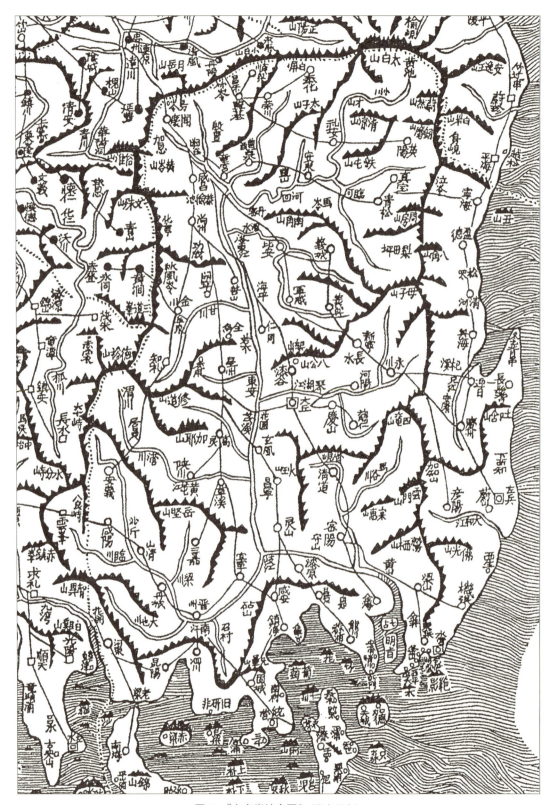

図2　『大東輿地全図』（嶺南地方）

と想定される。このように考えることによって、「国」と呼ばれるに至らなかった「小別邑」が、「国」と「国」の間に存立した理由を理解できる。「国」内の邑落を十分制御できていなかったという文献記事も、「国」内の統合度がさほど強くなかったことを示すものといえよう。

　辰・弁韓の「国」が形成された後、「国」内の統合は次第に進んでいったとみられるが、『魏志東夷伝』の記録からみて、3世紀中葉段階になってもなお、完全に統合されることはなかったようである。3世紀中葉以降に各国が新羅へ統合される際ですら、その内部の統合、つまり地域間統合についてはさほど進んでいなかったといって大過ない。このような想定が妥当ならば、麻立干期の地域単位を辰・弁韓の時期にそのまま投影しても大きな無理はあるまい。なぜなら麻立干期の間も、地域間の統合はもちろん、新羅国家の脅威となる「国」内の統合は可能な限り抑制されていたと推定されるからである。ただし、「小別邑」についてはそのほとんどが隣接する「国」に統合され、地域単位としての地位を喪失したと考えられる。これは一見、統合した地域単位の勢力に益する動きのようにもみえるが、実際にはその反対であった可能性が高い。なぜならそれらの「小別邑」は既存の地域単位である「国」とは本来異質なものであるがゆえに、その求心力を増大させるよりは、むしろ遠心的に機能しうるためである。すなわちそのような統合措置は、領域内に編入した地域の弱化を意図する新羅国家の政策とも符合するものであったと判断される。

　以上をまとめると、麻立干期の各地域の古墳資料をもとに辰・弁韓以来の地域単位を区分することはさほど無謀ではなく、歴史的実体性をもつということができる。ただし、辰・弁韓時期の考古学的調査の進展によって、一部修正される可能性は残しておきたい。

　　註
（1）本書のテーマは新羅考古学であるが、新羅と伽耶の考古学的現象には多くの共通性が認められるため、以下の議論では必要に応じて新羅だけでなく、伽耶も含めて検討をおこなう。
（2）代表的な例として大邱、慶山地域の古墳群の分布と位階化の分析から、当時の地域政治体の構造と社会相の復元を試みた金龍星の研究が挙げられる（金龍星 1998『新羅의 高塚과 地域集団―大邱・慶山의 例―』春秋閣）。
（3）コリン＝レンフルー・ポール＝バーン（李煕濬訳）2006『現代考古学의 理解』社会評論, p.175。
（4）朴淳發はある民族誌研究を参照しつつ、政治体内の緊張が強ければ強いほど、またほかの政治体との競争が激しければ激しいほど、政治体内の物質文化様式は統一性が強化されると指摘し（朴淳發 1997「漢城百済의 中央과 地方」『百済의 中央과 地方』忠南大学校百済研究所, pp.132-133）、歴史時代と先史時代とでは様式の持つ意味が異なっていたことを示唆している。
（5）コリン＝レンフルー・ポール＝バーン 2006 前掲書, p.117。
（6）前期論と前史論の違いについては朱甫暾が伽耶史を中心に論じている（朱甫暾 1995「序説―加耶史의 새로운 定立을 위하여―」『加耶史研究―大伽耶의 政治와 文化』慶尚北道, pp.13-21）。ただし新羅史に比べると伽耶史は、前期論と前史論の違いがはっきりと感じられない。
（7）尹容鎮・李在煥 1996『大邱－春川間 高速道路 建設区間内 安東 造塔里古墳群Ⅱ（'94）（本文）』慶北大学校博物館。
（8）崔秉鉉 1991「新羅의 成長과 新羅 古墳文化의 展開」『韓国古代史研究』4, pp.134-135。
（9）これに関しては（ブライアン M. ペイゴン（李煕濬訳）2002『考古学 世界로의 招待』社会評論, pp.303-305）が参考になる。

(10) 申敬澈 1985「古式鐙子考」『釜大史学』9, pp.7-38。

(11) 金龍星 1996「新羅의 成立과 成長 過程에 대한 質疑」『新羅考古学의 諸問題』(第 20 回韓国考古学会全国大会), pp.135-136。

(12) Sharer, R. J., & Ashmore, W. (1993). *Archaeology: Discovering Our Past* (2nd ed.). California: Mayfield Pub. Co., p.57. 考古学的モデルに対する更に深い議論については (Neustupny, E. (1993). *Archaeological Method*. Cambridge University Press, pp.159-178.) を参照。

(13) 姜信澤 2002『社会科学研究의 論理』(改訂版) 博英社, pp.86-91。

(14) たとえば 4・5 世紀の新羅の姿を地方統治の観点から論じた朱甫暾の研究が挙げられる (朱甫暾 1996「麻立干時代 新羅의 地方統治」『嶺南考古学』19, pp.15-48)。

(15) たとえば全徳在は、〔4 世紀から〕6 世紀前半までを一括りにして農業生産力の発展と社会変動の問題を論じている (全徳在 1990「4 〜 6 世紀 農業生産力의 発達과 社会変動」『歴史와 現実』1990 年第 4 号, pp.16-50)。

(16) 申敬澈 1995「三韓・三国時代의 東萊」『東萊区史』, pp.236-237。

(17) 申敬澈 1995 前掲文, pp.182-243。通時的な観点からアプローチしている訳ではないが、(金龍星 1998 前掲書) もひとまずこの範疇で理解される。

(18) 李賢惠 1993「原三国時代論 検討」『韓国古代史論叢』5, pp.13-14。

(19) 新進化主義の社会発展段階の図式をそのまま適用するにあたっての根本的な制約については、既に李盛周が指摘している (李盛周 1993a「新羅・伽耶社会의 分立과 成長에 대한 考古学的 検討」『韓国上古史学報』13, p.299)。

(20) ほぼ唯一の例外として、新羅の領域を文献史学と考古学を接ぎ木することによって解明した崔鍾圭の研究が挙げられる (崔鍾圭 1983「中期古墳의 性格에 대한 若干의 考察」『釜大史学』7, pp.1-45)。ただし、次章で論ずるように新羅の性格を連盟体と把握している点については賛同しがたい。

(21) 新羅古墳研究の代表的な業績といえる崔秉鉉の著作 (崔秉鉉 1992『新羅古墳研究』一志社) が、実際はほとんど慶州地域の古墳研究に限定されていることは、このことを端的に示している。氏のほかの研究 (崔秉鉉 1991 前掲文, pp.162-165) にみられるように、新羅の領域を考古学的に決めることは容易ではなく、新羅を語る際にはその核心地域であることが明らかな慶州地域に対象を絞った方が確実であるという一般的な認識に起因するものと推察される。

(22) 梁山地域の古墳文化を概観した鄭澄元は、研究課題の性格上、現在の梁山市全域を考察の対象としたが (鄭澄元 1990「梁山地域의 古墳文化」『韓国文化研究』3　釜山大学校韓国文化研究所, pp.3-50)、現在の行政市 (郡) を一つの単位として設定して、「古墳文化」の性格を正確に把握することにはやはり無理がある。

(23) 李盛周 1993b「1 〜 3 世紀 伽耶 政治体의 成長」『韓国古代史論叢』5, p.127。

(24) 佐々木憲一はこのような点を考慮して地域間距離を「長距離」と「短距離」に分けた (Sasaki, K. (1995). *Regional interaction and the development of social complexity: A case of third century Western Japan* (Unpublished doctoral dissertation). Department of Anthropology, Harvard University, pp.145-150.)。

(25) 李盛周 1993a 前掲文, pp.295-308。

(26) 朴淳發 1993「『新羅・伽耶社会의 分立과 成長에 대한 考古学的 検討』에 대하여」『韓国上古史学報』13, p.311。

(27) 弁辰 12 国の位置比定に関する代表的な研究である李丙燾の案と千寛宇の案がほとんど一致していないことは、この傍証となる (金泰植 1993『加耶連盟史』一潮閣, p.77)。

(28) たとえば所也峠 (大邱－軍威) や甲嶺 (永川－義城塔里) などが挙げられる。たとえこれらの峠によって通じていたとしても、少なくとも辰・弁韓の時期には、その両側は互いに異なる生活圏域、ないしは政治圏域を形成していたと想定して問題ないだろう。

(29) これは（曺碩弼 1997『太白山脈은 없다』사람과 山）の付録「南韓の山脈地図」を若干修正したものである。

(30) 国邑を中心に「国」の機能について分析した権五栄は経済的、政治・軍事的、宗教的機能に分けているが（権五栄 1996『三韓의「国」에 대한 研究』（서울大学校大学院国史学科博士学位論文）, pp.102-130）、やはりその基礎をなすのは経済的なものといおう。

(31) 曺碩弼によれば、蟾津江支流蓼川の発源地である全羅北道長水郡蟠岩面知止里は、直線距離で長水邑（錦江流域）まで8㎞、咸陽邑（南江流域）まで15㎞、南原（蟾津江流域）まで25㎞という中、最も遠いにもかかわらず、越えるべき山のない南原と同じ生活圏であったとされる（曺碩弼 1997 前掲書, pp.163-165）。地理的障害が生活圏の形成に大きく作用する要素であることを端的に示すものといえよう。

訳註

〔1〕『魏志東夷伝』にみえる「邑落」のからの借語。著者は、複数の自然集落の集合体として邑落を捉えており、辰・弁韓時期の「国」は複数の邑落で構成され、国邑はその中でも中心的な邑落を指すと考えている。辰・弁韓を新羅・伽耶の前史として捉える前史論に立つ著者は、この邑落という単位が麻立干期にまで引き継がれ、地域単位政治体を構成したと考えている。邑落に対する著者の考えについては、本章, pp.21-22 参照。

〔2〕韓国考古学において「位階（위계）」とは hierarchy の訳語であり、一般に「古代、朝廷の官人の地位・序列を示す身分標識」の意味で用いられる日本の「位階」という用語とは乖離がある（新村出編 2018『広辞苑』第7版　岩波書店, p.135）。本書では以下に引用する金宇大の整理に従い、「位階」のままとした。

　　「韓国における「위계（位階）」は、ヒエラルキー（hierarchy）の訳語として、集団や個人単位の身分的な上下関係を広く意味する用語である。日本語における「位階」という語は、聖徳太子が603年に冠位十二階を制定した以後の、官位の地位序列を指す概念として用いられる用語であり、三国時代の上下関係を示す用語にそのまま「位階」の訳語をあてるのは本来適切ではない。同用語は、日本語における広義の「階層」に包括される概念であると考えるが、しかし韓国語での「階層」は「stratification」の訳語として、常に集団を想定した限定的な意味で用いられる概念である。階級（＝ class）に近い概念であり、やはり、日本語のそれとはややニュアンスが異なる。本稿では「（韓国語の）位階」＝「（日本語の）階層」と完全に置換できるわけではない点、「位階」という用語が韓国考古学の三国時代研究において極めて一般的な概念として頻出する語である点などを考慮し、そのまま「位階」と訳出することとした。」（咸舜燮（金宇大訳）2013「新羅樹枝形帯冠の展開過程研究」『文化財と技術』第5号　工芸文化研究所, 訳者註（2））。

〔3〕『魏志東夷伝』弁辰条には「弁辰亦十二国、又有諸小別邑」とあり、「国」とは異なる「小別邑」の存在が記されている。

〔4〕「其邑落相侵犯、輒相罰責生口牛馬。名之為責禍」（『魏志東夷伝』濊条）。

第1部　新羅考古学方法論

第Ⅱ章　古墳資料からみた新羅の領域とその性格

　関係史の観点から嶺南地方の古墳資料にアプローチするにあたってさしあたり問題となるのは、考古学的に新羅・伽耶を区分することが果たして可能なのか、ということである。そして、もし可能であるならば、どのような考古資料が基準となり、いつから適用でき、それぞれの範囲はどのように設定され、新羅・伽耶の政治的性格についてどのように理解すべきか、ということも問題となる。先述のように4・5世紀の嶺南地方の考古学が最終的に目指さなければならない重要な目標の一つに、新羅と伽耶の実体解明がある以上、これらの問いは、それと関わる極めて重要な項目であるといえる。

　これらの問題については、これまでにもいくつかの見解が提示されてきたが、それらの間には深刻な差異が認められ、解決は容易でないようにもみえる。とはいえ、統合の余地がまったくない訳ではない。これまでの研究成果を批判的に分析・総合することで、これらの問題に関する一つの基準を提示する時期は来ている。本章では、既存の新羅・伽耶区分論に内在する認識上、および実際上の問題点を検討し、それにもとづいて洛東江以東地方の古墳資料がもつ定型性を新たに照らしだすことで、新羅の領域区分を試みたい。これは、新たに何かをするというよりは、これまで注目されてこなかった定型性を抽出し、それをもとに既存の研究成果を総合する作業といえよう。

　まずはこれまでの研究史を簡単に振り返る。特に、一定の定型性が把握されている土器様式や、山字形冠をはじめとする慶州式威信財の分布を解釈する際の前提となったと考えられるいくつかの認識を整理し、その問題点を明らかにしておきたい。次に洛東江以東地方の古墳資料の定型性を土器様式、威信財、高塚という三つの面から検討する。大邱地域を東西に貫流する琴湖江以南では洛東江以東、それ以北では洛東江両岸の慶尚北道全域で共通性をもつ、いわゆる洛東江以東土器様式の成立と変遷を、通時的・共時的側面から探り、これまで看過されてきた定型性を抽出してみたい。これをもとに威信財類の時空的分布定型について考察をおこない、またこれまでさほど議論のなかった高塚の定型性についても、これらと関連づけて議論する。最後に以上の検討にもとづいて、4・5世紀における新羅の領域とその性格について論じたい。

1. 新羅と伽耶の区分

　古代の嶺南地方が、新羅と伽耶という二つの広域政治体に分かれていたことは文献史料から明らかであるが、それぞれの範囲については明確でない。そのため、早くから文献史学と考古学において、両者の範囲区分が試みられてきた。ただし、文献史学においては新羅と伽耶の区分よりは、おおむね伽耶の範囲を明らかにすることに比重がおかれてきたようである。

　文献史学において一次史料となっている『三国遺事』駕洛国記条[1]の記載にしたがえば、伽倻山以南の洛東江以西地方が伽耶の圏域となる。しかしその記載内容は、同じ『三国遺事』五伽耶

28

条[2]の記載と齟齬をきたしている。そこでひとまず、駕洛国記条の記載をある時期に縮小した伽耶の範囲を示すものと理解し、五伽耶条を伽耶圏域推定の根拠とする見解が有力である。しかしながら、五伽耶条の記載もたとえば『三国史記』朴堤上伝などの異なる文献史料からうかがえる新羅の領域と整合しないのみならず[1]、新羅・伽耶古墳から出土する遺物の様式が洛東江を境に以東・以西で大きく二分される現象とも整合せず、考古学的にも問題がある。

　もちろん考古資料の分布の定型性は文化的なものに過ぎないと一蹴することも可能だが、かなり明瞭に一貫性をもって区分されるため、そう簡単に無視することはできない。仮に文化的な現象として片づけるとしても、そのようにはっきりと区分される原因を説明することは容易でない。最近では、このような考古学的状況を考慮した上で、五伽耶条に対して史料批判を加え、それが当時の事情を伝えるものではなく、羅末麗初〔統一新羅時代末〜高麗時代初め〕の政治的状況の影響を強く受けている、という説得力ある見解が提示されている[2]。これによって、文献史料の記載から伽耶の範囲を求める作業は、いうなれば原点に戻ってしまったといえる。

　一方、新羅の範囲については、『三国史記』初期記録のいわゆる小国服属記事をまったく信じないという立場に立たない限り、（正確な服属年代はひとまず措くとしても、）おおよそ麻立干期の開始前後には洛東江が新羅領域の西限であったとみられる。昌寧地域が洛東江東岸に位置するにもかかわらず、『日本書紀』神功紀49年（249→369）[3]条、すなわち4世紀後半においても伽耶の一国として出てくることが若干の問題となるくらいである。最近、いくつかの文献史料と広開土王碑文、そして庚子年（400年）の高句麗南征前後の国際情勢などにもとづいて、遅くとも5世紀初めには新羅と伽耶が洛東江を境にして分かれ、琴湖江以北に関しては洛東江以西も新羅に包括されていたという見解が提示されたものの[3]、新羅史研究においては、新羅の領域範囲が大きな問題として取りあげられること自体、それほどなかったようだ。

　このように文献史学の側では、記録の乏しさと不確実さもあって、新羅史研究者と伽耶史研究者がそれぞれ異なる根拠にもとづいて領域区分の問題にアプローチしている。最近は、新羅・伽耶双方を考慮しつつ、考古学的状況まで念頭においた見解が提示されるようになったものの、新羅と伽耶の領域を有機的にみる視角が多少不足していたことは否定できない。

　一方、考古学側においては出土地が明らかであるという特性ゆえ、新羅と伽耶の範囲を有機的、相対的なものと認識してきたといえる。とはいえ、考古資料の様式分布圏を設定する際の観点や、そのような定型的分布の解釈に対する意見には〔研究者間で〕大きなすれ違いがある。単に文化的な共通性だけを示すという見解から、新羅と伽耶の圏域を示すという解釈までいくつもの説が提起されている。

　既往の考古学的アプローチの問題点については、既に伽耶史の観点から多角的に検討されている[4]。考古学と文献史学の間でなされた議論をみる際、特に重要ないくつかの論点については、方法論の見地に立ち返って検討する必要がある。この点が看過されてきたことが、今日に至る混乱の一因と考えられるので、以下にやや詳しくみておこう。

　第一に、考古学と文献史学の研究が統合を指向しなければならないにもかかわらず、まったく別個のものとして進められ、両分野の解釈が完全に平行線を辿っている点については至急解決する必要がある。このような乖離は本質的で、不可避なものなのだろうか。これまではどちらの分

野においても仕方ないという認識が主流であった。しかし、方法論的にその間隙を埋めない限り、特に一地域の古代史を復元する作業は、〔現在の〕足踏み状態から抜け出すことはできないだろう。文献史学においては4世紀から6世紀初めの地域史関連史料がほとんどなく、〔この時期に対して〕具体的にアプローチすることが事実上、不可能である。一方、考古学においてはこの時期の関連資料は豊富にあるが、単なる物質資料として扱うのみで、歴史解釈を導出する一種の間接史料として扱いこなせておらず、歴史解釈を引きだせていないものが大多数である。

　文献史学においても、当該期の考古資料の示す定型性を文化的現象として片づけてしまうケースが多々みられる。たとえば「古代政治領域圏においては、その文化様相もおおむね同じであるのが一般的だが、かといって文化圏を政治圏と同一視することはできない」という意見がある[5]。しかしこれについては、文献史学からいかにして政治領域圏が分かるのかと、そのまま問い返すことができる。また、いわゆる文化様相が一定の圏域を形成する理由についても、説明が必要である。そもそも文化的現象という概念自体が曖昧ではあるが、4～6世紀の洛東江以東地方の各地域においては、結局は慶州文化の模倣や、それ自体が伝播した結果として説明されるはずである。そのような現象はなぜ起きるのだろうか。ところで、土器様式は文化を反映するのみという認識は、実のところ考古学においても非常に根深い。そこで問題をさらに明確にするために、洛東江流域における三国時代の土器様式区分の研究史を概観してみよう。

　土器〔陶質土器〕を初めて洛東江以東・以西様式に区分することで新羅・伽耶土器研究に新たな地平を拓いた金元龍は、それぞれを「新羅中心群」と「伽耶群」と呼んだものの、両者を完全に政治的な意味では解釈しなかった[6]。また、いわゆる洛東江東岸伽耶土器様式論を最初に提起した李殷昌も、土器様式が政治的意味をもつとみていた訳ではなく、ただ単に洛東江東岸地域における伽耶の存在を前提としていたに過ぎない[7]。洛東江以東様式を設定しながらもその分布圏に政治的意味を付与することは留保したり[8]、文化的現象に過ぎない様式に政治的意味を付与することはできず、そもそも政治的意味を探す試み自体が無意味であるという極端な見解も[9]、実のところ同じ脈絡で理解できるのではないだろうか。考古資料の区分を通じた政治集団の区分は難しいという一般論に依拠して、冠帽類などの威信財の意味をまったく無視し、五伽耶条にしたがって大邱地域や星州地域を伽耶とみなす研究もある[10]。

　ところでこの土器様式文化反映論が、（明言されたことはないものの）先史考古学的脈絡の資料を土台とした西洋考古学の視角を援用していることについては、注意しておく必要がある[11]。先史考古学的脈絡の認識や視角が、原始時代や歴史時代の社会相を研究する際にも、同じように適応しうるかについては疑問がある。平等社会と不平等社会では様式のもつ意味は異なるという研究もあるように[12]、仮に文化反映論が妥当なものであるとしても、いかなる個別事例にもあてはまる訳ではないだろう。翻ってそのような様式的区分が、政治的関係を含意しえないと決めつける必要もないといっていいだろう。6世紀中頃以降の新羅の領域拡大に伴って、新たに編入された地域の土器様式が新羅様式に交替していくという周知の事実は、政治的変化が副葬土器の様式にダイレクトに反映されうることを雄弁に物語っている。

　事実、文化反映論者さえも洛東江以東地方の中に各単位地域集団を設定する際には、地形による区分を考慮しつつも、地域土器様式の存在を主たる根拠としている。また、地域土器間に現わ

れる類似性を地域間の政治的相互作用の結果と解釈しながらも[13]、それらの地域様式を合わせた大様式の分布圏には必ずしも政治的意味を付与しないというのは矛盾している。洛東江以東土器様式はそれ単独で出現するのではなく、後述するように高塚の登場、慶州式威信財の副葬開始と深い関係があることも、それが政治的意味を帯びている可能性を一層高める。

　話が長くなったが、文献史学において土器様式、ひいては考古資料全般について文化を反映するのみとして考古学の成果を無視することは、利用できる多くの「史料」をわざわざ捨てる行為であるといっても過言ではない。たとえばさしたる根拠もなく、555 年に「下州」が設置される直前まで、昌寧地域に伽耶政治体が存続していたとするような解釈[14]は、考古学の成果を考慮する必要はないというアプローチの産物であって、決して多くの同意を得ることはできないだろう。

　一方、考古学も文献史学と別個に研究を進めているようにみえても、結局のところ、考古資料を解釈する際には『三国遺事』のような文献史料を意識したり、それに依存している、というのが実状であろう。たとえば昌寧地域の土器について、6 世紀中葉以前は伽耶土器、それ以降は新羅土器とするような研究はその一例である[15]。これについては、「文献記録を強く意識して、土器様式を区分したことは問題」であるという正鵠を射た批判が既になされているところである[16]。後述するように考古学的見地から土器様式を区分するのであれば、昌寧地域の 5・6 世紀の土器は慶州様式を除いた洛東江「東岸」様式ではなく、慶州様式を含む洛東江「以東」様式に属する。歴史解釈もあくまでこれを前提になされるべきであろう。

　とにもかくにも考古学と文献史学は、まずは互いの領域を認めた上で、それぞれの特長を尊重し、統合的研究を目指す必要がある。西洋考古学においては、考古学と古代史が別個であることを前提に、統合せねばならないという議論ではなく、元来一つの分野であり、研究の便宜上、二つに分けているに過ぎないという視角もある[17]。資料の解釈段階になって初めて考古学と古代史と接ぎ木する、というのではなく、解釈の枠組みを構成する段階からそうする必要がある。

　第二に、一地域だけでなく少なくとも嶺南地方全体の考古学的現象を説明しつつ、特定地域の現象に対しても一貫性をもって説明することのできる包括的、かつ統合的な資料解釈モデルが基盤に据えられなければならない。考古学と文献史学のあらゆる史・資料に対して一つの大仮説として機能しうる妥当性をもつ、包括的解釈モデルをつくる必要がある。

　すなわち、ある解釈（あるいは解釈の枠組み）の妥当性（あるいは有効性）は、あらゆる考古資料や文献史料を最も包括的に矛盾なく、一貫性をもって説明することができるのかどうかによって判定される。たとえば、洛東江以東地方の各地域の土器様式の意味を解釈する際、義城地域の場合は新羅に属し、昌寧地域は属さないといった個別指向的解釈[18]は、恣意的であるのみならず、包括性の基準にも反するもので、説得力をもちえない。文献史学において『日本書紀』神功紀にみえる「卓淳国」を地理的位置関係や音似などから大邱地域に比定する見解[19]もまた、それ自体の論理はそうかもしれないが、包括性をもたない一面的な視角の所産である。万一そうみる場合、大邱地域の古墳文化が新羅一色である点はひとまず措くとしても、『三国史記』初期記録の沾解尼師今 15 年（261）条にみえる達伐城の築城記事や城主任命記事などはどのように解釈するのだろうか。

　文献史学における史料空白期ともいえる 4 〜 6 世紀に、洛東江以東様式土器が持続的に出土す

第1部　新羅考古学方法論

る各地域は、後述するように洛東江以東様式土器と着装型威信財、高塚が相互に連動し、あるい
は相関関係をもちながら変化する、という定型性をもっている。さらに様式的にみて慶州地域か
ら賜与されたと判断される着装型威信財は、単純な威信財ではなく服飾品である以上[20]、単に
贈与されたものではなく下賜されたものと考えられる。服飾は共通した政治、社会的脈絡をもつ
圏域内においてのみ意味をもち、ほかの社会ではその〔本来の〕意味を失うという特性をもって
おり、たとえば新羅の服飾が百済の支配層や倭の誰かに贈与され、それが着装されるといったこ
とは基本的に考えにくい。それゆえに〔それと連動する〕洛東江以東様式土器とは、すなわち新
羅様式土器ということができ、その分布圏は単純に同一土器文化圏を示すのみならず、同一の政
治圏をも示し、その圏域内の各地域は慶州地域の間接支配を受けていたと解釈することができる
のである。

　この包括的な解釈の枠組みにしたがって新羅領域として設定した洛東江以東地方の高塚群から、
今後、伽耶土器が「様式」の水準で持続的に出土するようなことがあれば、このモデルは完全に
その説得力を失うであろう。しかしこれまでの調査例をみる限り、その可能性は極めて低い。し
たがって、文献史学においてもこのような考古学的解釈をまったく無視して、洛東江以東地方の
ある地域が5・6世紀も伽耶であったと論断することはできない[21]。おおむね5世紀初め以降の
洛東江以東地方を新羅領域とみる通説に対して反論もせずに、大邱地域が卓淳であったとか、昌
寧地域が555年まで伽耶だとする姿勢では、果たして真の古代史復元が可能であるのか極めて疑
問である。すなわち、これらは新羅史の観点や研究成果からみても、到底理解しがたい解釈であ
り、かつ包括性の基準にも抵触し、考古学の研究成果にかかわらずとも、首肯しがたいものであ
る。昌寧地域から霊山一帯だけを取りだして、6世紀前葉まで存在した伽耶国である喙己呑に比
定したり[22]、桂南地区以南を一括りに桂城・霊山《伽耶》とみる考えも[23]、包括性の見地だけ
をみても立論の余地がない。

　第三に、土器様式を基準に新羅・伽耶の境域区分問題や一地域の帰属問題を考古学的に検討す
る際、しばしば洛東江流域圏全体で現れる現象が考慮されることなく、洛東江以西地方をひとま
ず伽耶とした上で、洛東江東岸の一部地域のみが問題視されてきたが、これもまた誤った方法論
である。そのような偏ったアプローチは基本的には『三国遺事』五伽耶条の記事を強く意識した
ところに起因するが、一方では（そのためであるかどうかは別として）土器様式を客観的に区分で
きていないところに起因する。不思議なことに洛東江以西地方が伽耶であることについて、考古
学の側から異議が提起されたことはない[24]。新羅・伽耶の考古学的区分が不可能であるだけで
なく、研究の助けにもならないという立場に立つ論者さえも、である[25]。

　そもそも洛東江以西地方をすべて伽耶とみる見解は、いかなる考古学的根拠にもとづいている
のだろうか。洛東江両岸がすべて伽耶であれば、洛東江より西側は当然、伽耶とみて問題ないの
だろう。高霊地域や咸安地域の場合は、慶州地域が新羅であるように文献史学的にも考古学的に
も伽耶であることに疑いないとしよう。陜川地域もそういうことにしよう。しかし、宜寧地域の
ようなところは何を根拠に伽耶とするのであろうか。文献史学において于勒[4]の出身地である省
熱県を宜寧地域北部の富林面一帯に比定していることさえ考慮しなければ、結局はここから出土
した土器を基準としているのではないだろうか。すなわち、宜寧一帯に古代政治体が存在したの

32

かどうかはさておき、そこから出土する主な土器が高霊圏や咸安圏の土器様式であるという点[26]を念頭においた解釈といえる。

しかし実のところ洛東江以西地方の土器様式の結集性は、洛東江以東地方全体とは区別される多少分散的な様態の地域様式が分布するといえる程度のものである。それにもかかわらずこれを洛東江以西様式、あるいは伽耶様式という一つの様式によって包括される圏域とみなすのは、文献史料に依拠したもので、洛東江以東地方との対比による相対的設定といわざるをえない。それに対し洛東江以東地方の考古学的現象は、先述のように土器様式だけでなくほかの要素も有機的に関連しており、結集性が強く、定型的である。それにもかかわらず洛東江以東地方のある地域の帰属が議論となるのは、考古学的判断というよりは文献史料、特に『三国遺事』五伽耶条のためである。洛東江以西のいわゆる大伽耶圏、阿羅伽耶圏、小伽耶圏すべてを一つに括る土器の共通性、すなわち洛東江以西様式の共通性や結集性が、洛東江以東様式よりも弱いことは、統計学的比較をおこなわずとも明らかである。

第四に、洛東江以東様式土器（解釈的意味における新羅様式土器）の地域色、あるいは地域様式が、概念的にも実際的にも、あくまで大様式に包括される小様式に過ぎないにもかかわらず、地域色や地域様式の意味を解釈する際にこのような全体を忘却し、あたかもそれを地域の独自性を立証する証拠であるかのようにみることは、方法論的に誤りである。地域様式という概念規定には曖昧な部分がなくもないが、この視角においてはそれが消え、完全に慶州様式化した時点で初めて新羅とみる。しかし、地域色は漸進的過程を経ながら消滅していくため、そのような見方が成り立ちがたい。

図3は慶州、慶山、昌寧地域の古墳群から出土した高杯を筆者の編年案にしたがって、段階的に図示したものである。昌寧地域と慶山地域における地域色の消滅過程はおおむね同じ速度で起こったとみることができ、そこには慶州地域を媒介とする共通の変化を推察できる。その速度が多少速くなる画期をあえて設定するのであれば、5世紀中頃に求められよう。

洛東江以東地方の各地域の土器様式が政治的独自性を示すと解釈するのであれば、このような漸進的な変化あるいは消滅過程は、該当地域が伽耶から新羅に転換する際に想定される土器様式の急激な変化をまったく反映しておらず、自己矛盾に陥る。さらにそのような独自性を示す地域土器様式が慶州様式化に向かって、不可逆的過程を歩んでいく点についても説明が必要である。地域様式新羅土器の登場、および高塚の出現は、新羅国家が該当地域を間接支配した結果であり、それらの消滅あるいは高塚内部の石室化は直接支配に起因するという筆者の解釈は、一つの対案として成立しうるもので、先述の包括性の基準も一部とはいえ満たすものであるが、〔地域土器様式は政治的独自性を示すと解釈する立場は、〕以上のような点をどのように説明するのだろうか。

そもそも、地域様式は政治的独自性を示すという解釈が、土器だけにもとづいている点も問題である。そのような解釈に至るには、土器だけでなく威信財や高塚が突然登場する理由についても説明する必要があり、それによって初めて包括的説明が可能となる。結論からいって、慶州様式化する前の昌寧地域の土器様式を昌寧地域の独自性を示すかのように理解することは困難である。すなわち昌寧地域の土器様式は、あくまで洛東江以東様式の一地域様式であり、おのずと昌寧地域も新羅の領域であったと解釈すべきであろう。

第1部　新羅考古学方法論

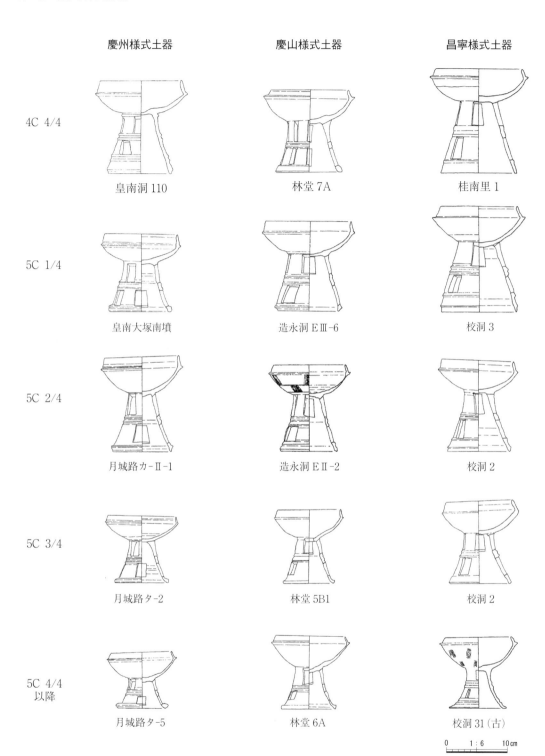

図3　慶州様式、慶山様式、昌寧様式土器の変遷比較

新羅土器の地域様式が独自性を意味しないのであれば、なぜ初めからより画一的な土器様式が形成されずに洛東江以東地方の各地域で地域色が現われるのか、と反論することもできるだろう。この地域様式という現象は、実は解釈的意味においての独自性を代弁するというよりは、叙述的意味においての伝統性が発現した結果とみるのが適切である。このような伝統性の維持は、該当地域の政治的独自性、独立性を保証するものでは決してない。地域様式の発現過程が明らかでないという決定的な限界はあるものの、新羅国家が地方の生産システム〔体系〕を直接掌握できていない間接支配段階ゆえの現象と考えられ、そのような政治的背景の下、いくつかの理由から各地域の土器製作伝統が強く維持されたとみられる。たとえば昌寧地域の新羅様式高杯の杯部形態が前代の伽耶様式高杯の杯部形態を引き継いでいると推定される点や、甕や軟質土器のような器種にそのような伝統性がより長く維持される傾向は、このような推定を傍証する。

多少冗長になったが、新羅と伽耶の圏域区分問題に対して、考古学と文献史学を接ぎ木する際に留意すべき四つの課題、すなわち①両分野を統合した研究、②嶺南地方全域を包括した研究、③洛東江東西の土器様式を同時に考慮すること、④土器の地域色の正しい理解について論じてきた。最後に本書の基本となる観点を披瀝する前に、『三国遺事』五伽耶条に関連する一つの問題について言及しておこう。この記録は近年の史料批判によって、羅末麗初のこじつけ〔付会〕である可能性が高いという事実が明らかとなったが、そのすべてを羅末麗初のこじつけとして片づけてしまうのは疑問である。

この新しい解釈を全面的に受容し、当時伽耶という認識がなかったとまでいいきってしまうことは難しい。広開土王碑によれば、遅くとも5世紀初めには新羅という政治体がはっきりと現われ、これに相対する政治結集体としての伽耶の存在を想定せざるをえないためである[27]。また五伽耶と称される地域の一部が、その歴史発展過程においてとった一時期の状況が羅末麗初に強調されたとみることも可能である。たとえば『日本書紀』神功紀49年（249→369）条のいわゆる加羅七国平定記事[5]が、その主題と年代の信憑性はさておき、一定の歴史性をもつとみてよいならば、そこに登場する「火斯伐」は現在の昌寧地域に比定され、昌寧地域は一時伽耶であったと考えることができる。羅末麗初にこの地域の勢力が「非火伽耶」を打ち出し、それが五伽耶条に記録されたのではないだろうか。

以上をまとめると、洛東江以東様式土器の分布圏から辰・弁韓が伽耶と新羅に分立して以降、遅くとも4世紀後葉から5世紀初め頃には、両者の境界は洛東江にあったとみておきたい。ただし4世紀代については、その境域に大きな変化はなかったとしても、若干の変化があったと考えられるため、資料の増加によって解釈が修正される余地を残しておくこととしよう。

これによって嶺南地方の古代社会が辰・弁韓から新羅・伽耶へ変わり、境界が定まった後、6世紀中葉近くまで〔その境界が〕変動しなかったという視角のもつ不合理な硬直性を避けることができる。実際、当時の社会をそのように没時間的、静態的にみることができるのかについては、極めて疑問である。4・5世紀の朝鮮半島とそれをめぐる地域情勢が激動的であったという歴史的状況はひとまず措くとしても、考古資料は時間が経つにつれて確実に変化しているからである。さらにこの境界不変論は、新羅が現在の慶州一帯のみを支配し、残りの地域をすべて伽耶とみているところに根本的な問題がある。『三国遺事』五伽耶条を無批判に受け取り、拡大解釈した帰

第1部　新羅考古学方法論

結といえるが、先述のようにそれには今やこれといった根拠がなく、考古資料もまた、それが事実ではなかったことを証明している。

　以上から、新羅と伽耶の区分問題にアプローチしていくための基本的枠組みを次のように整理できる。辰・弁韓段階においては、多少混在していたと考えられる両単位の範囲[28]は、新羅・伽耶へと転換する初期の段階から、ある程度明瞭に区分されはじめたと想定される。その後は、新羅圏だった地域が伽耶となるよりは、伽耶圏または中間圏に属していた地域が新羅圏に編入されるケースが主であったようだ。そのような変化の起こった地域はおそらく、洛東江中流域一帯であっただろう。また東岸の一部地域については、このような遊動性、または独立性を認定するとしても、それはあくまで新羅・伽耶へ転換した初期の段階に限定され、後述するように5世紀以降にはそのような遊動性はほぼなかったとみられる。もちろん両政治体の境界は、今日の民族国家の国境のような性格を帯びるものではなかったはずだ。

　考古資料文化反映論とは異なり、〔当該期の〕土器や威信財の様式は政治性を帯びると解釈する場合においても、その様式分布圏内のいくつかの集団間の政治的関係を推論する際には若干の混乱が認められる。これは知らず知らずのうちに連盟的段階の次にすぐ古代国家の完成を想定するという古代国家の形成から確立への道程に対する誤解に起因するようである。洛東江以東地方に現われる共通様式の存在が、斯盧国を中心とした新羅連盟体を示すとする説[29]はその代表例といえる。この説は洛東江東岸のいくつかの地域に所在する高塚群が、その地における独立的勢力の存在を示すとみることも前提としている。あわせて、先述の認識の延長線上において、ある地域を新羅とみる、すなわち新羅国家の「直接支配」を受けた圏域という認識もかなり蔓延しているようである。それゆえ、（明示こそしていないものの、）共通した土器様式などの存在を認めながらも、『三国遺事』五伽耶条を考慮して、洛東江東岸のいくつかの地域を「親新羅系伽耶」と命名したのではないかと推察される。

　しかし、これは新羅の変化過程に対する正しい解釈の枠組みにもとづいたものではない。後述するように高塚登場段階から現われる慶州地域とそのほかの地域間の一定の格差をみれば、その関係を単純な連盟体の水準とみることはできない。また、新羅式威信財が斯盧から下賜されたのであれば、明らかな政治的上下関係、すなわち慶州地域とある地域の間の支配臣属の表示として解釈せねばならないはずである。高塚の存在が象徴する相対的独自性をある程度認めつつも、貢納関係による間接支配の概念[30]を採用することによって、共通する土器様式、および威信財の分布に対しても、合理的に説明することが可能となる。

2. 洛東江以東地方における古墳資料の定型性

　洛東江以東地方の4・5世紀の古墳資料の示す定型性とその意味については、これまでも土器様式や威信財などをもとに多くの議論がなされてきた。しかしそれらの議論の多くは、通時的な観点が欠如していたといわざるをえない。そのため、主として様式区分の問題や分布様相などに関心が集中し、資料の時間性の変化と空間上の変異についてはとりたてて注目されてこなかった。また、それらの遺物を出土する古墳が5世紀を前後して、高塚化する現象についても注目される

ことはなく、さらにはこれら三つが相互に関連づけて議論されることもなかった。その結果、古墳資料が内包する重要な定型性を看過し、その解釈にも混乱をきたしているようである。ここからは、これまでの研究成果を概観した上で、時間的変化と空間的変異を同時に考慮する視角からアプローチを試みる。土器様式、威信財、高塚という三つの要素について、これまで注目されなかったいくつかの定型性を抽出し、それらが構造的に相互に関連しあっていることを明らかにし、このような定型性が発現する要因を、洛東江以東地方に対する新羅国家の地方支配に求めてみたい。

1）土器様式

　これまでの研究によれば、4世紀後半から6世紀初めにかけての洛東江以東地方（より正確にいえば琴湖江以南においては洛東江以東、琴湖江以北においては洛東江以東・以西の両方）の古墳から出土した土器は、全体的に洛東江以西地方の土器と明確に区別され、「洛東江以東様式」という一つの範疇に包括することができる。洛東江「東岸」地域から出土した土器を「伽耶土器洛東江以東群」という一つの様式として括り、慶州一帯を一つの単位とする土器様式とは異なる別個の様式と把握する見解もあるが[31]、（これは先述したように洛東江東岸地域が一時、伽耶であったという文献解釈に縛られて慶州とこれらの地域を区分しようとすることに端を発するもので、）「東岸」地域の土器を一つに括って、慶州一帯の土器と区分しなければならない根拠は、少なくとも土器様式自体にはない。さらには、それらを「伽耶土器洛東江以東群」と命名する根拠は、まったくないといっても過言ではないだろう。洛東江以東様式という大きな枠組みの中に昌寧様式、義城様式、慶州様式などの地域様式が存在したと理解して何ら問題ないのである。

　洛東江以東様式は洛東江以西様式に比べ、様式としての結集度が高い。これは、計測的属性を基準に洛東江両岸のいくつかの地域の土器の類似度について比較した権鶴洙の研究[32]がよく示すところである。氏の研究によって5世紀前半代の金海、星州、大邱地域の土器間の類似度が、西岸地方のある地域間の土器類似度よりも高いことが明らかとなった。この結果は、それらの地域が一つの様式圏として設定できることを間接的に示すものとみられる。分析範囲をより拡大し、慶州地域をはじめとする洛東江以東地方の他地域を含めたとしても、同様の結果が予想される。このような高い結集性は、時間が経つにつれてさらに強まっていく。これは、洛東江以東地方が洛東江以西地方に比べ、よりはっきりとした一つの単位を形成していたことを示唆するものにほかならない[33]。

　これまでの議論は、洛東江以東様式土器が出土したすべての地域を一つの単位として設定できるのかという問題に関心が集中し、その定型性にまでは目がいき届いていなかった感がある。その定型性をはっきりと把握するためには、先述したように時間的変化と空間的変異を同時に探っていく必要がある。

　時間的変化相において最も重要な問題は、様式の形成過程である。洛東江以東土器様式がどのような過程を経て成立したのかを明らかにできれば、様式の意味や成立の契機についても推論することができるだろう。

　洛東江以東土器様式の形成過程については、慶州地域で一元的に成立し、他地域に広がったと

第1部　新羅考古学方法論

する説[34]と、中心地をもたずに地域相互間の「様式的選択性」が作用した結果、成立したとする説[35]に大別される。前者は様式が突如として成立したかのようにみるのに対して、後者は比較的徐々に形成されたとみる点で差異がある。様式の形成速度に関しては基本的に後者の視角が正しいと思われるが、洛東江以東様式が中心地をもたない様式的相互作用の中で形成されたとする点については疑問が残る。洛東江以東土器様式は地域相互間に「様式的選択性」が自然に作用することで成立したのではなく、プロト新羅［原新羅］様式とでもいうべき慶州土器様式がまず成立し、それが他地域に拡散する過程で各地域の既存の土器に「様式的選択圧（stylistic selective pressure）」が作用した結果、成立したものと判断される。今はまだ、そのことを具体的に追跡するだけの資料が十分に蓄積されていないものの、洛東江以東様式成立前後の時期の土器相がある程度明らかな東莱福泉洞古墳群では、ぼんやりとではあるがその過程を辿ることが可能である。以下では、便宜的に上下交互透孔［透窓］高杯の出現を洛東江以東土器様式成立の指標に据え、福泉洞古墳群の土器相をみてみよう。

　次章で詳述するように、洛東江以東土器様式成立前後の東莱福泉洞古墳群の主要古墳は35・36号墳、25・26号墳→31・32号墳→21・22号墳→10・11号墳の順に相対編年される。高杯を中心に土器相の変遷についてみると[36]、35・36号墳はいわゆる古式陶質土器段階にあたり、この地域特有の外折口縁長脚高杯に上下垂直［一列］二段透孔や細長方形一段透孔が穿けられており（図4-1・2）、まだ交互透孔高杯は出現していない。そして次の段階である25・26号墳は、透孔をもたない外折口縁長脚高杯が多数で、一部、細長方形一段透孔をもつ（図4-4）。それが次の段階である31・32号墳になると既存の器形（図4-8）に二段交互透孔を穿ける高杯（図4-9・10）が出現する。これ以降、釜山地域は汎洛東江以東様式圏の一地域に入ったとみられ、後続する21・22号墳からはそういった高杯（図4-11）に加えて、明らかに慶州様式と考えられる高杯（図4-12）などが大量に現われる。その次の段階である10・11号墳からは、周知のように在地の器形の高杯は完全に消え、洛東江以東土器様式内の釜山地域様式が確立されるに至る（図4-13・14）。

　慶州様式土器が大量に出土した21・22号墳の次の10・11号墳における地域様式の成立に、慶州様式土器が深く関わっていることは明らかである。ここで問題となるのは、31・32号墳において在地の器形の二段交互透孔高杯が出現する過程に対する説明であろう。これまで公表された資料によれば、31・32号墳には在地の器形が変形した交互透孔高杯だけがあって、慶州様式の器形は出土していない。これだけをみると古式陶質土器の伝統のもと、いくつかの地域間の純粋な様式的相互作用によって洛東江以東様式が形成され、あたかも慶州は慶州、釜山は釜山と地域ごとに洛東江以東様式の形成に向かって独自の変化を経ていったかのように考えることもできる[37]。

　しかし、31・32号墳から出土した交互透孔高杯の台脚〔脚部〕に注目する限り、そのように理解することは難しそうである。というのも、この高杯の杯部はすべて在地の形態であるが、交互透孔台脚は厳密には二つの様相を呈している。すなわち杯部の曲率や台脚端部の直径を比較すると、在来の無透孔や二段透孔の台脚構造を引き継いだもの（図4-9）がある一方で、台脚端部の直径が相対的に大きくなり、杯部の曲率が変化した個体もある。下段透孔の下に2条の突帯を、

第Ⅱ章 古墳資料からみた新羅の領域とその性格

図4 4世紀中・後半の初期新羅土器
1～3：福泉洞35・36号墳　4・5：福泉洞25・26号墳　6・7：月城路カ-13号墳　8～10：福泉洞31・32号墳
11・12：福泉洞21・22号墳　13・14：福泉洞10・11号墳

第１部　新羅考古学方法論

各段の間に１条の突帯を設けている点などから、後者は慶州様式の強い影響を反映していると判断される（図4-10）。またこれらの中には両突帯間に透孔をもう一段穿けるものもある。これは、慶州様式の「様式的選択圧」が作用した結果とみるべきだろう。

　仮にそれが「様式的選択圧」の結果ではないとみたとしても、洛東江以東地方のいくつかの地域で交互透孔という共通の属性が採択された契機が何であったのかという宿題は残る。31・32号墳の前段階である35・36、25・26号墳から出土した非在地的器形の高杯を参考にすれば、これは選択圧の結果である可能性が高い。35・36号墳の出土例（図4-3）は透孔が下段にだけ穿けられているが、幅広の透孔形態は明らかに二段交互透孔高杯の系統である。また、報告されていない高杯の中には、典型的な初期慶州様式である口縁が直立し、最下段の幅が広い二段交互透孔の三段台脚高杯がみられる。一方、25・26号墳からは交互透孔高杯は出ていないものの、似た時期の慶州月城路カ-13号墳出土品（図4-6）とよく似た台脚上部の直径が大きい二段垂直透孔の非在地器形の高杯が１点出土している（図4-5）。月城路カ-13号墳では同じ形態の二段交互透孔高杯（図4-7）が主流をなしていることからみて、このような交互透孔高杯は（25・26号墳にこそ副葬されなかったものの、）この段階から既に釜山地域に流入していた可能性が高いといえよう。

　上述の非在地的器形の高杯がどこからきたのかを正確に知ることはできないが、現時点では慶州産、または慶州様式土器とみるのが最も合理的と考えられる。すなわち、31・32号墳以降にみられる洛東江以東土器様式出現の前段階から、釜山地域に何らかの選択圧が作用していたことを示す傍証の一つとして解釈できるだろう。

　今みた事例を無謀を承知で一般化するならば、慶州以外の地域における洛東江以東土器様式は、慶州様式土器の「様式的選択圧」によって形成され、それゆえ成立当初から共通様式としてのまとまりを保ちつつ地域色を発現したものと考えられる。成立当初の地域色はそれ以前のいわゆる古式陶質土器の地域色を基礎とし、一定の期間を経て、再び各地域において福泉洞10・11号墳にみられたような新たな地域色が成立したと推定される。高杯の台脚や杯部の形態をみる限り、その地域様式は洛東江以東様式としての共通性を一層強くもちつつも、地域色をそれなりに維持している。

　このようにして成立したと推定される洛東江以東土器様式は、その後時間が経つにつれて、地域ごとに土器様式の内容が変化する。その変化が一定の方向性、すなわち定向性をもっていることは注目に値する。その定向性は、基本的には各地域の土器様式の地域色が脱色する方向へと向かい、地域色が再び強くなるといったような逆転現象は認められない。いいかえれば、洛東江以東地方全域において様式相の共通性が徐々に高まる方向へと変化していく。そしてその変化の終点は結局のところ、一地域様式によって洛東江以東地方全域が支配されること、すなわち慶州産土器ではないとしても慶州様式土器[38]が全面副葬されることに求められる。これは慶州、慶山、昌寧地域の土器を比較すれば一目瞭然である（図3）。

　ところでこの一定の方向性をもつ通時的な変化は、洛東江以東地方全域において、空間的にも一定の定型性を示す。以下、その点について少しだけみてみよう。

　いわゆる洛東江以東様式は、交互透孔高杯を基準にみると、4世紀中葉に成立し、6世紀中葉に短脚高杯が登場するまで、大きく4段階の変化を経たものと考えられる[39]（図5）。

40

第Ⅱ章　古墳資料からみた新羅の領域とその性格

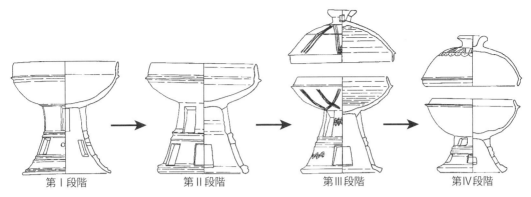

図5　洛東江以東様式土器（新羅様式土器）の変遷

　第Ⅰ段階は洛東江以東様式高杯が形成される段階である。この段階の初期には台脚の上部径が大きくなり、透孔を交互に二段穿けたり、穿けることの可能な形態となるが、依然として台脚は曲線的な八字形で、杯部口縁は蓋を受けるためのたちあがりをもたない。この段階の遅い時期には直立したたちあがりをもつものが現れるが、多くは蓋と共伴せず、台脚は若干直線化するものの、依然として三段構成のものが多い。

　第Ⅱ段階は截頭円錐形の交互透孔二段台脚に、直立、ないし若干内傾したたちあがりをもつ高杯が確立する段階である。以後、この属性はほぼ変化なく維持される。蓋のつまみは台脚倒置形が基本である。従来はこの段階以降の土器が、本格的な新羅様式とされてきた。

　第Ⅲ段階は斜格子文や二重鋸歯文などの文様が流行する段階である。台脚が相対的に細身になることも重要な変化の一つである。この段階の遅い時期には台脚と杯部の高さがおおむね等しくなり、標準化がさらに進む。

　第Ⅳ段階は短脚化が進行した段階である。この段階の高杯は、蓋と杯部を合わせた形状が球形をなす点が特徴である。

　大きくみて様式形成の初期段階には変化が早く、いくらか多様な様相を示すが、標準化がある程度進むと、時間が経っても形態差がさほどみられなくなる[40]。各段階の絶対年代を比定する際に念頭におかなければならない点については次章で指摘するとして、いわゆる短脚高杯が6世紀中葉頃に出現する点は、一つの大きな基準となる。

　本書の年代観[41]に拠れば、第Ⅱ段階の土器の出土した慶州皇南大塚南墳が5世紀初めと考えられるため、第Ⅱ段階は5世紀前半、そして第Ⅰ段階は洛東江以東土器様式の成立が4世紀中頃前後と考えられるため、4世紀後半とすることができる。そして土器製作の標準化が定着して以後、短脚化、矮小化する段階には変化の速度が遅くなるという観点から第Ⅳ段階を6世紀前半、第Ⅲ段階を5世紀後半としておく。

　以上を前提として前稿[42]では、時間が経つにつれて慶州系土器の分布圏、あるいは影響圏の拡散が起きたと想定し、各地域の土器はそれと軌を一にしながら次第に汎洛東江以東様式へ統合されていくとみた。しかし慶州系土器の拡散過程については、依然、確たる説明が難しいと判断されるため、ここでは具体的な説明は保留し、概略的な傾向性だけを述べる。

　まず第Ⅰ段階の慶州系土器は、慶州を中心とした蔚山、東萊、興海、永川などの地域や、大邱

41

第1部　新羅考古学方法論

伏賢洞古墳群、遠くは江原道の溟州下時洞古墳群などでも確認され、これらの地域においては、洛東江以東様式が既に確立していたようである。すなわち、この段階に慶北北部地方を除く洛東江以東地方で、洛東江以東土器様式への最初の転換が起きたとみることができるだろう。

　次の第Ⅱ段階に入ると、一部地域において当該期の古墳が調査されていないものの、尚州青里遺跡からこの段階の初期の慶州系土器[43]が出土しており、5世紀初めには慶州から遠く離れた慶北北部地方にも洛東江以東様式への強い選択圧が既に作用していたことは明らかである。この段階の初めに洛東江以東地方のほぼ全域で、洛東江以東様式が確立したと推定される。

　第Ⅲ段階になると再び慶州様式土器自体、またはその文様要素が洛東江以東地方全域に広範な影響を及ぼすようになり、結果として洛東江以東地方全域で様式的統一性が一層強化される。また、前段階までは他地域に比して慶州様式の影響が少し弱かった昌寧地域においても、このような現象がはっきり確認されるようになる[44]。

　第Ⅳ段階にはかなり短脚化の進んだ慶州様式土器が、洛東江以東地方全域にほぼ同時に広がっていく[45]。この段階の初めには、慶州を除く地域で大型高塚がほぼ消滅し、埋葬施設が横口式石室や横穴式石室に変わる。

　最後にもう一つ指摘しておきたい定型性は、ある地域の土器様式が慶州以外の他地域の土器様式に代替されるとか、特定地域に複数地域の土器様式が一定期間、混在するといったことが認められない、ということである。すなわち、土器様式をみる限り、慶州地域以外の地域間での相互影響は認められず、地域性を維持しつつ、慶州様式へと統一されていく様相を示す。

　このように洛東江以東土器様式の成立と時空的変遷過程の背景には、慶州地域からの持続的な選択圧が作用していたと判断される。これは洛東江以東土器様式の分布圏が、文化的共通圏域であることはもちろん、何らかの共通の政治圏域であったことを間接的に示していると推論される。次にみる慶州系の威信財も同じような分布圏を共有するという事実は、〔文化的共通圏域を〕共通の政治圏とみる筆者の解釈を一層後押しする。

2）威信財

　洛東江以東地方のいくつかの地域に築造された5世紀代の古墳から、同一様式の冠、帯金具［銙帯］、大刀などのいわゆる装身具類が出土していることは、周知の事実である。これらの装身具類は単に身体を装うだけのものではなく、着装者個人の威信を視角的に強調するための「威信財（prestige goods）」である。これらの材質が金・銀・金銅であるという事実は、そのような解釈の傍証となる。すなわち、これらは「着装型」威信財と定義することができ、とりわけ帯金具については単純な威信財ではなく、服飾品としても機能していたと考えられる[46]。後述するように洛東江以東地方の各地域の古墳から、被葬者に着装した状態で出土したこれらの威信財の組合せ関係をみると、一定の定型性がはっきりと観察される。

　これらの威信財が洛東江以東地方のいくつかの古墳において一揃いの服飾品として副葬されはじめる時期は、5世紀初めの皇南大塚南墳やその前段階の皇吾里14号墳の例からみて、おおむね4世紀後葉頃と推察される。もちろん4世紀後半初めと考えられる月城路カ-13号墳の金工品が既に高度に発達した水準にあることを勘案すれば、4世紀後半以前にまで遡る可能性はある。

42

ただし、皇南大塚南墳から出土した山字形冠と対比されるいわゆる草花形冠が[47]、〔着装状態ではなく〕そのまま副葬されている点からみて、山字形冠をはじめとする帯金具などの各種威信財が一揃いで装着される時期は、やはり4世紀後葉頃と推測される。

この着装型金工威信財の登場は、前代までの威信財にはなかった重要な変化である。このことは、原三国時代から三国時代にかけて嶺南地方の古墳に副葬された威信財の変化を通時的にみればよく理解できる。紀元前1世紀から紀元後3世紀の辰・弁韓時期の威信財については、まだよく分からない部分が多いものの、長期に渡って大きな変化もなく、有機質製冠などやガラス・水晶製玉類を主体とする頸飾類が愛用されたようである。そして4世紀前半、あるいは3世紀代のある時期からは、東莱福泉洞古墳群や金海大成洞古墳群の資料をみる限り、容器類のような「保有型」威信財の方がむしろ特別な意味をもっていたといえる[48]。それが4世紀初めを前後する時期になると、洛東江以東地方でヒスイ［硬玉］製勾玉を主体とする頸飾類が着装型威信財として出現するという、辰・弁韓以来、最初の重要な変化が起きる。その中心地は5世紀代の様相からみると、慶州一帯の斯盧であったようである。このヒスイ製勾玉は、金工威信財が本格的に登場した後も山字形冠に取りつけられるなど、新羅の威信財類において金工品に次ぐ重要性をもっていたと考えられる。

このような背景のもと、4世紀後半に登場した着装型の金工威信財は、支配層の威信財が保有型から着装型へと変化したことを示すものと評価できる（もちろんそれ以後も引き続き、保有型威信財は存在する）。当該期に出現した着装型金工威信財は、辰・弁韓時期の玉類のような単なる装身具ではなく、服飾の主たる要素となる点で、その性格が根本的に変化している。3世紀から4世紀前半まで重要視されてきた威信財は、保有型で、かつ外来起源のものが主体を占めるのに対し、4世紀後半から5世紀の金工威信財は主に嶺南地方で製作されたと考えられる点も重要な変化といえよう。

保有型威信財は伝世などによって所有者が変わることもあるが、着装型威信財はそうではない。基本的には特定の着装者のために製作された物品であり、特定個人にのみその威信が排他的に認定される社会的意味をもつ点で、保有型威信財とは性格を大きく異にする。また、強い視覚的効果によって、着装者の身分を恒常的に示すと同時に、身分層（支配階層）内における位階を具体的に表すものと考えられる。そのような点において金銀製の着装型威信財の出現は、支配階層内の大きな変化を示唆すると考えられる。また、着装者個人間の優劣が明確に表現されることから、支配階層内の分化がそれ以前より深化したと推論することができる。このことは、それらが副葬された高塚と重ねあわせることで、一層明確なものとなるだろう。

着装型金工威信財の中で特に冠類を詳細に分析し、同一型式が認められないことから、それらが各地域で独自に製作された可能性も提起されている[49]。しかし、それは過度な分類の結果とみるべきだろう。各地域の冠類が慶州地域のそれと同じように型式変化をしている点だけをみても、これらの威信財が各地域で製作された可能性はほとんどない。各地域において、しかも全時期に渡って、慶州地域のものを模倣生産したとは考えがたいからである。開発可能な金鉱の分布が偏在している点、金工品の製作には高度な技術を必要とする点などからも、各地域の古墳に副葬された威信財は、基本的には慶州地域から下賜されたものとみるべきだろう[50]。

第1部　新羅考古学方法論

　周知のように、これらの威信財は洛東江以東という限定された地方にのみ分布する[51]。すなわち、洛東江以東様式土器の分布圏内の古墳からのみ出土するといってよい。またその副葬は4世紀後葉以降、洛東江以東地方の大部分の地域で高塚が築造されるのと同時に始まり、5世紀代という限られた期間でおおむね終了する。このことから、地方における高塚の築造は、着装型威信財が慶州地域から各地の支配層に下賜された後に、始まった可能性が考えられる。そして各地域に慶州様式土器が全面的に登場する段階（おおむね5世紀末〜6世紀初め）になると、威信財類が急激に減少し、典型的な山字形冠類の副葬が終わる[52]。これは金工威信財が副葬されはじめる4世紀後葉頃に、洛東江以東様式土器が初期の多様性を脱却し、統一性を一時的に強化する点とあわせて、両者の変化に何らかの相関関係があったことを示唆する。

　各地の古墳出土威信財自体も定型性をもっている。周知のように慶州以外の地域の威信財と慶州地域の最高位クラス［級］の高塚出土威信財との間には、材質において一定の格差が存在する。山字形冠を例にみると、慶州地域の最高位クラスの古墳から出土する金冠は地方の古墳からは出土しない。地方の冠は金銅冠に限定され、大部分がいわゆる鹿角形の立飾をもたないなど簡素化したものである。また帯金具の場合、地方では2例の金銅製を除けばすべて銀製である。これは、慶州地域では最も大型の古墳の次の規模以下の古墳から出土するものとおおむね対応する。

　筆者は以前、このような威信財を服飾品とみる見地から、洛東江以東地方各地の4・5世紀の古墳から着装状態で出土した帯冠、冠飾、太環耳飾、細環耳飾、帯金具、大刀、頸飾、釧、指環の共伴関係について分析をおこなったことがある[53]。慶州地域の古墳の場合、共伴関係の定型性が多少はっきりとしないものの、冠類を除く服飾品類の共伴関係をA群（細環耳飾＋大刀副葬）、B群（太環耳飾）、C群（細環耳飾・大刀）、D群（太環耳飾・頸飾）、E群（細環耳飾・帯金具）、F群（太環耳飾・帯金具）、G群（太環耳飾・帯金具・頸飾）、H群（細環耳飾・帯金具・頸飾）、I群（太環耳飾・頸飾・釧＋一部帯金具もしくは指環着装）、J群（細環耳飾・帯金具・大刀・頸飾）、K群（太環耳飾・頸飾・帯金具・釧・指環＋大刀副葬）、L群（細環耳飾・大刀・頸飾・帯金具・釧・指環）に分類し、AからLへと位階が高くなることを明らかにした。慶州以外の地域の古墳については、慶州地域と同じ共伴関係をもつd、e、g、h、j群の存在を見いだした。これらは慶州地域の中・上位群に該当する。

　細環耳飾は男性、太環耳飾は女性を示すと解釈したため、上の12の群はA・B、C・D、E・F、G・H、I・J、K・Lという六つの男女対応群にまとめることができ、さらにA〜D、E〜H、I〜Lという3群に統合することができる。これらはAからLへと上るにつれ一つずつ服飾品を加えたり、ほかの服飾品で代替したり、下位群の服飾品を統合する累層的、かつ断層的な構成をもつ。また約150年間もの長きに渡って、慶州地域と他地域の間に共通したパターンが認められることから、洛東江以東地方全域を包括する服飾制度の存在が示唆される。

　上述の定型性は、斯盧が洛東江以東地方共通様式の威信財を下賜した可能性を強く後押しすると同時に、慶州地域と他地域間の一定の格差を示すものと看取される[54]。だからといって、各地域の高塚における威信財の副葬に厳格な類型を想定し、各類型に等級〔ランク〕を設定し、新羅中古期以後の冠位と対比させること[55]はできない。そもそもこの時期の慶州地域にはそのような一元的に組織化された厳格な冠位制度の存在自体が、疑問視されるためである。またそのような

第Ⅱ章　古墳資料からみた新羅の領域とその性格

分析は、材質や形態が同じであれば時期の異なる威信財も同じ類型に分類し、同じ位階をあてることになるため、時間の経過による威信財の意味の変化を捉えられないという問題を抱えている。

上述した4・5世紀の洛東江以東地方の服飾制度は、官位制に直結するようなものではなく、身分制を基盤とするもので、慶州地域において認められる三つの服飾群は、当時、支配層内に存在した三つの身分階層に対応するものと推定される。他地域においても（そのような身分制がそのまま適用されることはなかったかもしれないが、）慶州地域の服飾制度が準用されたと考えられる。

3）高　塚

「高塚」という言葉はよく使われるが、対象となる古墳の大部分が現在も墳丘をそのまま認知でき、明白な現象であるためであろうか、明確に定義されることはあまりなかったようである[56]。しかし、盛土墳丘を基準にすれば、遅くとも高塚以前の木槨墓段階から何らかの墳丘はあったと考えられ、それらといかにして峻別できるのかという問題があるように、その識別は決して可視的な次元に留まるものではない。また地下に埋葬施設が設置され、墳丘がもともとそれほど巨大でない場合、後世の削平などによって外観上、認識が難しいことも問題となる。

高塚概念を規定する際には、辰・弁韓以来の古墳の変遷上において、何を基準に据え、どの段階からを高塚と規定するのかが肝要である。最も一貫性があり、大きな基準となる属性は、やはり墳丘形態であろう。古墳の「墳」と「墓」を区別する際、地上高くそびえるものを「墳」、扁平なものを「墓」とする[57]。高塚の「塚」が「高墳」を意味するとする、『説文解字』に端的に示される理解である。

墳墓→古墳→高塚[58]、あるいは墓→墳→塚[59]へと辰・弁韓以来、墳丘が段階的に変化していくという観点のもとに高塚を定義するなら、古墳の中でも盛土墳丘で護石や周溝などによって平面形が円形や楕円形をなし、明らかな墳墓単位をなすものを「高塚」とすることができる[60]。このような基準でみると、埋葬施設の上に一定の盛土がなされるものの、墳丘がもともと低平で平面形が長方台形に近いと推定される東萊福泉洞古墳群のような古墳は、高塚の範疇からは除外される。一方で、横穴式石室を埋葬施設とする古墳は高塚に含まれることとなる[61]。

辰・弁韓以来の考古学的現象を通時的にみわたした時、高塚はその外形だけをとっても最も目立つ存在である。それゆえ「高塚」の出現は、いわゆる一般的な「古墳」の出現と合わせて、時期区分の重要な指標に据えることができる[62]。また、地域によって出現に若干の時間差はあるが、高塚は5世紀を中心とする期間に、かなり広域な範囲で集中的に築造される。すなわち高塚の出現は、各地域が共通して経た段階として設定することが可能であり、辰・弁韓以来の墓の変遷においては、木槨墓の出現や副槨の発生と同じく、画期的な変化として評価することが可能である。

高塚の墳丘がそれ以前の古墳より遥かに大きく、そして高くみせようという明確な築造意図をもってつくられたことは、現在もなおその威容を保っていることからみて確かであろう。5世紀初めに築造された皇南大塚南墳の規模（高さ約22m）は、前代の木槨墓とは比べものにならず、高塚段階に起こった変化を象徴的に示している。また、高塚の埋葬施設が時間が経つにつれて、地下式から半地上式もしくは地上式へと変化する現象も、埋葬施設〔の構築〕と同時に盛土することで労力を減らすという側面もあるが、大きくみせるという誇示効果を極大化する意図から始

45

まったと考えられる。とりわけ丘陵に築造された高塚は、傾斜を利用することによって、少ない土量で一層巨大にみせる効果を高めている[63]。また、それ以前にはみられない版築状の墳丘は、長期に渡って墳丘が維持されることを企図したものである。

　何よりも墳丘を量的に強調する点において、高塚はそれ以前の古墳とは明白に区分される。それゆえに、この段階に何らかの社会的変化が起こったことが示唆されるのである。墳丘築造に動員された労働力の規模からみて、被葬者（あるいは墓の築造者）の権力は前時期より遥かに大きくなったとみられる。平面円形、ないし楕円形の墳丘によって個々の墓域が明確になり、独立性が強調されている点は、支配層内における彼我の区別が一層明白になったことを示している。

　実際、それ以前の古墳は個々の墳丘の形態や大きさが視覚的に捉えにくく、築造当時、あるいはその後の住民は、各古墳間の差異よりも古墳群全体の集団性を強く認識することになったであろう。しかし高塚段階になると、そのような集団性と同時に、各古墳の単位が非常に強調され、集団性から脱皮しようとする傾向が強く感じられるようになる。高塚以前は、築造当時ですら古墳間の差異は顕著でなく[64]、一定の日時が経過すると、その差異は一層弱化する。木槨が腐朽することで墳丘が陥没し、封土自体も簡単に流出してしまうため、古墳個々の外形が不明確であることに加えて、隣接古墳同士が連接することによっても平坦化していく。一方、高塚の場合は内部構造が石槨である上に、版築状の墳丘築造方式によって墳丘がほぼそのまま維持され、相互の違いが持続的に認知される。

　このように高塚はそれ以前の古墳と異なり、築造当時の人々のみならず、後世の人々にまでも一種の記念物として認識されることを明確に意図していた。これは当時の人々の墓に対する認識が大きく変わったことを反映している。また「継世思想」のもと、当時の人々が墓を死者の生きる空間と認識していたであろう点を勘案すれば、〔葬送に対する〕そのような認識の変化は当時の社会に起きた重要な変化を示唆するものと考えられる。多くの高塚に副葬された遺物の質と量が、それ以前に比べ格段の差を示す点もそのような変化を裏づける。たとえば慶州地域の古墳の墳丘規模が著しく巨大化するのと軌を一にして、副葬品の質と量が飛躍的に増大する現象は[65]、何らかの大きな変化を暗示するものとみるべきだろう。

　以下では、洛東江以東地方の高塚の分布定型と、通時的、共時的特徴について検討し、それらが先に検討した威信財や洛東江以東様式土器の定型性とどのように関連するのかについてみてみよう。

　第一は、洛東江以東地方の高塚群がその分布において慶州地域と関連する点である。中・大型の高塚を主体とする大規模古墳群は梁山、昌寧、大邱、慶山、善山、義城、安東地域など、その多くが洛東江の本流および支流の盆地に分布している。もちろん慶州地域の高塚群や、東海岸地域の盈徳槐市洞古墳群、東海岸地域の南端に位置する東萊蓮山洞古墳群など、洛東江から離れた場所にも高塚群は存在する。このような洛東江以東地方の高塚群の分布における最も重要な定型性は、それらが交通の要地に立地する点である。そのことは、洛東江以東地方の水系を念頭におき、各地域における比高を基準に山地と平地を区分した上で、高塚群の分布とそこから想定される交通路を図示した図6をみれば[66]、おおむね理解できる。

　ここで注目されるのは、慶州地域が各高塚群の所在地を結ぶ主要交通路の最も多く交差する結

第Ⅱ章　古墳資料からみた新羅の領域とその性格

節地にあたることである。このことから慶州地域を中心とする交通網が想定され、その末端部や主要結節地に高塚群が位置するとみることができる。東莱地域は蔚山地域を経て南海岸へと通じる関門地にあたり、梁山地域は慶州地域から最も洛東江に近い。大邱地域は慶州地域の西側方面の洛東江に面した要地といえ、義城地域は慶州地域から西北側の内陸地域へ進む際に必ず経由せねばならない要地である。一方、昌寧地域は清道地域を経て洛東江方面に最も遠く進んだ場所にある。このような定型性は決して偶然ではなく、高塚群の生成と分布において慶州地域が求心的位置にあったことを示すものと解釈される。

　必ずしも慶州地域を中心にみなければならない理由はない、という反論は当然あるかもしれない。しかし、洛東江以東様式土器と金工威信財の分布が慶州地域を求心点とすることを踏まえれば、高塚群の分布相をそのようにみても何ら問題ないだろう。

　各地域の高塚群の規模にも、慶州地域を核とする傾向性が看取される。すなわち、慶州に直接到達できる地域の高塚群（梁山北亭里、東莱蓮山洞、永川完山洞古墳群[67]など）は、ほかの高塚群を経なければ到達できない地域の高塚群（義城塔里、慶山林堂・造永洞、大邱達城古墳群など）に比べ、全般的に高塚群の規模が小さい[68]。高塚群の規模が各造営集団の勢力の大きさや造営期間と相関するならば、慶州地域に相対的に近いほど、それだけ地域の勢力が弱かった、あるいは造営期間が短かったということになる。これは慶州地域の求心的位置を示す現象にほかならない。

　第二は、各地域の高塚を通時的にみた際、4世紀後半に洛東江以東地方各地域に初めて登場した高塚の多くが、4世紀末から5世紀初めになると墓域の高所で一定の群を形成しはじめる点である[69]。この時期は偶然にも、洛東江以東地方で土器様式の統一性が強化され、新羅式金工威信財が確立する時期にあたる。慶州以外の地域で慶州式着装型威信財が出現してから高塚群が形成されたり、高塚群の形成と同時にそのような威信財が副葬されはじめるのもこの時期のことである。高塚群出現前後の時期の古墳が多く調査された地域でいえば、前者には釜山地域が、後者には慶山地域がそれぞれ該当する。

　東莱福泉洞古墳群においては、4世紀末に編年される10・11号墳と1号墳でそれぞれ新羅式威信財が副葬されるが、これらはまだ高塚ではなく、後続する蓮山洞古墳群段階になって初めて高塚が出現する。一方、慶山林堂・造永洞古墳群では、最も古い高塚である4世紀後葉の林堂7A号墳から既に新羅式威信財が副葬されている。ただしこの場合も威信財は被葬者の生前に分与されたと考えられるため、高塚群の形成に先立って威信財が分与されていたことには変わりない。このような前後関係は決して偶然ではなく、深い意味をもっている。すなわち、いずれの場合においても慶州式威信財の分与と高塚群の出現の間には相関関係、ふみこんでいえば、一定の因果関係があったことが想定される。4世紀末から5世紀初めのこのような変化は、後述するように洛東江以東地方に大きな政治的変化が起きたことを反映するものと考えられる。

　よく想定されるように、高塚を単に地域間の文化的模倣による現象とみなすことはできない。大規模な労働力を動員できる権力の集中現象など、各地域集団内の条件が満たされていなければ、高塚の築造は不可能だっただろう。一方で、地域社会の進化を基盤とする点において、高塚の出現を各地域の独自性を示すとみなすことは可能である。しかし同時に、共通の土器様式を前提とし、慶州式威信財を伴うこの比較的急激な変化が、外的選択圧によって起きた集中化現象、ない

47

第1部　新羅考古学方法論

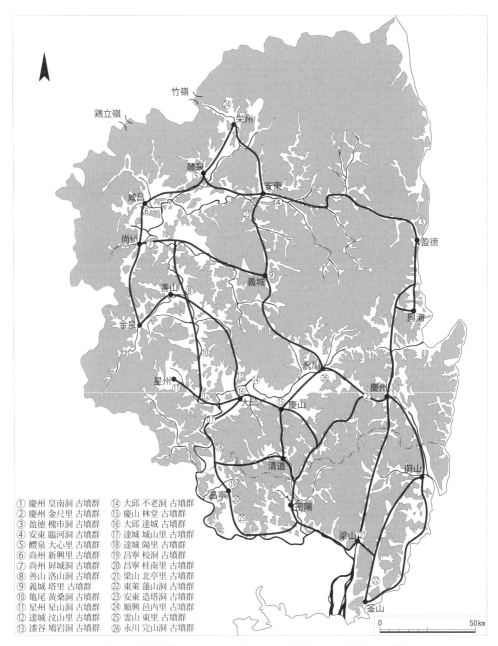

図6　地形と古墳群（高塚群）の分布からみた洛東江以東地方の古代交通路

し内的凝集という側面を強くもつことも否定できない。

　第三は、各地域の高塚を共時的観点からみた際、〔それ以前の〕木槨墓を埋葬施設とする古墳とは異なって、内部構造に強い地域色が認められる点である。木槨墓段階においては、平面形態などに地域間で多少の差異はあっても、内部構造にはそれほど大きな差異はなかった。それが高塚段階になると突然、地域差が大きくなる。内部構造に関していえば、地域ごとに異なるといっても過言ではない。

　これまでは、積石木槨墓を埋葬施設とする慶州地域を除く他地域の高塚の埋葬施設は、おおむ

ね石槨墓として一括され、それらの間には大きな差異がないかのように認識する傾向が強かった。このような分類と認識は、積石木槨墓が主墓制である慶州地域と、石槨墓が分布する残りの洛東江以東地方全体を一括して対比し、前者のみを新羅とし、それ以外のすべての地域を伽耶と誤って解釈する際にも少なからず影響を与えてきた。

　しかし、このような分類は実体を覆い隠す皮相的な分類に過ぎない。慶州の積石木槨墓があまりにも個性的であるため、他地域の墓制の個性が相対的に目立たないだけで、墓槨を構築する方式や墓槨と封土の関係など構造的側面からみれば、地域ごとにすべて異なるといってもよいほどに強い個性をもっている。すなわち、これらは概念的には石槨墓として一括できるかもしれないが、その実体は各者各様である。たとえば慶州地域の積石木槨墓と、慶山地域の地下式石蓋木槨墓[70]と、大邱達城古墳群の半地上式板石造石槨墓や割石造石槨墓を比較してみると、すべてばらばらであり、後三者だけを石槨墓として一括する理由はまったくない（図7参照）。他地域の高塚の埋葬施設に関しても、同様に大きな差異が認められる[71]。

　従来、このような石槨墓類型は時期差を示すと考えられ、地域色についてはさほど認識されてこなかった。しかし、時期差だけでは類型の違いを説明できないことは明らかである。6世紀代に汎新羅式の横口式石室とそれに続く横穴式石室が洛東江以東地方に全面的に導入されるまで、各地域の石槨墓類型が各地域で一つの伝統としておおむね維持された点は、このことを端的に示している。また各地の固有墓制に時々混在する慶州地域の積石木槨墓を除けば、他地域の墓制が混じりあわない点も、墓制の地域性をよく示している。

　洛東江以東地方における高塚の内部構造は、地域性が強いのみならず、多くの地域で前代の木槨墓構造とは断絶した様相を示す点も注目される。高塚が他地域に先んじて現れた慶山地域や、高塚以前の段階に既に石槨墓が採用された釜山のような地域を除く多くの地域では、石槨墓は前代の木槨墓の伝統を引き継ぐことなく突然現れる。嶺南地方の外部から石槨墓の何らかの原形が伝播したというよりは、地域ごとに高塚段階に入ると同時に、個性的な石槨墓形態を創出し、あたかもみずからのアイデンティティ［正体性］を標榜し、独自性を誇示しようとしているかのようである[72]。それのみならず大邱地域の達城古墳群と漆谷鳩岩洞古墳群のように、各地域内においても地区ごとに顕著な差異を示す場合が多い。これがどこでも起こりうる現象ではなく、地域間の差異と同様の意味をもつ現象であることは、明らかである。

　5世紀を前後する時期に起きた洛東江以東地方の高塚現象を、共時的観点から比較した際のもう一つの目立った特徴は、各高塚群に副葬された土器がすべて洛東江以東土器様式という一つの様式に属しつつも、斉一性を呈さずに地域色を示す点である。これは今まで○○地域土器様式という名前で呼ばれてきたが、この地域色をどのように規定し、その具体的様相がいかなるものであったのかについては、今後検討すべき部分が少なくない[73]。また、洛東江以東様式形成期である4世紀後半代の土器相がよく分からないため、各地域色がどのような過程を経て出現したのかについてもいまだ不明な点が多い。これまでに発掘された各地域の高塚群において、最初に副葬された土器が慶州地域の土器様式とは一定の差異をみせ、また各地域で異なることは確かである。これは、土器の地域色が高塚群の出現に先立って形成されたことを意味する。すなわち、洛東江以東地方各地における高塚群の造営は、該当地域の土器様式が成立した後や、その成立とほ

49

第1部　新羅考古学方法論

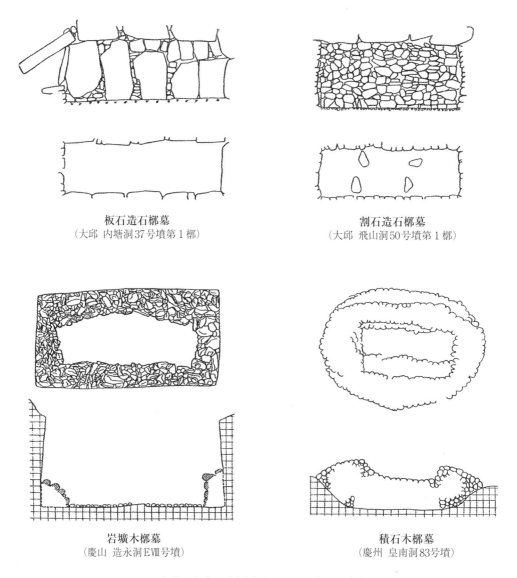

図7　大邱、慶山、慶州地域における高塚の内部構造

ほ時を同じくして始まったものとみられる。また各地域の土器はそれ以降もそれぞれの地域色を維持するものの、時間が経つにつれて、次第に慶州様式の影響が色濃くなり、様式的に統一される方向へと変化していく。各地域の土器様式には慶州以外の地域からの影響は認められず、慶州地域を中核とした選択圧の存在が想定される。

3. 4・5世紀における新羅の領域とその性格

ここまでみてきたように、洛東江以東地方の古墳資料はいくつかの重要な定型性をもっており、かつその定型性は構造的に関連しあっている。最も重要な関連性としては、慶州式威信財が洛東江以東様式土器分布圏内の古墳からのみ出土する点、慶州を除く各地域の高塚群が慶州式威信財

の下賜後に出現する点、各地域の土器様式がその地域における高塚の出現と同時かそれ以前に成立する点が挙げられる。

　洛東江以東地方の各地において、ほぼ時間差なく洛東江以東土器様式が成立し、慶州式威信財の下賜が始まり、高塚群が出現する現象は、どのように解釈すべきであろうか。またそれらが空間上、慶州地域を中心として展開することはいかなる意味をもっているのだろうか。結論からいえば、このような定型性は文化的同質性という言葉だけでは説明することができない。洛東江以東地方内の地域集団間の強い政治的関係を内包し、慶州地域を核とする求心性をもつ、慶州地域を中心とする政治的関係と解釈するほかないのである。

　洛東江以西地方の様相を対比してみることによって、上述の解釈は間接的に裏づけられる。洛東江以西地方の土器様式には5世紀中頃まで全域を網羅する明瞭な結集性が認められず、地域別様式やいくつかの地域を一単位とする様式が顕著である。このことから、洛東江以西地方全域を包括する一つの様式を設定できるのか自体を疑問視する向きもあるかもしれないが、洛東江以東様式に対比しうる広域の共通性は存在するため、洛東江以西様式の設定は可能と考える。ただし洛東江以東地方と異なり、その土器様式を生み出した相互作用において核となる地域が形成されず、威信財などにも洛東江以東地方でみられた分布の定型性を確認することができない。すなわち古墳資料による限り、洛東江以西地方には地域間の緩やかな連携が想定されるのみである。これは洛東江以東地方に比べて、洛東江以西地方の地域間の連携や統合の程度が遥かに低かったことを示すものといえる。

　これに対し、琴湖江以南の洛東江以東と琴湖江以北の洛東江以東・以西では、遅くとも5世紀には洛東江以東様式という単一土器様式の存在がはっきりと確認されるようになり、その頃には洛東江以東地方全域が一つの政治体を構成したと解釈することができる。その政治体が新羅であることは改めていうまでもない。各地域の高塚群は、新羅国家が各地域の支配層を媒介とし、貢納などによって各地域を間接支配したり[74]、それを強化する過程で現れた現象として理解することができる[75]。

　ところで、洛東江以東土器様式の出現がもつ意味に対するこれまでの議論の中には、洛東江以東地方のある地域に洛東江以東土器様式が出現すると、初めて新羅の領域に入るかのような理解がある。本書はそれとは若干異なり、ある地域の土器様式が他地域の土器様式にとって代わり、かつそれが維持されるという現象が観察された時に、そのような様式の転換によって両地域間の政治的関係が始まったのではなく、むしろそれ以前の政治的関係を含む関係を基盤として、新たな政治・経済的関係が成立したと解釈する[76]。すなわち、洛東江以東地方のある地域に洛東江以東土器様式が成立、ないし出現することによって、初めてその地域が新羅の領域に統合されたのではなく、それ以前から既に新羅の間接支配下に入っており、それによって新しい次元の変化が始まったと考えるのである。ただし現状では、その過程を方法論的に、あるいは実際の資料を駆使して解明できるほどに研究が進展しているとはいいがたい。そこでひとまずは、そのような土器様式の成立が、それ以前とは異なる新たな経済関係を基盤とする間接支配の強化に付随した現象であることを指摘するに留めておこう。

　4世紀における新羅の領域については資料が不足しており、厳密に規定することは難しい。た

第1部　新羅考古学方法論

だ、先述のように洛東江以東様式土器の出現は、新羅の成立を前提とする現象と判断されることから、次章で議論する洛東江以東様式Ⅰ段階初期の土器が出土する地域は、ひとまず4世紀中頃を前後する頃には新羅を構成していたとみてもよいだろう。すなわち、洛東江上流域や昌寧地域などの一部地域を除く洛東江中・下流域の洛東江以東地方の多くの地域を、遅くとも4世紀中頃以降は新羅として設定することができる。昌寧地域は、4世紀後葉初めには伽耶として文献に記録されているが、文献史料と考古学的証拠から、4世紀末頃には新羅の領域に入ったと解釈される[77]。洛東江上流域は、まだ考古学的証拠が不十分ではあるものの、後述する文献的枠組みと合わせてみる限り、大部分の地域が遅くとも5世紀には新羅であったとみられる。それゆえ、洛東江以東様式土器は新羅土器、そして慶州式威信財は新羅式威信財と呼ぶことが可能である[78]。

　本書の主たる目的は、新羅土器の成立を前後して新羅式威信財や高塚が出現してから衰退するまでの過程と、その後、新羅が洛東江以西の伽耶地域に進出することに伴う一連の変化と過程を、地域間の関係史という観点から描きだすことにある。ここからはこれまでの議論にもとづいて、そのデッサンを描いてみようと思うが、それにあたっては次のような基本視角モデルを根幹として、この地方社会の進化過程を捉えることを明らかにしておく。

　辰・弁韓段階に至り、地域単位の政治体を形成しはじめたと推定される嶺南地方各地の集団[79]は、それら相互間の作用とそれらが属した辰・弁韓という一つのシステムに対して環境のような役割をした異なる社会システムとの相互作用の結果、それぞれ進化を重ねた。この段階においては、地域単位間の関係はまだ強力な政治的関係ではなく、おおむね経済的関係を基盤とする緩やかな政治的関係に留まっていたものと理解される[80]。ただしこの段階の嶺南地方社会が一つのシステムであったのか、それとも境界は多少不明瞭であったとしても既に〔辰韓と弁韓という〕二つのシステムに分化していたのかどうかについては、簡単には判断しがたい。しかし、たとえ一つのシステムとみたとしても、辰韓と弁韓という名称がある以上、それぞれに属する単位があったとみるのであれば、その構成単位である「国」は大きく二つのサブシステムに分かれた状態で相互作用したものと考えられる。ただしシステム論は、多数の小システムが一つの大きなシステムに包括され、その包括的システムがさらに大きなシステムに包括されるといった内蔵性を想定しているため[81]、巨視的には辰・弁韓が西側の馬韓とは区分される一つのシステムを構成していたとみてもさほど問題はない。

　辰・弁韓というシステムは4世紀初めに至り、それまでに累積したシステム内における発展を基盤として、システム外からの大きな変化が加わることによって分裂する。その過程で洛東江以東地方は斯盧国を中心に段階的に統合し、新羅の成立へと至る[82]。これに対し、新羅・伽耶段階においても辰・弁韓段階と同じく嶺南地方全域の各「国」が、一つのシステムの中で相互作用していたと想定する見解もある[83]。しかしこれは文献史料をまったく無視して、純粋に考古学的に当時の社会を理解しようとする解釈モデルであって、現実を反映したものとはいいがたい。辰・弁韓段階において嶺南地方全域の集団が一つのシステムの中で機能していたかさえ非常に疑わしいのに、そこからある重大な変化が起こることで成立したと考えられる新羅・伽耶段階の社会をそのようにみることは難しいだろう。

　新羅が成立した初期の段階から、斯盧と他地域の間には政治的上下関係が存在したことは間違

いない。しかし、それはまだ微弱なものに留まったと考えられ、当時の政治的力学関係が考古資料に明確に反映されているかどうかについては多少疑問がある。このため純粋に考古資料のみから、相互関係を帰納的に推論するのは容易ではない。物質的証拠としては、慶州地域を核とする支配層の相互関係を示唆する威信財が挙げられる程度であろう[84]。しかし、さほど時間をおかずに一層統合が進展し、洛東江以東地方全域の考古資料に強い共通性が現れはじめる。新羅土器様式の成立は、その中でも最も明確な現象といえよう。その後も新羅の地方支配は次第に強化され、ついには洛東江以東地方全域に対する直接支配が貫徹される中古期へと移行する。

　以上のような枠組みに立脚して、おおむね麻立干期に該当する時期に起こった一連の変化を考察すると、まず新羅土器様式の成立する4世紀中葉が注目される。この時から慶州地域の東南側の蔚山、東莱などの地域において慶州地域の土器と墓制の直接的影響[85]が強く現れはじめる。そのような傾向は北側の東海岸地域にも認められ、西側はおおよそ慶山一帯までがその影響圏であったとみられる。

　土器様式の変化と分布拡大からみると、4世紀後葉頃に洛東江以東地方のほぼ全域に対する慶州勢力の政治的影響力の強化が認められる。新羅土器は、ここに至り強い斉一性を呈するようになる。そしてこれを基盤として、4世紀後葉から末頃、慶山、東莱などの地域において新羅式威信財が登場し、慶山地域においては高塚が墓域の高所に群をなして築造されるようになる。ただし、東莱地域はそれよりやや遅れて高塚が登場するようであり、梁山地域はそれと同じかさらに遅れると考えられる。また、〔これらの地域は〕中・大型高塚の数が慶山地域に比べて少ないことも、注意される。

　嶺南地方の対内・対外交通路という観点からみれば、東莱地域と梁山地域は辰・弁韓以来、比較的有利な位置にあって、内的発展の基盤は他地域に劣らない。それにもかかわらず、なぜ高塚の登場時期が遅く、規模も比較的小さいのだろうか。これは結局、両地域がいち早く（高塚出現を前後する時期よりも前から）、慶州斯盧の強い影響下に入っていたことを示していると考えられる。逆にいえば、両地域がそれだけ新羅の発展にとって重要な意味をもっていたことを示唆する。

　東莱地域は洛東江河口から南東海岸に沿って朝鮮半島東北地方へと向かう沿岸航海の要所である。辰・弁韓時代に洛東江下流域に集積した鉄などの物資を東北地方の濊などの地へと運ぶ際に、必ず通らねばならない交易上の重要拠点であっただろう。また慶州地域を中心とする陸路という観点からみれば、蔚山地域よりも遠距離に位置するけれども、倭などの地へ行き来する際の関門地にあたる。すなわち、斯盧国にとってこの地域の勢力の動向は極めて重要であったはずで、それゆえおそらくほかのどの地域よりも早い段階に攻略対象となったことは想像に難くない。

　洛東江の河口をみわたす場所にある梁山地域は、この重要な交通路を利用したり、それに影響を及ぼすことで経済的利益を得ようとした斯盧国が、どの地域よりも早く勢力を伸ばした可能性がある。『三国史記』初期記録に新羅と伽耶の主戦地として記される「黄山津口」が梁山地域付近という見解や[86]、5世紀初めの新羅史の重要人物である朴堤上[6]の出身地である「歃良州」が梁山地域に比定されていることも、そのような観点から留意する必要がある。

　それはさておき、この時期に出現する山字形冠と三葉文透彫帯金具は大きな意味をもつ。なぜなら、これらは4世紀後半の高句麗系威信財の延長線上にありつつも、新たな変化を象徴してい

ると考えられるためである。そのことは4世紀後半の高句麗系威信財の中でも形態的多様性の豊富な草花形冠と、この山字形冠を対比させればよく分かる。後者は前者を発展させたものである可能性が濃厚だが、そこから脱皮したデザインといわなければならないほど高度に図案化され、様式上の画一性も顕著であり、単なる文化的変容とみることはできない。威信財が高度の政治性を内包していることを勘案すれば、このような慶州式威信財は、基本的には4世紀後半における新羅の変貌を象徴するものとみるべきだろう[87]。

　以前、この新羅式威信財の出現背景について、新たに新羅に編入された地方の支配層と中央（斯盧）が同時に使用するために創案されたものと考えたことがある[88]。しかし、〔そう考えるよりは〕新羅の成長と同時に斯盧内の支配層の分化が深化し、一層明確となった序列［階序］を外的に示すために創案され、4世紀中葉以降、新たに麾下に入った各地域の支配階層に対しても、ある時点から一定の権力を承認する表徴として賜与されるようになったとみた方がよい。このことは、4世紀末〜5世紀初めの慶州地域の古墳と地方の古墳から出土する冠を比較すればよく分かる。

　5世紀初めの築造年代が想定される皇南大塚南墳の被葬者を奈勿王〔在位356−402年〕とみることが可能であれば、そこから出土したいくつかの山字形冠は、王が生前に使用したものであり、その中で最も古いものは4世紀中葉、あるいはそれ以前にまで製作時期が遡りうる。慶州校洞出土金冠の形態が山字形ではない点や[89]、東莱福泉洞10・11号墳や義城塔里第Ⅰ墓槨出土の金銅冠の形態がいわゆる草花形である点を勘案すれば、4世紀後半の新羅の冠には大きくみて、山字形と非山字形という二つの形態が存在したことになる。また、これまで慶州以外の地域から出土した山字形冠は、皇南大塚南墳の冠の中で初期の冠よりは新しい型式と判断されることから、山字形冠は当初は慶州斯盧に限って使用され、4世紀後葉頃から地方に分与されはじめたとみてよいだろう。

　この新しい威信財は高句麗の新羅に対する衣冠服飾賜与をモデルとし[90]、慶州地域以外の他地域の支配層に対して、ある程度の序列を与える機能を持っていたと考えられる。地方の古墳から出土する威信財の組み合わせが、慶州地域の中では最高位の古墳より少なくとも1・2段階は低い古墳と対応する点や[91]、山字形冠の立飾数が地域によって異なるといった点はこれを示唆する。地方と慶州地域の最高階級威信財の間に一定のランク差［位差］が認められることは、新羅式威信財が服飾品であると同時に、慶州地域と地方の間の支配・臣属関係の象徴であったことを意味している。

　5世紀初めに入ると、新羅土器様式が洛東江以東地方全域に確立すると同時に、新羅主要地域に高塚が集団的に築造され、新羅式威信財が本格的に出現するという大きな変化が起きる。この変化は、洛東江以東地方全域が新羅の強い統制下におかれたことを意味する。これはもちろん4世紀後葉の延長線上に位置づけられるが、400年のいわゆる高句麗南征を契機とする新しい変化とみるべきだろう。

　洛東江以東土器様式の分布からみて、新羅は4世紀後葉頃には洛東江以東地方のほぼ全域を包括する強大な勢力となった。それは洛東江という交易路を利用する西岸の勢力、すなわち伽耶にとっては脅威であっただろう。百済−伽耶−倭という軸と高句麗−新羅という軸が対立する当時の国際状況を勘案すれば、これ〔新羅の急成長〕は前者を刺激するものであって、おそらくはそ

第Ⅱ章　古墳資料からみた新羅の領域とその性格

れが理由の一つとなって百済を後ろ盾とする倭・伽耶の新羅侵入が起き、高句麗南征の伏線となったのであろう。高句麗軍の南征は洛東江西岸の伽耶勢力に大きな打撃を与えたであろうが、一方で新羅の間接支配下に編入されて間もなく、多少遊動的で不安定であった洛東江以東地方の諸地域勢力にも重要な変化を引き起こしたことは想像に難くない。すなわち、新羅国家は高句麗軍の駐屯を背景として、洛東江以東地方に対する支配を一層強固にしたと推論される。そのことを逆説的に示すのが、いくつかの地域で5世紀初め以降に本格化する新羅式威信財の副葬と高塚の集団的築造である。

　新羅式威信財の副葬と高塚群の造営は不可分の関係にある。新羅式威信財は慶州地域と他地域間の支配・臣属関係を示すものであり、その支配の性格は地域支配層を媒介とした間接支配であった。地域の支配層は新羅国家から地域内の支配権力を認められ、それを背景として前代より画期的に強化された権力を享受した。新羅国家に納めるための貢物を地域内で徴収する過程で、みずからの経済的基盤もまた育んだと考えられる。高塚はこのような在地勢力の経済・政治的成長を象徴するものである。しかし地域共同体の生産力が大きく増大する一方、新羅国家による地域収奪も次第に激しさを増したであろう。地域内の階層分化も生産力の増大に比例して深化し、共同体の解体を加速化させたと考えられる。

　新羅国家は間接支配の過程で、地域支配層が成長しすぎないように、支配層の内部分化を促進〔助長〕させたり、分化した集団を相互に競争させ、支配層内のいくつかの集団を牽制と均衡の中で統制しようとしたふしがある。このような集団内分化を示唆する代表的な考古学的指標として、高塚群がいくつかの小群に分かれて分布する現象を挙げることができ[92]、またそこに分散的に現れる新羅式威信財についても、新羅国家の採ったこのような支配方式を示すものと推定される。

　5世紀初め以降、時間が経つにつれて、新羅国家の地方に対する統制が次第に強化されていったことは、地方の高塚の規模が次第に小さくなっていくことからうかがうことができる[93]。また新羅国家が洛東江東岸を掌握するにつれ、激しくなっていく伽耶との対立によって、洛東江に面した地域が戦略的に一層重要視されたはずである。たとえば早くから慶州斯盧勢力の地域間牽制・均衡政策の下に併行的に発展したとみられる慶山地域と大邱地域をみると、まず慶山地域の高塚で4世紀末から金工威信財の副葬が顕著になり、5世紀後半頃になると反対に大邱地域の高塚の金工威信財の副葬が優勢になっていく。このような現象は、新羅国家の戦略変化を反映するものとみられる。

　その後、次第に地域支配層の基盤が弱体化し、5世紀末から6世紀初めに、新羅国家が地方官を派遣し、直接支配を実現するに至ると、地方支配勢力の象徴である高塚と威信財は衰退の道を辿っていく。それと対照的な現象こそが、すなわち追葬を前提とする横口・横穴式石室墳の出現である。

　　註
（1）『三国史記』朴堤上伝の中で、〔即位したばかりの〕訥祇王が高句麗と倭に人質として送られた二人の弟を救出するために相談した三人の村干〔村長〕の出身地のうち、一利村は星州地域に比定されている（金哲埈 1952「新羅 上代社会의 Dual Organization（上）」『歴史学報』1, pp.42-43）。これは、星州地域を星山伽耶とする『三国遺事』五伽耶条の記録と齟齬を来たし

55

第 1 部　新羅考古学方法論

ている。

（2）金泰植 1993『加耶連盟史』一潮閣, pp.68-80。

（3）朱甫暾 1996「新羅国家形成期 大邱社会의 動向」『韓国古代史論叢』8, pp.83-146。

（4）朱甫暾 1995 「序説―加耶史의 새로운 定立을 위하여―」『加耶史研究―大伽耶의 政治와 文化―』慶尚北道, pp.24-30。

（5）白承玉 2001「文献史料를 통해 본 加耶時期의 昌寧地方」『加耶時期 昌寧地方의 歴史・考古学的性格』（国立昌原文化財研究所 2001 年度学術大会）, p.94。

（6）金元龍 1960『新羅土器의 研究』乙酉文化社。

（7）李殷昌 1970「伽耶地域 土器의 研究―洛東江 流域 出土 土器様相을 中心으로―」『新羅伽倻文化』2, pp.85-175。

（8）李盛周 1993a「洛東江東岸様式土器에 대하여」『第 2 回 嶺南考古学会 学術発表会 発表 및 討論要旨』, pp.31-78。

（9）李盛周 1993b「新羅・伽耶社会의 分立과 成長에 대한 考古学的 検討」『韓国上古史学報』13, p.296。

（10）権鶴洙 1993a「加耶古墳의 綜合編年」『嶺南考古学』12, pp.23-70。

（11）権鶴洙 1993b「加耶史復元과 考古学資料의 解釈」『先史와 古代』4, pp.25-39。

（12）（Carr, C., & Neitzel, J. E. (Eds.). (1995). *Style, Society, and Person: Archaeological and Ethnological Perspectives.* New York: Plenum Press.）を参照のこと。また、朴淳發は土器などに現われる様式上の統一性を確認した上で、その分布にもとづいて漢城期百済の領域を推定した（朴淳發 1997「漢城百済의 中央과 地方」『百済의 中央과 地方』忠南大学校百済研究所, pp.132-133）。

（13）権鶴洙 1994「加耶諸国의 相互関係와 連盟構造」『韓国考古学報』31, pp.137-162。

（14）白承玉 2001 前掲文。

（15）定森秀夫 1981「韓国慶尚南道昌寧地域出土陶質土器の検討―陶質土器に関する一私見―」『古代文化』第 33 巻第 4 号, pp.27-28。

（16）朴天秀 2001「考古資料로 본 加耶時期의 昌寧地方」『加耶時期 昌寧地方의 歴史・考古学的性格』（国立昌原文化財研究所 2001 年度学術大会）, p.46。定森自身も最近になって「文献上、伽耶とされていれば無条件に伽耶と把えて、上下交互透孔高杯を基本とする「伽耶土器洛東江以東群」という表現も使用したことがある」と吐露している（定森秀夫 2005「考古学からみた伽耶」『古代を考える　日本と朝鮮』吉川弘文館, p.186）。ただし、伽耶土器洛東江以東群という表現は、実は既往の研究（李殷昌 1970 前掲文）を受容した部分がより大きいといえよう。

（17）このような視角に立った研究が集められた本のタイトルが「Archaeology and ancient history: Breaking down the boundaries（考古学と古代史: その境界を破壊する）」となっているのは非常に示唆的である（Sauer, E. W.(Ed.). (2004). *Archaeology and ancient history: Breaking down the boundaries.* London: Routledge.）。

（18）朴天秀 2001 前掲文, p.60。

（19）盧重国 2005「加耶의 対外交渉―3 ～ 5 世紀를 中心으로―」『加耶의 海上勢力』（第 11 回 加耶史学術会議）, pp.44-45。

（20）李熙濬 2002「4 ～ 5 世紀 新羅 古墳 被葬者의 服飾品 着装 定型」『韓国考古学報』47, pp.63-92。

（21）ただし 4 世紀代については考古資料の増加を待った上で、改めて解釈する必要がある。

（22）金泰植 1993 前掲書 p.188。

（23）武田幸男 1994「伽耶～新羅の桂城「大干」―昌寧・桂城古墳群出土土器の銘文について―」『朝鮮文化研究』1, p.59-76。

（24）このような問いをするからといって、洛東江以西地方を伽耶とみていない訳ではない。考古学と古代史はまったく別個に研究をした上で、統合されるべきであるとする論者たちが、実は文献史学の成果をあらかじめ前提としているにもかかわらず、そうではないかのように錯覚

56

している事実を指摘したいだけである。

(25) 李盛周 1993b 前掲文, p.296。

(26) これに関しては、地表調査資料が掲載されている（宜寧文化院・慶尚大学校博物館 1994『宜寧의 先史 伽耶遺蹟』）と、発掘調査資料が掲載されている（慶尚大学校博物館 2000『宜寧 雲谷里古墳群』）、（慶尚大学校博物館 2004『宜寧 景山里古墳群』）を参照。

(27) もちろんこの伽耶の性格は時間が経つにつれて変化し、任那などの異なる名称で呼ばれることもあった。

(28) 『魏志東夷伝』の「弁辰与辰韓雑居」という記事から、辰韓と弁韓という交換ネットワーク［交換網］のどちらにも参与した地域が一部あったと解釈されている。これについては第 2 部第 I 章で論ずることとする。

(29) 崔鍾圭 1983「中期古墳의 性格에 대한 若干의 考察」『釜大史学』7, pp.1-45。

(30) （李漢祥 1995「5〜6 世紀 新羅의 辺境支配方式—装身具 分析을 中心으로—」『韓国史論』33, pp.1-78）と（朱甫暾 1998『新羅 地方統治体制의 整備過程과 村落』新書院）を参照。歴史的、民族誌的には、間接支配は支配方式の一つとしてかなり普遍的であったようである（Pershits, A.I. (1979). Tribute relations. In S. L. Seaton & J. M. Claessen (Eds.), *Political Anthropology: The State of the Art* (pp.149-156). The Hague: Mouton Publishers.）。

(31) 李殷昌 1970 前掲文。

(32) 権鶴洙 1994 前掲文, pp.137-162。

(33) 崔秉鉉 1992「新羅土器」『韓国美術史의 現況』芸耕, pp.89-119。

(34) 崔秉鉉 1992『新羅古墳研究』一志社, pp.616-623。

(35) 李盛周 1993a 前掲文, pp.31-50。申敬澈もおおむね同じような見解である（申敬澈 1994「新羅土器의 発生에 對하여」『韓日古代文化의 連繋』서울프레스, pp.210-214）。

(36) 以下の議論は報告されている土器図面と、釜山大学校博物館での観察結果にもとづいている。正式報告書が刊行されていない古墳の土器図面については、福泉洞 31・32 号墳は（全玉年・李尚律・李賢珠 1989『東莱福泉洞古墳群第 2 次調査概報』釜山大学校博物館）、25・26 号墳、35・36 号墳は（申敬澈 1994 前掲文）からそれぞれ引用した。

(37) 実際、申敬澈はそのような観点に立っている（申敬澈 1994 前掲文）。

(38) 5 世紀代の慶州様式土器、または慶州系土器（この概念については（李盛周 1993a 前掲文, p.48）を参照）の製作技法の特徴については（朴天秀 1993「三国時代 昌寧地域 集団의 性格研究」『嶺南考古学』13, pp.160-166）を参照。

(39) ただし、以下に述べる各段階の特徴は、慶州様式を主たる基準としたものである。

(40) 李盛周 1993a 前掲文, pp.37-38。

(41) 年代観については次章で詳述する。

(42) 李熙濬 1998『4〜5 世紀 新羅의 考古学的研究』（서울大学校大学院考古美術史学科博士学位論文）, pp.44-47。

(43) たとえば青里遺跡 C-7 号木槨墓から出土した台付把手付椀が挙げられる。

(44) たとえば校洞 11 号墳出土土器が挙げられる。

(45) 以上の分布圏拡大などに関連した土器図面資料については、洛東江以東様式土器資料をおおむね集成した（李盛周 1993a 前掲文, pp.31-78）を参照。

(46) 李漢祥 1995 前掲文, p.46。

(47) 朴普鉉 1987「樹枝形立華飾冠의 系統」『嶺南考古学』4, pp.13-33。

(48) たとえば大成洞古墳群から出土した銅鍑のような容器類を挙げることができる。

(49) 朴普鉉 1987 前掲文, pp.13-33。

(50) 崔鍾圭 1983 前掲文、李漢祥 1995 前掲文。これ以外に新羅国家が地域工人層を掌握して、金工品を製作したとみる見解（全徳在 1990「新羅 州郡制의 成立背景研究」『韓国史論』22, p.37）

第 1 部　新羅考古学方法論

もあるが、それは間接支配の水準を越えており、後述する各地域の高塚の存在理由を説明できなくなる。

(51)　洛東江以西地方の陜川玉田 M 6 号墳からも山字形冠が出土しているが、それがもつ意味は洛東江以東地方のものとは異なる（李熙濬 1995「土器로 본 大伽耶의 圈域과 그 変遷」『加耶史研究—大伽耶의 政治와 文化—』慶尚北道, pp.421-422）。

(52)　6 世紀前葉以降も変形山字形冠が数点出土しているが、それらが出土した古墳の多くはその地域の中心古墳群ではない。また、6 世紀の政治的状況からみて、山字形冠自体、5 世紀代とは異なる意味をもっていたと考えられる。

(53)　李熙濬 2002 前掲文, pp.63-92。

(54)　朴普鉉 1995『威勢品으로 본 古新羅社会의 構造』（慶北大学校大学院史学科博士学位論文）。

(55)　毛利光俊彦 1995「朝鮮古代の冠—新羅—」『西谷真治先生古稀記念論文集』, pp.683-718。

(56)　（崔鍾圭 1991「原三国時代の墓制」『日韓交渉の考古学』六興出版, pp.211-214）が例外的で、（金龍星 1996「林堂 I A-1 号墳의 性格에 對하여—高塚의 始原的 様相」『碩晤尹容鎮教授 停年退任紀念論叢』, pp.311-343）で最初に厳密な定義がなされた。

(57)　中華民国 三民書局『大辞典』〈上〉, p.923。

(58)　金龍星 1996 前掲文。

(59)　李熙濬 1997「新羅 高塚의 特性과 意義」『嶺南考古学』20, p.4 註）16。

(60)　高塚概念と、以下に述べる洛東江以東地方の高塚の特性に対する詳しい議論については、（李熙濬 1997 前掲文）を参照。

(61)　金龍星は本書と同じく墳丘を基準に高塚を定義しながらも、横穴式石室墳はその範疇から除外した（金龍星 1996 前掲文）。これに対して金大煥は、慶州に〔横穴式〕石室が導入される以前の初期〔横穴式〕石室を埋葬施設とするものについては高塚に含め、それ以後の石室に関しては含まないという案を示した（金大煥 2004「新羅 高塚의 地域性과 意義」『新羅文化』23, p.133）。金大煥の案は内容的には妥当であるが、高塚の定義基準がまずは墳丘にあるという点を勘案すれば、一貫性には欠けている。

(62)　これに関する詳しい議論については、（金龍星 1996 前掲文, pp.317-321）と（李熙濬 1997 前掲文, pp.1-25）を参照。

(63)　このような盛土方法は、星州星山洞古墳群など洛東江以東地方の多くの地域で採用されたと考えられる。

(64)　これに関する詳しい議論については（金龍星 1996 前掲文）を参照。

(65)　4 世紀代の慶州地域に皇南大塚に比肩する超大型墳があった可能性は依然残されるものの、現時点では 5 世紀初めの皇南大塚がこれを代弁する。

(66)　図 6 は（金龍星 1997『大邱・慶山地域 高塚古墳의 研究』（嶺南大学校大学院文化人類学科博士学位論文）, p.220）の挿図 13 を一部修正したものである。

(67)　宋春永・鄭仁盛 1996「永川 完山洞 古墳群」『博物館年報』6　大邱教育大学校博物館, pp.9-38。

(68)　前者はおおむね 10 基前後であるのに対し、後者は少なくても 20 基前後で、時には 100 基を超える。

(69)　これに関しては次章の編年表（表 4）を参照。

(70)　金龍星はこれを岩壙木槨墓と命名した（金龍星 1998『新羅의 高塚과 地域集団—大邱・慶山의 例—』春秋閣）。

(71)　これに関する詳しい議論については（金大煥 2004 前掲文, pp.115-147）を参照。

(72)　古代人が継世思想をもとに古墳を築造したと想定すれば、死者の住まい［幽宅格］である墓自体に現世の観念が投影されないとはいいきれない。すなわち、築造集団がそれを通じてアイデンティティを確認あるいは表現しようとする意図がなかったとは断言できないだろう。継世思想については（邊太燮 1958「韓国古代의 継世思想과 祖上崇拝信仰」『歴史教育』3, pp.55-69、

邊太燮 1959「韓国古代의 継世思想과 祖上崇拝信仰（下）」『歴史教育』4, pp.73-95）を参照。一方、金大煥は石槨墓の地域性を細分する中で、慶山、釜山地域については慶州式高塚が拡散した後、それが変形して地域色を呈したケース、大邱、昌寧地域については創案されたケース、星州、金泉地域については創案されたものを模倣したケースとそれぞれとみた（金大煥 2004 前掲文）。いずれにせよ各地域で主体的に導入された墓制という点において、「創案」とみても問題ないだろう。

(73) 李惠眞はこれまでの研究が漠然と地域ごとに地域色を想定したのとは異なり、地域内の地域色（小地域色）を明確にする分析結果を提示した（李惠眞 2006『5〜6世紀 慶山・大邱地域 土器様式의 統計学的 研究』（慶北大学校大学院考古人類学科碩士学位論文））。

(74) 李漢祥 1995 前掲文、朱甫暾 1998 前掲書。

(75) 新羅高塚の出現背景については第2部第Ⅱ章で詳細に検討する。

(76) 李熙濬 2003「陜川댐 水没地区 古墳 資料에 의한 大伽耶 国家論」『加耶 考古学의 새로운 照明』혜안, p.222。成正鏞も「三国時代の土器様式の類似度が高まっていくのは、基礎的な下部生産システムが統合される過程を反映し、中央が必要としたり中央の関心度が高い地域は、それ以前から何らかの関係を結んでいた可能性がある」とする（成正鏞 2001「4〜5世紀 百済의 地方統治」『4〜5世紀 韓国 古代史와 考古学의 만남—韓国 古代国家 権力의 成長과 地方統治의 実現—』（第3回 韓国古代史学会 夏季세미나）, pp.71-72）。成正鏞は最近も、改めてそのような考えを披瀝している（成正鏞 2007「土器様式으로 본 古代国家 形成」『国家 形成에 대한 考古学的 接近』（第31回 韓国考古学全国大会）, pp.83-95）。

(77) これに関する詳しい議論については（李熙濬 2005「4〜5世紀 昌寧 地域 政治体의 邑落 構成과 動向」『嶺南考古学』37, pp.1-14）を参照。

(78) 以下、特別な場合を除いて、新羅土器と新羅式威信財という用語を用いる。

(79) これに関する議論については（李熙濬 2000「大邱 地域 古代 政治体의 形成과 変遷」『嶺南考古学』26, pp.79-117）を参照。

(80) 朱甫暾 1998 前掲書, pp.25-36。

(81) 菊池利夫（윤정숙訳）1995『歴史地理学方法論』이회, p.184〔菊池利夫 1977『歴史地理学方法論』大明堂〕。

(82) 直接的な契機となったのは、〔第2部第Ⅰ章で〕後述するようにおおむね斯盧国の他国征服という軍事行動や、それに先立つ他国みずからの来降であった。

(83) 李盛周 1993b 前掲文, pp.295-308。

(84) 第2部第Ⅰ章で論ずるようにこの中にはヒスイ製勾玉が含まれ、初期の金工品もその候補である。

(85) 金龍星は墓制の拡散という観点からこれについて論じている（金龍星 2004「新羅 高塚의 拡散 過程」『新羅文化』23, pp.85-114）。ただし、各地域における高塚の成立時点をその地域の新羅化の開始とみなす点については賛同できない。

(86) 金泰植 1993 前掲書, pp.68-70。

(87) 『三国史記』新羅本紀・奈勿尼師今26年（381）条にみえる新羅使衛頭と前秦王符堅の対話内容は、〔この頃〕新羅で起こった何らかの変化を暗示するものである。

(88) 李熙濬 1996「洛東江 以東 地方 4,5世紀 古墳 資料의 定型性과 그 解釈」『4·5世紀 韓日考古学』（嶺南考古学会・九州考古学会第2回合同考古学大会）, p.20）。

(89) ただし慶州校洞出土金冠の真贋をめぐっては議論がある。

(90) 李漢祥 1995 前掲文, p.77。

(91) 李熙濬 2002 前掲文, pp.63-92。

(92) これについては第2部第Ⅱ章第1節で詳しく論ずる。

(93) 新羅と対立した大伽耶の高霊池山洞古墳群では、これとは対照的に5世紀初め以降、古墳の規模が次第に大きくなっていく傾向が認められる。

第1部　新羅考古学方法論

訳註

〔1〕「東以黄山江、西南以滄海、西北以地理山、東北以伽耶山南而為国尾」（『三国遺事』駕洛国記条）。

〔2〕「五伽耶（按『駕洛記』賛云、垂一紫纓、下六円卵、五帰各邑、一在茲城、則一為首露王、余五各為五伽耶之主、金官不入五数、当矣。而『本朝史略』、並数金官、而濫記昌寧誤）。
　　阿羅（一作耶）伽耶（今咸安）、古寧伽耶（今咸寧）、大伽耶（今高霊）、星山伽耶（今京山一云碧珍）、小伽耶（今固城）。又『本朝史略』云、太祖天福五年〔940〕庚子改五伽耶名、一金官（為金海府）、二古寧（為加利県）、三非火（今昌寧、恐高霊之訛）、余二阿羅、星山（同前星山或作碧珍伽耶）」（『三国遺事』五伽耶条）。

〔3〕神功紀49年は『日本書紀』の紀年体系のままでは紀元後249年にあたるが、那珂通世の研究以来、『日本書紀』神功紀・応神紀の紀年は干支二運（120年）繰り下げる必要があることが明らかとなっている（笠井倭人2000「上代紀年に関する新研究」『古代の日朝関係と日本書紀』吉川弘文館, pp.2-37など）。

〔4〕加耶国（大伽耶）の嘉悉王に仕えた楽人。『三国史記』新羅本紀や楽志によれば嘉悉王の命で、加耶琴12曲を作成し、後に新羅に亡命し、加耶琴の曲を伝授したとされる（田中俊明1992『大加耶連盟の興亡と「任那」―加耶琴だけが残った』吉川弘文館）。

〔5〕「因以、平定比自㶱・南加羅・喙国・安羅・多羅・卓淳・加羅、七国」（『日本書紀』神功紀49年条）。

〔6〕『三国史記』朴堤上伝によれば、新羅の始祖、赫居世の後裔で、婆娑尼師今の五代の孫とされる。歃良州（梁山地域）の干で、高句麗と倭に人質として出された訥祇麻立干の二人の弟（卜好、未斯欣）を救出したが、自らは倭で斬殺されたと伝わる（木村誠2004「新羅国家形成期の外交」『古代朝鮮の国家と社会』吉川弘文館, pp.308-333）。

第Ⅲ章　新羅古墳の編年

　本章では新羅様式土器の変遷観にもとづいて、新羅古墳の分期をおこない、洛東江以東地方の主要地域の古墳の編年的位置を定める。これは新羅が成立して以来、その核心たる斯盧が洛東江以東地方の各地域との関係をどのように変化させていったのかを論じていくための基礎作業でもある。ただ、各地域の主要古墳の編年的位置については見解が異なり、各地域の編年を一貫性をもって相互に関連づける研究もほとんどない。安定した編年体系にもとづいて嶺南地方の古墳資料のもつ歴史的意味を適切に解釈するにあたっては多くの困難がある。そこで、各地域の主要古墳の相対編年と絶対年代に関する意見を筆者なりに整理し、総合的な編年体系を樹立することで、歴史的意味を解釈する上での基礎としたい。それにあたっては順序配列法のような精密を指向する編年方法ではなく、洛東江以東様式土器の変遷に対する筆者の分期を土台として、既存の研究成果を総合するという方法でアプローチを試みる。

　まず、既存の編年研究の傾向とその問題点を方法論の面から検討し、本書の採らんとする編年方法を示す。次に編年基準である新羅様式土器の変遷に関して、分期と絶対年代を異にする主要な編年案を検討した上で、それらを叩き台とした筆者の案を提示し、総合編年の基礎とする。続いて、慶州、釜山、梁山、慶山、大邱、星州、昌寧、義城地域の4世紀中頃から6世紀前半までに築造された古墳を対象として、分期と編年を地域ごとにおこない、既存の研究成果を最大限活用して、総合化を試みる。最後に、本書の編年案に関連するいくつかの解釈上の問題点について言及する。

　編年する古墳の分布範囲は洛東江以東地方であるが、編年研究の現況については、洛東江以東地方に限定せず、嶺南地方全域に議論を拡大する。なぜなら、既往の編年研究の多くが地域単位を対象としておらず、また洛東江以東地方にも洛東江以西地方にも限定していないためである。

1. 編年研究の現状と分期および編年の方法

1）編年研究の現状

　嶺南地方の古墳研究において、編年体系の樹立にかける努力が占める比重は非常に大きく、実際に相当な成果を積み重ねてきている[1]。それにもかかわらず、依然としてその編年は安定しているとはいいがたい。特に絶対年代に関しては埋めがたいスタンスの違いが存在する。たとえば慶州地域をみると、古墳の相対編年については研究者間である程度の見解の一致をみているものの、絶対年代については時として100年以上の違いがある。この違いは単に年代観に留まらず、古墳資料の解釈にも大きな違いをもたらしている。

　このような状況を打開し、編年研究を進展させるためには様々な努力を必要とするが、これまでの研究の問題点をはっきりさせておくこともまた肝要である。このような観点からこれまでの嶺南地方の編年研究を概観すると、おおむね四つの傾向性を読みとることが可能である。以下、

第 1 部　新羅考古学方法論

各傾向とその問題点を要約してみよう[2]。

　第一は、地域ごとに編年研究を深化させた上で、その成果を総合して嶺南地方全域の編年体系を完成させるのではなく、嶺南地方全域を編年するにあたって一律に適用できる一つの編年基準を模索する傾向である。代表的な例として、一地域の古墳の調査成果を土台に設定した墓制や墓槨形態の型式分類を基準に、地域間の交差年代を設定したり、時には嶺南地方の古墳全体の分期を設定し、編年をおこなう方法が挙げられる[3]。

　そういった研究で設定された遺構の型式と、それにもとづいた変遷案は、大きな流れを把握する上である程度は有用である。しかし、この方法は各型式の存続期間の重複を考慮していないため、その変遷案に立脚して個別遺構を再び相対編年すると、大きな過ちを起こしかねない。その過ちは適用範囲が広ければ広いほど大きくなるだろう。

　このような方法的問題に加えて、遺構の型式差の要因を時間的要素だけに求めてしまうことも大きな問題である。遺構の変異を生む要因は多様であるはずで、ひとえに時間性のみに帰結させることはできない。結局、この傾向は古墳資料の変化を文化的次元の問題だけに収斂させ、その変化が嶺南地方全域でほぼ画一的に起こったであろうという前提にもとづいている。しかし、そのような前提を想定するに足る根拠は何一つない。

　一地域で調査された遺構の類型を設定し、その変遷案にもとづいて嶺南地方、または洛東江以東地方の全体的傾向性を把握しようとすること自体は差しつかえないだろう。しかし、それを根拠に再び個々の遺構の相対編年をおこなうのは一種の循環論理であって、他地域への拡大適用は危険であるのみならず、該当地域においてすら問題の素地となる。一地域の調査成果が広く一般化できるのかどうかについては、慎重に評価する必要があるだろう。

　これまでの編年研究には、特定の遺物を基準として嶺南地方全域に適用可能な段階区分を指向する傾向も非常に目立つ。土器の一器種、あるいは鉄器の一種類、または耳飾、大刀のような威信財を基準とする場合など多様であるが、たとえば土器の一器種の属性が嶺南地方全域で同じ水準で比較できるのかどうかについては、かなり疑問がある。鉄器は土器に比べると変異が少なく、たとえば馬具はその稀少さゆえに、一律的な型式分類にもとづく相対編年と分期が可能であり、あらかじめ設定された編年的枠組みの中にはめ込みやすい。ただし、先述の遺構の型式分類に立脚した編年観や一地域の古墳調査を土台にした編年観を暗黙裡の前提とした上で、該当遺物の型式があたかもこれを立証するかのように編年されているため、循環論法から逃れがたい。

　第二は、冠帽、帯金具、耳飾、大刀など威信財類の型式をもとにした編年をそのまま古墳自体の編年と解釈し、地域編年と地域間の交差年代を設定する傾向である。このような威信財類は様式的共通性が強く、かなり広範囲に分布するため、地域間の交差年代を設定する際には有効である。しかし、編年によって設定された各型式は製作時に流行した形態にもとづくものであり、いくら精緻に分析しても、その型式の編年序列は遺物の製作時の時間的序列を示すのみで、それが副葬された古墳の時間的序列をそのまま反映するものではないという、致命的な問題を抱えている。つまり、威信財類は副葬専用に製作されたものでない限り、墓に入るまでに一定の使用期間を見積もる必要があり、その型式編年は古墳築造時点の編年とは時として大きくかけ離れる場合がある。

62

先述のように洛東江以東地方の主要な高塚から出土した着装型威信財類は、新羅の地方支配の一環で慶州地域から各地域に下賜されたものである。そうであるならば、その下賜の契機は古墳の被葬者の死亡よりは、生前のいくつかの重要な事件と関連する可能性が高い。したがって、このような威信財の製作（分与年代）と古墳築造（副葬年代）の間には時として相当な時間差が生じる[4]。要するに、威信財類による編年は参考にすべき部分が多いものの、それを古墳自体の編年に置換することについては多少の不安を感じざるを得ない。

　第三は、嶺南地方全域を対象に土器類の変化にもとづいて紀元前後から古墳築造期までを2、3の時代（または類似時代[5]）に分け、再び各時代を細分し、同一の年代幅を付与する傾向である。これは時代を区分した上で、再びその案における時期を「豆腐を切るかのように切って」いく方法であるため[6]、時代区分とその基準年代が各分期の絶対年代に決定的影響を及ぼす。無意識のうちに簡単明瞭な年代を基準に据えやすく、おおむね紀元前後であるとか300年または400年という年代を画期とし、これに固執する傾向が目立つ。この方法は便利ではあるけれども、その年代を不動のものとすることはできない。先史時代には物理化学的方法による絶対年代以外に依るべき暦年代資料がほとんどなく、分期幅も広いために、相対年代をもとに分期を設定し、絶対年代を付与するという方法が通用しうる。しかし、原始・歴史時代には少ないとはいえ、暦年代、または交差年代の参考資料があるため、分期をおこなう際には、それらをあらかじめ参考にする必要があり、このような機械的な分期は必ずしも適切とはいえない。この方法に固執すれば、たとえば慶州地域の古墳から出土する交差年代決定資料の価値は完全に没却されてしまいかねない。

　第四は、これまで言及してきたような時代・時期区分の枠組みの中で、土器を基準に地域単位の詳細な編年を追究する傾向である[7]。これらの研究はいわゆる地域色の特定、各地域における古墳群の相対年代の推論と段階設定などに重要な成果を重ねてきており、全域の編年に先立って地域別編年を追究しているため、正しい方法論といえる。しかし、既に定められた枠組みと画期の中で編年研究が進められる側面が強く、絶対年代の問題などには進展がみられない。また各地域の編年を相互連携させようと努力しているが、その結果はまだ強い説得力をもちえていない。要するに、各地域を相互に連携させた総合編年は課題として残されており、かつ編年研究から次の段階の研究に発展しておらず、ある意味、編年のための編年に留まってしまっている。

2）分期と編年の方法

　ここまでみてきたように新羅・伽耶古墳の編年研究は、方法論にいくつかの問題点を内包したまま進められてきた。だからといって編年作業をもう一度最初からはじめる必要はない[8]。たとえ研究者間で、洛東江以東地方、または嶺南地方全域の古墳に対する分期と絶対年代観に大きな差が認められたとしても、地域別の相対編年の大枠は固まり、最低限の古墳の変遷観は明らかとなっているからである。いずれにせよ編年とは、それ自体が存在意義をもつというよりは、当時の社会と文化全般を解釈するための作業道具であり、必ずしも斬新な編年案を開陳する必要はない。すなわち当面の課題は、一貫した基準で合理的な分期と絶対年代の比定をおこない、一見すると相容れない編年同士を調整することで、地域ごとに進められてきた研究成果を総合、ないし統合することにある[9]。

第1部　新羅考古学方法論

　既に述べたように、編年に際しては土器を基準に据えるべきであろう。製作と廃棄（古墳副葬）の間に使用期間を考慮する必要がほとんどなく、変異も豊富で、把握される変遷様相に一定の方向性、すなわち定向性をもっているからである。ところで、土器の変化相を根拠としていくつかの地域の相対編年を相互連携する際には、基準となる地域を決める必要がある。その地域は、他地域に比べ調査が多くなされ、資料が蓄積し、編年研究の成果が多い慶州地域とすべきであろう。洛東江以東土器様式の成立以降、洛東江以東地方のいくつかの地域では慶州様式土器が継起的に流入し、地域様式土器と共伴するため、各地域の段階を慶州地域の段階に併行させることが可能な点も、慶州地域を基準とする長所といえる。慶州地域は絶対年代、あるいは交差年代関連資料が僅かとはいえ出土しており、分期や絶対年代の基準を得る上でも有利である。さらには土器同様に、広域的な分布を示す慶州式着装型威信財に対する研究成果を補助、または検証資料として活用することもできる。

　ところで、分期は細分するほど恣意的になる危険性が高まるものの、それに立脚した解釈は相対的に精緻になるため、できる限り細分を試みる必要がある。また先に指摘したように、相対編年の結果に忠実にしたがって、分期をしているようにみえても、実際には不可分といってもいいほど、各研究者の絶対年代観と密接に関連していることは否定できない。そこでここからは、洛東江以東様式土器の成立と変遷において重要な転換点を示すと判断される月城路カ-13号墳と皇南大塚南墳に対する筆者の絶対年代観[10]を参考に分期を設定するというアプローチの仕方を採る。なお、これらのような年代参考資料のない5世紀以降の分期と年代比定に関しては、多少恣意的なものとならざるをえないことを明らかにしておく。

2. 新羅様式土器の変遷と分期

1）変遷・分期・絶対年代の再検討

　筆者はこれまで述べたアプローチの仕方を念頭において、以前に慶州様式土器の変遷観を簡略に提示したことがある[11]。これは金元龍の新羅土器の変遷観[12]をもとに、李盛周の洛東江以東様式土器の変遷案[13]を受けいれた上で、皇南大塚南墳の年代を5世紀初めとみる年代観に立って、後者の分期と絶対年代を調整したものである。ただし当時は発表の性格上、李盛周の案を調整するに留まり、筆者の分期根拠などを詳細に提示することができなかった。一方、金龍星は大邱・慶山地域から出土した原三国時代以来の土器をもとに墳墓の分期と編年をおこない、あわせて洛東江以東地方のほかの主要地域の古墳を編年する中で自身の年代観を披瀝し、筆者の皇南大塚南墳＝5世紀初説を批判する[14]。咸舜燮もまた皇南大塚南墳＝奈勿王〔在位356-402年〕陵説に対して反論を提起している[15]。これらは皇南大塚南墳という一古墳の年代論に留まらず、嶺南地方全域の古墳や土器変遷に対する分期観や年代観と深く関わる批判、反論といえる。そこで自説の補強を兼ねて、多少冗長になるかもしれないが、これらの見解を詳細に検討してみたい。ただし、議論が複雑になることを避けるためにも、個々の古墳の相対編年をめぐる細かな見解差については、必要な場合を除き次節で述べることとする。

　便宜上、李盛周の土器の変遷観と分期の根拠、絶対年代にまず焦点をあて、少し細かくみてみ

よう。氏は洛東江以西様式と明確に区分される典型的な洛東江以東様式の存続期間について、おおむね5世紀中葉から6世紀前半代とし、洛東江以東様式の出現を5世紀初めとみた上で、慶州様式土器に次のような変遷段階を設定した。

Ⅰ期：月城路カ-13号墳。いわゆる古式陶質土器から洛東江以東様式への過渡期にあたる。たちあがりをもつ無蓋高杯のプロトタイプがみられ、長頸壺の器形は完成するが、台付長頸壺はまだ出現しない。

Ⅱ期：味鄒王陵地区第5区域1号墳、第5区域6号墳。最後の段階に2段透孔のたちあがりをもつ無蓋高杯が成立し、台付長頸壺が出現する。

Ⅲ-1期：月城路ナ-9号墳。波状文で装飾された洛東江以東様式の台付長頸壺、透孔のある台脚倒置形つまみがつき、波状文や斜格子文をめぐらせた蓋が成立する。2段透孔のたちあがりをもつ無蓋高杯は有蓋高杯へと変化する。

Ⅲ-2期：月城路ナ-12号墳、14号墳、カ-11-1号墳。慶州地域の土器が文様と器形において他地域より先行する時期である。長頸壺の頸部と肩部、高杯の蓋、杯部に新羅様式とでもいうべき多様で華麗な装飾文様が出現する。高杯の杯部はふくらみ曲線化する。

Ⅳ期：Ⅳ-1期とⅣ-2期に細分可能である。Ⅳ-1期に比べⅣ-2期は有蓋高杯の杯部が半球形に近づき、台脚も短くなる。Ⅳ-2期はⅣ-1期と異なり、コンパス円点文が長頸壺の頸部と肩部に施文されはじめ、盤口長頸壺が出現する。

Ⅴ期：有蓋高杯の台脚はさらに短くなり、口縁部のたちあがりはより内傾する。有蓋高杯の蓋に半円形コンパス文と三角組紐文が施文されることも特徴である。台付長頸壺も小型化し、胴部は扁球形に変化する。高杯、長頸壺の台脚端部が巻き上がり、有蓋高杯の蓋のつまみ端部は巻き下がる。

李盛周はこのような分期に絶対年代を付与するにあたって、慶州地域の古墳の代表的な編年案である藤井和夫と崔秉鉉の案が[16]、150年という年代幅の中で理解すべき土器を200年間という幅で理解しようとしたために、6世紀前半代に位置づけるべき資料を崔秉鉉は5世紀後半から6世紀前半、藤井和夫は6世紀前半から後半まで広げてみており、土器の型式変化のスピードがとても遅いかのようにみえる結果を生んだと批判した。そして多少漠然とはしているものの、それまでに把握されていた原三国時代以来の土器相の全体的な流れに対する既存の理解を妥当なものとした上で、〔『三国史記』によれば真興王14年（553）に着工し、同27年（566）には創建伽藍が完成したとされる〕皇龍寺址整地土出土土器の絶対年代を受容する立場に立ち、洛東江以東様式出現期の上限を5世紀初め、消滅期の下限を6世紀中葉のある時点（正確には6世紀中頃）とみて表1のような年代を比定した。

この李盛周の案でまず問題となるのは、洛東江以東様式の存続期間である。その下限が6世紀後半まで下がらないことは、今や定説といってよい。ただし、慶州普門里夫婦塚の土器と皇龍寺址整地土出

表1　李盛周（1993）の編年案

400	425	450	475	500	525	550
Ⅰ期	Ⅱ期	Ⅲ-1期	Ⅲ-2期	Ⅳ-1・2期	Ⅴ期	

第1部　新羅考古学方法論

土土器の差異は明らかで、6世紀後半からは多少時間差を想定する必要がある。とはいえ、崔秉鉉が想定したように6世紀初めにまで遡らせることは難しく、短脚高杯の形成期間を念頭におけば、李盛周の案のように6世紀中頃にまで遅らせることも不合理である。つまり、〔洛東江以東様式は〕後述する金龍星のように6世紀前葉までか、そこからさほど遅くない時点まで存続したとみるべきだろう。

　一方、洛東江以東様式の上限については、特に具体的な根拠が提示されていない。ただし、月城路古墳群の相対序列をカ-30墳→カ-5号墳→カ-6・29・31号墳→カ-8・13号墳とみた上で、29号墳と31号墳から出土した倭系遺物に対する日本学界の比較年代[17]が該当古墳の上限年代と関わる点を考慮しなければならないとして、年代観の根拠を間接的に示している。立場を明らかにはしていないものの、辰・弁韓以来の土器変化の重要な画期を4世紀初めと5世紀初めとみており、結果的に高句麗南征を変化の主要な画期とみる年代観と同じ結論となっている[18]。

　150年であれ200年であれ、洛東江以東様式の存続期間を何の根拠もなく先験的に設定することはできない。氏も指摘するように編年の根拠として自分に有利な遺物の年代観を列挙したり、歴史記録を都合よく解釈することは慎むべきである。また、原三国時代以来の土器の変遷観にもとづく分期と恣意的な年代比定を優先させることで、交差年代資料をもつ皇南大塚南墳のような古墳の意義を没却させてはならないだろう。

　次に分期についてみてみよう。氏の提案どおり150年という年代幅の中で理解したとしても、5期に分けた上でⅠ、Ⅱ、Ⅴ期には25年ずつの幅を与え、Ⅲ期は前後に細分して25年ずつの幅を付与する一方で、同様に細分したⅣ期には合わせて25年の年代を付与するというのはいかにも不自然である。これは、分期の基礎をなす土器型式の変遷観に多少の問題があることを結果的に示している。さらにみずからの分期と絶対年代比定の根拠として統計学的分析を実施したが、その結果に対する氏の解釈は、このような分期や絶対年代比定と矛盾をきたしている。ただし、見方を変えれば、この矛盾現象は洛東江以東土器様式の変化相に対する理解と、分期および絶対年代比定に一つの重要な根拠を示唆している。それに関する部分を少し引用してみよう。

　氏は「型式変化が遅くなるのは、土器が全体的に小型化し、変化の余地が減った段階、製作の高度な標準化が達成され、成形技法の行為的な規則が定型化した段階に到達したことと関連がある」とする[19]。これは時間が経つにつれて、器形の多様性が減少する傾向を主成分分析によって捉えたことにもとづく解釈である。この分析にしたがえば2段透孔高杯を基準にすると、器形の多様性は、氏の年代観で5世紀後半までに大きく減少し、6世紀初め頃には減少した状態が相対的に維持され、おおむね5世紀後半の初めには製品の標準化が完成した可能性が高い。そのために5世紀後半のⅢ期を二つに分け、それぞれにほかの期と同じ年代幅を付与したようである。しかし反対に、多様性が減少した状態が維持された後の段階は、ほぼ同じ形態の土器の間にも、かなりの時間差が存在しうると解釈することも可能である。すなわち氏の分析が正しいのであればⅢ期はもちろんであるが、むしろⅣ期以降にはそれよりさらに大きな年代幅を付与するべきで、逆に初期で多様性が豊富なⅠ、Ⅱ期の年代幅は小さくするべきだろう。

　そこで筆者は前稿にて、氏のⅢ-1期に該当する皇南大塚南墳を5世紀初めとし、洛東江以東様式出現期の月城路カ-13号墳を4世紀中頃に比定した上で、おおむね氏の相対編年案にしたが

い、新羅土器が定型化するⅢ段階以前のⅠ期とⅡ期を一つの段階にまとめて第Ⅰ段階とし、氏の
Ⅲ-1、2 期もやはり一つの段階にまとめて第Ⅱ段階とし、氏のⅣ期も同じ年代幅の一つの段階とし
し第Ⅲ段階として設定した。そして最後に氏のⅤ期を第Ⅳ段階とし全4段階の分期を設定した。

　一方、金龍星は皇南大塚南墳が5世紀初めに築造されたという筆者の説に反対し、5世紀後半
初めに築造された訥祇王〔在位 417-458 年〕陵とみる年代観に立って、慶山地域と大邱地域を基
準に金海、慶州、東萊地域の古墳の分期と編年をおこなった。氏は既存の訥祇王陵説がもつ多く
の問題点を認めつつも、以下の3点から皇南大塚南墳を奈勿王陵とはみがたいため、訥祇王陵の
可能性がより高いという主張をした。しかしそれぞれについては、反論の余地が少なくない。

　第一は、慶山林堂遺跡の資料にもとづいて、洛東江以東様式が出現して皇南大塚南墳が築造さ
れるまでの土器変化相とそれ以後の変化相を比較し、前者には50年、後者にはおよそ100年とい
う年代幅を付与した点である。両者が似た変化をすることを踏まえれば、これは「常識」から
あまりにも逸脱した理解である。氏はその理由について、短脚高杯に代表される後期新羅土器が
6世紀初めや前葉に出現したのであれば[20]、皇南大塚南墳の土器とこれらの土器の間の間隔があ
まりにも広くなり、文化の遅滞現象が発生するためとした。このような視角の問題点については、
既に李盛周の土器変化相に対する分析を批判する際に論じたところである。

　一方、氏は初期の時間幅が広くなる根拠について具体的に提示している[21]。すなわち、皇南
洞 109 号墳から 110 号墳に至る段階の古墳が慶州地域でそれほど発掘されなかったために両者
が直接連続するかのようにみえるが、林堂古墳群の早い時期の高塚や福泉洞 10・11 号墳、39 号墳、
安渓里 3、4 号墳などの多くの古墳がその間に編年されるため、両者の間に段階を設定すべきと
した。そして月城路カ-13 号墳、皇南洞 109 号墳 3・4 槨→安渓里 3 号墳、福泉洞 10・11 号墳→
福泉洞 53 号墳→皇南洞 110 号墳、皇南大塚南墳と段階を細分した（表2参照）。しかし崔秉鉉が
既に指摘しているように皇南洞 109 号墳 3・4 槨→皇南洞 110 号墳→皇南大塚南墳の順序は明ら
かであり、福泉洞 53 号墳と皇南洞 110 号墳は同じ段階で、安渓里 3 号墳も同様である[22]。また、
福泉洞 10・11 号墳は皇南洞 110 号墳より新しく、同段階とできるのかはさておき、2 段階も先
におくことはできない。要するに氏が皇南洞 109 号墳 3・4 槨と 110 号墳の間に比定したいくつ
かの古墳は若干の時間差はあったとしても、すべて皇南洞 110 号墳と同じ段階の古墳といえる。

　金龍星は筆者に対する再反論を兼ねて自説を補強した新稿[23]の中で、この問題について補完
する議論をしている。それに対していちいち再反駁する必要はないかもしれないが、その問題点
を一つだけ指摘しておきたい。氏はこの段階に該当するいくつかの地域の墳墓の例を挙げ、それ
だけの古墳が築造されるためには、長い時間幅が必要とした。しかし、一古墳群内でこの段階に
該当する古墳数と皇南大塚南墳以降の段階の古墳数を比較すれば、そのように長い時間幅を付与
しがたいことは容易に実感できるのではなかろうか。

　第二は、『三国遺事』に奈勿王陵は瞻星台の西南にあるとはっきりと記録されているため、北
西に位置する皇南大塚を奈勿王陵とはできないとする点である。奈勿王陵について氏は、仁校洞
115号墳（119号墳の誤り）を候補とし、同墳を東西長軸に連接された瓢形墳とみて古い段階の福
泉洞の主要大型墳や、金海大成洞 1 号墳、2 号墳の一列配置と類似する点も、その傍証になると
考えているようである。また超大型墳で王陵の可能性が高い鳳凰台古墳と皇南大塚を結ぶ延長

第1部　新羅考古学方法論

線上に皇南洞 105 号墳、そして少し南側にこの 119 号墳が位置していることについても何らかの意味があるものとみて[24]、最も南側に位置する仁校洞 119 号墳が大型墳の中で最も古い可能性を提起した（図21）。

　あわせて皇南洞 105 号墳がその延長線の南側から 2 番目にあり、その東隣にある 106 号墳が伝味鄒王陵であることから、文献史料〔『三国史記』〕にみえる実聖王と味鄒王の系譜[1]までを念頭においた上で、105 号墳が実聖王陵であることを間接的に暗示しているのではないかとしている。また 106 号墳を真の味鄒王の墓とみて、氏が第三の反論の証拠とした訥祇王代に修葺された王陵中の一基とみているようだ。しかし、119 号墳－鳳凰台古墳という軸が果たして偶然の一致ではない計画的なもので、そのライン上の古墳が王陵であるという仮説が成り立ちうるのかについては極めて疑わしい。また、伝味鄒王陵のような口承が、考慮に値するのかどうかについても疑問がある。

　一方、咸舜燮も奈勿王陵の比定は考古学的判断に先立ち、あらゆる文献史料を検討する必要があるとしながらも、やはり 119 号墳を奈勿王陵候補とみた[25]。しかし、奈勿王陵の位置に関する『三国史記』の記録が信用に値するかどうかについては、疑問がある。氏は「古代史学界において、少なくとも奈勿王以後の『三国史記』や『三国遺事』の記録についてはそのまま肯定しているため」としたが、仮にそうだとしても、個々の記録に対してまでそのように拡大解釈できるのかについては疑問が残る。その記事が掲載された『三国遺事』王暦の史料系統や価値について信用に値する根拠が確認されない限り[26]、この位置記録をそのまま信頼することはできないだろう。また、考古学的判断に先立って文献史料の検討を先行せねばならないとした咸舜燮の認識は、多少危険であるようにもみえる。まかり間違ってそのような認識が拡大すれば、多くの考古資料は無用の長物となり、考古学虚無論に流れる危険さえあるためである。

　また、仁校洞 119 号墳は、封土の頂部が西から東にいくにつれて次第に低くなり、平面形態も西側に比べ東側の幅が狭い。現状では一般的な瓢形墳とは形状がまったく異なり、瓢形墳とするには疑わしい部分が多い。咸舜燮は 119 号墳について長さ約 100 m、幅約 58 m とみているが[27]、皇南大塚が規模の等しい二つの墳丘が合わさって、長さ約 120 m、幅約 80 m である点を念頭においた上で、119 号墳の外形が普通の瓢形墳とは異なる点や、上述の数値上の不均衡も合わせて考えれば、119 号墳を瓢形墳とすることは難しい。西側の広く高い部分に直径 58 m の円墳があったと仮定し、それを中心にみると、通常の瓢形墳における先築古墳の護石の位置に後築古墳の中心がくることから、東側の部分が一つの墳丘であるならば、東西径は 42 m だが南北径は 29 m 以下の奇形となってしまう。よって 119 号墳については、規模の異なる二つの古墳からなるというよりは、むしろ大小 3 基ほどの古墳が連接したものと考えられる[28]。

　ところで咸舜燮は西側の高く大きな部分が先に築造され東側に追加された瓢形墳で、西墳が方台形または隅丸方台形古墳であったため、このような現状になったと解釈し、さらには方台形を年代の古いことを示唆する根拠とまでみている。しかし、方台形であれば墳丘の高い理由は容易に説明することはできず、古墳築造後の変形なども考慮しない、あまりにも脆弱な根拠の上に立った飛躍といえよう[29]。万一そうであったとすれば、金龍星が提起するように西墳が後で修築されたとする解釈とは相容れない。

　第三は、『三国史記』新羅本紀・訥祇麻立干 19 年（435）条の「修葺歴代園陵」記事を訥祇王

第Ⅲ章　新羅古墳の編年

が直系の祖先の墓を拡大改築したと解釈する立場に立つと、その父である奈勿王の陵には当然、修葺の痕跡があるはずで、そうでなければ奈勿王陵とはしがたいという主張である。さらには伝味鄒王陵〔皇南洞106号墳〕、皇南洞105号墳、仁校洞119号墳などを修葺対象となった古墳とみて、これらは435年までは最も大きな墓であったが、これ以降に築造された皇南大塚、鳳凰台古墳よりは小さく修築されたのであろうと論じた。後者の論理は、氏の表現が曖昧なせいもあるかもしれないが、435年に修築した王陵級古墳が以後に築造される王陵級古墳より大きくなるはずがないという一種の結果論的論理で首肯しがたい。

　また「歴代園陵」に奈勿王陵が必ず含まれていなければならない理由はないだろう。周知のように奈勿王は新羅史において一大画期となる王であって、その墓が築造当時から大きかった蓋然性は十分にある[30]。また「修葺」は拡大改築を意味する可能性が最も高いものの、必ずしも拡大だけを指し示す理由もない。荒れ果てた墓を文字通り「修葺」した事実を記録したとも解釈できるためである。

　結論をいえば、多分に状況的な論理だけで古墳の絶対年代を決めたり、王陵を比定することはできない。先にも指摘したように、仮にそのような状況的な論理を優先させるのであれば、考古資料自体のもつ潜在力が没却されてしまう危険が非常に大きい。さらに付け加えるならば、皇南大塚南墳＝5世紀初説に対する反論は、その説が根拠とした論理と資料を中心になされることによってのみ説得力をもつといえる。

　筆者は前稿において皇南大塚南墳の年代が5世紀初めという主張の主な根拠中の一つとして、それより〔型式学的に〕1段階先行する高句麗の吉林省集安七星山96号墳の鐙が、北燕の遼寧省北票馮素弗墓（415年）の鐙とは系譜を異にし、その年代は5世紀代以降には下がりえず、4世紀後葉であることを論証した。これは鐙をはじめとする遺物の型式学的編年に立脚し、年代をある程度推定できる河南省安陽孝民屯154号墓や遼寧省朝陽袁台子墓との交差編年から年代を推定したものである。ところでこのような年代推定は最近、集安太王陵から393年という下限年代をもつ鐙が出土したことによって、再び確固とした根拠を確保するに至った。すなわち、太王陵鐙と併行する七星山96号墳の鐙の年代が、筆者の想定した年代に符合すると同時に、皇南大塚南墳の年代が5世紀初めという推論も妥当であることが改めて確認されたといえる[31]。このような筆者の鐙の型式系列設定に焦点を合わせた反論がなされることによって、初めて論戦らしい論戦となるであろうことを指摘しておきたい[32]。

2）新羅様式土器の変遷と分期

　以上の議論を前提としつつ、旧稿[33]で4段階に分けた新羅様式土器の分期案を果敢に細分してみよう[34]。「果敢に」と表現した理由は旧稿の4段階もそうであったように、今回の細分もさしたる年代の根拠もなく、ある程度は豆腐を切るようにおこなうほかないためである。それでもあえて細分するのは、それを基盤にさらに精度の高い解釈を引き出すためである。分期にあたっては、新羅土器様式の変化の方向性〔定向的変化〕を最もよく示す慶州様式2段透孔高杯を基準とし、高杯の蓋、長頸壺を補助器種とする。本来であれば、なるべく多くの器種を取り上げてセット関係について記述するのが望ましいだろう。そうせずにいくつかの器種に限定する理由は、現

69

第1部　新羅考古学方法論

状ではすべての器種に明確な変化の方向性が認められないため、多くの器種を取り上げることで
むしろ混乱を招く恐れがあるためである。

　まず、旧稿で前後に細分しうることを既に示唆していたⅠ段階であるが、前半のⅠa期は洛東
江以東様式の成立期とすることができる。これまでこの段階の土器が発掘され報告された地域は、
釜山東莱、慶州市内、蔚山中山里、浦項鶴川里、永川清亭里などおおむね慶州〔とその周辺〕一
帯に限定され、出土量も多くなく、まだ不明な部分が多い。出現期の土器様相は地域ごとに多様
で、慶州盆地においてすら土器形態にかなりの変異が認められる。高杯の台脚は基本的に3段構
成で、交互2段透孔をもち、上部が太い曲線八字形であり、蓋を受けるためのたちあがりは形成
されず[35]、蓋も伴わない。台付長頸壺はまだ出現していない。

　Ⅰb期は高杯台脚の直線化が進み、上部がさらに太くなり、截頭方錐形に近くなる。たちあが
りが直立するものの蓋を伴わないものが大部分で、新しい時期には台脚倒置形に方形透孔のあい
たつまみをもつ典型的な新羅式の高杯蓋が伴うこともある。ただし地域色があるため[36]、その
有無だけで前後関係を論じることは難しい。台脚は3段構成が基本であるものの、新しい時期に
なると截頭方錐形の2段構成が確立する。この截頭方錐形高杯は5方透孔の場合もある。1段透
孔の台脚をもつ台付長頸壺が出現する。

　Ⅱa期は洛東江以東地方全域で截頭方錐形の2段台脚に若干内傾、もしくは直立したたちあが
りをもつ高杯が確立する。高杯の杯部や蓋に三角組紐文や波状文が流行し、集線文もみられる。
台付長頸壺の台脚は2段も登場し、長頸壺の肩部に明瞭な屈曲をもつ。

　Ⅱb期は基本的にⅡa期と同じだが、高杯台脚の直径が杯部に比べて縮小し、台脚が全体的に
細長い形態に変化する。またⅡa期には1段透孔高杯の蓋のつまみは、透孔をもつ台脚倒置形で
あったが、Ⅱb期になるとボタン形もかなりみられるようになる。高杯の文様も多様化し、Ⅱa
期には主に三角組紐文であったのが、この時期には集線文が大きく流行する。長頸壺にも多様な
文様が施文されるようになる。頸部が長くなり、特に突帯で区分された最上段にそのような傾向
がみられる。肩と胴部の境界はこの時期の新しい段階になると顕著に鈍くなる。

　Ⅲa期は2段透孔高杯に二重鋸歯文が流行し、前時期まで4方であった透孔はこれ以降、3方
が主流をなす。この2段透孔高杯の蓋はつまみ上部が玉縁状になり、透孔がさらに小さくなり、
円形透孔やそれに近い形態も現れる。たちあがりは短く、内傾度も強くなり、台脚上部はさらに
狭くなる。内傾したたちあがりをもつ丸底長頸壺には、前時期からの波状文に代わって、円点・
集線結合文の施文が盛行する。また台付長頸壺の頸部がさらに長くなり、全体的に少し広がりな
がら上がっていき、突帯で区分された最上段部から内側に若干曲がりながら外反して終わる。肩
部と胴部の境界はこの段階の後半にはほぼ消える。長頸壺の台脚は大部分が2段構成である。

　Ⅲb期は高杯の杯部が深くなり、台脚長が顕著に短くなりはじめ、まだ台脚が杯部より高いも
のが主流であるが、同じ程度にまで低くなったものも現れる。前時期に現れた斜格子文が流行す
る。2段透孔高杯の蓋のつまみは透孔をもつボタン形へと代わり、透孔をもたないものもある。
そして長頸壺では盤口長頸壺が定着する。

　Ⅳ期は高杯の短脚化が進行しはじめる。この段階の高杯は、蓋と杯部の合わさった形態が球形
をなし、蓋には半円形のコンパス文と三角組紐文を組合せた文様の施文が流行する。台脚の高さ

70

は杯部と同じか、時にはそれより低い場合もある。台付長頸壺のサイズが縮小し、胴部も扁球形になっていき、高杯、長頸壺の台脚端が反転した形態をみせる（以上の各分期の土器については、図8、10、11を参照）。

　各期の年代については、Ⅰa期の月城路カ-13号墳の年代が4世紀中頃を前後する時期で遅くとも4世紀後半初めに比定され、Ⅱa期初頭の皇南大塚南墳が5世紀初めであることから、ひとまずⅠa期を4世紀第3四半期、Ⅰb期を4世紀第4四半期としておく[37]。次のⅡa期は5世紀第1四半期、それに続くⅡb期は第2四半期、Ⅲa期は第3四半期、そしてⅢb期は第4四半期に比定し、最後のⅣ期は少し広く6世紀前葉程度と捉えておく。

3. 新羅古墳の編年

　ここからは、洛東江以東地方のいくつかの地域の中で、大型の古墳、ないし高塚の発掘調査が多少なりともなされた慶州、釜山、梁山、慶山、大邱、星州、昌寧、義城地域の主要古墳の編年をおこなう。その際には、先に設定した分期を軸として、各地域の土器の変遷相にもとづいた編年をそれに対応させるという方法を採りたい。これは厳密にいえば分期作業の延長、ないし拡大にあたるものであるが、地域間同期配列作業をおこなうため、広義の編年といってもいいだろう。分期と編年は基本的には地域ごとにおこなう。ただし、他地域に比べて調査が多くなされ、相互に関連する資料も多数あることから、実際に多くの研究者が相互に関連づけて論じてきた慶州地域と釜山地域については、合わせて検討したい。

　前稿発表後に正式報告された古墳もあるが、第2部で歴史解釈を進めていくための土台を準備することに編年の目的があるため、特別な場合を除いて追加はしない。なお、個々の古墳の出典については註で引用すると煩雑であるため、該当古墳の後に著者と発行年だけ表記し、章末に一括して引用文献リストを載せることとする。

1）慶州・釜山地域

　慶州地域の古墳の編年研究は、最も集中的におこなわれてきたが、それだけに異論も少なくないことは周知の事実である。先に新羅土器の変遷段階を述べた際に、既存の研究成果を整理しているため、先行研究をいちいち対比して議論する必要はないだろう。ここでは最近の二、三の研究を検討する程度にしておき、Ⅰ期とそれ以前の編年に関しては、資料が最も多く蓄積されている地域の一つである釜山地域の古墳との併行関係を考慮して主要な見解を対比してみよう。

　慶州月城路古墳群（国立慶州博物館ほか1990）が発掘される以前に調査された古墳の中で、Ⅰ期に該当する土器が出土した例としては、皇南洞109号墳3・4槨（斎藤1937）、味鄒王陵地区第5区域1号墳と6号墳（金廷鶴・鄭澄元1975）、そして皇南洞110号墳（李殷昌1975）が挙げられる。これまでの研究成果を整理すると、皇南洞109号墳3・4槨→皇南洞110号墳という相対順序が設定され、さらにⅡ期の皇南大塚南墳（文化財管理局 文化財研究所1993・1994）が後続する。皇南洞110号墳と皇南大塚南墳は同じ時期に設定されることもあるが、相対年代においては明らかな差異があって、異なる段階に区別すべきであろう。もちろん段階区分の基準と目的によっ

第 1 部　新羅考古学方法論

ては両者を同じ期に設定できなくもないが、本書のように土器を基準にするのであれば、段階区分すべきと考える。

　ところで月城路古墳群の調査以降、これらの古墳と月城路古墳群を関連づけるにあたって、様々な意見が提示されてきた。これらの見解差は、福泉洞古墳群のこの時期に該当する古墳に対する編年の相違とも絡んで、大変複雑な様相を呈している。よっていくつかの見解を詳細に対比する必要がある。

　まず I 期を中心にみてみよう。新羅様式形成期を前後する月城路古墳群の編年を初めて本格的におこなった宋義政は、カ-16、30、31 号墳→カ-29、12 号墳→カ-5、6、14 号墳→カ-13、8 号墳の順に段階区分した[38]。そしてはっきりとした言及はないものの、皇南洞 109 号墳 3・4 槨から上下交互透孔高杯が出現するのに対して、カ-5、6 号墳段階からは頸杯と上下垂直透孔高杯が出土していることから前者が後者より後行するとし、皇南洞 109 号墳 3・4 槨については月城路カ-13 号墳段階以後とみた。

　李盛周はこれにおおむね同意しながらも、カ-16、30 号墳→カ-5 号墳→カ-6、29、31 号墳→カ-8、13、14 号墳とみて、カ-13 号墳からを自身の洛東江以東様式第 I 期とし、皇南洞 109 号墳 3・4 槨については台付把手付短頸壺の存在から第 I 期の最後の段階とした。

　一方、月城路古墳群に対する編年を最初におこなった崔秉鉉は、当初はカ-30 号墳→カ-6、29、31 号墳→（皇南洞 109 号墳 3・4 槨）→カ-5、13 号墳→ナ-13 号墳としたが、その後再検討し、カ-30 号墳→（皇南洞 109 号墳 3・4 槨）→カ-8 号墳→カ-6 号墳→カ-13、5、31 号墳、ナ-13 号墳と修正した[39]。

　金龍星はカ-29 号墳→カ-6 号墳→カ-13 号墳、皇南洞 109 号墳 3・4 槨と編年する。それぞれ東莱福泉洞古墳群の 48、50 号墳→ 25・26 号墳→ 31・32 号墳、21・22 号墳に対応させている点が注目される[40]。

　月城路古墳群中、器種構成が多様でないカ-12、14、16 号墳をひとまず除いた上で、上述の諸案について検討してみよう。李盛周が月城路カ-29、31 号墳の年代を 4 世紀末から 5 世紀初めとみた西谷正の見解を意識して、カ-29、31、6 号墳を一つの段階とし、これらを相対年代上、カ-13 号墳の直前においたのは、洛東江以東様式土器の上限を 5 世紀初めと設定した自身の年代観を傍証するためのもので、少し恣意的といわざるをえない。後述するようにカ-29 号墳の年代は、必ずしもそのようにみることはできない。さらには、カ-31 号墳の有蓋把手付大壺（図 8-3）は福泉洞 38 号墳の大壺[41]（図 8-4）と同じ段階かむしろ先行する要素をもっているため、カ-31 号墳とカ-29 号墳を同じ段階とすることもまた難しい。

　一方、崔秉鉉の案は月城路古墳群の土器に皇南洞 109 号墳 3・4 槨の土器と直接対比、関連づける資料がさほどないにもかかわらず、その位置づけにあまりにも固執したために、旧稿と新稿の相対編年が大きく異なってしまった感は否めない。氏は新稿でカ-30 号墳とカ-8 号墳の間に 109 号墳 3・4 槨を位置づけたが、カ-31 号墳をカ-13 号墳と同じ段階とみるのは無理がある。ただし、カ-8 号墳をカ-6 号墳より先においたことは、宋義政の編年上の問題を修正したものといえよう。そして 109 号墳 3・4 槨の位置を引き上げるために、相対的に引き下げようとしたカ-13 号墳については、高杯の各部分の特徴を分離してみた際、伽耶式の蓋は全体の形態が福泉洞

第Ⅲ章 新羅古墳の編年

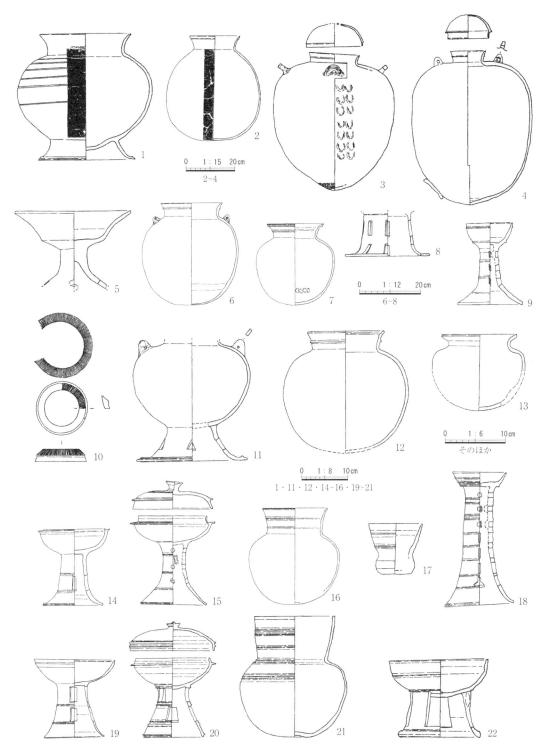

図8　慶州月城路古墳群カ地区古墳出土土器と他地域の比較資料
1・2:30号　3・5:31号　6～9:8号　10～13:29号　14～18:6号　19～22:13号　4:福泉洞38号

第1部　新羅考古学方法論

39号墳より古くはならず、台脚も全体の形態が皇南洞110号墳出土高杯の3段台脚に近いとし、110号墳とほぼ併行するとみた[42]。しかし、これは共伴する垂直透孔高杯や、無蓋式高杯、1段透孔高杯の形態をみる限り、正しい観察、比較とはいいがたい。そのように異なる要素が結合していること自体が、そのまま移行期の特徴を示すのではないかと考えられる。

　以上を総合すると、まず月城路古墳群はカ-30号墳→カ-31号墳→カ-29号墳→カ-8号墳[43]→カ-5、6号墳→カ-13号墳という相対編年になるだろう（図8参照）。そうであればカ-13号墳が4世紀後半初めに比定され、カ-5、6号墳以前の古墳は4世紀前半かそれ以前に比定される。このうち、カ-31号墳からは先述の大壺と新しい段階の瓦質土器、そして土師器系土器（倭系土器）が共伴している。土師器系土器の中でも交差年代資料となる高杯（図8-5）については、その性格や年代をめぐって多くの意見が提示されている[44]。

　まず安在晧は、この土器について布留系の杯部に庄内系の脚部をもつと指摘した[45]。そこで筆者は前稿において、もし仮に氏の観察と対比が正しいのであれば、カ-31号墳は遅くとも庄内式－布留式の転換期に該当すると解釈でき、最近の弥生土器の年代遡上に伴う庄内式土器の年代遡上傾向を考慮すれば[46]、確実に3世紀代にまで遡るとみた。朴天秀はこの高杯を庄内式併行期とみて3世紀第3四半期に設定している。

　しかし井上主税は、共伴する小型鉢に庄内式土器の影響が認定されるものの、調整方法が異なることから、在地化しており、小型器台も同様であるが全体的にX字形で布留1式以降とみるのが妥当であるとした。高杯にも庄内式土器の影響が認められるものの、調整方法からみてやはり在地化した小型器台の形態を根拠にしなければならないとし、3世紀末～4世紀初めと考えられるが、在地化している点も考慮して若干新しく4世紀初めとみた。

　倭系土器の年代論において最も問題となる点は、明確な製作技法の把握と形態の同定であろう。ところが在地生産品とみられているこれらの倭系土器は、研究者ごとに、そして三つの器種ごとに微妙な、時として相当な見解差があって、総合的な判断は容易でない[47]。またもう一つの問題は、倭系土器に在地の製作技法がみられるからといって、これを「在地化」と表現する点である。これは原形から一定の時間が経過したことを意味し、そのように表現、ないし把握することで年代を意図的に遅くみようとしているかのようにも思われる。そして、日本の該当段階の土器との交差年代をそのまま比定することはできず、それよりある程度新しく、要するに一世代ほど新しくみる必要があるというニュアンスを漂わせるという意図でそう表現するのであろう。ここで問題となるのは、韓国の古墳から出土した倭系土器が、仮に在地土器だとしても原形段階の土器ではなく、いつでもそれから一定の時間が経過した在地化した土器、すなわち「変形した」土器だけなのかという点である。そのような〔解釈の〕定向性が生まれた背景には、研究者たちが在地化という用語で歪曲しようとする実像が隠されているのではないかという疑念すら覚える。

　要するに月城路カ-31号墳出土の倭系土器を利用した交差編年においては、それらの土器に少なくとも庄内式の影響が認められるか、残っているという点で研究者の意見が一致するということを、まず尊重しなければならない。ここでは前稿通り、ひとまず庄内式－布留式交代期とみて、早ければ3世紀中頃、広く3世紀後半代の年代を比定しておく。

　くわえてカ-29号墳出土の倭系遺物である石釧（図8-10）の年代についても、4世紀末から5

世紀初めと固定できるほど日本の古墳時代前期の年代が安定的ではなく、遡る可能性が大きい点を指摘しておきたい[48]。

このような月城路古墳群の編年と関連して、次に皇南洞109号墳3・4槨をどこにおくべきかについてみてみよう。崔秉鉉は新稿で多少迂遠に玉田古墳群の土器や礼安里古墳群の土器と関連づけながら、自身の考えを裏づけようとしたが、109号墳3・4槨出土の丸底短頸壺を、氏の主張する通り金海礼安里117号墳出土品と同じとみること[49]については疑問がある[50]。崔秉鉉自身も論じているように、この問題については礼安里117号墳よりも109号墳3・4槨の高杯とほぼ同じ高杯が出土した福泉洞21・22号墳を含めた福泉洞古墳群の編年と関連づけるのが妥当であろう。

福泉洞古墳群の編年について1次報告書では、31・32号墳→35・36号墳→25・26号墳→21・22号墳→8・9号墳→10・11号墳という相対順序で築造されたとみている。また、これらの中で35・36号墳の立地が稜線頂部から多少離れている点を考慮して除いた上で、福泉洞古墳群の主要大型墳は丘陵南側から北側に築造されていったとみる（以下、図9 参照）[51]。ところが第2次調査において、31・32号墳の南側の39号墳が発掘され、報告者は10・11号墳より新しく位置づけた。これは丘陵南側から北側に順次築造されていったという1次報告の考察と矛盾するが、10・11号墳の北側に大型墳をつくる空間がなかったためという多少苦しい解釈をしている[52]。

崔秉鉉はこれを批判し、丘陵頂上部付近に25・26号墳がまず築造され、31・32号墳、39号墳の順に下がってきて、35・36号墳は31・32号墳と39号墳の間に築造され、頂上部から北側のグルー

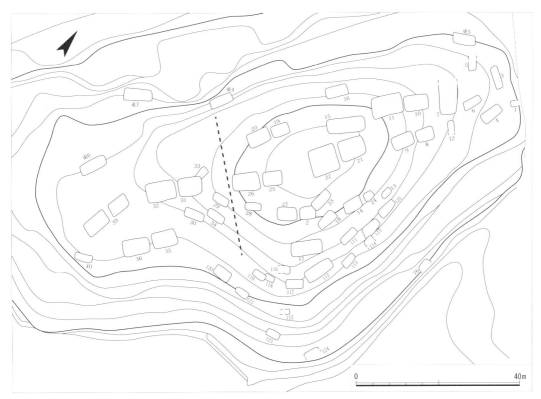

図9　東萊福泉洞古墳群の分布（一部）

第1部　新羅考古学方法論

プは 35・36 号墳が築造された後、21・22 号墳が築造され、8・9 号墳へと下がっていったとみた[53]。これは福泉洞古墳群の内部構造が、純粋な木槨墓から中間段階を経て竪穴式石槨墓へと転換していく過程を念頭においた説得力ある変遷観といえる。ただし、このようにみると純粋な木槨墓である 35・36 号墳の編年上の位置が問題となる。後述するように金龍星は、その点に気づいて 35・36 号墳の位置を 31・32 号墳より遡らせたが、これは妥当な判断といえる。一方、全玉年も報告書の編年が「多少行き過ぎた細分をした感もなくはない」として、「行き過ぎた細分からくる無理を避けるために遺構の特性を編年体系の基準に含ませて、31・32 ～ 25・26 号墳までを大きく土壙木槨墓の最後の段階と設定しておき、竪穴式石槨墓制が採用される本段階（21・22 号墳）以降を新たな段階に大別しておくこととする」とした[54]。

　とにかく福泉洞古墳群の報告書は明確な言及こそないものの、この丘陵に築かれた諸古墳がある原理にしたがって、すなわち同一集団の一系統の最高首長墓が連綿と築造されたと想定しているようである。しかし後述するように 10・11 号墳より 39 号墳が新しいとはいいがたい点からも、このような想定はあまり合理的でない。

　最後に金龍星は、崔秉鉉の見解をおおむね受容した上で、25・26 号墳と 35・36 号墳からは上下垂直透孔高杯が出土しているのに対して、31・32 号墳からは上下交互透孔高杯が出土している点と、25・26 号墳出土上下垂直透孔高杯が礼安里 117 号墳と月城路カ-6 号墳などから出土したものと同形である点から、25・26、35・36 号墳を一つの段階（氏のⅢ1a 段階）、31・32 号墳はその次の段階（氏のⅢ1b 段階）の古い時期、21・22 号墳は新しい時期とみた[55]。現時点では最も妥当な見解といえよう。すなわち福泉洞古墳群は、報告者の見解のように大型墓が丘陵の下から上に向かって築造されていくのでもなく、かといって崔秉鉉の解釈したように高所から低所に向かって築造されたとみることも難しい。それよりは今みたような古墳編年と第5次発掘までの遺構配置を参照すれば[56]、大きくみて 25・26 号墳以北の古墳群を一つのグループ、そして 31・32、35・36、39 号墳をもう一つの別のグループに分けて築造順序を考えてみることができるのではないだろうか（図9参照）。

　福泉洞古墳群をこのように段階化すると、洛東江以東様式が初めて出現する 31・32 号墳が本書のⅠa 段階に該当し、35・36 号墳と 25・26 号墳はその直前の月城路カ-6 号墳段階に対応させることができる。皇南洞 109 号墳3・4槨については、同じような高杯が福泉洞 21・22 号墳からも出土しているが（図10-2）、この高杯型式はある程度の時間幅をもっていたと考えられ[57]、崔秉鉉の指摘するように 21・22 号墳からは多少後行する要素をもつ高杯（図10-3）が共伴している点も考慮して決定しなければならない[58]。したがって、31・32 号墳の丸底長頸壺と類似したものが 109 号墳3・4槨にもあることを重視して、31・32 号墳と 109 号墳3・4槨を同じ段階としておきたい。このようにみることによって、皇南洞 109 号墳3槨から出土した耳飾が平壌駅構内永和9年（353）銘塼築墳出土品と同型式であるという事実を[59]、極めて整合的に説明することができる。

　以上のような多少複雑な議論の結果、本書のⅠa 期に皇南洞 109 号墳3・4槨、月城路カ-13 号墳、福泉洞 31・32 号墳、福泉洞 21・22 号墳を比定できるのであれば、Ⅰ期の遅い段階、すなわちⅠb 期の慶州地域の代表的な古墳として皇南洞 110 号墳を挙げることが可能となる。皇南

第Ⅲ章 新羅古墳の編年

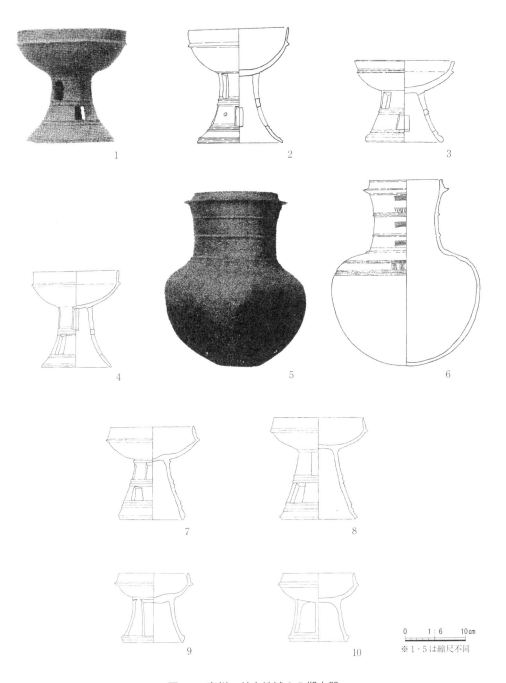

図10　慶州・釜山地域のⅠ期土器
1・5：皇南洞109号3・4槨　2・3：福泉洞21・22号　4：味鄒王陵地区5区域1号　6：福泉洞31・32号
7・9：皇南洞110号　8・10：福泉洞1号

第1部 新羅考古学方法論

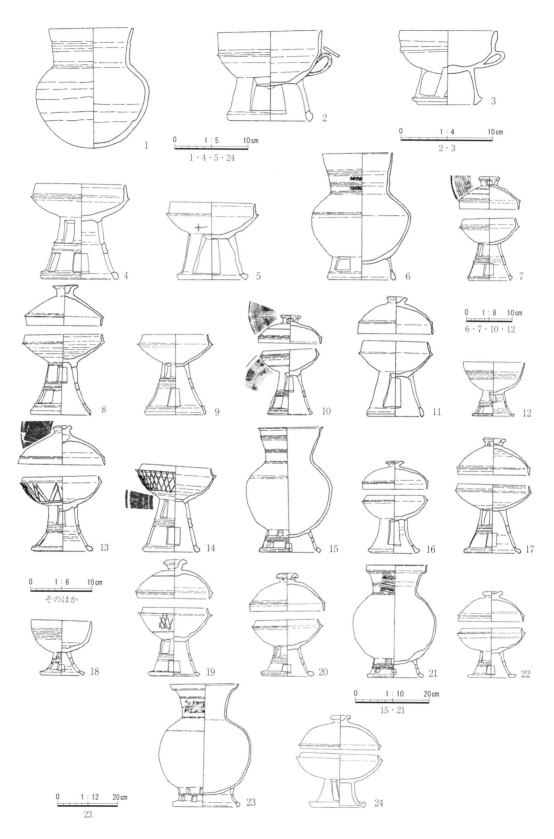

洞110号墳以前に位置づけられる味鄒王陵地区第5区域1号墳と6号墳に関しては、前者が後者より古いことから、109号墳3・4槨→5区域1号墳→同6号墳→110号墳という序列を設定できるであろう。ところで5区域1号墳の2段透孔高杯の台脚は3段構成で強い曲線を描くが、最下段の幅が狭く、杯部も浅くなり、また1段透孔高杯も109号墳3・4槨出土品からは多少離れた感がある。5区域1号墳の位置は、あえていえばⅠa期とⅠb期の境界かⅠb期の初頭におき、5区域6号墳はⅠb期の早い時期におきたい。

　一方、福泉洞古墳群は10・11号墳の次に53号墳（釜山直轄市立博物館1992）と39号墳（釜山大学校博物館1989）という順に相対編年が組まれているが、これは先述したように厳密にいえば、あらかじめ設定された遺構の型式変遷、立地の変化を基準にした結果であり、土器から53号墳、39号墳が10・11号墳より古いとみた崔秉鉉の見解の方が妥当であると判断される。また、10・11号墳は相対年代において皇南大塚南墳よりも古い。分期はある程度の遊動性をもつため、53号墳、39号墳を同じ段階、そして10・11号墳、皇南大塚南墳を次の段階とすることは不可能な訳ではないけれども、5世紀初めに設定した皇南大塚南墳の年代を尊重して、10・11号墳を53号墳、39号墳と同じⅠb期に所属させて、その末頃におきたい。また東亜大学校博物館が発掘した福泉洞1号墳（金東鎬1971）は山字形金銅冠を根拠として、いわゆる草花形金銅冠が出土した10・11号墳よりは当然新しいとみられているが、必ずしもそうとはいえない。これは草花形冠→山字形冠という相対編年に立脚した先入観によるものであり、土器をみれば福泉洞1号墳の高杯（図10-8、10）の中に皇南洞110号墳の高杯（図10-7、9）とほぼ同じものがあって、10・11号墳と1号墳はおおむね同じ時期か、1号墳の方がむしろ古い可能性すらある。このことからみても先に批判した通り、遺構構造を単純に比較して両者を時間的に遠くに離して位置づける見解は成立しがたい。

　月城路古墳群の中でⅠb期に属す古墳としては、ナ-13号墳を挙げることができる。1段透孔高杯がないものの、台付把手付椀（図11-2）の形態が皇南洞110号墳出土品（図11-3）と似ている点や、頸部が若干外反する丸底長頸壺からみて、次の皇南大塚南墳段階にまで下げてみること[60]は難しいと判断される。

　Ⅱ期の中でも前半であるⅡa期の代表的な古墳としては、皇南大塚南墳を挙げることができる。また、味鄒王陵地区第1区域E号墳（尹容鎭1975）もこの段階に属する。これ以外に月城路ナ-9号墳もこのⅡa期の末頃に位置づけられるだろう。釜山地域の福泉洞古墳群ではまだ正式報告された例が乏しいものの、5世紀後半として報告された古墳がおおむねⅡ期に該当すると考えられ、その中でもⅡa期に属するものが多いようである。たとえば東亜大学校博物館が発掘した福泉洞5号墳や7号墳（金東鎬1971）が挙げられる。

図11　新羅土器の変遷（慶州・釜山地域のⅠb～Ⅳ期土器）
Ⅰb期　1・2：月城路ナ-13号　3：皇南洞110号
Ⅱa期　4～6：皇南大塚南墳　7：月城路ナ-9号
Ⅱb期　8：福泉洞4号　9：福泉洞23号　10：月城路ナ-12号　11・12：月城路カ-11-1号
Ⅲa期　13～16：月城路カ-4号　17：月城路タ-2号
Ⅲb期　18：月城路カ-13-1号　19：月城路カ-15号　20・21：月城路タ-5号　22：杜邱洞林石2号
Ⅳ　期　23・24：徳川洞D地区11号（追葬）

第 1 部　新羅考古学方法論

　福泉洞 4 号墳や 23 号墳は杯部が直線的に広がり、たちあがりが内傾して口縁端部が尖った高杯[61]（図 11−8、9）があるため、ひとまずⅡ b 期に比定してよさそうである。したがってⅡ b 期以降の福泉洞古墳群はわずかにその命脈を維持するに留まり、釜山地域の古墳築造は、蓮山洞古墳群にその中心が移ったとみられる。蓮山洞古墳群の中で発掘報告された 4 号墳[62]は激しく盗掘されており、土器相がよく分からないものの、遅くとも本書のⅡ b 期に該当するようである。Ⅱ b 期に属する慶州地域の古墳としては月城路ナ−12 号墳、カ−11−1 号墳が挙げられる。

　次のⅢa 期に該当する慶州地域の古墳としては、月城路カ−4 号墳を挙げることができる。またこの段階の新しい時期にタ−2 号墳が位置づけられる。月城路タ−5 号墳、カ−15 号墳、カ−13−1 号墳などが、Ⅲb 期の新しい時期に該当する。釜山地域では下位集落の古墳群である杜邱洞林石 1 号墳（朴志明・宋桂鉉 1990）が、高杯の蓋が出土しておらず、よく分からないところもあるけれども、この段階に該当するのではないかと考えられる。そして 2 号墳もこの段階の末頃に該当するようである。

　最後のⅣ期は慶州壺杆塚に代表される。釜山地域では徳川洞古墳群D 地区 11 号墳の追葬に伴う土器[63]がこの段階の終わり頃に該当し、残りはそれ以降の段階に属すると考えられる（以上、図 11 参照）。

2）梁山地域

　現在の梁山市全域ではなく、梁山川一帯を中心とする地溝帯地域を梁山地域と設定して議論を進めていこうと思う。この一帯は『三国史記』地理志をみても梁州（歃良州）の領県の一つとして現れ、おそらく三国時代のこの地域単位政治体の圏域は近年の市郡統合措置以前の梁山邑一帯にあったものと推察される。これまで北亭里、新基里一帯の中心古墳群の造営時期については、おおむね梁山夫婦塚を上限とするかのようにみられてきたが、必ずしもそうではないことが明らかになりつつある。両古墳群の南側の梁山貝塚が所在する丘陵に造営された中部洞古墳群から採集された土器の中に本書のⅠ段階に属する資料がある点[64]、新基里古墳群の竪穴式石槨墓から出土した無蓋式高杯、2 段交互透孔高杯が「5 世紀前半代の福泉洞古墳群出土品」に対比され[65]、おそらく本書のⅠ段階にまで遡及する点、そして北亭里古墳群の大型高塚が丘陵の頂上部から築造されはじめて、次第に丘陵を下がっていき、ほぼ最後の段階に夫婦塚が築造された可能性がある点などからみて[66]、高塚群の造営開始はひとまず夫婦塚よりは遥かに遡るとみるべきだろう。

　梁山夫婦塚（沈奉謹 1991）は少なくとも 1 回の追葬がなされ、その築造年代については出土した土器の中で古い段階のものを基準にしなければならないが、植民地時代に出た原報告書ではこれを区分しておらず問題がある。しかし遺物配置図をみれば、南側被葬者の頭側に土器の一群が確認され、これを参考にすることができるだろう。これらの土器について藤井和夫は、味鄒王陵地区 9 区域A 号破壊古墳 1 号槨（尹世英 1975）の土器と併行するか、それより若干古いとみている。これはある程度妥当であるが、A 号破壊古墳 1 号槨からは盤口長頸壺が出土しているのに対し、夫婦塚からは出土しておらず、後者の方が確実に古いと考えられる。氏は 520 年代と推定した慶州金鈴塚より夫婦塚の年代が新しいとみて、9 区域A 号破壊古墳 1 号槨を 540 〜 550 年頃、夫婦塚を 530 年から 560 年の間とみたものの[67]、氏の絶対年代観は短脚高杯が 7 世紀頃に成立したとみる年代的枠組みに依拠するもので、今日では立論の余地がない。

第Ⅲ章　新羅古墳の編年

　崔秉鉉は梁山夫婦塚を氏の古墳編年案の第2期後期～第3期とし、4世紀末から5世紀初めとみた[68]。これは氏の編年、および分期における皇南大塚北墳と併行するとみたことによるものである。しかし土器をみる限り、夫婦塚南側被葬者の土器は北墳よりは確実に新しく、氏が第4期に比定した味鄒王陵9区域A号破壊古墳第1槨よりは古い。

　李盛周は夫婦塚を本書のⅢa期と対応する時期に比定しており[69]、正確な時期比定と評価できる。最後に、金鳥塚も夫婦塚とほぼ同じか若干新しいとみられ、やはりⅢa期に位置づけられよう。

3）慶山地域

　この地域の高塚の編年については、金龍星の研究が唯一といっても過言ではない。そこで本書で設定した新羅様式土器の変遷案にしたがって、金龍星の案（表2）を検討した後、慶山地域の古墳編年を整理してみよう。

　金龍星の案における慶山地域の主要な高塚個々の相対編年については、さほど問題がないように思われる。問題は氏の分期と絶対年代である。ここでは先述した内容と重複しない範囲でみていくこととしよう。

　まず注目される点は、福泉洞古墳群と慶州地域の古墳群の並行関係である。福泉洞10・11号墳と安渓里3号墳を同じ段階、福泉洞53号墳を次の段階、そして皇南洞110号墳と皇南大塚南墳、北墳、金冠塚をその次の段階に設定しているが、先述のように一つ目と二つ目の段階の古墳間には微細な前後関係こそあっても、分期することは難しい。このように分期したのは、氏自身も論じるように皇南洞109号墳3・4槨と110号墳の土器の間にみられる差異を、110号墳とそれ以後の古墳の差異と同じ次元で比較したところに起因するようである。しかし、既に指摘したように土器様式形成初期には変化が速かったであろうことを念頭におく必要がある。また、先にも述べたように、その間を埋める資料として挙げた味鄒王陵5区域1号墳や5区域6号墳の土器をみる限り、氏の設定するような時間幅は認めがたい。また、110号墳と皇南大塚北墳、さらには金冠塚までを一つの段階に収めるのはさすがに無理がある。皇南大塚南墳の年代を5世紀後半

表2　金龍星（1996）の分期と編年

段階	分期	年代	慶山地域	大邱地域	そのほかの地域
Ⅱ〈木槨〉	2b	4世紀1/4分期	造永洞1B-74号造永洞1A-19号		福泉洞38号
	3a	4世紀2/4分期	林堂1A-1号		月城路カ-29号福泉洞48、50号
Ⅲ〈高塚〉	1a	4世紀3/4分期	林堂G-5、6号		月城路カ-6号礼安里117号福泉洞25・26号
	1b	4世紀4/4分期	旭水洞1C-77号旭水洞1C-69号		福泉洞31・32号福泉洞21・22号月城路カ-13号皇南洞109号3・4槨
	2a	5世紀1/4分期	林堂7A号		福泉洞10・11号安渓里3号
	2b	5世紀2/4分期	林堂7B、7C号造永洞EⅢ-8号、北四洞2、3号		福泉洞53号
	3a	5世紀3/4分期	造永洞EⅢ-6号	内塘洞51-1、2号	皇南洞110号皇南大塚南墳、北墳金冠塚
	3b	5世紀4/4分期	林堂2号北林堂5B1号	飛山洞37-2、1号内塘洞55、50号	天馬塚蓮山洞4号
	3c	6世紀1/4分期	林堂6A号	鳩岩洞56号飛山洞34号	金鈴塚壺杅塚

81

第1部　新羅考古学方法論

に下げることによって生じた編年圧縮現象の結果、同じ段階にまとめたと推測されるが、二つ
はもちろんのこと、110号墳までを一つの段階に括ることはできない。結論からいえば、福泉洞
10・11号墳、安渓里3号墳、福泉洞53号墳、皇南洞110号墳はすべて同じ段階である。

　したがって、林堂・造永洞古墳群中、最も古い段階に属すると位置づけた林堂7A号墳（鄭永
和ほか2005）は、多方透孔高杯をみれば年代を古くすることもできるが、1段透孔高杯（図12-
6）をみれば味鄒王陵地区5区域1号墳（図12-7）より先行させることは困難で、本書のⅠb期
におくのが妥当である。氏が次の段階に比定した7B号墳（鄭永和ほか2005）もⅠb期と判断され、
造永洞EⅢ-8号墳（鄭永和ほか1994）も同様である。造永洞EⅢ-8号墳から出土した丸底長頸壺（図
12-12、13）は多少地域色があるものの、釜山地域の福泉洞10・11号墳出土品（図12-10、11）
と対応する。そして氏が7A号墳と同じく造永洞EⅢ-8号墳の前段階とみたCⅡ-1号墳（嶺南大
学校博物館・韓国土地公社1999）の台付長頸壺（図12-8）も基本的に福泉洞10・11号墳の台付長
頸壺（図12-9）と類似する。これらの点は結局、氏のⅡ段階が同じ段階に包括されることを示
している。同時に本書のⅠa期におおむね対応するとした旭水洞1C-69号墳、1C-77号墳など
は長頸壺（図12-2、3）をみればそうみえるかもしれないが、これは地域色として理解すべきで
あろう。共伴する高杯（図12-1、4）をみる限り、そのように遡らせることはできず、やはりⅠ
b期に所属させなければならないようである。

　本書のⅡa期には林堂7C号墳（鄭永和ほか2005）が比定される。造永洞EⅢ-6号墳（鄭永和ほ
か1994）もこの時期の古い段階に該当する。

　Ⅱb期にはEⅡ-2号墳が比定される。金龍星の分期にそのまましたがった場合、林堂5B1号墳
（鄭永和ほか2003）もこの時期に属するようであるが、高杯（図12-20）は前者より新しく、次の
Ⅲa期に位置づけるべきである。

　林堂6A号墳（鄭永和ほか2003）は長頸壺（図12-22）をみると、あるいはⅢa期とすべきかも
しれないが、共伴する高杯（図12-21）からみてⅢb期にまで下げねばならないだろう。ただし、
この古墳からは梁山夫婦塚南側被葬者の耳飾と酷似した耳飾が出土しており、梁山夫婦塚がⅢa
期に比定されることを勘案すれば、Ⅲb期でも古い時期におくべきだろう。

　林堂・造永洞古墳群以外の高塚群として北四洞（北四里）古墳群（李殷昌・梁道栄・張正男
1991）がある。金龍星は北四洞2、3号墳を林堂7B号墳や7C号墳と同じ段階に比定した。藤井
和夫は北四洞3号墳出土高杯の中に3段台脚があることに注目し、皇南洞110号墳出土例に近い
とみて、同時期に比定し、北四洞1号墳については氏のⅣ期に位置づけた[70]。ところで北四洞
古墳群の土器の中で、高杯は林堂・造永洞古墳群出土品とは異なる小地域色（地区色）を呈して
おり、比較が容易ではない。3段台脚もそのような小地域色をさしひいた上で理解する必要があ
るだろう。また3基の古墳のうち、北四洞1号墳は正式発掘されたものではないため、報告され
た遺物がすべて同一古墳から出土したのか疑問が残る。

　正式発掘された北四洞2号墳と3号墳は、長頸壺の形態をみる限り、本書のⅡ期以降には下が
らず、かといってⅠ期まで上げるのは難しいと判断され、おそらくⅡa期に位置づけることがで
きるだろう。北四洞1号墳は相対的に若干新しいようで共伴関係に不安は残るものの、耳飾は皇
南大塚北墳に後続する型式と考えられる。〔葉文透彫〕帯金具の透孔が通常の2段ではなく1段

第Ⅲ章 新羅古墳の編年

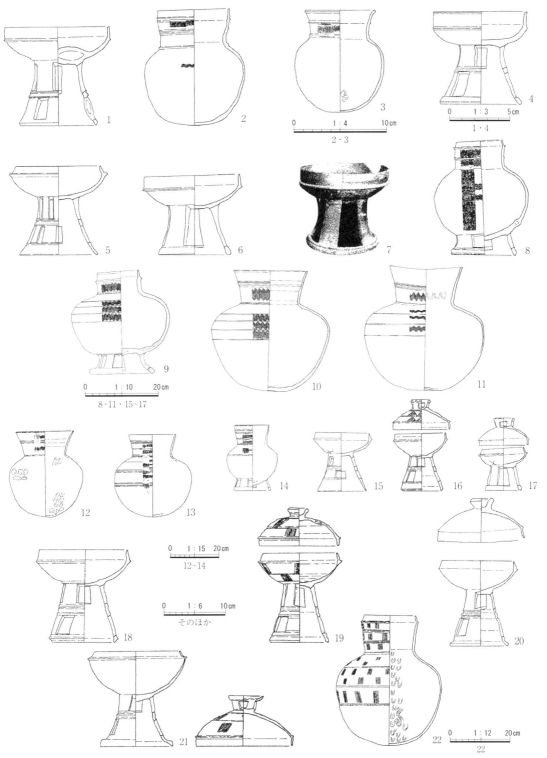

図12 慶山地域出土土器と他地域の比較資料
1・2:旭水洞1C-69号　3・4:旭水洞1C-77号　5・6:林堂7A号　7:味鄒王陵5区域1号
8:造永洞CⅡ-1号　9〜11:福泉洞10・11号　12〜17:造永洞EⅢ-8号　18:造永洞EⅢ-6号
19:造永洞EⅡ-2　20:林堂5B1号　21・22:林堂6A号

83

第1部　新羅考古学方法論

である点は退化型式とみなされ、帯金具の中でも、最も新しい型式に分類されることもある[71]。しかし、中国東北地方にこれと類似した形態の帯金具で、下っても北燕代〔407-436年〕と推定される例があり[72]、必ずしもそのような理解は適切でない。判然としない部分が多いものの、北四洞1号墳についてはⅡb期に位置づけておきたい。

4）大邱地域

大邱地域の中心古墳群である達城古墳群[73]の中で、植民地時代に発掘された諸古墳（小泉・野守1931）の年代は、おおむね新しくみられているようである。たとえば李盛周はほぼ6世紀前半代（氏の第Ⅳ期以降）に集中させ、それらの間に時期差を見いだすことは難しいとした[74]。しかしこれは、既存の高塚編年が5世紀後半以降に圧縮されているためにそうなるのであって、必ずしもそのように短い時間幅の中に収まるとは限らない。また、そのような圧縮編年観に加え、達城古墳群の石槨構造の大部分、特に板石造[75]の石槨をいわゆる竪穴系横口式構造と把握し、年代を新しくみる視角が加わって、このように下げてみているのではないかと考えられる。ところが星州星山洞古墳群の発掘の結果、同じような板石造の石槨構造はすべて竪穴式であることが明らかとなり、強い疑問が提起された[76]。もはやすべてが失われてしまった達城古墳群の板石造構造が竪穴式か竪穴系横口式であるのかを決定することは難しいが、少なくとも石槨構造を理由にその年代を新しくみる先入観は、排除する必要があることを指摘しておきたい。

土器をもって達城古墳群の編年を初めて試みた藤井和夫は、全体的にかなりの時間幅をもたせている。最も古い様相を示す古墳を内塘洞51号墳とみて、その第2槨に伴う積石を第1槨が壊して築造されたと考えられることから、第2槨が第1槨より古い可能性があるとし、前者を自身の慶州古墳編年案のⅡ・Ⅲ期頃に、後者をⅢ・Ⅳ期に併行するとみた。そのほかに飛山洞37号墳第1槨は慶州Ⅶ期、飛山洞34号墳第1、2槨、50号墳第1、2槨、飛山洞37号墳第2槨はⅧ期、55号墳はⅨ期に併行するとみた[77]。

同じく土器による編年である朴光烈案は、内塘洞51号墳第1、2槨、50号墳1槨→内塘洞50号墳第2槨、内塘洞55号墳、飛山洞37号墳第2槨→飛山洞34号墳第1、2槨、飛山洞37号墳第1槨の順に相対編年した[78]。金龍星もやはり内塘洞51号墳第1、2槨を最も古くみていて、皇南洞110号墳、皇南大塚南墳などと同じ段階を設定し、内塘洞50号墳、飛山洞37号墳第2槨、飛山洞37号墳第1槨、内塘洞55号墳を次の段階に、そして飛山洞34号墳を最後の段階とみた[79]。

このように既往の達城古墳群の編年案には、絶対年代と分期はさておくとしても、相対年代においてすら大きな見解差が認められる。そのような中、内塘洞51号墳第1槨と第2槨を最も古いとする点では共通している。報告書によれば、第1槨が第2槨の直上に重複して設置されたと解釈する余地があるが、確実ではない。また報告された第2槨の高杯中、2点については八字形3段台脚という古式の要素を示しており、それをみる限り、相当に古く考えることもできる。しかし共伴する2段透孔高杯（報告書図版第80の4[80]）をみる限り、そのように古くすることはできない。前者は様式的にこの地域の在地器形ではなく、星州地域との共通点も多少みられることから、おそらく外来品と考えられる。3段台脚は後述するように、昌寧、星州地域の洛東江以東様式土器が前段階の土器製作伝統を強く反映した現象と考えられ、それだけを根拠に年代を大き

第Ⅲ章　新羅古墳の編年

く引き上げることはできない。いずれにせよ第2槨は、一般的な2段透孔高杯をみれば、本書の
Ⅱa期より古くなることはない。共伴する長頸壺をみても、Ⅱa期の新しい段階に比定すること
が可能である。第1槨からも第2槨とほとんど差異がない2段透孔高杯が出土しており、第2槨
より多少新しいかもしれないが、ほぼ同時期とみてⅡa期に比定する。

　その次に位置づけられる古墳から出土する2段・1段透孔高杯の蓋は、すべてつまみなどに地
域色がみられ、慶州地域と直接比較することが困難である。したがって長頸壺を基準とすれば、
飛山洞37号墳第2槨の長頸壺（報告書図版39の9）は頸部上段がまだ外反しておらず、肩部と胴
部の境界に明瞭な屈曲をもち、古い段階の属性を示している。高杯の台脚上部が細い点まで勘案
すれば、本書のⅡb期の新しい時期に比定することが可能だろう。37号墳第1槨は土器が数点
しか報告されておらず、不明な点が多いものの、第2槨より多少新しく、Ⅲa期に比定できそう
である。

　次に朴光烈は内塘洞50号墳第1槨を51号墳と同じ段階に、50号墳第2槨をその次の段階に
区分した。しかし、50号墳第1槨は槨内の遺物出土様相から、ある主槨に伴う副槨とみるべき
であり、その被葬者は殉葬者である可能性が高いと判断される。発掘状況からみてその主槨は第
1槨とT字状に配置された第2槨と考えるのが自然である。第1槨と第2槨は土器様相が若干異
なるものの、時間差を想定するほどではない[81]。第1槨の台付長頸壺は頸部が外反し、上段部
で再び曲がり外反することからも、51号墳と同じ段階とみるのは困難である。すなわち、50号
墳第1、2槨はⅢa期に比定するのが妥当であろう。

　一方、内塘洞55号墳の2段透孔高杯には斜格子文が施文され、蓋のつまみの上部が玉縁状を
呈し、円形とみられる透孔があけられている。盤口長頸壺もみられないため、Ⅲa期の末頃に位
置づけることができるだろう。

　最後に飛山洞34号墳第1槨の編年的位置については、おおむね新しくみる傾向がある。土器
相が明確ではないものの、台付長頸壺（報告書図版149の1）をみる限り、頸部が外反し、円点文
が施文されており、味鄒王陵7地区5号墳出土品（金廷鶴・鄭澄元・林孝澤1980）と類似する。7
地区5号墳からは初期形態の盤口長頸壺が共伴していることから、飛山洞34号墳第1槨はⅢb
期に位置づけるべきであろう。2段透孔高杯が矮小化している点もこのことを傍証する。

　達城古墳群以外の大邱地域の古墳群として鳩岩洞古墳群があり[82]、ここで発掘された唯一の
古墳が鳩岩洞56号墳（金宅圭・李殷昌1978）である。この鳩岩洞56号墳の土器は金龍星も吐露
しているように、大邱地域のほかの古墳群の土器とは異なる強い小地域色を示し、比較が困難
である。金龍星は、本墳から氏がⅨ型に分類したいわゆる凡字形2段台脚3方透孔高杯が出土して
いること、四耳付直口壺や比較的長い頸部をもつ短頸壺があることから、氏のⅢ3b期の新しい
時期かⅢ3c期の古い時期に該当するとみた。このように鳩岩洞56号墳は新しい時期とみるのが
一般的だが、筆者は前稿においていくつかの反証を挙げつつ、多少の無理を承知しつつもⅡa期
に比定した。しかし金龍星が指摘する通り、副槨出土の1点の土器（報告書図版第64の1）と台付
長頸壺（報告書図版第69の3）を重視すれば、そのように古くみることはやはり難しいようである。
したがって、ここでは氏の段階区分にしたがって、飛山洞34号墳と同じⅢb期に比定すること
とする。

85

第1部　新羅考古学方法論

5）星州地域

　星州地域の古墳群中、発掘・報告のなされた大型高塚は、植民地時代に調査された星山洞1、2、6号墳（梅原・浜田1922）と啓明大学校博物館によって1986・87年に発掘され、最近報告された5基の古墳（38、39、57、58、59号墳）（啓明大学校行素博物館2006）である。前稿では植民地時代に発掘された3基を中心として、当時ごく一部の資料が公開されていた啓明大学校発掘墳を参考に2号墳、38号墳→1号墳→59号墳→6号墳と設定した。最近刊行された啓明大学校行素博物館の報告書では2号墳、38号墳、59号墳→39号墳、57号墳→58号墳、1号墳→6号墳という段階区分が提示されている。ここでは前稿の考えを最大限に活かす方向で若干の補強をおこなうこととする。

　星山洞古墳群から出土した土器類は、ほぼ大部分が「星州様式」と名づけられるほどに強い地域色を呈するものである。定森秀夫はこれらの土器の変化の方向性を把握し、2号墳→1号墳→6号墳の順に相対編年を設定した[83]。李盛周はその案に同意し、2号墳を氏のⅢ-1期、1号墳をⅢ-2期、そして6号墳をⅣ-1期にそれぞれ比定した。このような相対編年は基本的にそのまま認定してもよいであろうが、3古墳が果たして連続する段階のものとみてよいかどうかについては、特に6号墳が問題となる。その点については定森自身も、その前段階に設定した1号墳出土土器とは「形態差がかなりあるように見受けられるので、今後の資料の増加によってはこの隙間を埋める資料が出土する可能性があること」を指摘している[84]。この6号墳から出土した土器はいずれも地域性が強く、そのまま慶州様式土器の分期と併行させることは困難である。しかし、本書のⅢb期に現れるような全体的に扁平な新羅様式土器の特徴を共有した高杯は、高い器高を大きな特徴の一つとする前代までの星州土器様式の枠組みから逸脱し、既に汎新羅様式の強い影響を示しているようにもみえる。また、短頸壺の蓋の端部形態は慶州様式と同じではないものの、つまみがいわゆる宝珠形である点も新しい時期の要素とみられる。したがって6号墳は、本書のⅢb期でも新しい段階に比定しておく。

　相対年代が最も古く位置づけられる2号墳の土器もすべて星州様式で、編年的位置を定めることが難しい。ただし、定森秀夫が既に指摘しているように[85]、2号墳から出土した筒形器台とほとんど同じ器台が38号墳の副槨から出土しており、両者をおおむね同じ段階とみることに大きな問題はないであろう。そのほかの高杯類をみても、両者はほとんど同じ様相を示している。ただし2号墳の1段透孔高杯は、38号墳のものよりは若干新しい形態である。ところで38号墳の副槨から出土した扁円魚尾形杏葉は、その形態とサイズが昌寧桂南里1号墳出土品と酷似する。桂南里1号墳は後述するように本書のⅠb期末まで遡る可能性が非常に高く、38号墳もⅠb期末にまでは遡る可能性がある。しかし、38号墳副槨の筒形器台の上におかれていた丸底長頸壺は慶州様式土器で、明らかにⅡa期でも多少新しい時期に属するものであるため、38号墳と2号墳はⅡa期に比定しておくのが妥当であろう。

　次の1号墳から出土した星州様式の2段透孔高杯は、器高が2号墳より高くなる方向へ変化しており、1段透孔高杯の形態も2号墳の次の段階の様相を示す。したがってⅡb期に比定することができる。啓明大学校行素博物館の報告書では59号墳も38号墳と同じ段階に設定しているが、

86

出土した1段透孔高杯をみる限り、決してそのように引き上げることはできず、38号墳とは多少の時間差があると考えられる。前稿では6号墳と1号墳の間に大きな時間差があることを強調するために59号墳を1号墳の次の段階であるⅢa期においたが、59号墳の土器は典型的なⅢa期の土器様相を示す梁山夫婦塚出土土器よりは明らかに古いため、ひとまずⅡb期に設定しておく。ほかの古墳もおおむね同じ段階とみられるが、詳細に比較する紙幅もないため、他日を期したい。

6）昌寧地域

　昌寧は、地域単位の編年研究がどこよりも早くから提示されてきた地域である。とはいっても初期の研究は植民地時代の断片的な資料を対象としているため、かなり不安定なものであった。ここ最近になって発掘資料が増加し、昌寧様式土器が特に洛東江下流域を中心にかなり広域に拡散したことが確認されるにしたがって、交差年代決定をはじめとする多様な試みがなされるようになった。しかし、周知のように昌寧地域は、新羅様式土器とはいっても強い地域色をもっており、分期と絶対年代の比定には多少の困難が伴う。ただし新しい時期に現れる慶州様式土器の影響を端緒として、遡って交差年代を比定することが可能である。以下、土器を対象とした編年研究を発表順に検討した上で、それらを総合したい。

　1981年に定森秀夫と藤井和夫がそれぞれ昌寧地域の古墳編年案を提示した。定森は校洞の植民地時代に発掘された古墳を主対象とし、藤井はそれよりは桂城舎里古墳群に比重をおいている[86]。定森は校洞古墳群を116号墳、89号墳、31号墳の順に相対編年し、116号墳は3段台脚という台脚形態の類似を主な根拠に、桂南里1号墳、皇南洞110号墳と対比して5世紀中葉に、89号墳は110号墳より若干新しい要素がみられるため5世紀後葉に、そして一般的に2型式に分けられている31号墳の土器を3型式に分類し、Ⅰ類は6世紀前半代、Ⅱ・Ⅲ類は6世紀後半代とみた。

　藤井は桂南里1号墳と4号墳を氏の慶州編年のⅡ〜Ⅲ期に併行するものとし、校洞31号墳はⅨ期に比定した。一方、舎里A地区1号墳の第2棺も慶州Ⅸ期に併行させ、第1棺については有蓋盒を根拠に遡らせ、Ⅷ期に併行するものとみた。

　両氏の研究でまず目を引くのは、交互透孔高杯の3段台脚に注目し、それらが出土した古墳をそのまま慶州様式の古い段階に対比した点である。これに関してはその後の研究によって、昌寧地域の地域的特色であることが分かり、それを根拠として慶州土器編年の古い時期に対比させることは難しくなった。また新しい段階の絶対年代をかなり新しくみているが、これは皇龍寺址整地土出土短脚高杯の参考年代がまだ知られる以前のことでもあり、致し方ない部分もある。しかし、定森秀夫は昌寧地域の政治的動向や古墳年代の推論に際して、「文献によれば昌寧は6世紀中葉頃に新羅に併合されたことが確認された地域[87]」としたように、重要な間接的論拠として文献史料に対する解釈を念頭においている点が注意される。その文献史料とはもちろん、『三国史記』新羅本紀・真興王16年（555）条の「比斯伐」に「完山州」を置いたという記録と、それに関連する地理志の記録である。

　昌寧地域が6世紀中葉頃に新羅化したという説については、早くに崔鍾圭による反論があるものの[88]、この記事を「併合」記事とし、さらには服属によって初めて州が設置されたと解釈す

第1部　新羅考古学方法論

表3　昌寧地域における古墳の各編年案

朴天秀 (1993)			鄭澄元・洪潽植 (1995)			朴天秀 (2003)		
年代	段階	古墳	年代	段階	古墳	年代	段階	古墳
						4C 4/4	4期	玉田23号
						5C 1/4	5期	加達5号
5世紀中葉	Ⅲ	校洞116号 桂南里1号				5C 2/4	6a期	玉田31号
							6b期	桂南里1号 桂南里4号 校洞3号
			5C 3/4	Ⅲ	桂南里1,4号 福泉洞8号	5C 3/4	7期	校洞2号
5世紀後葉	Ⅳ	玉田31号	5C 4/4	Ⅳ	校洞3、116号	5C 4/4	8期	校洞11号
6世紀前葉	Ⅴ	校洞11号	6C 1/4	Ⅴ	校洞1、11、31号	6C 1/4	9期	桂城A1号2棺
6世紀中葉	Ⅵ	校洞31号（古）	6C 2/4	Ⅵ	桂城B13、C14号			
			6C 3/4	Ⅶ	桂城A1号			

る見解が文献史学界においてすら依然として存在する[89]。州の設置は併合の下限年代を示すもので[90]、服属はそれより遥かに遡るとみるべきにもかかわらず[91]、昌寧地域が6世紀中頃になって初めて新羅化したかのようにみる視角は、考古学の年代観にも多大な影響を与えている[92]。昌寧地域の土器を伽耶土器洛東江以東群と設定した上で、その土器の変遷過程において、慶州的要素が最初に強く現れる校洞31号墳の年代を6世紀後半初めとみるのもこのためである。このような視角の問題点については、既に根本的批判を加えたことがあり、ここでは再論しない[93]。

　以上のような初期の研究に続いて、1990年代には昌寧地域の古墳に対する調査が新たにおこなわれ、また嶺南地方のほかの地域から昌寧系土器が多数発見されるに至り、昌寧地域における古墳や土器の本格的な編年研究が現れはじめる。その主要編年案をまとめたものが表3である。

　これらの中で、鄭澄元・洪潽植の案[94]は基本的に古墳の構造変化を編年の基盤とする。それは横口式石室として知られる校洞1号墳、11号墳、31号墳を同じ段階としたところに端的に表れている。一方、校洞古墳群の新たに発掘された資料については編年対象としなかった朴天秀の旧稿（1993）は、11号墳と31号墳を段階区分した[95]。そして未報告資料は除き、正式に報告された古墳のみを対象とし、玉田古墳群出土品と対比した新稿（2003）では、校洞3号墳を桂南里1、4号墳と同じ段階とし、その次の段階に校洞2号墳を設定している点が注意される[96]。

　校洞31号墳出土土器は、よく知られているように新古2段階に分けることができ、新しいグループは本書のⅣ期にあたり、古いグループはⅢb期に比定することが可能である。したがって相対年代としては1号墳→11号墳→31号墳の古段階→31号墳の新段階となることは明らかである。すなわち、1号墳と31号墳の古段階の間は段階区分するのが妥当といえる。問題は、11号墳を一つの段階として設定すべきかどうかである。11号墳の土器相はよく分からないが、報告された土器の中で高杯（図13-12）だけをみると31号墳の古段階（図13-17、18）と近い点も多い。しかし後述するように校洞1号墳の次の段階である校洞2号墳の高杯（図13-11）も含めてみると、11号墳の高杯は2号墳から31号墳の古段階へと変化する過渡期的形態であることがよく分かる。さらに台付把手付椀の形態[97]（図13-16）からみて、この古墳を31号墳の古段階と同じ時期におくのは難しいだろう。したがって11号墳は本書のⅢb期ではなく、その前の

88

Ⅲa 期に引き上げるのが妥当である。

　次に校洞 11 号墳以前についてみると、朴天秀が旧稿では 11 号墳の直前段階に玉田 31 号墳を
おいたのに対して、新稿ではさらに引き上げて桂南里 1、4 号墳や校洞 3 号墳と同じ分期の中で
も相対的に古い段階に設定した。校洞 1 号墳とその前段階を編年するためには、校洞 2 ～ 4 号墳
の土器相について検討しなければならない。校洞古墳群の発掘報告書（沈奉謹ほか 1992）では、3、
4 号墳 → 1、2 号墳の順に相対編年している。土器の全体相をみる限り、3 号墳と 1 号墳は明確
に区分できるだろう。また相対年代に関しては、3 → 4 → 1 → 2 号墳とすることができるが、問
題は 3 号墳と 4 号墳の間、4 号墳と 1 号墳の間、または 1 号墳と 2 号墳の間を異なる段階に細分
できるかどうかである。まず 1 号墳と 2 号墳の間はどうであろうか。報告書では 1 号墳の器台（図
13 - 13）を梁山夫婦塚出土品（図 13 - 14）と同じとしたが、杯部が相対的に深く台脚も高い 1 号
墳より、2 号墳のもの（図 13 - 15）が梁山夫婦塚出土品により類似し、また長頸壺をみても 1 号
墳を Ⅲa 期の梁山夫婦塚と同時期におくことは難しい。さらに 1 号墳から出土した高杯の中に昌
寧様式ではないもの（図 13 - 10）があって、これは若干の相違はあるものの直線的に広がる杯部
などから福泉洞 4 号墳の高杯（図 11 - 8）と非常に類似する。よって、1 号墳を Ⅱb 期に比定し、
2 号墳はその次の Ⅲa 期の初め頃、そして 11 号墳は Ⅲa 期の末にそれぞれ比定する。

　3 号墳と 4 号墳、そして 1 号墳の土器をみると、三者をそれぞれ異なる段階とすることはでき
ない。3 号墳と 4 号墳の有蓋高杯の杯部が明らかに異なることから、3 号墳と 4 号墳よりも 4 号
墳と 1 号墳を同じ段階にしなければならないようである。ところで報告書では、校洞 3 号のコッ
プ形土器（図 13 - 6）が玉田 31 号墳のコップ形土器（図 13 - 7）と類似するとし、同時期とみた。
しかし 3 号墳と 4 号墳のコップ形土器（図 13 - 8）を比較すると、器高が高いものから低いもの
へという変化を読みとることができ、これと対比すれば玉田 31 号墳のコップ形土器を 3 号墳の
それと同じものとみることはできず、3 号墳から 4 号墳へという変化の過渡期に該当するものと
考えられる。つまり、玉田 31 号墳は本書の Ⅱa 期と Ⅱb 期の境界あたりか、Ⅱb 期の初頭におく
べきであろう。以上から校洞古墳群は 3 号墳 → 4 号墳、1 号墳 → 2 号墳、11 号墳 → 31 号墳古段
階 → 31 号墳新段階の順に段階設定をすることが可能であり[98]、それぞれ本書の Ⅱa、Ⅱb、Ⅲa、
Ⅲb、Ⅳ期に対応する（以上、図 13 参照）。

　舎里古墳群の A 地区 1 号墳（鄭澄元 1977）は第 1 棺と第 2 棺の土器に差異がある。第 2 棺はお
おむね校洞 31 号墳の新段階の土器相と類似することから Ⅳ期に、そして第 1 棺は校洞 31 号墳の
古段階より先行する可能性があるもののひとまず同じ段階とみて、Ⅲb 期に比定しておく。

　桂南里 1 号墳と 4 号墳（李殷昌・梁道栄・金龍星・張正男 1991）については、両者の間に前後関
係があるものの同じ段階とみておきたい。問題は鄭澄元・洪潽植の案のように、両墳と校洞 3 号
墳を異なる段階とすべきか、それとも朴天秀の新稿のように同じ段階にすべきかである。桂南里
古墳の 2 段透孔高杯は、蓋を受けるためのたちあがりが校洞 3 号墳出土品のように杯部上半から
そのまま内側に曲がらず、突帯状に突出した形態が主流をなし、台脚端部が水平状であるものが
多い点などから、相対年代は校洞 3 号墳よりも若干先行すると考えられる。ただし、両者の間を
段階区分すべきかについて、両墳出土土器自体から決定することは難しい。この問題に関しては、
遠く洛東江下流域の金海加達 5 号墳から出土した交互透孔の昌寧様式土器が参考になる。

第1部 新羅考古学方法論

図13 昌寧地域出土土器と他地域の比較資料
1：桂南里1号　2：桂南里4号　3・4：加達5号　5・6：校洞3号　7：玉田31号　8：校洞4号　9・10・13：校洞1号
11・15：校洞2号　12・16：校洞11号　14：梁山夫婦塚　17・18：校洞31号（古）

鄭澄元・洪潽植は定向的変化〔変化の方向性〕がそれほど明確でない１段透孔高杯を基準に、加達５号墳（宋桂鉉・洪潽植 1993）が昌寧様式土器の出土した古墳の中で、最も古いとした。朴天秀の新稿では校洞３号墳を桂南里１、４号墳と同じ段階とし、これらと加達５号墳の間に玉田31 号墳を介在させて両者を異なる段階に設定しているが、これはまだ系譜の明らかでない加達５号墳出土の上下垂直透孔八字形台脚高杯を古式の昌寧様式高杯とみる点に根拠をおいているようである。しかし先述のように玉田31 号墳は校洞３号墳よりもむしろ新しいために、加達５号墳と桂南里１号墳などを離す間接的な根拠とはなりえない。とにかく相対編年としては加達５号墳→桂南里１、４号墳→校洞３号墳の順とみることができる。加達５号墳から出土した短頸壺（図 13－3）は桂南里４号墳出土短頸壺（図13－2）と類似する点が多く、共伴する双耳台付椀（図13－4）からみて本書のＩb 期に比定することができることから、桂南里１、４号墳もＩb 期の末にまで遡る可能性が大きい。したがって、ここでは桂南里１、４号墳を校洞３号墳とは段階を異にし、これまで昌寧地域で発掘された古墳の中では最も古いＩb 期の末におくこととしたい。このような分期は、桂南里１、４号墳がⅡa 期のごく初めに比定される皇南大塚南墳より相対年代において少し古いと考えられる点からも傍証される。

7）義城地域

現在の義城郡金城面塔里一帯に中心古墳群が所在する義城地域の古墳に対する調査はそれほど活発ではない[99]。本格的な編年研究も定森秀夫の案があるのみである。定森秀夫は大型高塚である「塔里古墳」の墓槨（金載元・尹武炳 1962）と小規模古墳群である長林洞古墳群（尹容鎭 1981）を対象として、段階区分をおこなった。長林洞古墳群は小型の石槨墓からなる古墳群で、出土土器の量が少なく、土器の共伴関係に基づいて墓槨単位の個別編年をおこなうには無理がある。そこで、ここでは塔里古墳の墓槨について、分期と編年をおこなう。ただし義城地域の土器は新羅様式ではあるものの、地域色が強く、慶州様式土器の変遷にそのまま対比することができないため、長林洞古墳群と造塔里古墳群の慶州様式土器と義城様式土器が共伴した例を参考に、段階比定をおこないたい。

長林洞古墳群と造塔里古墳群は塔里古墳群が属する渭川水系ではなく、現在の安東方面を北流する洛東江の支流である眉川流域に所在する。造塔里古墳群は現在の行政区域においても義城郡ではなく安東市に属する。しかし両古墳群の土器相は、完全に義城様式土器分布圏に属するため、三国時代の眉川流域は塔里古墳群を中心とする義城地域政治体に属していたと判断される。

塔里古墳の墓槨に対する編年に先立って、いくつか指摘しておきたいことがある。第一に、報告書で第Ⅰ槨を横口式と把握し、それを前提としてこの墓槨内の主な埋葬位置から外れた所から出土した人骨がまず埋葬され、主被葬者は後から追葬されたかのように解釈されていることについてである。嶺南地方では一般的に、竪穴式石槨の次に横口式の石槨あるいは石室が出現するものと把握されているために、このような解釈はこの墓槨の絶対年代や相対年代の比定に無意識であれ影響を及ぼし、その年代を下げている可能性がある。しかし金鍾徹が指摘するように、木蓋構造とみられるこの墓槨では追葬は想定しがたく[100]、報告者の判断はトレンチ発掘方式によってもたらされた誤認の可能性が高い[101]。すなわち、この墓槨は義城地域特有の木槨墓または変

第 1 部　新羅考古学方法論

形積石木槨墓[102]とみるべきだろう。ただしその場合に問題となるのは、この墓槨の短壁外側に入口が開いているかのようにみえる石築状構造の存在である。短壁に入口を推定した主たる根拠はトレンチ発掘によって破壊されてしまったこの石築状構造にある。これについては、断言はできないものの、墳丘を構築する際に平面上に区画して盛土した痕跡と解釈しなければならないようだ[103]。

　第二に、第Ⅰ槨を単槨式構造と把握したことについてである。封土が全面除去されないトレンチ発掘の限界を踏まえれば、被葬者の足側や長壁側に副槨のあった可能性は十分にあると考えられる。これは義城大里里 3 号墳（朴貞花ほか 2006）の積石木槨墓である第 2 槨の副槨（木槨墓）が、いくつかの状況からみて殉葬槨と判断される点を考慮した推定である。また、本古墳の埋葬施設を横穴式石室と予測して発掘をはじめ、トレンチで入口を探そうと第Ⅰ槨部分を中心に西半部と東半部の南側一部だけを調査しているが、古墳の平面形と発掘された墓槨の配置をみれば、発掘されなかった部分に主墓槨が存在した可能性は高い。同じく第Ⅱ槨に関しても副槨をもっていた可能性が高い。第Ⅰ、Ⅱ槨の年代を考察するにあたっては、まずこの点を考慮せねばならないだろう。

　第三に、報告書で「封土内遺物群」と報告された遺物についてである。これは姜仁求の指摘する通り、もう一つの墓槨に伴うものとみるのが妥当である[104]。したがって本書ではこれを第Ⅵ槨とする。

　発掘調査によって明らかとなった事実の中で、墓槨を編年する際に参考になる点は、第Ⅰ槨が主槨として最初に築造された後、第Ⅲ～Ⅵ槨が築造されたということである。第Ⅲ槨が第Ⅰ槨の護石の外側に位置する点や、残りの墓槨が封土中に設置されている点はこのことを傍証する。問題は第Ⅲ～Ⅵ槨の相対編年と段階区分である。

　定森秀夫は第Ⅰ、Ⅱ、Ⅳ槨を塔里Ⅰ段階、第Ⅲ、Ⅴ、Ⅵ槨を塔里Ⅱ段階に区分した[105]。その根拠は基本的に高杯形器台から想定される変化である。大きくみれば氏の設定するような変遷が観察されるものの、依然として出土例の少ない高杯形器台を基準とした点に不安が残る。そこで、この塔里古墳出土器におおむね後続する義城様式土器と慶州様式土器が共伴する長林洞古墳群と造塔里古墳群の資料を参考に、この墓槨の存続期間を推論し、それにもとづいて分期を試みる。定森秀夫もそのような観点から長林洞古墳群Ⅰ・Ⅱ地区の墓槨 10 基を段階区分し、それにもとづいて交差年代を比定したが、義城様式土器と慶州様式土器が共伴した場合に限って参考にすべきと考える。また造塔里古墳群の新しい資料もこの助けとなる。

　塔里古墳群の第Ⅲ～Ⅵ槨中、第Ⅴ槨は報告書でも指摘したように 1 段透孔高杯の透孔の数が、ほかの墓槨出土品と異なり、大部分 3 方向である点などから時期が下るものと想定される。また、第Ⅵ槨についても共伴する鐙などの鉄器からみて、時期が下るものと判断される。この墓槨の土器を造塔里古墳群出土例と対比してみることとしよう。造塔里古墳群中、1994 年発掘墳（尹容鎮・李在煥 1996）からは、義城様式土器と慶州様式土器の共伴例が確認され、その中でも特に 32 号石槨が参考となる。護石をみる限り、32-1 号石槨と 32-2 号石槨の二つの墓槨がおそらくは一つの墳丘をなしていると推定され、配置からみて前者がまず築造され、後者は前者とほぼ同時期か若干遅れて築造されたと推定される。

　前者からは塔里第Ⅴ槨から出土した 1 段透孔高杯や台付椀（図 14-5、6）と非常に類似した高

第Ⅲ章 新羅古墳の編年

杯や台付椀（図14-1、2）が出土した。また器台（図14-10）も共伴しており、定森秀夫が設定した属性変化を基準にすると、第Ⅴ槨のもの（図14-11）より古いとした第Ⅳ槨のもの（図14-9）にむしろ近いと考えられる。したがって、ひとまず32-1号石槨は塔里第Ⅴ槨と併行するか、少なくともその下限に近いとすることができるだろう。この32-1号石槨からは慶州様式の高杯蓋（図14-3）も出土し、32-2号石槨からも1段透孔台付椀（図14-4）が出土しており、この2点の遺物は本書のⅢa期に属するとみられる（図11参照）。

一方、長林洞Ⅱ地区9号石槨からは義城様式の外反口縁2段透孔高杯（図14-8）が慶州様式の台付椀（図14-7）と共伴した。また高杯については塔里古墳第Ⅳ槨の高杯（図14-12）と比

図14　義城地域出土土器

1〜3・10：造塔里32-1号石槨　4：造塔里32-2号石槨　5・6・11：塔里第Ⅴ槨　7・8：長林洞Ⅱ地区9号石槨
9・12：塔里第Ⅳ槨

第1部　新羅考古学方法論

較可能である。義城様式高杯は変化の方向性［定向的変化］を明確に示せるほどの資料が蓄積されていないが、透孔が大きく4方向のものから、小さくて3方向のものへと変化すると考えられる。また、たちあがりも外反するものから、内傾するものへと変化するようにみえる。そのような変遷観が妥当であるならば、塔里古墳第Ⅳ槨は長林洞Ⅱ地区9号石槨よりも新しくはならないだろう。なお、この長林洞9号石槨で共伴した慶州様式の台付椀は、本書のⅢa期以降とはみなしがたい形態である（図11参照）。

　以上を整理すると、塔里古墳の墓槨の中でも最も新しいとみられる第Ⅴ、Ⅵ槨は、ひとまず本書のⅢa期でも古い段階に比定しておくのが無難だろう。最も古いと考えられる第Ⅰ槨についてはその年代を土器のみで決めるのは困難で、金銅冠や帯金具を参考にする必要がある。第Ⅰ槨から出土した〔葉文透彫〕帯金具の銙板は、皇南大塚南墳出土品と非常に類似し[106]、金銅冠の製作技法においても南墳出土品と通じる点が垣間見える。しかし、金銅冠の形態は山字形冠に先行するいわゆる草花形冠で、製作時点はかなり遡る可能性が高く、南墳築造以前に慶州地域から下賜され、一定期間を経て副葬されたとすることができよう。共伴する耳飾も南墳出土品よりはむしろ古式ともいえる。したがって、基本的にはⅡa期に比定できるものの、若干遡らせてⅠb期の末頃におくこととする。そして第Ⅱ槨はⅡa期に比定する。

　このようにみた時、第Ⅲ、Ⅳ槨が問題となる。第Ⅳ槨から出土した2段透孔高杯は、第Ⅵ槨出土品より先行することは明らかである。また短頸壺の蓋の器高が非常に高く、つまみが大きく、透孔がある点なども第Ⅴ槨より先行する要素である。この短頸壺類の変化相と分類については、今後の資料の増加によって再検討が必要であるものの、器高を基準にすれば、第Ⅳ槨出土品は第Ⅴ、Ⅵ槨出土品より1段階ほど古いと判断され、本書のⅡb期に比定することができる。第Ⅲ槨

表4　洛東江以東地方各地域の古墳編年

	洛東江以東様式以前	洛東江以東様式						
		Ⅰa	Ⅰb	Ⅱa	Ⅱb	Ⅲa	Ⅲb	Ⅳ
		4世紀			5世紀			6世紀
	2/4	3/4	4/4	1/4	2/4	3/4	4/4	前葉
慶州	月城路カ-5、カ-6	月城路カ-13 皇南洞109号 3・4槨	味鄒王陵地区5区域1、6 皇南洞110 月城路ナ-13	皇南大塚南墳 味鄒王陵1区域E	月城路ナ-13、カ-11-1	月城路カ-4、タ-2	月城路タ-5、カ-15、カ-13-1	壺杅塚
釜山	福泉洞25・26、35・36	福泉洞31・32、21・22	福泉洞53、39、10・11、1	福泉洞5、7	福泉洞4、23 蓮山洞4		杜邱洞 林石1、2	徳川洞D11
梁山						夫婦塚 金鳥塚		
慶山			林堂7A、7B 造永洞EⅢ-8	林堂7C 造永洞EⅢ-6 北四洞2、3	造永洞EⅡ-2 北四洞1	林堂5B1	林堂6A	
大邱				内塘洞51-1、2	飛山洞37-2	飛山洞37-1 内塘洞50-1、2 内塘洞55	飛山洞34-1 鳩岩洞56	
星州				星山洞2、38	星山洞1、59		星山洞6	
昌寧			桂南里1、4	校洞3	校洞4、1	校洞2、11	校洞31（古） 舎里A1 第1棺	校洞31（新） 舎里A1 第2棺
義城			塔里Ⅰ	塔里Ⅱ	塔里Ⅲ、Ⅳ	塔里Ⅴ、Ⅵ		

は土器自体がほとんど報告されていないためよく分からないが、1段透孔高杯の各段が外反する傾向が強く、器台も同じく少し新しい要素が認められる。しかし、この程度の不十分な資料で断定することは難しく、第V槨出土高杯の蓋よりはつまみがまだ大きい点と、第I、II槨以外の墓槨にはない冠帽装飾や大刀のような威信財類が出土した点を合わせて考えると、この墓槨が第II槨に続いて築造された可能性もなくはない。したがって、仮に第IV槨より後に築造されたとしても第V、VI槨と同じ段階にするには躊躇され、第IV槨と同じく本書のIIb期に比定しておく。

8）ま と め

ここまで検討をおこなった各地域の古墳編年を総合すると表4の通りである。

4. 編年に関連するいくつかの問題

以上の編年案にもとづいて、洛東江以東地方の古墳資料からいくつかの定型性を抽出することが可能である。ここでは、新羅様式土器が出土した地域相互間の関係を通時的かつ共時的に究明する際に関わる二つの事項についてのみ簡単に指摘しておきたい。一つは洛東江以東様式内の地域様式の発現様態と変化様相に関するものであり、もう一つは土器から推論される古墳の築造年代と威信財を基準に推論される築造年代の差異がもつ意味に関して、である。

各地域における調査が不均一であるため、本書のI期に該当する古墳は、慶州、蔚山、釜山、永川、慶山などの地域でのみ確認されている状態である。既知の資料にもとづいて、各地域で地域様式が発現し、変化していく過程を追跡し、それらを総合・比較するにはまだ困難な部分が多い。また洛東江以東地方の各地域様式が洛東江以西地方の高霊土器様式のように[107]、明確に設定、ないし規定されておらず、問題設定自体に曖昧さがない訳でもない。さらには洛東江以東様式の形成契機や変化の過程が、洛東江以西様式のそれらと必ずしも同じ訳ではないので、洛東江以東地方の各地域様式が高霊様式のように比較的明確に設定され、地域性が抽出できるのかについても疑わしいところがある。加えて、これまで漠然と設定されてきた地域様式が、実は各地域の中心邑落に関わる古墳群の様式に過ぎず[108]、そもそもその実体を明確に規定することはできないという統計学的分析結果もみられるなど[109]、問題は簡単ではない。とはいっても、微かではあるが現れている手がかりを合わせていくと、洛東江以東様式の発現と変化には地域ごとに多少差異が存在することが分かる。

釜山地域では4世紀前半の器形に洛東江以東様式の選択圧が作用し、Ib期末頃には釜山様式とでも名づけうる様式が成立する。この釜山様式は慶州様式との類似度が非常に高い。慶山地域でも（I期の古い時期とその前時期の様相がほとんど報告されていないが、）やはりI期から慶山様式と呼びうるものが確認され、相対年代の上では釜山地域より少し古い感すらある。慶州様式との類似度はやはり高いが、あえて比較すれば釜山地域よりは多少類似度が低かったようである。大邱地域はI期とII期の初めの様相がはっきりとせず、断定することが難しいものの、慶山地域と隣接しながらもそれとは異なる様相であったようで、明確な地域色は認められない。慶州様式土器が多少ではあるが、いち早く流入する様相が認められる点は[110]、注目される。また、慶山地

第1部　新羅考古学方法論

域の林堂・造永洞古墳群と北四洞古墳群の土器間に多少の差異があって、小地域性の存在を認め
うるように、大邱地域においても漆谷地区と達城地区の間でかなりの差異が認められる点は興味
深い。これはⅡ期以降、釜山地域の中心古墳群である福泉洞、蓮山洞地区とそれらよりも下位の
古墳群の土器の間には差異がさしてなく、ほぼ斉一性を呈する点と対比される。おそらく各地域
単位の構造や統合の程度の差異を反映していると考えられる。梁山地域においては、遅く見積もっ
てもⅢa期頃になると、もはや地域色としての梁山様式を設定することができないほどに慶州様
式との類似度が高くなる。

　これらの慶州地域に隣接したり、相互交通の障害がさほどない地域と異なって、昌寧、星州、
義城など慶州から遠く離れた地域において、地域色が一層強く発現することは周知の事実である。
先にみたようにこれらの地域のⅠ期の様相は、未だよく分かっておらず、地域様式の成立に関
しては今後の課題としなければならない。ただし、それ以後の変化様相には少しずつ差異があ
るようだ。

　まず昌寧地域の土器は、Ⅰ期の遅い時期に特に洛東江下流域を中心に「拡散」する。強度は遥
かに弱かったと考えられるものの、対岸の玉田地域においてもおおむね同じような様相が認めら
れ、その背景や意味については今後解明すべき課題といえよう。それはともかく、昌寧地域では
5世紀後半初め（本書のⅢa期）になると、昌寧様式土器が形態や製作技法面において慶州地域の
強い影響を受けて変質し、次の段階（Ⅲb期）になると様式的にはほぼ統合されていく様相を示す[111]。
星州地域も少し遅れた可能性が高いものの、おおむね同様の過程を経たものと考えられる。ただ
し、先述のように5世紀後半初めの資料がまだ空白状態のため、発掘報告の増加を待つ必要がある。

　義城地域もかなり遅くまで地域色を維持したとみられる。造塔里古墳群の土器からみて、Ⅲa
期の新しい段階かⅢb期頃に慶州様式の影響を強く受けはじめて、製作技法や形態の変化が起き
たと考えられる[112]。ただし、それにもかかわらず義城様式土器は、洛東江以東様式土器の統一
期に至るまで、持続的に副葬されたのではないかと考えられる。たとえば、塔里古墳と同一古墳
群に属する横穴式石室墳である鶴尾里1号墳[113]とその周辺の関連遺構から出土した土器は、一
部が本書のⅣ期に該当するにもかかわらず、依然として義城様式である。また、忠清北道の清原
米川里古墳群のように小白山脈を越えた地域において、義城長林洞古墳群にみられるような比較
的新しい時期の義城様式土器が出土している点もこのことを示唆する。これらの事実を慶州地域
と関連づけてみると、新羅国家が義城地域を、洛東江上流域一帯を支配する際の重要なテコとし
ての役割を果たす中間拠点地域の一つとして位置づけていたようにもみえ、興味深い。第2部第
Ⅱ章で述べるように、大きくみて慶北北部地方に属する造塔里古墳群が義城様式土器圏域内に含
まれつつも、横口式石室墓段階の古墳築造が顕著である点も、これと関連する可能性がある。

　以上、簡略にみてきたように、慶州地域の南側の地溝帯と洛東江中流域に連結される東西地溝
帯上に位置する地域の洛東江以東様式土器には、慶州様式の影響がいち早く現れるのに対し、慶
州地域と交通が円滑ではないか、遠く離れた地域においては地域色が強く、またそのような地域
色が相対的に長期間維持されたと考えられる。今後このような規則性というか、定型性をさらに
明確にし、その意味もさらに綿密に検討していく必要があるが、このような事実は当時、慶州地
域が新羅土器様式の変化の中核にあったことを間接的に示していると解釈して大過なかろう。し

96

たがって、洛東江以東地方各地における土器様式の成立と変化は、単純に文化的影響を反映するというよりは、各地域の土器製作にそのような影響を及ぼした慶州地域と、各地域との間の情報交流の頻度や強度を反映しているとみることができる。これは土器様式の類似度が、当時の両地域間の社会・政治的相互作用の強度を測る尺度となることを示唆するものである。

　第二に、本章の編年結果は、土器を基準とした古墳の編年が、威信財による古墳編年と時として相当な差異があることを示すものであった。本書でこのことを詳細に分析する余裕はなく、今後の課題とせざるをえないが、帯金具や耳飾を基準とした編年と対比してみると[114]、その違いが明瞭に浮かび上がる。これは、土器の変遷様相の把握や、威信財類の型式変遷の把握のいずれかに誤りがあるというよりは、両資料の性格の違いに起因するものと考えられる。先に指摘した通り、威信財類は製作された後、かなり長い使用期間を経て古墳に副葬されることがあり、威信財類を通じて古墳築造時点の細かな前後関係を決定するのは困難である。またそのような時間差を内包しうるがために、威信財類の年代（すなわち製作年代）に立脚して古墳について解釈をすると、誤りが生じる可能性がある。だからといって、威信財自体の型式分類と編年がまったく意味がないということではもちろんない。洛東江以東地方の古墳から出土した威信財類の大部分は、新羅の地方支配と関連して、慶州地域から各地域に下賜されたものと想定されるため、そのことを勘案しながら土器編年との相違を理解することが重要であろう。

　土器編年から導き出された古墳の絶対年代は、一緒に副葬された威信財類の製作、ないしその地域に流入した下限年代を示すに過ぎない。すなわち威信財類が古墳の被葬者に下賜された時点は、おおむね古墳築造年代より遡る可能性があって、威信財類をもって該当地域と慶州地域の関係を推論する際にはこの点を必ず考慮しておく必要がある。土器の場合、ある古墳において慶州様式の影響が最初に現れたのであれば、おおむねその古墳の築造時点から両地域間の関係に何らかの新しい変化が起こったと想定することができる。一方、威信財類はそれが副葬された時、すなわち古墳の築造時点からではなく、古墳の被葬者が生前、ある契機でこれを下賜された時から、そのような意味をもつのである。たとえば皇南大塚南墳の築造年代とそこから出土したいくつかの冠の様態からみて、その築造年代を4世紀末と推測した義城塔里古墳第Ⅰ槨から出土した草花形冠が製作され、慶州地域から下賜された時点は、4世紀末より遡るものとみなければならないだろう。したがって、義城土器様式が新羅土器の中の一様式として成立した時が、仮にこの墓槨の築造を前後する時点からであったとしても、慶州地域と義城地域の間に何らかの新たな関係が開始したのはその時〔義城土器様式の成立時点〕からではなく、遅くともそれ以前である第Ⅰ槨の被葬者が生前に金銅冠を下賜された時からと解釈しなければならない。このような点において、威信財類は土器とは異なる次元の意味をもっている。

　釜山地域で金銅冠が出土した主要古墳である福泉洞10・11号墳と1号墳を比較すると、その違いがよく分かる。先述のように両古墳はほぼ同時期に築造されているが、金銅冠の型式には明らかな違いがある。これまでの理解にもとづく限り、10・11号墳の草花形冠がまず下賜され、1号墳の山字形冠はそれより後に下賜されたと考えられる。すなわち、両古墳の被葬者が生前に各威信財を保有した期間は、後者がそれを下賜された時点からは重なっていたと考えられ、この地域には少なくとも二人の冠保有者が同時に存在したことになる。このような現象の意味を知るた

第1部　新羅考古学方法論

めには、第2部第Ⅱ章で論ずるように多角度からの分析が必要であるが、威信財が土器とは異なる意味をもっていたことを示すよい例であるといえるだろう。すなわち、洛東江以東地方の地域間関係とその変化の実像に接近するためには、少なくとも土器類と威信財類の両方を、同時に考慮する必要がある。

引用した古墳の出典

梅原末治・濱田耕作 1922「慶尚北道星州郡古墳」『大正七年度古蹟調査報告』第一冊　朝鮮総督府

小泉顕夫・野守健 1931「慶尚北道達城郡達西面古墳調査報告」『大正十二年度古蹟調査報告』第一冊　朝鮮総督府

斎藤忠 1937「慶州皇南里第百九号墳皇吾里第十四号墳調査報告」『昭和九年度古蹟調査報告』第一冊　朝鮮総督府

金載元・尹武炳 1962『義城塔里古墳』乙酉文化社

金東鎬 1971『東萊福泉洞第一号古墳発掘調査報告』東亜大学校博物館

金廷鶴・鄭澄元 1975「味鄒王陵地区 第5区域 古墳群発掘調査報告」『慶州地区 古墳発掘調査報告書』第一輯

尹世英 1975「味鄒王陵地区 第9区域（A号破壊古墳）発掘調査報告」『慶州地区 古墳発掘調査報告書』第一輯

尹容鎭 1975「味鄒王陵地区 第1．2．3区域 古墳群 및 皇吾洞 381番地 廃古墳発掘調査報告」『慶州地区 古墳発掘調査報告書』第一輯

李殷昌 1975「味鄒王陵地区 第10区域 皇南洞 第110号古墳 発掘調査報告」『慶州地区 古墳発掘調査報告書』第一輯

鄭澄元 1977「A地区 古墳発掘調査報告」『昌寧桂城古墳群発掘報告』慶尚北道

金宅圭・李殷昌 1978『鳩岩洞古墳発掘調査報告』嶺南大学校博物館

金廷鶴・鄭澄元・林孝澤 1980「味鄒王陵第七地区 古墳群 発掘調査 報告」『慶州地区 古墳発掘調査報告書』第二輯

尹容鎭 1981『義城長林洞廃古墳群』慶北大学校博物館

金東鎬 1984「東萊 福泉洞古墳 発掘調査報告」『上老大島（附：東萊福泉洞古墳・固城東外貝塚）』東亜大学校博物館

釜山大学校博物館 1989『東萊福泉洞古墳群 第2次 調査概報』

国立慶州博物館・慶北大学校博物館・慶州市 1990『慶州月城路古墳群』

朴志明・宋桂鉉 1990『釜山 杜邱洞 林石遺蹟』釜山直轄市立博物館

沈奉謹 1991『梁山金鳥塚・夫婦塚』東亜大学校博物館

李殷昌・梁道栄・張正男 1991『慶山 北四里 古墳群』嶺南大学校博物館

李殷昌・梁道栄・金龍星・張正男 1991『昌寧 桂城里 古墳群—桂南1・4号墳—』嶺南大学校博物館

釜山直轄市立博物館 1992『東萊福泉洞53号墳』

沈奉謹ほか 1992『昌寧校洞古墳群』東亜大学校博物館

宋桂鉉・洪潽植 1993『生谷洞加達古墳群Ⅰ』釜山直轄市立博物館

文化財管理局 文化財研究所 1993・1994『皇南大塚 南墳発掘調査報告書』

鄭永和・金龍星・具滋奉・張容碩 1994『慶山 林堂地域 古墳群Ⅱ—造永 EⅢ-8号墳外—』嶺南大学校博物館

尹容鎭・李在煥 1996『大邱－春川間 高速道路 建設区間内 安東 造塔里古墳群Ⅱ（'94）（本文）』慶北大学校博物館

嶺南大学校博物館 1999『慶山 林堂地域 古墳群Ⅳ—造永CⅠ・CⅡ号—』

鄭永和・金龍星・金大煥・孫貞美 2003『慶山 林堂地域 古墳群Ⅶ―林堂 5・6 号墳―』嶺南大学校博物館

鄭永和・金龍星・金大煥・安柄権・金紘珍 2003『慶山 林堂地域 古墳群Ⅷ―林堂 7 号墳―』嶺南大学校博物館

啓明大学校行素博物館 2006『星州星山洞古墳群―第 38・39・57・58・59 号墳―』

朴貞花・申東昭・徐敬敏・李炫姃 2006『義城 大里里 3 号墳』慶北大学校博物館

註

（1）1990 年代初めまでの編年に関する成果については（崔秉鉉 1992「新羅・伽耶의 考古学―研究史的検討―」『国史館論叢』33, pp.177-221）を参照。また、新羅土器を基準とした古墳編年に関する議論は（白井克也 2003「新羅土器の型式・分布変化と年代観―日韓古墳編年の並行関係と暦年代―」『朝鮮古代研究』4, pp.1-42）を参照。

（2）これに関する詳しい議論については（李熙濬 1997「土器에 의한 新羅 古墳의 分期와 編年」『韓国考古学報』36, pp.48-55）を参照。

（3）たとえば（洪潽植 1994「竪穴式石槨墓의 型式分類와 編年」『伽耶古墳의 編年研究 Ⅱ―墓制―』（第 3 回嶺南考古学会学術発表会 発表 및 討論 要旨）, pp.5-44）。

（4）皇南大塚南墳から出土した複数の帯冠が型式学的にみて相当な時間差をもつという事実は、これを雄弁に物語っている。またこの事実は同時に、これらの冠が副葬専用品ではなく、生前にいかなる意味であれ使用されたことを示唆する。これに関しては（藤井和夫 1996「新羅・加耶古墳出土冠研究序説」『東北アジアの考古学』第二（槿域）깊은샘, p.327）を参照。

（5）土器を基準に時代区分をするのはどこまでもその利便性ゆえであって、必ずしも土器が絶対的な時代区分の基準になる訳ではないという意味で、「類似時代」と表現した。崔鍾圭も土器類の変化だけを基準に時代区分をするのは問題があるという見解を示している（崔鍾圭 1994「陶質土器의 起源」『考古学誌』第 6 輯, pp.76-77）。

（6）金龍星 1996「土器에 의한 大邱・慶山地域 古代墳墓의 編年」『韓国考古学報』35, p.123。

（7）後で紹介する定森秀夫と藤井和夫による一連の論考がその代表例である。

（8）もちろん新たな編年方法を模索、適用して編年自体を改善していく努力は続けなければならないだろう。ここでは、挑戦的な相対編年および分期方法として多次元尺度法を挙げておきたい。その紹介と適用については（権鶴洙 1995「多次元尺度法을 통한 相対年代測定法의 改善研究」『韓国考古学報』32, pp.5-40）と（李惠眞 2006『5～6 世紀 慶山・大邱地域 土器様式의 統計学的 研究』（慶北大学校大学院考古人類学科碩士学位論文））を参照。

（9）前項では言及を省略したが、これまでの研究は、ほかの研究者の成果を受容するというよりは各者がそれぞれ自分なりの基準を模索し、編年を試みる傾向が顕著であった。

（10）李熙濬 1996a「慶州 月城路 가-13 号 積石木槨墓의 年代와 意義」『碩晤尹容鎮教授 停年退任紀念論叢』, pp.287-310。李熙濬 1995「慶州 皇南大塚南墳의 年代」『嶺南考古学』17, pp.33-67。

（11）李熙濬 1996b「洛東江 以東 地方 4, 5 世紀 古墳 資料의 定型性과 그 解釈」『4・5 世紀 韓日考古学』（嶺南考古学会・九州考古学会 第 2 回合同考古学大会）, pp.7-9。

（12）金元龍 1995「新羅 土器」『韓国民族文化大百科事典』13 韓国精神文化研究院, pp.748-752。

（13）李盛周 1993「洛東江東岸様式土器에 대하여」『第 2 回 嶺南考古学会 学術発表会 発表 및 討論 要旨』, pp.31-78。

（14）金龍星 1996 前掲文, pp.119-121。

（15）咸舜燮 1996「大邱 達城古墳群에 대한 小考―日帝強占期 調査内容의 検討―」『碩晤尹容鎮教授 停年退任紀念論叢』, pp.371-372。

（16）藤井和夫 1979「慶州古新羅古墳編年試案―出土新羅土器を中心として―」『神奈川考古』6, pp.121-170。崔秉鉉 1981「古新羅 積石木槨墳의 変遷과 編年」『韓国考古学報』10・11,

第1部　新羅考古学方法論

pp.137-228。崔秉鉉 1992『新羅古墳研究』一志社。

(17) 西谷正が〔月城路カ-29, 31号墳から出土した倭系遺物の年代について〕4世紀末～5世紀初めとみたことを指している（西谷正 1991「慶州月城路古墳群が提起する問題」『東アジアの古代文化』68, pp.43-54）。しかし後で検討するように、これらの倭系遺物に対する氏の絶対年代観は必ずしも正しいとはいえない。であればそれを交差年代に援用して、洛東江以東様式の上限を5世紀初めとみた李盛周の年代観はこれといった根拠を失うことになる。

(18) 李盛周の討論者である申敬澈が「全体的な面で既往の我々の年代観を追認するものとみられる」と評した点はこのことを端的に示している（申敬澈 1993「洛東江東岸様式土器의 諸問題」『第2回 嶺南考古学会 学術発表会 発表 및 討論 要旨』, p.79）。

(19) 李盛周 1993 前掲文, p.46。

(20) 筆者が前稿でこのように指摘したとするが（金龍星 1996 前掲文, p.119）、実際には6世紀初めや前葉にまで遡らせてみてはいない。

(21) 金龍星 1996 前掲文, p.120 註 35。

(22) 崔秉鉉 1993「新羅古墳 編年의 諸問題—慶州・月城路・福泉洞・大成洞古墳의 相対編年을 中心으로—」『韓国考古学報』30, pp.109-129。

(23) 金龍星 2003「皇南大塚 南墳의 年代와 被葬者 検討」『韓国上古史学報』42, pp.57-86。

(24) （金龍星 1996 前掲文, p.120 註 37）の内容からみて、明言はしていないもののこれを王陵とみているようである。

(25) 咸舜燮 1996 前掲文, p.372。

(26) 金相鉉は『三国遺事』王暦篇について、『三国遺事』のほかの篇と史料系統を異にし、〔撰者である〕一然が書いたものではないことを論証しており、参考になる（金相鉉 1985「三国遺事王暦篇 検討—王暦 撰者에 대한 疑問—」『東洋学』15　檀国大学校東洋学研究所, pp.221-237）。

(27) 咸舜燮 1996 前掲文, p.371。

(28) 2007年6月にソウル大学校奎章閣所蔵朝鮮時代邑城地図集に掲載されている「正祖 20年 慶州府図 筆写」本（1798年以降の製作と推定）を偶然観察したところ、仁校洞 119号墳と推定される古墳が、興味深いことに3基の墳丘が連接された形態で表現されていた。ただし最も大きな墳丘が東端に描かれている点は、現状とは異なる。

(29) 発掘されていない大型墳に対するこのような過度な推定は、考古学の認識論においてまったく妥当とは考えられず、説得力ももちえない。

(30) 5世紀前半の高句麗軍の新羅駐屯を根拠として、5世紀後半になって初めて超大型墳の築造が可能となったとする説については、既に批判したところである（李熙濬 1995 前掲文）。

(31) 李熙濬 2006「太王陵의 墓主는 누구인가？」『韓国考古学報』59, pp.74-117。

(32) 金龍星は旧稿（金龍星 1996 前掲文）を補完すると同時に筆者への再反論をおこなっているが（金龍星 2003 前掲文）、これについてもおおむね旧稿と同じような評価をすることができる。

(33) 李熙濬 1996b 前掲文。

(34) 旧稿でⅣ段階に比定した月城路カ-15号墳は、今回の細分で若干引きあげてⅢ期の末に比定する。ただし、Ⅲ期とする確かな絶対年代資料がある訳ではなく、分期の比定は若干流動的にならざるをえない。また漠然と6世紀前半としたⅣ段階の年代幅も、本書ではおおむね6世紀前葉に限定しておく。

(35) ただし、月城路カ-13号墳出土品のように稀にではあるが、新羅式の台脚にいわゆる伽耶式有蓋高杯の杯部と蓋が組み合う例もある。

(36) 現在のところ、慶州一帯に限定されるのではないかと考えられる。

(37) 月城路カ-13号墳の年代は、洛東江以東様式の上限を示すのではなく、形成期の一時点を示すものであるため、洛東江以東様式の上限は〔月城路カ-13号墳の年代よりも〕若干遡る可能性が高い。そこでⅠ段階の幅を少し広く4世紀中葉からと捉えて、Ⅰa期を4世紀中葉、Ⅰb期

を 4 世紀後葉とする方が妥当かもしれない。絶対年代資料の増加を期待しつつ、その可能性を残しておきたい。

(38) 宋義政 1991『慶州月城路 出土遺物의 分析—相対編年을 中心으로—』(서울大学校大学院考古美術史学科碩士学位論文)。後で述べるように崔秉鉉も既に 1990 年に月城路古墳群を簡略に編年しているが（崔秉鉉 1990『新羅古墳 研究』(崇實大学校大学院史学科博士学位論文))、宋義政はこれを参考にはしていないようである。

(39) 崔秉鉉 1993 前掲文, p.104。最初の案は博士学位論文（崔秉鉉 1990 前掲文）で提示され、修正案は『新羅古墳研究』(崔秉鉉 1992 前掲書）で提示された。以下、前者を旧稿とし、後者を新稿とする。

(40) 金龍星 1996 前掲文。

(41) 鄭澄元・安在晧 1987「福泉洞 38 号墳과 그 副葬遺物」『三佛金元龍教授 停年退任紀念論叢』Ⅰ（考古学編), pp.653-672。

(42) 崔秉鉉 1993 前掲文, p.127。

(43) 前稿では月城路カ-8 号墳→カ-29 号墳とみたが、前者から鉢形器台が、後者から炉形器台が出土している点からカ-29 号墳→カ-8 号墳とみた朴天秀の指摘にしたがい、修正する（朴天秀 1998「大伽耶圏墳墓의 編年」『韓国考古学報』33, p.112-113)。

(44) これに関しては（井上主税 2005「嶺南地域 出土 土師器系土器의 再検討」『韓国上古史学報』48, pp.69-70) を参照。

(45) 安在晧 1993「土師器系軟質土器考」『伽耶と古代東アジア』新人物往来社, p.176。

(46) 日本考古学の門外漢である筆者がこの問題について言及することは躊躇されるが、（埋蔵文化財研究会 1996『考古学と実年代』(第 40 回 埋蔵文化財研究集会 第 1 分冊 発表要旨集))と（光谷拓実・森岡秀人・都出比呂志・松田常子 1996「年輪年代—未来へつなぐ夢：光谷拓実さん、森岡秀人さんに聞く」『考古学研究』第 43 巻第 4 号, pp.18-19) は、そのような傾向を知るにあたって参考になるかもしれない。

(47) 柳本照男が 2006 年 7 月 21 日に「日本における須恵器出現年代について—年輪年代学による年代—」というテーマでおこなった(財)嶺南文化財研究院考古学研究公開講座（第 4 回）の席上で、高杯の脚部や小型甕の底部形態をみれば、明らかに庄内式土器段階であるとした点はこのことを示唆する。

(48) 申敬澈はこの石釧について 4 世紀末〜5 世紀初めの日本製と考え（申敬澈 1989「伽耶의 武器와 武具—甲冑와 鐙子를 中心으로—」『国史館論叢』7, p.3)、韓日両国の古墳の交差年代を調整できる最近の朝鮮半島南部出土資料の趨勢からみて伝世の可能性はまったくないと判断したが（p.25 註 62)、その後、月城路カ-29 号墳については土器からみて 4 世紀第 3 四半期と考えを変えている（申敬澈 1995「三韓・三国時代의 東莱」『東莱区史』, p.218 註 71)。絶対年代を遡らせた根拠は不明だが、いずれにせよ 29 号墳出土石釧の絶対年代も多少流動的なことを示唆する例といえる。

(49) 崔秉鉉 1993 前掲文, pp.121-124。

(50) 金龍星は礼安里 117 号墳を月城路カ-6 号墳と同じ段階とみて、109 号墳 3・4 槨より 1 段階古く設定した（金龍星 1996 前掲文, p.114)。朴天秀も同じ見解である（朴天秀 1998 前掲文, p.113)。

(51) 鄭澄元・申敬澈 1983『東莱福泉洞古墳群Ⅰ（本文)』釜山大学校博物館, pp.7-10。

(52) 釜山大学校博物館 1989『東莱福泉洞古墳群 第 2 次 調査概報』, p.2。

(53) 崔秉鉉 1992 前掲書, pp.103-104。

(54) 全玉年「遺物 (1) 土器」『東莱福泉洞古墳群Ⅱ（本文)』釜山大学校博物館, p.73 註 78。

(55) 金龍星 1996 前掲文, p.105 註 12。

(56) 宋桂鉉・洪潽植・李海蓮 1995「東莱 福泉洞 古墳群 第 5 次 発掘調査 概報」『博物館研究論集』3　釜山広域市立博物館, p.5。

第 1 部　新羅考古学方法論

(57) 同じ型式の高杯が出土した慶州舎羅里遺跡 13 号木槨墓は、共伴する直線的な台脚の高杯やほかの遺物からみて、皇南洞 109 号墳 3・4 槨よりは多少遅くみなければならない点も、このことを傍証する（嶺南埋蔵文化財研究院 1996「慶州 舎羅里 古墳群 発掘調査」（現場説明会資料 5), pp.16-17。〔嶺南文化財研究院 2007『慶州 舎羅里遺跡Ⅲ』〕）。

(58) 先述したようにだからといって、共伴する高杯の台脚を氏の指摘する通り、皇南洞 110 号墳段階以降の型式とみることはできない。

(59) 伊藤秋男 1972「耳飾の型式学的研究に基づく韓国新羅時代古墳の編年に関する一試案」『朝鮮学報』64, pp.60-61。

(60) 李盛周 1993 前掲文。

(61) 鄭澄元・洪潽植 1994「釜山地域의 古墳文化—墓制와 高杯를 中心으로—」『釜大史学』18, p.335。

(62) 安春培 1989「釜山蓮山洞 4 号墳 発掘調査報告」『釜山女大史学』6・7, pp.135-208。

(63) 沈奉謹 1983「徳川洞 D 区古墳群」『釜山徳川洞古墳』釜山直轄市立博物館, pp.145-213。徳川洞古墳群 D 地区 11 号墳の築造年代は 5 世紀第 4 四半期にまで遡る。

(64) 安順天・李憲柱 1984「慶南 梁山郡 梁山邑 中部洞 古墳群地表調査報告」『伽耶通信』10, pp.12-22。

(65) 鄭澄元 1990「梁山地域의 古墳文化」『韓国文化研究』3　釜山大学校韓国文化研究所, p.28。

(66) 鄭澄元 1990 前掲文, p.8。

(67) 藤井和夫 1978「梁山夫婦塚出土陶質土器の編年に就いて—伽倻地域古墳出土陶質土器編年試案Ⅰ—」『神奈川考古』3, pp.95-106。梁山地域が 520 年頃になって新羅に併合されたと考える点や、夫婦塚が新羅に併合された後に築造されたと解釈する点（p.102）も到底納得できない。

(68) 崔秉鉉 1991「『梁山 夫婦塚，金鳥塚과 周辺古墳群』討論要旨」『韓国上古史学報』5, p.366。

(69) 李盛周 1993 前掲文。

(70) 藤井和夫 1982「洛東江中流域古墳出土陶質土器の編年（Ⅰ）—伽倻地域古墳出土陶質土器編年試案Ⅳ—」『神奈川考古』13, pp.164-165。

(71) 尹善姫 1987『三国時代 銙帯의 起源과 変遷에 関한 研究』（서울大学校大学院考古美術史学科 碩士学位論文）。

(72) 田立坤・李智 1994「朝陽発現的三燕文化遺物及相関問題」『文物』1994 年第 11 期, pp.23-24。

(73) 従来、達西、飛山洞古墳群や内塘洞古墳群と呼ばれてきたが、咸舜燮の提案にしたい達城古墳群と呼ぶ（咸舜燮 1996 前掲文）。

(74) 李盛周 1993 前掲文, p.41。

(75) 金鍾徹 1988「北部地域 加耶文化의 考古学的 考察—高霊・星州・大邱를 中心으로—」『韓国古代史研究』1, pp.245-249。

(76) 金鍾徹 1987「星州 星山洞 古墳」『第 11 回 韓国考古学全国大会 発表要旨』, p.110。筆者も以前、そのように判断した（李熙濬 2000「大邱 達城古墳群의 着装形 遺物 出土 定型—日帝下 発掘報告書의 再検討 (3)—」『慶北大学校 考古人類学科 20 周年 紀念論叢』, pp.15-37）。

(77) 藤井和夫 1982 前掲文。

(78) 朴光烈 1992「琴湖江下流域 古墳의 編年과 性格—陶質土器를 中心으로—」『嶺南考古学』11, pp.35-79。

(79) 表ではこれを前段階の古墳と同じ段階に位置づけているが（金龍星 1996 前掲文, p.114）、本文をみる限り表が誤っているようである。

(80) 達城古墳群の土器は報告書に写真が掲載されるのみで、図面が掲載されていない。したがってここでは図示を省略する。

(81) 大型墳の主・副槨に副葬された土器が様相を異にする例はしばしば確認される。この点に関する具体的な指摘は（朴普鉉 1986「樹枝形立華飾冠 型式分類 試論」『歴史教育論集』9, p.1 註 1）を参照。ただし朴普鉉は、そのような現象について製作時期の差異を意味するかのようなニュ

102

アンスで言及しているけれども、両者は製作時点の差異はあったとしても、時期を異にする
程度ではなかっただろう。

(82) （李盛周 1993 前掲文）では大邱地域と漆谷地域を区分しているが、朱甫暾が指摘するように漆
谷地区の鳩岩洞古墳群は大邱地域の単位政治体を構成する一邑落の古墳群とみるのが合理的
である（朱甫暾 1996「新羅国家形成期 大邱社会의 動向」『韓国古代史論叢』8, pp.83-146）。

(83) 定森秀夫（全玉年訳）1988a「韓国慶尚北道 星州地域出土 陶質土器에 대하여」『伽耶通信』
17, pp.25-37。

(84) 定森秀夫 1988a 前掲文, p.32。

(85) 定森秀夫 1988a 前掲文, p.30。

(86) 定森秀夫 1981「韓国慶尚南道昌寧地域出土陶質土器の検討―陶質土器に関する一私見―」『古
代文化』第 33 巻第 4 号, pp.201-234。藤井和夫 1981「昌寧地方古墳出土陶質土器の編年に就
いて―伽倻地域古墳出土陶質土器編年試案Ⅲ―」『神奈川考古』11, pp.135-178。

(87) 定森秀夫 1981 前掲文, p.203。

(88) 崔鍾圭 1983「中期古墳의 性格에 대한 若干의 考察」『釜大史学』7, pp.1-45。

(89) 白承玉 1995「比斯伐加耶의 形成과 国家的 性格」『韓国文化研究』7 釜山大学校韓国民族文化
研究所, p.93。

(90) 崔鍾圭 1983 前掲文, p.26。

(91) これに関しては（朱甫暾 1996 前掲文, p.105）を参照。

(92) 穴沢咊光・馬目順一が、昌寧校洞の植民地時代に発掘された古墳の年代を 5 世紀後半から 6 世
紀とみて、その下限を新羅が昌寧を併合した 6 世紀中頃とした点にも、このような認識を垣
間見ることができる（穴沢咊光・馬目順一 1975「昌寧校洞古墳群―「梅原考古資料」を中心
とした谷井済一氏発掘資料の研究―」『考古学雑誌』第 60 巻第 4 号, pp.69-70）。

(93) （李熙濬 2005「4～5 世紀 昌寧地域 政治体의 邑落 構成과 動向」『嶺南考古学』37, pp.1-18）
と本書第 1 部第Ⅱ章第 1 節を参照。

(94) この案では本文中の段階区分、および絶対年代の推論とその要約（鄭澄元・洪潽植 1994 前掲文,
p.77）の間で若干の相違がみられるが、ここでは文脈にしたがって、表 3 のように整理した。

(95) 朴天秀 1993「三国時代 昌寧地域 集団의 性格研究」『嶺南考古学』13, pp.157-207。

(96) 朴天秀 2003「地域間 並行関係로 본 加耶古墳의 編年」『加耶 考古学의 새로운 照明』혜안,
pp.181-186。

(97) 以上、校洞 11 号墳の土器については（朴天秀 1993 前掲文）を参照。

(98) このような段階設定については、前稿でも引用した李盛周の未刊の原稿によるところが大きい。

(99) 義城地域と安東地域の古墳に対する調査と研究に関しては、（尹容鎮・李在煥 1996『大邱―春
川間高速道路 建設区間内 安東 造塔里古墳群Ⅱ（'94）（本文）』慶北大学校博物館, pp.16-19）
を参照。

(100) トレンチ発掘方式による植民地時代の発掘において墓槨構造を誤認した可能性が高いことつ
いては（李熙濬 1990「解放前의 新羅・伽耶古墳 発掘方式에 대한 研究―日帝下 調査報告書
의 再検討（2）―」『韓国考古学報』24, pp.49-80）を参照。

(101) 金鍾徹は墓槨内の主埋葬位置から外れた所から出土した人骨については、塔里古墳第Ⅲ槨と
同じように殉葬者と再解釈しており（金鍾徹 1984「古墳에 나타나는 三国時代 殉葬様相―加
耶・新羅地域을 中心으로―」『尹武炳博士回甲紀念論叢』, p.269）、妥当な観察と解釈と考えら
れる。

(102) この名称は、同様な構造が確認された義城大里里 3 号墳第 1 槨（朴貞花・申東昭・徐敬敏・
李炫娅 2006『義城 大里里 3 号墳』慶北大学校博物館）で初めて付けられた。

(103) 墳丘の区画盛土に関するほかの例については、（曺永鉉 1993「封土墳의 盛土方法에 관하여―
区分盛土現象을 中心으로―」『嶺南考古学』13, pp.31-54）を参照。

（104）姜仁求 1984『三国時代墳丘墓研究』嶺南大学校出版部, p.215。

（105）定森秀夫 1988b「韓国慶尚北道義城地域出土陶質土器について」『日本民族・文化の生成』1
　　　（永井昌文教授退官記念論文集）, pp.811-826。

（106）李漢祥 1995 前掲文, p.24。

（107）李熙濬 1995「土器로 본 大伽耶의 圈域과 그 変遷」『加耶史研究—大伽耶의 政治와 文化—』
　　　慶尚北道, pp.372-380。

（108）地域の下位単位として地区を設定する本書の立場に立てば、これは地域様式・地域色ではなく、
　　　地区様式・地区色としなければならない。

（109）李惠眞 2006 前掲文。

（110）これに関しては（李盛周 1993 前掲文）を参照。

（111）このような製作技法の変化に対する指摘は（朴天秀 1993 前掲文）を参照。

（112）造塔里古墳群ではこの時期に杯部と台脚を区分し、慶州様式や義城様式のどちらかによって
　　　製作したり、慶州様式土器を全体的に強く模倣したものが製作されはじめる。

（113）李白圭・李在煥・金東淑 2002『鶴尾里古墳』慶北大学校博物館。

（114）（李漢祥 1995 前掲文）を参照。

訳註

〔1〕『三国史記』新羅本紀によれば実聖尼師今（在位 402－417 年）の王妃は味鄒尼師今（在位 262－
　　284 年）の娘とされる。

第2部
4～6世紀の新羅考古学

第Ⅰ章　4世紀における新羅の成長

　本章の主たる目的は、通時的観点から新羅の成長過程を筆者なりに再構成し、釜山地域をケーススタディとして、考古資料から4世紀代の新羅の地方支配の様相を垣間見ることにある。特に前者に関しては、現時点までに蓄積した考古資料からこの問題にアプローチしていくための方法論の提示に比重をおきたい。というのも、4世紀を前後する時期の考古学的調査は依然として乏しく、利用できる資料は断片的で、公表されていないものも少なからずある。それらだけで新羅の成立や成長過程を復元することは、極めて困難といわざるをえない。とはいえ本書の冒頭で言及したように、文献史学の成果や地理に対する分析などを踏まえ、それらと総合すれば、決してアプローチできない訳ではないだろう。

　そこで、新羅の成長に関する研究においてこれまでさほど注目されてこなかった地理的要因の問題を中心に、プロト新羅［原新羅］とでもいうべき斯盧国が地域間で優位に立つに至った背景を探る。次に、3世紀後半から4世紀前半にかけて起こった洛東江以東地方の地域間関係の変化を示唆する文献史料と考古資料にもとづいて、新羅の成長過程を再構成する。最後に、4世紀後半の新羅が地方支配をどのように進めていったのかについて、東莱福泉洞古墳群に焦点をあてて具体的にみてみよう。

1. 新羅の成立背景

　辰・弁韓が成立して以来、嶺南地方の各地域政治体が経た政治的道程は、おおむね次のようにモデル化することができそうだ。

　嶺南地方を中心に辰・弁韓が成立し、またそれが二つに分立するに至った基盤は、遅くとも青銅器時代には生成していたと考えられる。その淵源はともすれば、嶺南地方を含めた朝鮮半島南部で物資・情報の交換あるいは交易のネットワークが成立し、分化した新石器時代にまで遡るかもしれない。ただし文献史料にもとづく限り、三韓の起点は、紀元前3世紀から遅くとも紀元後2世紀初めにはその存在が確認される地域的・種族的単位としての「韓」が、経済的・政治的単位としての「三韓」に分離する時点とみなければならない。そうであれば三韓の中で、おそらく最初に成立したであろう馬韓とは区別されるある広域の関係網が、嶺南地方各地で（「国」の形成と軌を一にしながら）形成されはじめた時を基準とすべきであろう。瓦質土器はその考古学的証拠であり、その年代は紀元前1世紀代とみられる[1]。瓦質土器は、様式的側面において嶺南地方のかなりの範囲を一つの単位とする強い共通性を帯びた最初の物質文化現象といえる[2]。馬韓と辰・弁韓の分立をもたらした要因はいくつかあるだろうが、中西部と嶺南地方の間に横たわる小白山脈が地理的障害として重要な役割を果たしたことは否定できない。

　一方『魏志東夷伝』をみると、韓は馬韓、辰韓、弁韓からなるとしつつも、いざ弁韓に対する記載になると弁辰とし、その弁辰は辰韓と雑居していると記す[1]。これについての解釈はいくつ

107

かあるが、辰韓と弁韓が区別されつつも、完全には区別されていなかったことを示しているのであろう。辰韓と弁韓の性格をめぐっても議論が紛糾しているが、辰韓を構成した「国」同士と、弁韓を構成した「国」同士が相対的に緊密な関係にあって、それを土台とする緩やかな政治的関係が形成されていたとみて大過ない。すなわち、それぞれは基本的に一つの単位の対外交易網、あるいは対内交易網であったと把握することができる。したがって『魏志東夷伝』にみえる「雑居」という表現は、両者が完全に混じり合った状態というよりは、その中の一部の単位が二つの交易網を往来していたという意味で理解される。そこには地理的要因が大きく作用したと考えられ、とりわけ大きな役割を果したのは、やはり洛東江であったのだろう。

　『魏志東夷伝』の国名の中で、三国時代まで続くがゆえにその位置の明らかな慶州の斯盧国、金海の狗邪国、咸安の安邪国を基準にすると、辰韓と弁韓はおおむねこの洛東江を境界に分かれていたはずである。とはいっても両岸の勢力は洛東江を利用して容易に交流することが可能であり、また洛東江を上り下りする交換、交易路上に直接接しているというメリットゆえに、辰韓や弁韓のどちらかに完全に所属することなく、その時々に自身にとって有利な対内・対外交換に参加したのであろう。このような事情が、辰韓と弁韓が対外的にはっきりと区分される政治的単位として漢郡県や中国側に認識されず、雑居しているという印象を与える要因となったのではなかろうか。その融通性は、洛東江の中・上流域、とりわけ川幅が広くない上流域一帯においては、特に大きなものであったに違いない[3]。

　このように辰韓と弁韓は、全体的にみて構成国間に強い政治的連携が形成されず、並列的で分散的な様相を呈している[4]。しかし、だからといって嶺南地方の「国」々が新羅が成立するまでの間、まったく自治的であったとか、相互に独立した関係であった訳ではない。対外的に顕著ではなかっただけで、時間が経つにつれ、地域間にはいかなるかたちであれ優劣が生じたはずであり、それが持続・強化されることもあったであろう。そのような優劣関係は、最終的な地域間統合の基盤ともなったに違いない。その統合の主役は、ほかでもない斯盧であった。このような関係変化が想定される時期は、文献史料からみて嶺南地方がまだ対外的に辰韓と弁韓という二つの圏域に呼び分けられていた3世紀末である。

　3世紀末の事情を伝える『晋書』には、辰韓が西晋に使者を遣わした記事がみえる。その遣使の主体はおそらく斯盧であっただろう。この時点ではまだ辰韓の性格は「国」間の並列的関係網の水準を大きく逸脱しておらず、連盟体構成や対外活動の主体は流動的であったとみる見解もある[5]。しかしこの頃には既に、辰韓全体ではなかったとしても、少なくとも斯盧周辺に関しては、斯盧と一定の上下関係に入っていたとみるのが妥当であろう。後述する『三国史記』初期記録にみえる斯盧による小国服属記事の年代を、3世紀中葉頃から4世紀前半頃に修正してみた時、それらの中でも初期に服属した地域は、4世紀以前のまだ辰韓と呼ばれていた時点から斯盧に服属していたとみることも可能である。その後、時間が経つにつれて、楽浪滅亡〔313年〕などの地域間の統合を加速化させる要素が作用する中、斯盧による積極的な服属活動が始まる。そして4世紀前半に至り、おおむね洛東江以東のかつて辰韓と呼ばれていた地を中心として、新羅が成立したとみられる。その際には、洛東江の中・上流域、特に上流域で辰・弁韓の双方を行き来していた勢力も新羅に取り込まれたものと推定される[6]。『三国史記』初期記録に斯盧の服属対象とし

て出てくる小国中に、洛東江上流域の洛東江以西が含まれている点は、このような推測がさほど
的外れでないことを示している。また、新羅の成立初期から洛東江以東地方全域が新羅に含まれ
ていた訳ではない。洛東江東岸の一部の地域については新羅ではない地域、すなわち伽耶として
一定期間残存した後に新羅に編入されたのであろう[7]。

　辰・弁韓の性格とその変化過程を以上のようにみた時に、新羅の成立過程を考える上で、二つ
の重要な点が浮かび上がってくる。一つは辰・弁韓の性格は成立して以来、終始一貫何も変わら
なかった訳ではなく、時間が経つにつれていくらか変化している点である。もう一つは辰・弁韓
の基本的性格をどのように規定したとしても、単一の政治的統合体とみないのであれば、それは
基本的には経済交換を基礎にまとまった関係網であったという点である。

　この二つの観点をよく浮き彫りにした見解が、(『三国史記』初期記録をそのまま受容する前期論
の立場を採っているものの、)以前、李賢惠によって提示されたことがある[8]。それによると2・3
世紀頃に斯盧国が周辺国を征服し、斯盧を盟主とする辰韓小国連盟体が次第に形成されていくと
ともに、本来緩やかで対等な経済的交易関係を結んでいた小国間の関係に変化が生じ、各国は3
世紀中葉以降、斯盧国から貢物を徴収されたり、物資交易、対外交渉において一定の規制を受け
るに至ったようである。

　ただし、このように『三国史記』初期記録の年代をそのまま受けとり、小国服属記事がそのま
ま辰韓の形成過程を示すと理解した場合、辰韓と後の新羅はいかなる基準によって区別できるの
かという根本的な問題に突きあたる。辰韓と新羅は、その名称がまったく異なる点だけとっても、
その転換過程の中で性格が大きく変化したことが推定される。しかし李賢惠の見解による限り、
辰韓と新羅を構成する単位の間には、量的変化が起こった程度で質的変化は何ら起こらなかっ
たと理解するほかない。一方、『魏志東夷伝』が引用する『魏略』の廉斯鑡説話[2]からみて、辰
韓の存在が遅くとも1世紀代にまで遡るという一般的理解にもとづけば、3世紀段階に辰韓が成
立したとみることも少し難しいであろう。李賢惠は一般的理解とは異なり、廉斯鑡説話が語り伝
えられる中で、辰・弁韓分立以降の段階になって記録されたとみているが[9]、『魏略』の伝える
内容は口伝されたものが後代に再録されたとするにはあまりにも具体的である。また『三国史記』
小国服属記事の年代をそのまま受容している点においても、李賢惠の見解は納得しがたい。仮に
そうであれば、3世紀中葉の辰韓の「国」々を分散的な姿として記録する『魏志東夷伝』の記載
とは大きな乖離をきたすことになる。

　とにかく辰・弁韓の基本的な性格を経済交換ネットワークとみる場合、新羅・伽耶、特に新羅
への転換によって、その性格は大きく変貌したとみられる。もちろん転換の直接的契機は、斯盧
国がほかの「国」々を軍事的に服属させたことにある。これはまた、経済的関係の根本的な変化
を伴うものであり、服属地域の経済的隷属を意味する。ところでここで一つ注意せねばならない
事実は、斯盧国の軍事活動が「国」間の関係変化の最も大きな契機であったとしても、それ以前
の斯盧国がほかの「国」に対して特別な影響力をもたず、相互対等な関係にあった訳では決して
ないということである。そのような軍事的服属は、辰・弁韓の成立後、ある時期からは斯盧国が
次第にその影響力を強化し、「国」間にある程度不均等な関係が形成されていたがゆえに可能と
なったのであろう。また、斯盧国の影響力増大の基礎には経済的成長があった。その要因はいく

つかあるだろうが、中でも斯盧国のもつ地理的利点が大きな働きをしたと考えるのが合理的である。このようにみることで、初めて新羅の成立を長期的観点から把握することが可能となる。

議論が多少長くなったが、新羅の成立・成長を嶺南地方、とりわけ洛東江以東地方に存在した各地域政治体間の関係変化という観点からみることで、各政治体の地理的位置関係と経済的交換関係が重要な問題として浮かび上がってくる。なぜなら辰・弁韓と新羅・伽耶をシステムという観点からみた時、辰・弁韓システム内の単位地域間の経済交換関係から生まれた地域間における優劣の深化と、そのシステム全体に対する外部入力（input）としての対外交易に起こった変動、そしてその結果として引き起こされる地域単位間の統合を指向する動きこそが、辰韓から新羅へという変化の重要な推進力であった可能性が極めて高いためである。地理は、経済的交換関係の流れや類型を決定づける基盤となり、また、洛東江以東地方全体を包括する交換ネットワークが外部の交換システムと連携される過程において、各地域の占める比重を決定づける際にも最も重要な要素となった。

周知のように嶺南地方は山岳が発達していて、地域間交通は洛東江支流の浸蝕によって形成された渓谷や地溝帯を通じてなされる。すべての地域が四通八達している訳ではなく、いわば線状に連結されていたと考えられる。したがって、地域間の相互関係も均質的・多元的になるほかなく、それらの間でなされた相互作用も当初から一定の枠組み、すなわちいくつかの地域を単位とする圏域ごとに形成されたことが想定される。たとえば慶州地域と大邱地域の関係は、その間にある永川、慶山地域を抜きにしては考えられないだろう。またこのような地理的関係のために、結果的に交通や経済交換に有利な地域とそうでない地域が生まれ、両者の間に優劣が生じていったであろうことは十分に予想される。そうであるならば、斯盧国が新羅の主体として成長する前提として、斯盧国のあった慶州地域に地理上、何らかの特に有利な点があったと想定し、それは何であったのかについて検討してみる必要がある。以下では上述の事項を前提に、斯盧国成長の主たる背景となったとみられる地理的特性を簡単にみてみよう。

嶺南地方の中でも洛東江以東の地形に焦点をあてると、まず小白山脈が北側と西側を塞ぎ、相互作用の空間を規定している。東側には大脊梁である太白山脈が東海岸に近接して南北に走る。太白山脈と小白山脈からおおよそ西側と南側に向かって洛東江とその大小の支流が流れ、これによっていくつかの盆地やそれに類似した地形が形成された。これらは、古来より人間集団が活動する際の地理的単位の役割を果たしてきた。ほぼすべての地域が、洛東江本流と支流沿いの交通路によって線状に結ばれており、直接連結されない地域間の交通は水系に沿って遠回りしない限り、ところどころにある峠を利用するほかない[10]。また、このような内陸地とは別に、太白山脈東側の海岸沿いにも南北に長い交通路が形成されていた[11]。沿岸航路や陸路などからなるこの交通路は、嶺南地方に局限されず、遠く東北地方にまで延びており、辰・弁韓当時にはその途中の咸南〔咸鏡南道〕地方に西側の楽浪・帯方郡へと分岐する道があったのだろう。

このような基本構造をもつ洛東江以東地方の地形と地理において、新羅の成長過程に関連する重要な特性は次の三つである。

第一は、各地域の交通網が放射状に多元化しておらず、各地域がおおむね線状につながっている点である。各地域の連結順序は、地域間の経済交換などの相互作用にも一定の影響を与えてい

たと考えられ、それ自体が各地域の均等な発展を妨げる要因となったとみられる。この線状交通路を洛東江水路、およびその河岸路を通じた南北路ではなく、末端部からみてみると、安東の場合、太白山脈の黄腸峠を越えて東海岸の盈徳に進むか、南側の義城塔里を経て甲嶺を越えて永川、慶州へ出ることができる[12]。洛東江中流域の要地である大邱の場合、慶山、永川を経て慶州へと連結される交通路が重要で、とりわけ慶山は南側の密陽、清道とも通じている。昌寧の場合は、清道を経て北東側に進むとそのまま慶州外郭の乾川へと通じる。

　第二は、慶州は（東海岸および南海岸地域を除くと、）洛東江以東地方において洛東江水系に属さない唯一の内陸地でありながらも最も多くの交通路が収斂し、結集度が非常に高い点である。先に述べた北側、西側、西南側からの交通路に加えて、東南の蔚山とは地溝帯地形を通じてそのままつながっており、さらには釜山東莱へと続く。地溝帯で連結されている梁山からは洛東江河口に出ることも可能である。また、内陸地の中では海岸に最も隣接した地域であり、上述のように南側の蔚山、東莱方面、そして北側は安康や迎日を経てそのまま兄山江に沿って東海岸に容易に出ることができる。これに対し安東以南にある内陸の諸地域からは、慶州盆地のすぐ北側まで太白山脈が南北に伸びているため、安東から山脈を越えて盈徳へ出ない限り、容易に東海岸地帯に出ることができない。要するに安東以南の地域は、洛東江上流域であれ中流域であれ、陸路で東海岸または東南海岸地域へ向かう際には、必ず慶州を経る必要がある。

　第三は、（上述の交易ネットワークの構造による当然の結果であるが、）対外交易の観点からみると、隣接海岸地帯へ至る出口さえ確保されていれば、慶州は洛東江中・上流域内陸地から陸路に沿った交通の関門地となる点である。嶺南地方から外の世界へ通じる道は非常に限定されており、楽浪・帯方、濊、高句麗、馬韓、倭、そして中国本土との交易のためには、ひとまず海岸地帯へ出て東海岸を経る、あるいは南西海岸を経て沿岸航路（あるいは沿岸陸路）を利用する、もしくは小白山脈を越えて西へ出るという三つのルートのいずれかを利用するほかない。洛東江中・上流域の内陸地の場合、これらのルート中、最も険しい小白山脈の鶏立嶺・竹嶺を越えて中部内陸〔現在の忠清北道〕へ出ない限り[13]、洛東江を下り、東・南・西海に進むか、陸路で慶州に到達した後、そこから東海岸や蔚山、東莱などの東南海岸へ出るほかない。要するにこの地方の対外交易路は、各地域が多方面に連結されているのではなく、一定の線路に沿っており、それゆえ金海や慶州といった関門地の中心的機能は時間が経つにつれて強まっていったとみられる。

　金海地域についてはこれまでも洛東江水路、またはその河岸陸路を通じた交換路の関門地にあたることから、対外交易を通じた成長に非常に有利であったとみられてきた[14]。これに対し、慶州地域の関門地的性格についてはあまり注目されてこなかったが、今述べたように慶州地域は陸路交換ネットワークを背後にもった関門地といってよい。それゆえ、慶州の斯盧国と金海の狗邪国は競争的な関係にあったのだろう。この慶州地域の関門地的性格は、後述するいくつかの条件の変化もあって、金海地域よりも次第に強化されていったと判断される。

　ところで朝鮮半島全域にあてはまることだが、洛東江以東地方は地域ごとの自然環境の差が激しく、産物分布も非常に多様である。ゆえに古来より海岸地方と内陸地方、南部地方と北部地方の間の経済交換は必須であった[15]。辰・弁韓時期以降、鉄輸出のような対外交易活動も活発となり、地域間の交換ネットワークはさらに発達したとみられる。このような対内交換、対外交易

111

第2部　4～6世紀の新羅考古学

は次第に「国」間の優劣を生み、最終的な統合をもたらす一つの要因となったと考えられる。

　このような洛東江以東地方の地理および交通関係の特性を背景に、慶州地域が対内・対外経済交換において確保できたであろう利点が、斯盧国の成立・発展、さらにはそれを中心に新羅が成立・発展する際にも推進力の役割をしたことは十分に予想される。以下ではこれを対内交換と対外交易に分けてみてみよう。

　慶州地域が対内交換において極めて有利な位置にあったことを端的に示すために、（考古学的な証拠は残っていないが、）生活必需品である塩を例にみてみよう。

　鉄と合わせて塩の再分配が三韓の「国」の形成と発展に重大な役割をしたであろうことは、既に指摘されてきたところである[16]。塩の流通はこれに留まらず、それ以後の「国」間の統合においても大きな役割を果たしたとみられる。各「国」の発展によって「国」間の競争が深化するとともに、この戦略物資の獲得と流通を統制することで優位を占めようとする「国」が出現したと考えられる。線状をなす洛東江以東地方の交通路は、そのような統制を実際に可能としたであろう。しかし、現在の資料からはどのようにして統制が進められていったのかを具体的に示すことは難しく、地理や交通関係の側面から間接的に推論するほかない。

　岩塩が産出しない朝鮮半島では、塩は海岸地帯で生産するか、外部から手に入れるほかない。要するに辰・弁韓時期に大邱以北の洛東江中・上流域の人々が塩を獲得するためには、洛東江の水路や河岸路を利用した交換ネットワークか、東海岸や東南海岸から慶州地域を必ず経ることになる陸路交換ネットワークのいずれかを利用する必要がある。二つの交換ネットワークのどちらを選択するかは、特別な条件がない限り、基本的には運送にかかるコストによるのだろう。一見すると水運が可能な前者の方が、所要時間が短く、運送コストも少なかったと考えられる。しかし、運送コストを左右する最も重要な要素は運送時間だけではない[17]。嶺南地方全域が自由放任的な市場交換ネットワークの下にあった訳ではなく、政治的に比較的独立した、したがって経済的にも独立した政治体が交換ネットワークの構成単位であった当時においては、なおさら問題は簡単ではない。各交換路に面したいくつかの政治体が、いかなるかたちにせよ物資の移動に関与していたと考えられ、運送時間のみが運送コストを決定づける要素とはならなかったであろう。

　当時の交換において、物品の移動がどのようになされたのかを具体的に知ることはできないが[18]、商人が海岸から安東地域まで塩を直接運搬すると仮定した時、輸送団は各「国」の管轄地を通過する度に、一定の費用を支払ったと想定される[19]。もしそうであるならば洛東江路と内陸路のどちらに多くの単位政治体が存在したのかが問題となる。

　現時点では、辰・弁韓時期の各地域単位政治体の分布様態を具体的に知りうる資料はない。第1部第I章で述べたように5世紀以降の大規模高塚群が分布する盆地などに辰・弁韓当時にも「国」が存在したとみるのであれば、洛東江の沿岸に沿って遥かに多くの「国」があった洛東江路を利用した運送は、安東から義城を経て永川に出て慶州へと至る陸路に比べて、時間は短縮されたとしても全体のコストを考えると有利であったとは決していいがたい（図6）。辰韓と弁韓の境界がどこであったのか簡単に決めることは難しいが、洛東江がおおよその境界であったとみられ、洛東江路の両岸には、辰韓と弁韓という相互に区分される交換ネットワークに属したいくつかの政治体が所在したことも考慮する必要がある。洛東江路を通じた輸送、移動には危険が伴い、

112

コストもかかっただろう。

　要するに慶州斯盧国が海岸から内陸に通じる陸路の入口にあったという地理的利点は、域内交換においてほかの地域に対していち早く優位に立つことのできた天恵の条件であり、それが結局は斯盧国の国富蓄積の基盤となり、新羅へ成長していく際にも主要な背景となったと推論することが可能である。

　対外交易面からみると、（対内交換と表裏の関係にあるため当然ではあるものの、）慶州の地理上の利点は一層明確になる。この点については鉄を例にとって説明してみよう。

　よく知られているように『魏志東夷伝』弁辰条には「国出鉄、韓濊倭皆従取之（中略）又以供給二郡」とあり、『後漢書東夷伝』弁辰条には「国出鉄、濊倭馬韓並従（後略）」とあるように、弁辰で産出された鉄は楽浪、帯方、馬韓、濊、倭に輸出されたとみられる。このような対外交易において中心的役割を担った勢力は、一般的に金海地域の狗邪国とみられている。ここで注意せねばならない点が二つある。一つはこの記事が弁辰に関連する記事だからといって、鉄の輸出が必ずしも弁韓に限定されていたとみる理由はなく[20]、辰韓の鉄輸出もそれに劣らず活発だったであろう点である[21]。もう一つは弁辰の鉄輸出において、狗邪国を核心的な「国」とみる場合、鉄の産地よりは集積地としての役割に重きをおく必要がある点である。対内交換システムにおいて、鉄産地をもつ地域がそうでない地域より有利であることは改めていうまでもない。しかし余分に生産された鉄を外部に大量輸出し、利益を得る際に、産地ごとにばらばらに輸出した訳ではない以上、交易網の中で対外窓口の役割をした地域こそが、産地〔をもつ地域〕より遥かに大きな利益を得たであろうこともまた明らかである。金海地域はまさにこのケースにあたり、洛東江沿いの諸地域を一種の後背地とする、いわゆる関門社会としての利点をもっている[22]。

　先にみたように、辰韓の慶州地域の関門地的位置も金海地域に決して劣るものではない。慶州地域は洛東江を通じた交換ネットワークを背後にもつ金海地域と異なり、陸路によって連結された交換ネットワークを背後にもっており、両者はいわば競争関係にあった。その競争の大きな鍵となった運送コストの面において、慶州地域は金海地域に比べて決して不利でなかったことは先述の通りである。また洛東江中・上流域の対外交易において、洛東江路を利用して海岸に出る際に、河口の金海地域を経ずに昌原地域や咸安地域を通じて出るルートがあった可能性についても考慮する必要がある。慶州斯盧国は、洛東江河口から東海岸に沿って濊へと向かう交易路に影響を及ぼすことのできる点で相対的に有利な位置にあって、濊を媒介とする高句麗との交易においても遥かに有利であった[23]。もちろん梁山地域を通じて洛東江路にも一定の影響力を行使することができる。また蔚山湾を通じ、あるいはそこから再び東莱地域を経て、倭や楽浪・帯方への交易も可能である。要するに慶州斯盧国の対外交易路も、金海狗邪国に劣らず多様なものであったとみる必要がある。

　先に洛東江中・上流域を例に洛東江路を利用した交換路と陸路を利用した交換路を比較した際、各交換路に位置する「国」が多少受動的に利益を追求する状況を想定したが、各国が発展し、国間の競争が激しくなればなるほど、経由する国数の少ない陸路交換路の相対的な利点はさらに顕著なものとなったであろうことにも注意する必要がある。3世紀中葉まではおおむね防御的な水準に留まっていたであろう各国の軍事力は、その後、隣国に影響力を行使することのできる水準に

第2部　4〜6世紀の新羅考古学

到達したであろう。各国が軍事力を背景として対外交易路に積極的に介入し、利益の極大化を図れば、関門地が得ていた利益は相対的に減少する[24]。この点でも、背後の交換路に関与する国数が少ない斯盧国は、狗邪国に比べて相対的に有利であったと考えられる。

　最後に斯盧国の対内・対外経済交換においてもつ地理的利点が、一時的なものではなく恒常的なものであったことを指摘しておきたい。それは斯盧国の形成や成長のみならず、新羅の成長や発展における基本的背景として作用したと考えられる[25]。

2. 新羅の成長過程

　ここからは、ここまでみてきた地理的背景を念頭において3・4世紀の事情を伝える文献史料と考古資料を活用し、新羅の成長過程についてアプローチする。まず文献史料では、『三国史記』初期記録の斯盧国によるいわゆる小国服属記事が、「国」間の関係変化を示す重要な記事として注目される。1〜3世紀頃の事実として記録されたこの記事の紀年に問題があることはほぼ通説であるが、だからといってこの記録自体の歴史性がそのまま否認される訳ではない。そこで本書では、これが3世紀後半頃から4世紀前半頃にかけての事件を反映しているとみるいわゆる初期記録修正論の立場に立ち[26]、新羅の成立と成長に関連する重要な端緒として解釈してみたい。先述の地理と関連づけることで、この記事が征服事件の単なる羅列でないことがより明確となる。これ以外にも3世紀中葉頃までの状況を伝える『魏志東夷伝』の世界からの変化を示す二、三の史料について検討を加えてみたい。

　次に考古資料の問題がある。現時点ではこの問題にアプローチする上で考古資料は〔文献史料に比べて〕遥かに脆弱といわざるをえない。実際、3・4世紀の考古資料の中で、地域間の関係やその変化を明確に示す資料は非常に稀である。これまでにいくつかの地域で調査された遺跡の遺構規模や遺物の質・量の比較から、地域間に相対的優劣を設定し、それらの間に上下関係が推定されたこともあるが、それが相互間の優劣を示したとしても、上下関係まで保証するものでないことは改めていうまでもないだろう。さらにその際に比較される遺跡が各地域の中心地を代表する遺跡なのか、または同じランク〔同級〕の邑落中心地を代表するのか今となっては断言しがたく、そのような優劣の推論もほとんど推測に過ぎない。いいかえれば、これまでに蓄積している3世紀代から4世紀前半までの考古資料から地域間の優劣関係をあえて論じようとしても、ほとんどが相対的な状況を示すのみである。特定の遺物や遺構に結びつけて絶対的側面から比較することは不可能ではないかもしれないが、根拠が極めて薄弱である。特に遺構に関しては、そのような比較はほぼ無意味であるといっても過言ではない。

　すなわち現時点においては、3世紀代から4世紀前半までの考古資料の一部と、およそ4世紀中頃以降の慶州地域とそのほかの地域との間の相互関係に変化が起きた直後の様相を微かではあるが反映していると考えられる資料に、変化した地域間相互関係をよりはっきり示すと考えられる若干新しい（およそ4世紀中頃以降の）資料を補って、全体像を描くほかない。後代の地域間関係が前代の歴史的過程のもたらした結果であるならば、これもまた、まったく意味のない作業とはいえないだろう。

114

1）文献史料の検討

『魏志東夷伝』に記された「国」からの何らかの変化を示す、3世紀中葉以降に起こった出来事とみられる文献記事として、次の四つが挙げられる。

1. 『魏志東夷伝』の国名と異なる『三国史記』の小国名
2. 『三国史記』のいわゆる小国服属記事
3. 『三国史記』の鶏立嶺路および竹嶺開通記事
4. 『晋書』の対西晋朝貢記事

この中で『晋書』の記事は、3世紀中葉または末という年代をそのまま受容することが可能であり、その年代だけをとっても『魏志東夷伝』以降の事実を示すとみて問題ないだろう。一方、『三国史記』の記事は年代をそのまま採用すると、『魏志東夷伝』の記事とすり合わせる余地がほとんどない。『魏志東夷伝』にみえる辰・弁韓の国名を3世紀中葉までの事実とみて、『三国史記』の征服記事はそれ以前の段階の事実を示すとみるのであれば[27]、妥協の余地もある。しかしこの場合も、『三国史記』の国名が『魏志東夷伝』の国名に変わった後、『三国史記』に国名として再び現れる過程と理由までは、説明できない。一つの妥協案は、『魏志東夷伝』の国名が当時のすべての主要国名を示しておらず、『三国史記』の国名はそこに記載されなかった国名とみることである。しかし、『三国史記』の国名は現在の主要盆地を大部分網羅していること、『魏志東夷伝』も辰韓と弁韓の主要国を24国とするなど、かなり具体的に記されており、そのようにみることは難しい。そこで、辰・弁韓を新羅・伽耶の前史とみる立場のもと、『三国史記』初期記録の年代を下方修正し、『魏志東夷伝』の内容とすり合わせる方向で、議論を進めていく。

（1）『魏志東夷伝』の国名と異なる『三国史記』の小国名

『三国史記』の初期記録を積極的に利用するために、その年代を下方修正したとしても、課題は残る。その中でも最たるものの一つが斯盧国、安邪国などの後まで新羅、伽耶の中心地として国名が残っている極めて一部を除くと、『三国史記』に登場する国名は『魏志東夷伝』の辰韓ないし弁辰の国名とまったく一致せず、それらが斯盧国の服属対象として記録されているという事実である。『三国史記』の〔初期記録については〕服属記事を中心に多くの研究がなされてきたにもかかわらず、この問題についてはほとんど言及されてこなかったのは、有効な解決策がなかったことを示しているのであろう。

『三国史記』の小国名を『魏志東夷伝』の国名と両立させる際、理論上、次の三つの方法[28]がある。

第一は、『魏志東夷伝』に記された国名が3世紀中葉以前のもので、その後何らかの理由で国名が変わり、それが『三国史記』に載ったとみることである。可能性は否定しないが、『魏志東夷伝』の国名を3世紀中葉より遥かに以前のものとみる積極的根拠がないため、難しいであろう。

第二は、『魏志東夷伝』に記された国が3世紀中葉〜4世紀前半に新羅へ統合される前に、何らかの理由で国名が変わり、それが『三国史記』に記載されたとみることである。この考え方は、4世紀前後が激変の時期であったことを勘案すれば、不可能ではない。その激変の渦中で、たと

えば各「国」の中心邑落が変わり、それによって国名も変わったと想定することもできるだろう。しかしそのようなことがあったとしても、『魏志東夷伝』の各国名があたかも一斉に変わったかのような様相を呈する理由は、容易に説明できない。

　第三は、前二者とはまったく異なり、新羅に統合されて以降の洛東江以東地方各地の地域名として『三国史記』の各国名を捉えることである。新羅の成立後、相当期間、すなわち麻立干期の大部分の間は各地域が斯盧国家によって完全に再編されない間接支配下にあったため、（新羅内部に限定されたものであったとしても）それらの地域を指し示す名前があったことは考えられ、ひとまず妥当性をもった想定といえよう。もちろん名前の由来は多様であっただろうが、その大部分は新羅に統合されて以降、まったく新たに付けられたとみられる。上の第二の理由で3世紀中葉以降に国名が転化するケースもあったであろう。

　『三国史記』地理志における小国名が後代の郡県名に定着していることを踏まえれば、いつからかはさておき『三国史記』初期記録の小国名が新羅国家の各地域の名称としてかなりの期間、用いられたことは明らかである。そのことを最も一貫して示しているのが昌寧地域である。『日本書紀』神功紀49年（249→369）条のいわゆる加羅七国平定記事において、昌寧地域の国名は「比自㶱」とあり、『三国史記』新羅本紀・真興王16年（555）条に「比斯伐」に「完山州」をおいたとあって、比自㶱や比斯伐がその頃まで昌寧地域を示す名前として使用されていたことが分かる。さらには後の景徳王代〔742-765年〕に花王郡に改名される時まで、昌寧地域は「比自火」郡と呼ばれていた。昌寧地域が伽耶であった頃の名前が4世紀後葉以降、新羅に統合[29]されてからも依然として、この地域の名称として使われていたとみて大過ないだろう。

　昌寧地域に関する記録より若干先立つ『日本書紀』神功紀47年（247→367）条にみられる「沙比新羅」という地名は、梁山地域を指すと理解されている。そうであればその「新羅」は、いかなる性格であれ広域新羅を意味し、4世紀後半初めには既に梁山が新羅であったのみならず、沙比という地域名をもっていたことを意味する。沙比は後の梁山を指す「歃良州」の「歃」と通じることから、それ以後も変わらずに用いられつづけたとみてよいだろう。ところで、この沙比新羅を○○伽耶と同じようにみて、この地域が○○新羅として対外的に独立した単位であったとみるべきではない。これは新羅内のある地域を特定する意味をもつだけで、その名前はほぼ対内的にのみ意味をもっていたと理解すべきである。多羅、加羅のような各国名がそのまま対外的にも通用し、○○伽耶とはおそらく使われていなかったと推定される伽耶諸国とは対照的である[30]。神功紀49年条には加羅七国とともに新羅が平定対象として出てくるが、そこでは単に新羅と書かれている点も同じ脈絡で理解される[31]。

　残された問題は、この地域名がいつまで遡るのかということである。昌寧地域のケースを一般化すれば、3世紀中葉以降に使われていた各地域の名称が新羅に統合された後にもそのまま使われ、結局、『三国史記』地理志の県名や郡名として8世紀、景徳王代頃まで残ったとみることができるだろう。しかしながら、昌寧地域のケースを果たして新羅全域に拡大解釈できるのかについては疑問がある。すなわち、比自㶱のように3世紀中葉以降、4世紀前半の間に新たに生まれた小国名が地理志や本紀の異なる国名であったのかを確定するのは困難である。むしろ大部分の地域においては、3世紀中葉以降も『魏志東夷伝』段階の国名であったのが、新羅に統合され、

中央−地方という関係のもと、新たな地域名称が付けられたと推定したい。昌寧地域は、新羅への統合が他地域に比べて相対的に遅れたことによる特殊なケースとして理解すべきであろう[32]。

　そうであれば『三国史記』の小国名なるものは、（新羅の成立を紀元前57年に設定する編年体系の中で、）『三国史記』の撰者が各地域を3世紀中葉、あるいはそれ以前に服属したと記載する上で、位置を確定できない4世紀中葉の『魏志東夷伝』の国名ではなく、後代の地域名に「国」を付けた結果として理解することができる。すなわち、新羅中央に対比される地方名として用いられていた名前を、新羅に統合される以前からの国名かのようにこじつけたものである。

　このように『三国史記』初期記録の小国名は、該当地域が辰・弁韓の独立国から新羅国家の一員として地方支配を受けることになった事実を象徴している。「国」と称していないとはいえ、本来の地域名または国名を維持した比斯伐のような地域を除く多くの地域は、その名前を維持できずに新たな名前で呼ばれるようになったのである。

(2)『三国史記』の小国服属記事

　よく知られているように、『三国史記』には斯盧国が周辺諸国を服属する過程が年代順に叙述されている。『三国史記』に書かれた年代をそのまま信じると、『魏志東夷伝』から推定される「国」間の関係と齟齬が生じるため、ここでは前史論の立場に立ち、小国服属記事を辰・弁韓を構成した各地域が3世紀中葉以降、新羅となる過程で起こった一連の事件とみる。これは、辰・弁韓から新羅への転換の直接的契機が征服活動にあったことを示すものでもある。

　原文の引用は省略するとして、征服対象となった小国の中で洛東江以東地方に位置が比定されている国名（または村名）を『三国史記』の年代順に羅列すると表5の通りである[33]。

　各国の位置比定については議論の余地が多少あるものの、于尸山国を蔚山地域、居柒山国を東萊地域、屈阿火村をやはり蔚山地域、悉直谷国を三陟地域、押督国を慶山地域、召文国を義城地域、甘文国を開寧地域、骨伐国を永川地域、沙梁伐国を尚州地域、伊西国を清道地域に比定することに関しては、さほど異論はないようである。

　音汁伐国については安康地域とみるのが通説であるが[34]、前稿では安康地域と慶州地域の間の交通に地理的障害がまったくないのみならず、両地域が兄山江によって直接つながっているため、安康地域にどのようなかたちであれ別の「国」があったとみるのは困難で、音汁伐国を安康地域に比定する根拠となってきた『三国史記』地理志の記事は、むしろそのような比定が困難であることを示す傍証と考えた。具体的には音汁伐国関連記事が地理志の義昌郡条にあること、音汁伐国であった音汁火県が景徳王代以降は不明、そして『三国史記』

表5　洛東江以東地方に比定される国名（村名）

国　名	記録年代	出典（『三国史記』）	服属形態
于尸山国	脱解王代(57−80)	居道伝	征服
居柒山国	〃	〃	〃
屈阿火村	婆娑王代(80−112)	地理志（臨関郡）	〃
音汁伐国	婆娑王23年(102)	新羅本紀	〃
悉直谷国	〃	〃	内降
押督国	〃	〃	〃
〃	祇摩王代(112−134)	地理志（章山郡）	征服
多伐国	婆娑王29年(108)	新羅本紀	〃
召文国	伐休王2年(185)	新羅本紀	〃
甘文国	助賁王2年(231)	〃	〃
骨伐国	助賁王7年(236)	〃	内降
沙梁伐国	沾解王代(247−261)	昔于老伝	征服
伊西国	儒礼王14年(297)以前	新羅本紀	〃

編纂時である高麗時代には安康県に合属したとなっていることから、音汁伐が必ずしも安康地域にあったとはいいがたく、むしろ安康地域ではなかったことを示唆するとみたのである。高麗時代の安康県の範囲を正確に知ることはできないものの、おおむね現在の安康盆地とみれば、ひとまずこの記事は音汁伐国が安康地域になかったことを示し、合属していることからみて隣接地域であったと解釈した。

　筆者はまだこの見解を堅持しており、ここでは安康地域の地形に関連づけて若干補完しておくこととしよう。現在の安康地域の中心部は、麻立干期には兄山江の氾濫原であったと考えられ、安康盆地を人間の生活基盤と想定し、そこに三韓時期の「国」を想定しても、さほど意味がない。『大東輿地全図』などをみると、この兄山江北岸に該当するところに音汁伐という地名が出てくることから、兄山江の以東、以南は慶州地域と直接接する斯盧国の直轄地であったが、兄山江以北はある面では後述する浦項や興海と接する地域であり、後者〔浦項や興海〕に中心をおく音汁伐国の辺境であったのかもしれない。

　再び地理志の記事に戻りたい。興海郡に属した県は音汁伐を除けば、安康、長鬐、神光、迎日、杞渓である。現在の地域名を参考にする限り、それらから抜け落ちた地域は現在の浦項市一帯とその北側の興海一帯となる[35]。このことから、兄山江下流域に位置する現在の浦項市中心部一帯とその北側の興海が音汁伐国の中心地候補となろう。統一新羅時代に義昌郡の郡治がおかれた北側の興海地域は、東海岸北側から現在の神光を経て慶州地域へと至るルートの入口にあたり、浦項地域は慶州地域から東海に出る際に最も容易、かつ至近の場所に位置する。いずれの地域も南海岸から東海岸に沿って北上する際に、必ず通過しなければならない要衝である。

　ここで、浦項地域と興海地域を一つの単位とみるのか、区分するのかが問題となる。浦項地域と興海地域の間には低いとはいえ山脈が一つ横たわっており、あえて限定するのであれば浦項一帯が音汁伐国の中心である可能性がより高い。しかし統一新羅時代に興海地域に郡治がおかれていたからといって、麻立干期やそれ以前の音汁伐国の領域から興海地域が排除される必然性は必ずしもない。もともと安康北辺を含めて浦項地域とともに一つの地域政治体を構成していたが、後に分割された可能性も十分考えられるためである。

　ともすれば音汁伐国自体は兄山江以北の安康、神光、迎日、そしてその東側の東海岸一帯のより広範な地域を包括していた可能性もある。たとえば慶山市域一帯を包括していたとみられている押督国の範囲が、地理志をみるとその中の一地区である獐山郡治（現在の慶山市林堂・造永洞一帯）だけであったかのように記録されているのと同じように、音汁伐国の中心邑落のあった地区だけが音汁火県として記録された可能性も十分ある。同時に、新羅に統合される以前の音汁伐国の中心邑落が地理志の音汁火県であったという保証もどこにもない。次章で述べるように義城地域の召文国の中心地が後に変わったように、何らかの理由で中心でなかった地区が後代に以前の音汁伐国を代表するかのように、あるいはそのすべてであるかのように表記されることも十分ありうるのである。またこのように音汁伐国が南北にもう少し長かったと想定し、また三陟を中心とする悉直谷国の範囲も同じように東海岸に沿って南北に多少広い範囲であったとみることによって、別の利点もでてくる。次に述べるように、両者は中心地だけみると遠く離れていて、領土争いをしたという記録が非合理にみえるものの、音汁伐国が南北にもう少し長かったと考える

ことによってそうした問題がある程度解消され、より素直に理解することが可能となる。

　そこでここでは、音汁伐〔国の範囲〕を安康の一部およびそれ以北の神光などとともに、興海を含めた浦項周辺の海岸地域とみておく。これによって、辰・弁韓時期の主要な「国」が複数の邑落を構成しつつ[36]、交通の要地や結節地を占めていた点と大きく食い違うことなく、またかなり広い「伐」地域を占め、その名前にもふさわしくなる。また後述するように悉直谷国（三陟地域）との領土争いの記事からみて、海に面していない安康地域〔に限定する〕よりは、それを含めた東海岸方面とみる方[37]が自然であることも一つの傍証となる。

　多伐国についても陝川説、大邱説、不明説など諸説あるが、後述する小国征伐の方向性と音の相似を考慮すれば、大邱地域の可能性が高いようである。

　上の小国服属記事を前史論の立場からみた際、実年代がいつかが問題となる。一定の方法で紀年を調整する案もあるが、それほど簡単なことではなく、おおむね３世紀後半から４世紀前半にかけての事実とみる見解が有力である[38]。一貫性をもった合理的な調整によって紀年を確定することが難しい以上、ひとまずはこの事件が記録された順序を厳密に問うよりは、おおよそ３世紀後半から４世紀前半にかけて起こったと捉えておくのが無難であろう。ただし、そのことを前提にしたとしても、服属国の位置が年代順に一定の方向性をもっていることについては[39]、注目する必要がある。具体的には慶州地域を中心にみて、東南海岸方面（蔚山、東莱地域）が最初に服属し、次に北側東海岸方面（興海、三陟地域）、その次に西側の洛東江中流域方面（慶山、大邱地域）、最後に西北側の洛東江上流域方面（義城、開寧、尚州地域）という順に服属しているのである。

　地理をみる限りこの順序は決して偶然ではなく、一定の意味があったと考えられる。また服属と関連する記録自体にも南側方面の服属以降、北側方面（主として内陸地）に向かって服属していったことを示唆する部分がある。後述するように押督と悉直谷は一度来降した後に翻ったために討伐、徙民された地域であるが、興味深いのはその徙民地が「南鄙」または「南地」となっている点である。この場合の「南」とは、斯盧を中心とする南の可能性が高く、徙民時点では慶州地域の南側方面は既に服属していたことを傍証する。またそこへ徙民する目的が新たに麾下に入ってきた該当方面の支配強化を兼ねていたのであれば、その時既に金海地域をはじめとする弁韓（伽耶）と対峙する南側方面において、両圏域の利害が交差し、相互の対立が深刻なものとなっていたとみることも可能である。

　もちろん『三国史記』に記録された服属順序をそのまま信じる必要はない。慶州地域に近い慶山地域がまず服属したとみることも可能である[40]。絶対年代自体にしたがうことはできないものの、記載の相対順序は一つの枠組みとして受容することが可能である。これらの記録内容が後世に操作されていない限り、まったく無視することは難しいだろう。たとえば早くに服属した地域は、居柒山国、悉直谷国、音汁伐国などおおむね地形に由来する名称が多く、地理的にも比較的狭小で[41]、交通の結節地に該当する盆地ではない。すなわち、それらの地域の社会的潜在力はほかの国より低かったと考えられ[42]、それゆえ早くに服属したのであろう。また、居柒山国、屈阿火村、音汁伐国など早くに服属した地域は、地理志に県として表現され、その後に服属したほかの多くの国は郡として表現されていることも規模の差、または勢力の差を暗示する。

119

第 2 部　4 〜 6 世紀の新羅考古学

　永川地域の骨伐小国は地理志では県となっており、上述の一般的なあり方からは逸脱しているが、新羅本紀では郡となっている。地理志と新羅本紀の記録の違いにはそれなりの理由があるとして、後者による限りさほど問題とはならないだろう。永川地域を越えなければ到達できない慶山地域の内降・討伐や、永川地域を経なければ進出できない義城地域の服属よりも後に、永川地域の小国が内降している点については、疑問の余地もある。しかし骨伐小国の内降が、支配集団内の核心勢力の王京地区への移住と解釈できるのであれば[43]、慶山地域などが服属する遥か以前に内降あるいは征服されていたと考えられ、この時点になって再び支配集団の核心勢力が慶州に移住するという変化を経たとみるべきだろう。

　もちろん服属だけではなく、内降という平和的過程を経る場合もあるが、これもまた基本的には斯盧国から軍事的脅威や外交的圧力を受けていたことを前提とする。慶山押督国の場合、『三国史記』新羅本紀によれば婆娑王代〔80 - 112 年〕に内降したが、後に逸聖王 13 年（146）に反乱して討伐されている[44]。押督国がみずから内降した要因として、斯盧国からの圧迫を一次的要因と考えることもできるが、何らかの別の事情を想定することも可能である。その際には周辺を取り巻く小国、特に大邱地域との関係を考慮する必要があろう。多伐国を大邱地域に比定する根拠が明確でなく、また『三国史記』にその名前が出てこないことから、大邱地域は早くに慶山地域へ服属していたとみる意見もある[45]。しかし、先述のように大邱地域を多伐国に比定することは十分可能であり、必ずしも慶山地域に服属していたとみる必要はない。逆に圏域別統合の動きの中で慶山地域が大邱地域から圧迫を受け、その結果、斯盧側にひとまず内降した可能性も考えられないだろうか。そして、多伐国が斯盧国に服属した後に再び斯盧国に反乱したが、結局討伐されたと解釈したい。

　このように 3 世紀後半から 4 世紀前半にかけての辰・弁韓もしくは新羅[46]内の地域間関係には、内降にせよ服属にせよほぼ不可逆のダイナミックな変化が起こったと考えられる。内降による被支配の負担がかなりのものであったために内降後に再び反乱が起こったとみるのは、度を越した憶測であろうか。斯盧の立場からいえば、支配−被支配関係を基盤に、以前とはまったく異なる次元の強力な経済的不平等関係を強化していったとみることができる。その関係とは、辰・弁韓時期の末頃に盟主斯盧国と辰韓の他地域との間に形成されていた不均等な交換関係の水準を遥かに超えた新しい次元の経済的関係、すなわち斯盧による経済的収奪の関係であったのだろう。

(3)『三国史記』新羅本紀・阿達羅尼師今条の内陸路開通記事

　　三年（157）夏四月 … 開鶏立嶺路

　　五年（159）春三月 … 開竹嶺

　これらの記事の紀年をそのまま信じる訳にはいかないが、事実性自体は否定できず、およそ 4 世紀中葉以前の事情を反映するものと解釈されている[47]。これは嶺南地方の対外交易システムに、内陸ルートが新たに確保されたことを意味する。もちろんそれ以前からもこれらのルートが利用されていた可能性は高く、この時点で初めて開通したという意味ではなかろう。これらの記事については、公式的な交通路として国家による管理下におかれた事実を示すと解釈し、新羅国家が対外政治交渉、交易権の窓口の一元化を試みたとみる朱甫暾の見解がある[48]。この見解に

したがえば、『魏志東夷伝』の世界とは非常に異なった様相を示していることになる。さらには、慶州地域からここにまで至る内陸路（永川－義城－尚州または安東経由）や、洛東江中・上流路（大邱経由）が既に確保されていたことを前提とするため、先述の小国服属記事と前後関係の調節が必要となる。いずれにせよ、嶺南地方の対外交易網の出口が小白山脈以南の海岸方面に限定されていたそれ以前とはまったく異なる重要な変化が起こったことを意味し[49]、また先述のように陸路交通網をもつ斯盧国にとって非常に有利な状況となったことを示すものと評価できる。

(4)『晋書』東夷伝・辰韓条の対西晋朝貢記事

　　武帝太康元年（280）其王遣使献方物、二年（281）復来朝貢、七年（286）又来

　3世紀後葉のこの朝貢は、辰韓の盟主国である斯盧国の主導のもとになされたはずである。この時の朝貢路として上述の内陸路が利用された可能性は排除できない。それはともかく、馬韓と辰韓が楽浪・帯方の郡県を経ずに晋本国と直接交渉したという事実は、次の2点において3世紀中葉までとは大きく異なった様相を示すものといえる。

　第一は、斯盧国の中心の辰韓連盟体が政治経済的に大きく成長したことを示すということである。このような長距離朝貢貿易[50]の展開は、それまでの多元的で散発的な対外交易が次第に止揚され、一定の求心点をもつ対外交易システムが確立されたことを意味する[51]。それは、前提としての地域間統合がそれだけ進展したこと示すものにほかならない。

　第二は、西晋との長距離交易記事に弁韓が出てこないことである。この記事は3世紀後半に入って、楽浪・帯方郡のもつ交易地としての機能が衰退しはじめたことを反映するものと解釈されている[52]。そのような中、弁韓が出てこない理由としては、3世紀後半に既に楽浪・帯方をめぐる交易システムの変動が起こっていて、それを受けて馬韓と辰韓は一足先に転換を試みたが、弁韓は既存のシステムの維持に固執して転換が遅れ、結局はそれが原因で衰退するに至ったとみられている[53]。このような現象は、4世紀初めに高句麗が楽浪を滅ぼしたことに伴う交易システムの変化によって一層加速化したのではないだろうか。

2）地理の検討

　以上の文献記事を地理と関連づけてみると、その意味は一層明確になる。3世紀中葉以降の辰・弁韓の「国」の軍事力が相互に脅威を与える水準にあったことを端的に示す記録として、伊西国の斯盧国侵入記事がある。伊西国は現在の清道郡伊西面に比定されており[54]、そのように遠方から斯盧国を侵略していること自体、伊西国にそれだけの軍事力があったことを示している。この事件は、洛東江側の昌寧方面を除くと、慶山地域あるいは慶州西側の乾川地域に出る内陸路しかもたない清道地域の伊西国が、交換関係において受けていたであろう不利益を打開するために辰韓の盟主斯盧国に対して敢行した事件であったと推測される。清道地域の西側、ビティ［비티］峠を越えると昌寧地域であるが、この地域もやはり内陸交換路の面においては、清道地域と同じような事情を抱えていたと考えられる。ともすれば伊西国による斯盧国侵略敢行の背後には、昌寧勢力が介在していた可能性もあるだろう[55]。とにかくこの事件は当時の交換関係において、地域間の不均衡が既に深刻なものとなっていたことを示すものと解釈することができる。

第 2 部　4 ～ 6 世紀の新羅考古学

　次に交易をめぐる「国」間の葛藤と辰・弁韓盟主国の位相およびその変化を垣間見ることのできる記録として、『三国史記』の悉直谷国と音汁伐国間の領土紛争関連記事[56]を挙げたい。おおむね安康地域に比定されてきた音汁伐国の中心は、先述のように悉直谷国（三陟地域）と領土紛争を繰り広げたという点を勘案すると、浦項地域およびその一帯の海岸地帯であったとみられる。それはともかく、この領土紛争はいかなる意味をもち、争いが解決する際に遠く離れた金官国まで登場する理由は何だったのだろうか。これについては領土紛争記事とみるのが一般的であるが、実際には三陟一帯にあったと考えられる悉直谷国から南側の蔚珍地域までは海岸さえも山がちで、沿岸航路以外の交通は極めて困難である。したがって領域自体やそこに位置する交易路よりは、悉直谷国と音汁伐国間の沿岸交易や管轄範囲をめぐる紛争であったのだろう[57]。その解決に金官国が介入したのは、金官国が辰韓斯盧国同様に、この地域を経て対濊交易をしていた主体の一つであったためとみられる。しかしこの事件において斯盧国は、最終的に悉直谷国と音汁伐国を服属させ、東海岸交易路から金官国を排除し、それを独占することに成功する。

　もちろん東海岸交易路の統制は、この時に始まった訳ではないだろう。先の小国服属記事にみられるように斯盧国は東海岸北側への進出に先立って、南側に位置する東南方面の要地である蔚山、東萊地域を服属させている。漠然と蔚山に比定できるものの、現在の蔚山広域市と蔚州郡のどこであったのかまでは分からない。ただし慶州盆地から蔚山広域市太和江区に至る 7 番国道沿いの交通にまったく地理的障害がない点、その途中の関門城を過ぎてすぐの所にある蔚山中山里遺跡が斯盧国の一集落遺跡と考えられる点、そしてそれより若干南側の太和江に近い所に有名な達川鉄鉱山がある点などからみて、遅くとも 3 世紀中葉には慶州東南方面の太和江以北までは斯盧国の直轄地であったと判断される。したがって新たに征服されたのは、太和江中・上流域とそれ以南の蔚山、蔚州地域と東萊地域と考えられる。この服属活動の主たる目的は、慶州にとって関門地にあたる太和江河口を完全に確保することによって東南海岸路を掌握し、対外交易ネットワークを拡大することにあったとみられる。

　同じく脱解王代〔57 - 80 年〕に黄山津口の戦闘で伽耶軍を打ち破ったという記事[58]は、おそらく斯盧国が梁山方面を通じて洛東江交易路に積極的に介入し、〔梁山地域の〕勿禁の鉄鉱山をめぐって狗邪国と衝突を繰り広げたことを示すものと推定される。事実、慶州地域から梁山地域までは大きな地理的障害のない地溝帯地形であるため、もともと交通が円滑であったと考えられ、勿禁の鉄鉱山も早くから知られていたであろう。また梁山地域は南東側の峠を越えれば東萊地域とも通じている。梁山地域は斯盧の対外進出や自国防御においてこれ以上ないくらい重要な地域であったはずであり、直轄地とするには至らずとも、早くから強い影響力を行使する関係にあったことは十分に推測される。このように斯盧が東南方面地域を服属させ、影響圏下におくことで、弁韓の狗邪国との間の対内交換および対外交易をめぐる利害は増大し、その競争関係はますます深刻なものとなっていったであろう。

　このような東南方面の服属に次いでなされた北側東海岸方面の服属の主たる目的が、既に述べたように東海岸交易路の管轄地の拡張にあったことは疑いの余地がない。これに加えて、おそらく現在の盈徳方面から太白山脈を越えて北部内陸の洛東江上流域に通じる交換路を掌握、統制するという目的もあったのだろう。そして結局、斯盧国は東海岸南部を全面的に掌握することで、

122

先に塩を例にとって説明したように、東海岸と北部内陸間の域内交換までも強力に統制することが可能となったのである。

斯盧の東海岸方面進出の目的には、東海岸の鉄鉱山確保という重要な目的もあったようである。図15は朝鮮半島南部の鉄鉱山の分布を示したものである[59]。東海岸の襄陽、三陟、蔚珍、盈徳、蔚山、梁山などの地域に鉄鉱山があることが分かる[60]。これらはあくまで近現代に知られていた鉄鉱山の記録であり、辰韓

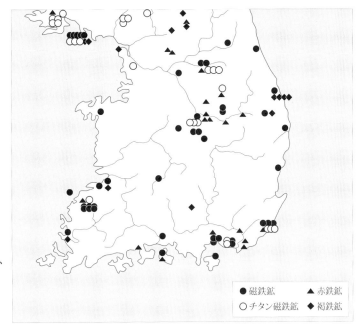

図15　朝鮮半島南部における鉄鉱山の分布

時期や新羅初期にこれらのすべてが開発されていた訳ではない。しかし、先に言及した洛東江以東地方の慶尚道や江原道の鉄鉱山のほとんどが、斯盧国服属地である東南方面と東海岸北側方面に分布することからみて、既に開発されていた鉄鉱山もあったに違いない。したがって、少なくとも一部〔の鉄鉱山〕に関しては、辰韓時期の斯盧国による服属活動と関係した可能性を考えてみてもよいだろう[61]。

次に、洛東江方面に対する征服活動のもつ意味を交換（交易）路と関連づけて考えてみたい。この征服活動の結果、大邱地域をはじめとする洛東江中流域はいかなるかたちにせよ斯盧国の影響下に入ったと考えられる。すなわち、洛東江路の腰を遮断することによって、それ以北の内陸地全体を慶州地域へと至る陸路交換ネットワークの中に編入させるという斯盧にとっては非常に重要な戦略目標を達成したことになる。これは、洛東江河口の金海狗邪国が斯盧国とともに背後地としていた北部内陸を、斯盧国が独占するかのような状況が生み出されたことを意味し、狗邪国に対する斯盧国の優位を決定づける契機となった。また地域別にみると、昌寧、清道、密陽方面から慶山側へ向かう交通路が統制下に入り、洛東江中流域の昌寧地域およびその対岸の黄江、南江や北部内陸間の交通も統制されるに至る。

鶏立嶺、竹嶺が公道として確保されたのは、この時点からさほど遠くなかったかもしれないが、現状ではそれより若干遅らせて、北部内陸から慶州地域へ向かう最短距離の要所である義城や尚州などの地域を服属し、西北内陸路の拠点とした後の出来事とみておくのが無難であろう。もちろん、『三国史記』の記録年代を参考にすれば、前者の可能性も残される。最近の尚州地域における古墳の調査結果をみる限り、義城地域に慶州様式土器が出現するより遥かに古い本書のⅡa期初頭、すなわち5世紀初めにはこの地域に慶州土器が流入しはじめていることも[62]、前者の可能性を一層高める。5世紀代以降の古墳に現れる様相が、その前段階である4世紀代の状況を

ある程度引き継いでいると考えると、斯盧国は大邱地域を経て洛東江路やそれに近い内陸路を利用し[63]、北側に進出したと想定することも可能である。

いずれにせよこのようにして内陸地の拠点が征服された結果、洛東江上流域に対する斯盧国の影響力は完全に確立されるに至る。また小白山脈を越えて馬韓（百済）、楽浪・帯方へ出るための近道が確保されることによって、辰韓（新羅）の対外交易路はさらに多様化した。琴湖江以北の嶺南地方全域を服属させ、それを巨大な背後地とした関門地にある斯盧国が、交換関係において金海の狗邪国に対して絶対的優位を占めるに至ったことは明らかである。おそらくこのような変化の中でなされた辰韓斯盧国の西晋に対する朝貢貿易は、辰韓の交易システムが既に相当に高度な水準にあったことを示すものといえよう[64]。

以上、斯盧国の征服活動について、『三国史記』の年代順に地理と関連づけながら推論してきた。これは、必ずしも『三国史記』の年代順に解釈しなければならないという意味ではない。ただ、斯盧国の経済力拡大という観点からみても、そのような優先順位には蓋然性があり、またそれに関連する傍証もあるため、決して無視することはできないと考える。その一方で、服属を併合などの用語と同一視し、領土拡大という観点で理解するよりは、基本的には斯盧と服属地域間の経済的関係が変化した契機という側面からみる必要があることを強調しておきたい。軍事的行動によって既存の地域間関係が一変して以降、その支配－被支配システムの基盤をなしたであろう経済的隷属関係は、新羅国家が後にこれらの地域を直接支配するまでずっと継続したと考えられる。そしてそれは、間接的であれ考古資料にも反映されていることが予測される。

3）考古資料の検討

ここまで、三つの性格を異にする資料を念頭において議論を進めてきた。これから検討する考古資料は、実は地理や文献史料に比べて当時の関係史的側面をうかがいにくい。その根本的な原因は調査不足にあるけれども、そもそも考古資料には地域間の具体的関係やその変化をはっきりと見いだしづらいことにも一因がある。またいかなるかたちにせよ、地域間の相互関係を示唆する資料は、各地域の中心地、すなわち「国邑」に関わる遺跡・遺物である可能性が高いが、それらの報告例はさほど多くない。時に同じ位階にあるとはいいがたい遺跡間において、漠然と〔発掘された〕遺構の規模や遺物の質・量を比較してある地域がほかの地域に比べて優位であったとか、先進的であったという議論がなされるが[65]、それらは「国」間の具体的関係を推論する決定的な根拠とはなりえない。

先述のように文献史料による限り、辰韓から新羅への変化はおよそ3世紀後半から4世紀前半にかけて起こったようである。その変化の主な背景は、新羅形成期といえる辰・弁韓時期に、斯盧国が地理的利点を土台として対内交換や、対外交易によって国力を蓄積したことにあり、直接的な契機は軍事的征服ないし内降であったと想定される。しかし、考古資料からこのことを具体的な例を挙げて立証することは難しい。たとえば前者を裏づけるために、鉄器から斯盧中心の流通関係を示す証拠を探しだそうとしても、現時点においては各地域の鉄器の成分分析などにもとづいた地域間の比較研究は皆無である。

ただ、3世紀代の大規模な製鉄・鍛冶関連複合遺跡である慶州隍城洞遺跡で確認された資料か

ら、多少間接的ではあるものの推測は可能である[66]。周辺の墳墓の様相からみて[67]、この一帯は斯盧国の一下位集落であったと判断される[68]。同じ地点から辰韓初期の製鉄・鍛冶関連遺構も発掘されており[69]、早くから活発な鉄・鉄器生産を通じて成長した斯盧の面影をうかがうことができる。この隍城洞遺跡からは磁鉄鉱石が出土していて、鉄滓と小鉄塊の成分分析値に含まれるヒ素は蔚山達川鉄鉱山に特有の成分であることから[70]、ここで製〔・精〕錬した鉄鉱石にはおそらく達川鉄鉱山産が含まれていると判断されている[71]。そうであるならば、達川鉄鉱山の位置からみて遅くとも3世紀中・後半には斯盧国が蔚山の太和江河口までを掌握し、その一帯を関門地として治めていたと推測することができる。

　ここで大量に製作されたいわゆる鋳造鉄斧が示唆するところも大きい。この鋳造鉄斧については、実際の生産活動に使用されたのではなく、主に鉄素材として使われたという見解[72]もあるが納得しがたく、農具（鍬）として使われたのであろう。すなわちこれは、いち早く鉄産業を発達させた斯盧国の農業生産力が、3世紀中葉頃には飛躍的な水準に到達していたことを示している[73]。またもう一方では、辰韓または弁韓の「国」々にこれを供給することで蓄積された経済力が、成長の主要な原動力であったことも示唆する。さらに付け加えれば、斯盧が東海岸の小国を内陸の諸地域に先立って征服した背景に、先に想定したようにそれらの地にある鉄鉱山の確保という目的が（付随的なものであれ）あった可能性は、大いにある。

　またおおむね1990年代以来、慶州九政洞、蔚山中山里・良洞・下垈遺跡などで発見された3世紀中・後半代のいわゆる同穴主副槨式細長方形木槨墓を慶州式木槨墓[74]、または新羅式（土壙）木槨墓[75]と呼んで、その分布はある政治体の圏域を示していると想定する見解がある。現段階ではその分布がまだ慶州圏域を大きく外れないため、斯盧国支配層の墓制という意味で「慶州型」と呼ぶのがふさわしいかもしれない。あるいは太和江以南の蔚山地域や慶山林堂遺跡などでも確認されており[76]、それらの地域がこの頃に斯盧国に服属されたか、強い影響力下におかれた結果、生じた現象の可能性があることを踏まえれば、初期新羅の木槨墓と呼ぶことができるかもしれない。いずれにせよ斯盧の強い影響力が周辺に広がっていくとともに現れる考古学的現象の一つといえる[77]。上述の諸地域では、次の段階の斯盧支配層の墓制である積石木槨墓も一時的、あるいは相当期間に渡り持続的に築造される[78]。これは、少なくともそれ以前から慶州地域と該当地域間に何らかの新しい関係が始まっていたことを暗示するもので、ともすればそのことと関わる現象かもしれない。ただし現状では、これ以上の推論は難しい。

　辰韓の「国」間関係を一新した斯盧国の周辺小国服属活動と直接関連する現象を考古資料から抽出することは困難であるが、その背景、または間接資料であればいくつか挙げることができる。先に文献史料にもとづいて3世紀後半以降、各「国」の全体的な軍事力強化を想定し、それに伴って交換（交易）関係における緊張が増大したことをみた。これは斯盧国の征服活動を触発する大きな要因の一つであったはずである。したがって、考古資料から各地域の軍事力の性格変化をおおまかにでも把握できる証拠を探しだす必要がある。

　多少なりとも明確な変化を基準とするのであれば、この時期に初めて古墳に副葬される鉄製甲冑と馬具を挙げることができる。初期甲冑の著名な例として、慶州九政洞3号墳の板甲がある。古墳の年代は、（おおむね3世紀後葉から4世紀初めとされるが、）共伴土器からみて3世紀後半で

あろう。東莱福泉洞38号墳からも板甲が出土していて、（既存の年代観では4世紀初めとされるが、）前章で論じたように3世紀代の古墳とみるべきだろう。一方、馬具については初期の資料が多く出土している洛東江下流域をみる限り、遅くとも4世紀初め頃には登場していたと想定される[79]。

鉄製甲冑が出土したからといって、ほかの「国」を圧迫するほどの軍事力があったと断定することはできない。ただし、鉄製甲冑が木製や皮革製に比べて、非常に効果的な防御具である点に注目すれば、ひとまず地域間の軍事的緊張が高潮し、衝突が増えたことを反映していると解釈しても大過なかろう。また4世紀を前後して新たに登場する馬具は、原三国時代の馬具とは性格を多少異にする本格的な騎乗用馬具と評価されている[80]。これらが仮に軍事活動に使われたならば、小規模であっても攻撃力は非常に増す。各国の軍事力は以前とは次元の異なるものになったとみるべきだろう[81]。

斯盧国の征服活動は、「国」間の関係を一変させ、新羅の成立をもたらした。またその間に起きた楽浪・帯方郡の滅亡は、この地方の交易システムに根本的変動を引き起こし、既に先適応（preadaptation）していた新羅が本格的に成長する非常に大きな契機となった。ところでこのような変化に関連して考慮する必要があるのが、先述したように小国服属が該当国の完全な解体、併合ではなかった点である。征服された大部分の地域で4世紀後半以降に高塚群が造営されていることからみて、既存の支配層が一定程度温存されたことは明らかである。この征服は、新羅と該当地域間において、それ以前とは異なる連続的な政治経済的上下関係が形成される契機となった事件として解釈する必要がある。この関係は地域によって多少違いはあるものの、新羅国家が5世紀後半以降に、各地域へ地方官を派遣して直接支配を実現し、地域政治体が消滅するまで、変化を重ねながらも持続した。事実、小国征服による国同士の関係変化がどのような性格であったのかに対して、考古資料は多少なりとも具体的に迫っていくことが可能であり、文献史料の乏しいこの時期の社会相を解明するにあたって、ともすればほかのいかなる分野よりも適しているといえよう。

斯盧と他地域間の関係変化を比較的はっきりと示唆する遺物として着装型威信財がある。これはヒスイ製勾玉と金工品に分けられる。

着装型威信財を通時的にみると、3世紀代まではガラス・瑪瑙・水晶製の玉類で構成される頸飾類が主流をなし、嶺南地方全域の古墳からおしなべて出土する。この玉類の中でも古い時期にみられるガラス玉類は、中国産の可能性が指摘されてきた[82]。しかし、新しい時期にみられる水晶製や瑪瑙製の切子玉［多面玉］に関しては、同じ形態のものがそれ以後の時期の古墳からも出土し、特に頸飾類の中心である水晶製勾玉は、この地方特有のものとみることができるため、中国産であったとは断定しがたい。

ところでこれらの玉類が、嶺南地方全域からおしなべて出土することは注目に値する。これは、それらの玉類が輸入品であれ、この地方で生産されたものであれ、ある中心地から供給ないし再分配された訳ではないことを示している。このように3世紀代までの威信財の出土様相は、『魏志東夷伝』にみられる「国」の並列的、分散的様相と対応する。

その後、遅くとも4世紀代になると、水晶製勾玉からヒスイ製勾玉へと代替されるとともに、

分布にも偏りが出はじめる。洛東江以東地方では、（4世紀初めと報告されているものの、）3世紀後半代にまで遡ると考えられる東莱福泉洞38号墳、80号墳[83]がその実例といえ、（やはり4世紀初めと推論されているものの[84]、）3世紀後半とみられる慶山造永洞ⅠA-19号墳からも出土している。そして、林堂ⅠA-1号墳とG-6号墳など、4世紀前半代の古墳へと続く。一方、洛東江以西地方では金海大成洞13号墳から出土しており、これは福泉洞38号墳よりは新しい段階の古墳である。すなわち、初期のヒスイ製勾玉の出土は、基本的に洛東江以東地方に限定され、洛東江以東地方の中でも初期に斯盧国に服属した地域でのみ確認されている。問題は、5世紀に分布の核となる慶州地域から古い例がみつかっていない点である。現在まで確認された最も古い例は4世紀後半初めに位置づけられる月城路カ-13号墳で、林堂G-6号墳の次の段階に該当する。ただしこれは慶州地域では古い時期の中心邑落がまだ調査されていないことに起因するとみるべきで、年代こそ新しいもののカ-13号墳から非常に多くのヒスイ製勾玉が出土している点や、5世紀以降の全般的様相も合わせて勘案すれば、それ以前から慶州地域が分布の中心であったと推論しても大きな無理はなさそうである。

　そうであればこれらのヒスイ製勾玉の製作地、あるいは製作の中心地はどこで、いかなる契機のもとに出現したのであろうか。現在のところ、それに関する直接的な証拠は皆無である。前稿では5世紀代に慶州地域から莫大な量のヒスイ製勾玉が出土している点を考慮して、慶州付近やそこから遠くないどこかに未知の原石産地があって、慶州地域で大量生産されたと推論した。これは崇實大学校博物館所蔵ヒスイ製勾玉に対する電子走査顕微鏡の検査結果が、日本列島産やミャンマー産の原石とは異なる組成を示し、その産地はおそらく両地域ではないと推定した研究[85]を参考にしたものであった。しかし、5世紀後半の梁山夫婦塚から出土したヒスイ製勾玉を分析した結果はこれと異なり、日本列島産原石を使って製作されたと推定している[86]。同一資料を分析したものではないため、現時点でどちらが正しいか判断するのは早計だろう。ただし出土地不明資料で、かつ産地を特定するにまで至っていない前者よりも、後者の方が説得力をもっていることは明らかである。したがって、朝鮮半島内でヒスイ産地が確認される可能性は依然残されているものの、後者の分析結果を尊重し、ひとまず3世紀後半以降のヒスイ製勾玉の多くが日本列島産原石をもとに製作されたとみて、議論を進めていくこととしよう。

　ヒスイ製勾玉の原産地が日本列島である場合、3世紀後半段階に辰・弁韓各地の政治体がその原石を独自に輸入した可能性よりは、当時の辰韓連盟と弁韓連盟の盟主であった斯盧国と狗邪国がこれを一括輸入して再分配した可能性が高い。そうであったのであれば、弁韓に関しては金海以外の他地域からまだ出土が確認されておらず、これ以上議論を展開することはできないものの、辰韓に関しては斯盧国の成長過程に重要な示唆を与える。すなわち、いわゆる威信財システムの運用による政治的発展の一例と評価することが可能である。

　威信財システムとは「prestige goods system」の訳語で、その意味するところからみて「威信財賜与システム」とする方が適切であろう。それはともかく、これは交換システムを文化変動あるいは社会発展の重要な要因として論ずる際に、そのシステム内において財貨の流通および権力行使の間に何らかの相関関係があるのかを説明しようとするモデルである。代表的な事例として、スーザン＝フランケンシュタインとマイケル＝ローランズによって、フランスとドイツの鉄器時

第2部　4～6世紀の新羅考古学

代初期社会が高度に階級化［階序化］した社会へと移行する過程について示したモデル[87]が挙げられる。具体的にはその地域の首長［君長］らが、地中海地域から入ってきた威信財の供給に対する統制権を行使することを通じて自身の政治的地位を強化し、最上級の威信財をみずから使用・誇示すると同時に、その一部を配下［家臣］に分配して統制したとする。すなわち、古代世界における高度な階級社会［階序社会］〔ranked society〕への移行が、エリートらによる交換ネットワークの統制によってなされたという説明である。

　これを援用してヒスイ製勾玉の登場背景や契機を説明するならば、辰韓の盟主国である斯盧国の首長がヒスイ原石を外部から輸入し、在来の核心的な威信財であった水晶製勾玉に代わるヒスイ製勾玉を製作し、自身の威信財として用いる一方、麾下の首長層や辰韓のほかの首長らにも分配することによって、自身の政治的地位の強化を図ったということができる。斯盧国の最高首長は、このような分配システムを利用して、斯盧国内におけるみずからの地位の強化はもちろん、ほかの国の首長らに対する影響力の拡大をも企図した訳である。もちろん、各国の首長らが独自にヒスイ原石を入手するほどに交易が多様化していたとみることもできるかもしれないが、辰韓という連盟体の存在とその盟主国としての斯盧を想定するのであれば、上述のようにみるのが妥当であろう。また、そうみることによって初めて、新羅初期段階の月城路カ-13号墳から突然、しかも大量のヒスイ製勾玉が出土する現象を順序立てて説明することができる。

　このようにヒスイ製勾玉は、その原石の産地がどこであれ、金工威信財が本格的に使用される以前においては、それに勝るとも劣らない斯盧支配層の表徴的威信財として、慶州と関係の深い周辺地域の支配層に分配され、斯盧の影響力拡大に大きく寄与したであろう。

　このヒスイ製勾玉に加えて新たに現れた威信財類が、金工品である。4世紀後半から5世紀代にかけて、洛東江以東地方のいくつかの地域の古墳から広範に出土する新羅式金工品が、慶州地域を中心とした新羅国家の地方支配方式を示す遺物と考えられることは、既に述べた通りである。同時にその始まりが400年の高句麗南征より遥かに古く遡る可能性についても指摘したことがある[88]。もう少し具体的に述べると、新羅金工技術の始まりを楽浪の滅亡による流遺民の南下と関連づけて解釈したり[89]、それとさほど遠くない時期に高句麗を通じて接した鮮卑文化などと関連づける余地は多いにある。『日本書紀』仲哀紀8年9月条みられる「眼炎之金・銀・彩色、多在其国」という表現にも、当時（4世紀代）の倭の新羅に対する認識が反映されている可能性は十分ある[90]。もしも金工品の始まりと楽浪滅亡による流遺民の南下が関連するならば、金工品の製作開始時期の問題に留まらず、そのような外来的な要因が新羅の形成や成長の非常に大きな契機となっていたことを示唆する。ただし現時点では積極的な証拠が不足しており、それを前提に新羅の成長モデルを設定したり、それと関連づけて具体的に議論を展開することはせず、資料の増加を待ちたい。

　ところで朝鮮半島南部からは、楽浪滅亡以前に遡る金工品の一種である金箔ガラス玉が出土する。5世紀以降の朝鮮半島南部のいくつかの地域の最高支配層の墓から多数出土する金箔ガラス玉は、在地で生産された可能性が高い。それに対して天安清堂洞遺跡出土品のような3世紀代のものに関しては、その類例は中国、または楽浪・帯方郡にある[91]。嶺南地方の東萊福泉洞80号墳からも金箔ガラス玉が出土している[92]。この古墳の年代は3世紀後半代と考えられ、東萊地

128

域が楽浪・帯方郡との交易で、入手したとみることもできる。ただしこの古墳からは、清堂洞遺跡の場合とは違い、ヒスイ製勾玉も出土しているため、異なる見方をすることも可能である。すなわち先に想定したように、ヒスイ製勾玉が慶州地域との関連を示すとみるのであれば、金箔ガラス玉も慶州地域を通じて入手した可能性がある。慶山地域の造永洞1A-19号墳でも両者が共伴していることからみても、そのような蓋然性は高いと考えられる。

　要するに洛東江以東地方から出土する3世紀後葉前後の金箔ガラス玉は、遅くとも3世紀中葉には辰韓の盟主の座に就いた斯盧の支配層が、交易品として入手し、各地域に再分配した可能性がある。ヒスイ製勾玉を合わせて、斯盧が辰韓の一部地域を服属させ、新羅を形成する過程において、斯盧と服属地域間に緩やかな支配‒被支配関係が維持されていた状況を反映する遺物とみることもできる。いずれにせよこれは、3世紀中葉とは異なる状況を反映する考古資料であり、今後、金箔ガラス玉とヒスイ製勾玉の共伴例が増加すれば、後者の蓋然性は一層高まるだろう。

　続く4世紀代の金工品はまだほとんど類例がないものの、先に挙げた月城路カ-13号墳から金銅製鏡板轡をはじめとして金製耳飾・頸飾、金・銀製鋺などの各種金（銀）工品が出土している。同時期のほかの地域にはほとんど類例がないこれらを通じて[93]、多様な製作技法が既に完成の域に至っていたことや、新羅の金工品製作が既に本格化していたことが推測される。この古墳の年代が4世紀中頃を前後する時期であることは、新羅金工品が高句麗南征以後に出現するのではなく[94]、それ以前から製作されていたことを如実に示している。金工品がいつから慶州地域で製作されはじめたのかを正確に知ることはできないものの、月城路カ-13号墳の様相から推測すると、4世紀前半のある時点までは遡るとみてよいだろう。

　ところで、5世紀代の金工品は洛東江以東地方全域の古墳から出土するといってもよいほどに非常に広範な地域に分布するのに対して、4世紀中頃までの金工品は非常に限定された分布を示す。もちろん4世紀代の古墳は、5世紀代の古墳に比べて調査が少ないため、そのような分布にみえるに過ぎないのかもしれない。しかし、4世紀以前から5世紀代にかけての遺構が集中的に調査された東萊福泉洞古墳群を例に、その是非を問うことはできるだろう。この古墳群では、月城路カ-13号墳より遥かに規模の大きい古墳からも金工品がほとんど出土しないのみならず、個人の着装型金工威信財も出土していない。月城路カ-13号墳とほぼ同じか、若干新しいとみられる福泉洞21・22号墳から出土した着装型威信財は、ヒスイ製勾玉とガラス玉からなる頸飾のみである[95]。洛東江以西地方ではほぼ同時期の古墳が調査されている金海大成洞古墳群も基本的に同じ様相を示している[96]。

　このことからみて金工品は、4世紀代に初めて出現した段階においては、嶺南地方に広く分布したのではなく、慶州地域に集中していたとみてほぼ間違いないであろう。このような事実は、4世紀代に入り従来の鉄に代わる交換媒介物として金銀が機能した可能性を考慮してみると[97]、より重要な意味をもってくる。なぜならこれは、4世紀代に入って新たに変化した交易システムにおいて、慶州地域の斯盧が中心的位置にあったことを強く示唆するためである。さらに耳飾や頸飾のような着装型威信財が金工品の主流を占めていることも注目に値する。着装型威信財が本来、個人のもつ社会的地位とその地位の違いを強調する機能をもつということを念頭においた時、金工威信財はその機能を最大限に発揮する物品であるといえる。先史以来、着装型威信財の重要

129

第2部　4～6世紀の新羅考古学

品目であった玉類は、原石から削りだして成形するがゆえに形態やサイズによって差別化を図る
ことに根本的な制約があったのに対して、金（銀）工品は多様な形態、サイズ、種類に成形する
ことができ、質、量によって段階的に差別化を図ることが可能である。したがって、金工威信財
の出現は、社会全般の分化はもちろん、支配集団内の分化が進展したことを示す兆候と解釈する
ことができる。またそれが最初に現れた慶州地域は、ほかの地域に比べて社会進化が進んでいた
と推定することも可能である。

　このように4世紀前半のある時点から、洛東江以東地方の主要地域の支配層が着装した威信財
は、金工品に転換したとみられる。これは前代までの威信財と異なり、この地方の中で生産され、
斯盧の支配層によって下賜されたと判断される。これは前代に複数の中心地が対外交易において
得た威信財を再分配したり、自主生産品を供給していた状況とは、様相をまったく異にする大き
な変化であった。洛東江以東地方にそれ以前とは性格を異にする新たな域内威信財システム、す
なわち慶州地域の斯盧を頂点とする一元的分配システムが形成されたのである。これは4世紀後
半以降、一層顕著となる新羅式威信財の分配システムから読みとれる間接支配の水準には劣るも
のの、そのようなシステムの端緒が形成されつつあったことをうかがわせる点で、斯盧と他地域
の間の関係が新たな段階へと突入したことを知らしめるファンファーレといえる。

　この新たな関係とは、いったいどのような性格であったのだろうか。まず新たな威信財システ
ムは、それ以前とは次元の異なる新しい経済関係を基盤とする斯盧と各地域支配層間の政治的上
下関係を象徴するものとして解釈される。ただし、この新しい威信財システムの運用と軌を一に
して起こった経済関係の変化が、具体的にどのようなものであったのかをうかがい知る同時代資
料は、まだ十分に確保できていない。事実、考古資料の問題点は、過去にある重要な政治社会的
変動が起こったとしても、それが物質資料に明確に反映されない限り、その事実を認知すること
が不可能な点にある。したがって、微かであっても認知できるのであれば、文献史料やほかの資
料を動員し、これを復元するよう努めねばならない。4世紀前半までの考古資料はまさにこのよ
うな状況にあって、それより多少新しい時期の相互関係を確実に反映する資料から推測するほか
ない。同時代資料に比べると説得力は劣るかもしれないが、後代の現象は前代の歴史的過程の産
物と考えれば、まったく無用と切り捨てることはできないだろう。それに該当する後代資料が、
新羅様式土器である。

　新羅土器様式は、洛東江以東地方でおおむね4世紀中頃に成立し、慶州以外の地域では、斯盧
からの様式的選択圧によって形成された。この新羅土器様式の成立と変遷にはいくつかの定型性
が認められる。まず、慶州様式の土器類が他地域に拡散し、各地域で洛東江以東土器様式として
の変化が始まり、やがて地域様式が形成されることによって「汎洛東江以東様式」が成立する。
そして、その背後では地域様式に対する慶州様式の影響が引きつづき増し、地域様式土器の量が
次第に減り、消滅する、もしくは地域色自体が次第に減少していくといった変化の方向性［定向
的変化］をみせる。もう一つ注目されるのは、現在までの資料をみる限り慶州様式の拡散が先述
の斯盧による小国征服の方向におおむねしたがって、少しずつ時間差をもって起こったと想定さ
れる点である。最後に、慶州様式以外の地域様式間の相互作用がほとんど看取されない点も重要
な変化の方向性［定向性］といえる[98]。

130

洛東江以東様式土器の様式的共通性は、古墳に副葬されるという側面において、斯盧と該当地域間の祭儀の共通性を反映する部分もあるだろう。ただ、5世紀以降、時間が経つにつれて、はっきりと現れるという変化の

図16　斯盧と他地域の関係変化

方向性を念頭におけば、単なる文化的模倣の産物とは考えがたい。すなわち、斯盧が各地域の経済にいかなるかたちであれ介入したことに起因するものとみるべきである。4世紀頃に成立したと推定される新たな威信財システムによって暗示されるように、新羅と各地域政治体間に成立した新たな政治的関係は、基本的に新たな経済関係への変化、すなわち斯盧が各地域の経済システムを隷属させていくという変化を伴うものであった。そのような変化は4世紀中葉になると一段落し、洛東江以東地方の各地の古墳に副葬された新羅様式土器にみられるように、何らかの新たな次元の変化が再び起こったのではないだろうか。

　この変化は大きくみると、斯盧を中心とする政治経済的上下関係の強化であろうが、もう一つの重要な点は、（地方土器様式間の相互影響がほとんど看取されない点が示唆するように、）中央である斯盧が介在しない地域間の直接的な政治経済的関係を排除する方向へと相互関係が変化したことである。地理のために四通八達ではなかったとしても非常に多元的であった辰・弁韓時期の国と国の間の政治経済的関係は、新羅が形成されるとともに次第に斯盧国と一元的関係を結ぶ方向へ変化していったと想定される。これを模式的に示したのが図16で、左側の関係から右側の関係へと変化したとみることができよう[99]。便宜上、各地域単位が新羅化した後も依然として独立的な「国」であったかのように表現したが、実際には先に想定した通り、地域政治体であって「国」ではない。ともかくもこれは、辰韓から新羅への転換を意味する「国」間の関係変化の最も重要な側面の一つといえる。斯盧はこのような変化を達成した後、各地域に対する経済的収奪を強化し、地域間の連帯の遮断に努めたであろう。一方、各地域はいまや新しい地方名のもと、中央政府である斯盧との政治経済的上下関係の中でみずからを維持するほかなかったものとみられる。これこそが初期麻立干期新羅の統合の実態である。

　ところでこのような観点は、麻立干期新羅を連盟王国の完成段階として概念化する観点[100]とは若干の差異がある。連盟王国という概念自体がその名称だけみると従来の各「国」単位を認定するかのようにみえ、多少曖昧な定義であることは既に指摘されている通りである[101]。もちろん少し漠然とした概念ではあるものの、地域政治体と呼びうる自律性をもった集団の存在は認められる。しかしだからといって、その運動性は域内外の関係においておよそ独自的であった辰・弁韓時期の「国」と同じ水準であったとは考えにくく、またそうではなかったというのが本書の観点である。すなわち、地域政治体を新羅国家の「地方」としてしっかりと設定する必要がある。

　一方、連盟王国概念は連盟にいかなる意味をもたせるにせよ、構成される「国」間の関係を多元的に設定するほかなく、本書の観点とは根本的に異なる。またそのような多元的状態から次の

第2部　4〜6世紀の新羅考古学

段階の古代国家完成期[102]の斯盧を頂点とする完全な一元化に向けて、再度の軍事的征服やそれに準ずる急激な関係変化の契機を設定せざるをえず、論理的に苦しくならざるをえない。

　新羅の成立は、以上のような洛東江以東地方内における関係変化を基盤とする。これに加えて対外関係の変化もそれに勝るとも劣らない推進力を提供したようである。4世紀初めに高句麗が楽浪・帯方郡を滅ぼし、主要交易対象国として浮上するや、新羅（斯盧）は既に掌握していた東海岸路を通じて高句麗との相互関係を強化し、成長の基盤をさらに盤石なものにしたと推定される。その点をはっきりと示す資料はまだ不足しているものの、4世紀前半の小型墳である月城路カ-13号墳から出土したガラス製品は[103]、そういった高句麗との関係を背景とするものであったとみて間違いない。

　新羅が、高句麗南征を前後する時期の激変する国際情勢の中で、かなりの期間に渡って高句麗と密着していたことは周知の事実である。慶州地域の5世紀代の大型墳から出土する高句麗系遺物やそのほかの外来遺物は、そのことを傍証する。これに対して遅くとも4世紀中頃にみられる外来品は、また異なる意味をもっていたはずで、慶州地域がいち早く高句麗と重要な交易関係を結んでいたことを示唆するものといえよう。その関係はおそらく辰・弁韓時代まで遡り、4世紀代には新羅があるいは金のような物品を高句麗に輸出することで、威信財をはじめ必要な物品を輸入していたのではないかとも推測される。

　以上のように高句麗が早くから斯盧国の主要交易対象国であったという推定が妥当ならば、新羅の成長にも大きな意味をもつ。というのも慶州地域は、地理的に嶺南地方の対外交易網の関門地的位置にあり、とりわけ北方の高句麗との交易において最も有利な位置にあった。事実、嶺南地方の各地から東海岸を通じて高句麗に向かおうとすれば、必ず慶州一帯を通る必要がある点は、慶州斯盧国が辰・弁韓の対外交易において決定的に有利であった要因の一つとせざるをえない。とりわけ4世紀初めに高句麗が楽浪・帯方を滅亡させ、朝鮮半島南部の主要交易対象国として浮上し、嶺南地方の対外交易システムにも大きな変動がもたらされた状況は、新羅が成長する主要条件となったであろう。月城路カ-13号墳のガラス製品は、このような背景のもとでおこなわれた新羅支配層による対外交易の産物といえよう[104]。

　このように新羅（斯盧）は、対外交易路と交易対象地を多様化させることで、かねてからの競争相手であった弁韓の金海狗邪国に先んじた可能性が高い。もちろん征服などを通じて洛東江以東地方のほぼ全域に対する統合を達成し、域内交換ネットワーク組織が以前より遥かに効率的に機能した点も、対外交易において有利に作用する基盤となったであろう。また、洛東江路に対して以前より一層強く干渉できるようになった点も、それに依存していた金海勢力に打撃を与え、比較的優位な立場を占める重要な要因となったと推定される。

　最後に、新たな威信財の素材ともなった金や銀を、交換や交易に活用するようになったことも新羅にとっては非常に有利な点であっただろうことを指摘しておきたい。辰・弁韓時の交換媒介物であった鉄は、その体積や重量ゆえに運送が容易ではなく、効率性に多少難があったと考えられる。しかし陸路交通ネットワークに秀でた新羅は、かたちを自由に加工できる金銀を交換の媒介物とすることで[105]、交換に要する時間を一層短縮できるようになった。これは、対外交易においても経済力が強化される決定的な要因となったであろう。金塊やそれでつくった金工品を高

132

句麗などの地に輸出した可能性も排除でない。もしそうであったならば、それらの商品価値を考えると、新羅（斯盧）が国際交易において主導権をもつ要因となったであろうし、また新羅成長の要因の一つともなったはずである。

3. 4世紀における新羅の地方支配

　4世紀における新羅の内部事情を反映する最も顕著な考古資料が、4世紀中頃に成立する洛東江以東様式土器、すなわち新羅様式土器であることは、再三述べてきた通りである。洛東江以東土器様式出現以後、特定地域において慶州様式土器の流入が次第に増加しつつ、地域様式土器にとって代わったり、地域色自体が次第に薄まっていく傾向があることは、決して当然のことではない。表面的にみれば文化的同化を示していると捉えられるのかもしれないが、そのような同化がなぜ起こったのかを考えれば、一層根深い要因があったと推定できる。土器様式に対する分析のみで答えを導くことはできないが、その根底には慶州地域と各地域が結んだ経済的関係の変化に起因する相互交流の増加という要素があったのではないかと考えられる[106]。この現象の背後にある具体的メカニズムは、今後解決しなければならない課題である。ただし、先に述べた文化的証拠と合わせてみれば、共通土器様式の出現に、洛東江以東地方に対する新羅による地方支配の強化と同時に起こった、何らかの変化が反映されていることは明らかであろう[107]。このことを4世紀後半の資料が多く調査され、その一部が公表されている東莱福泉洞古墳群を例に推論してみよう。

　東莱福泉洞古墳群（写真1）は、舌状に長く伸びた低丘陵上に造営されており、その築造期間は発掘報告者らの年代観にしたがえば、4世紀初めから5世紀後半までである。しかしこの年代は、洛東江以東様式の出現を高句麗南征（400年）以降とする年代観にもとづくもので、一律に調整することはできないものの、本書の年代観によれば、おおむね半世紀ほどは遡るとみなければならない。すなわち、これまでの報告で5世紀後半とされた古墳は5世紀前半、5世紀前半とされた古墳は4世紀後半、そして4世紀後半とされた古墳は4世紀前半とひとまずみておきたい。4世紀初めの古墳も3世紀後半に遡らせるべきであろうが、どこまで遡るのかについてはよく分からない。

写真1　東莱福泉洞古墳群1次発掘調査全景（北側から）

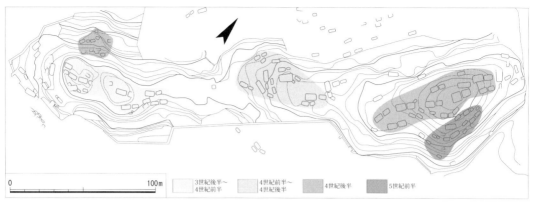

図17　東莱福泉洞古墳群の時期別墓槨分布

　このような年代観のもと、福泉洞古墳群の既知の資料[108]に現れる定型性の中で、本書の論旨に関連するものを抽出するとおおむね以下の通りである。

　第一は、古墳群が丘陵の高所と低所、そして中位部という大きく三つの単位に分かれて造営されていること、各単位はおおよそ丘陵稜線部の大型墳群とその周辺部の小型墳群からなることである。

　第二は、高所の大型墳はすべて主副槨式で、丘陵稜線に並行して整然と配置され、また低所の主副槨式大型墳もある程度整然とした様相を呈している一方で、中位部の大型墳は相対的に無秩序な配置を示し、必ずしも副槨をもたないことである。

　第三は、低所の大型墳群は3世紀後半から4世紀前半に渡って、中位部の大型墳群は4世紀前半から後半に渡って、そして高所の大型墳群は4世紀中・後半の間に主として造営されたことである。各単位の大型墳周辺には、(同時期の小型墳も築造されているものの、)後続する時期の小型墳が群をなして築造されている点が注目される。それらは、中位部に関してははっきりしないものの、低所では4世紀後半に、高所では5世紀前半にそれぞれ築造された。

　第四は、4世紀前半から後半にかけて、咸安系土器が丘陵低所と中位部、それも主として大型墳からのみ出土することである。

　第五は、慶州系土器は中位部と高所の古墳からのみ出土し、低所からは古墳の大小にかかわらず出土しないことである。

　第六は、高所の大型墳群は造営期間がほかの地点に比べて短いにもかかわらず、古墳数が多いことである（以上、図17参照）。

　ここからは、以上の定型性に対して解釈を試みよう。まず古墳築造の定型性を総合すると、3世紀後半から4世紀前半は丘陵の低所に大型墳を含む古墳が築造されていたのが、4世紀後半になると丘陵の最も高いところに大型墳が築造される一方、それまで古墳築造の中心地であった低所には比較的小型の古墳が一つの単位をなしつつ前段階の大型墳の周辺部に築造される現象が注目される。図17で大型墳の西側に群をなして築造されている小型墳がそれに該当する[109]。5世紀前半に入ると、高所に築造された4世紀中・後半の大型墳の東側にも小型墳群が造営されることから、このような対応関係は偶然の所産とは考えにくく、何らかの意味をもつ重要な定型性といえよう。親縁性が深い被葬者の墓が近くに築造されたと想定するのであれば、支配者集団内に

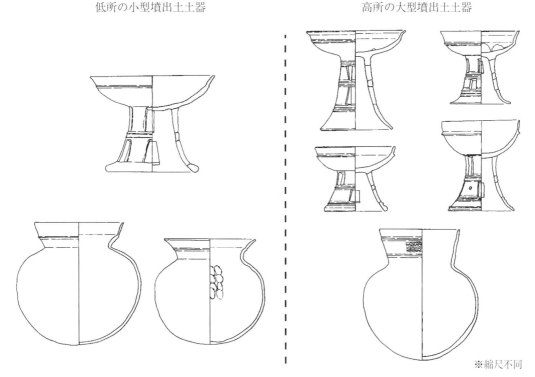

図18 東萊福泉洞古墳群における低所の小型墳出土土器と高所の大型墳出土土器の比較

少なくとも二つに区分される集団があって[110]、それぞれ地点を異にして古墳を築造したと解釈するほかない。

このように4世紀後半に造営された高所と低所の古墳群は、福泉洞古墳群の支配層内においていくらか性格を異にする二つの集団の所産とみられる。低所の小型墳と高所の大型墳から出土する副葬土器には、様式的に大きな差がみられ（図18）、出土遺物にも対照的な現象が認められる。規模の異なる二つのグループの古墳群から出土する遺物の間に一定の差異が認められることは、ある意味当然であるが、土器類の様式まで異なる点はやや特例で、注目に値する。

福泉洞古墳群において外部地域との関連を示唆する土器は、おおむね次のように変遷する。すなわち3世紀後半から100年ほどの間、古墳築造の中心地点であった丘陵低所の稜線部には、当初、外折口縁高杯のような金海地域と様式的共通性をもつ土器が副葬され、4世紀初めにほぼ消滅すると同時に、咸安様式土器が副葬される。この咸安様式土器は4世紀中頃を前後して、中位部の大型墳からも出土するようになり、4世紀末まで副葬される。一方で、同じ4世紀中頃に丘陵の高い所に新たに造営される大型墳群からは、在地様式土器とともに新羅様式、慶州様式の土器が現れはじめ、時間が経つにつれて土器の新羅様式化が進み、4世紀末には釜山様式と呼ばれる様式の土器へと変化する[111]。一方、4世紀後半に丘陵低所の大型墳周辺に群をなして造営された小型墳群では、在地様式土器が主流をなし、慶州様式土器は出土せず、洛東江以東様式土器さえ地域色の強いものがわずかに出土するのみである。

4世紀後半に入り、丘陵高所の大型墳に慶州様式土器が副葬されはじめる現象は、一体何を意

味するのであろうか。これについて述べる前に、高所の古墳群が造営されはじめる段階の古墳構造に関連して注目される現象が一つある。4世紀の前半末と後半初めにそれぞれ編年される福泉洞25・26号墳と31・32号墳は、福泉洞古墳群において唯一、木槨と墓壙の間に積石構造をもつ。この構造の性格についてはいくつかの見解があるものの、基本的に積石木槨墓の初期形態とみるべきであろう[112]。これらが積石木槨墓であるならば、その被葬者は慶州と深い関連性をもっていると解釈できる。両者のうち、新しい31・32号墳から新羅様式土器が本格的に副葬されはじめることは、決して偶然ではない。後続する21・22号墳には、慶州様式土器が多数副葬されており、慶州との関係はさらに強化されたとみられる。慶州土器の流入は次の39号墳においても持続する。

　このことから高所の大型墳を築造した集団は、慶州地域との深い関係のもとに登場したこの地域の支配層内における新興有力勢力と推論することが可能である。また高所の古墳数が多いことから、慶州勢力を背景としたこの集団の位相は、ほかの集団よりも相対的に高かったことが分かる。このことは10・11号墳から出土した金銅冠によっても裏づけられる。10・11号墳の築造年代は4世紀第4四半期と考えられることから、副葬された草花形冠は遅くとも4世紀第3四半期には慶州地域から下賜されたとみられる。高所の大型墳の整然とした配置は、この集団の権力基盤が安定していたことを示唆するものかもしれない。以上を総合すると、新羅国家がこの地域を間接支配するにあたり、4世紀中頃まで関係のあった既存の中心集団とは異なる集団、すなわち高所の大型墳を築造した集団を集中的に支援し、既存の中心集団を弱化させようとした事実が浮かび上がってくる。それまでの古墳築造の中心地点であった低所の小型墳に、慶州系土器が副葬されていないことは、このような想定を傍証する。

　ここで、中位部の古墳群の性格が問題となる。中位部の大型墳の中には、数は少ないものの、4世紀後半の古墳もあるからである。低所に続いて中位部の大型墳でも咸安系土器と慶州系土器が共伴しており、あるいは低所の小型墳と同じ集団から分化した小集団の古墳群かもしれない。当初、東萊地域で支配層の主流をなした集団、すなわち低所の大型墳を築造した集団は、4世紀中頃に劣勢となり、そこからいち早く分化した小集団が中位部の大型墳を築造するに至ったと推定される。この中位部の小集団も慶州と関係をもってはいたものの、新羅国家の強力な後援を最初から受けていた高所の新興集団に比べるとその関係は弱く、時間が経つにつれ、ますます劣勢となったであろうと考えられる。

　それはさておき前章でも既に述べたように、おおむね稜線部に沿って4世紀末頃までの大型墳が築造された高所の古墳群にも、二つの小集団の存在が認められる[113]。積石木槨墓の31・32号墳と25・26号墳が、この二つに区分される小群の中でそれぞれ稜線中央部に築造された最初の古墳である。すなわち、高所の大型墳の被葬者集団は、有力勢力として登場した時点で既に二つのグループにある程度分化していたと考えられ、規模や数からみて高い所に位置する小群の被葬者集団が相対的に優位にあったとみられる[114]。そして次章でみるように、後者のグループに属する10・11号墳が築造され、釜山土器様式が成立し、高塚群である蓮山洞古墳群が造営される5世紀頃になると、この小集団が次第に衰退の道を辿っていったことは、5世紀前半にその横に築造された小型墳の存在が傍証する。これは、新羅国家が採った高度な分離支配政策が、成功を

収めた結果と考えられる。

　それでは次に、地理的に金海地域より遠い咸安地域の土器が、4世紀前半以来、低所の大型墳から出土する現象については、どのように解釈すべきであろうか。咸安系土器が1世紀近くに渡って、それも大型墳に主に副葬されることを鑑みれば、これは決して単純な文化的伝播現象ではない。

　まず咸安系土器が出土しはじめる時期を前後して、釜山地域は既に新羅領域化していた可能性があり、そのことと何らかの関連性があったと解釈される。先述のように新羅初期の斯盧−地方間の上下関係を示す考古学的証拠はまだ特定できていない。抽出できたとしても、大部分が量的に非常に稀少であることも、不確実性の原因となっている。初期段階の上下関係は、考古学的証拠として反映されるほどに強力ではなかったと推定されることから、ある意味当然の現象といえよう。現時点では確実な考古学的証拠を求めるのは困難であり、本研究のように文献史料と合わせてみていく必要がある。そうであるならば、前時期にはみられなかったヒスイ製勾玉は、その有力な端緒になると考えられる。福泉洞古墳群では先述のように、38号墳や80号墳など3世紀後半の大型墳からヒスイ製勾玉が出土しており、その頃に新羅化したと推定することも可能であろう。

　新羅化は、この地域の対外関係に大きな変化をもたらした可能性が高い。洛東江を挟んで隣接し、3世紀代に関係が深かった金海地域[115]との関係には、大きな変化が起きたであろう。釜山地域が新羅領域化した以上、斯盧と早くから競争的な関係にあったと考えられる金海地域との関係に何らかの変化が起きないはずがない。4世紀初めを前後して起こった東アジアの国際的変化によって朝鮮半島南部の交易システムにも変化が生じ、前代に最も強力な勢力の一つであった金海地域の発展が鈍化した点[116]もこの動きを促進させたであろう。このような変化の過程で、咸安地域の安邪国が弁韓または伽耶勢力の中で相対的に浮上し、新羅の支配下に入って間もない釜山地域の支配層が、それと連携しようとした可能性も考えられる。

　このような連携は、新羅の間接支配下に入ることに対して遠心力をもった勢力が試みたと推定される。低所の支配層内から分化した一派が築造した中位部の大型墳からは、咸安系土器とともに慶州系土器が副葬されたのに対して、それとは多少異なる背景をもつとみられる高所の大型墳からは咸安系土器がまったく出土せず、慶州系土器だけ出土する点は、前者がそのような遠心力をもった集団であったことを示唆する。また逆に新羅国家は、そのような遠心力をもった集団よりも高所の新興集団を支援し、そのような遠心性に対する牽制を試みたと判断される。

　咸安系土器は以上のような背景のもと、4世紀代の低所と中位部の大型墳を中心に持続的に副葬されたのではないかと解釈される。このような推論は、新羅国家による間接支配の初期段階といえる4世紀代において、地方支配層がもっていた相対的自立性を念頭においたものである。釜山様式土器が成立し、釜山地域の大小の古墳群に副葬され、域内の統合が一層進展したと考えられる4世紀末以降、咸安系土器の流入が途絶えることは、このような推論を傍証する。

　ところでもう一つの問題は、100年近い長きに渡って釜山地域と咸安地域の支配層の間に深い相互関係が持続した点である。これは、先に述べた相対的自立性の観点だけでは理解できない現象かもしれない。4世紀を前後して咸安系土器が金海地域の土器に代わって出現した点を合わせて考慮すると、その頃に釜山地域と咸安地域の間に何らかの重要な契機があったと考えざるをえ

137

第2部　4～6世紀の新羅考古学

ない。その契機とはもしかすると、いわゆる浦上八国の乱[3]ではなかろうか。

　『三国史記』に3世紀初めの事件として記録されている浦上八国の乱は、修正論の立場に立つと、3世紀後半から4世紀前半の間に起こったものと解釈される。5世紀初めとみる意見もあるが[117]、そのようにみた場合『三国史記』の小国服属記事などをはじめとする初期記録の年代を、一貫性をもって説明することが不可能となり、恣意的解釈の入り込む危険性が高い。このような危険を避けるためにも、先に方法論の章〔第1部第I章〕で採用したモデルを利用したアプローチ、この場合は前史論に立脚した『三国史記』初期記録修正論の立場から、一貫した解釈の枠組みを構築する必要がある。一方、この事件の年代を4世紀前半代と解釈した上で、楽浪・帯方郡が消滅した後に起こった交易システムの変動による事件と限定する見解もあるが[118]、それよりは3世紀末から4世紀初めにかけて起きた交易システム変動の渦中で、交易路をめぐって始まった南海岸地域の政治体の利害争いが発端となったとみるのが妥当であろう。それは先に想定したように、小国服属記事の順序やほかの状況からみて、斯盧の辰韓小国服属活動が相当に進んだ段階で起こったと考えられる。

　浦上八国の攻撃を受けた「国」がどこにあったのかによって、この事件の意味と、それに続く状況展開の解釈が大きく異なってくるが、金海地域の狗邪国とみる説が優勢である。しかし『三国史記』列伝をみると、攻撃を受けた対象は阿羅、すなわち咸安地域とはっきりと書かれており、新羅本紀で加耶、加羅となっているからといって、金海地域を指すと断定することは難しい。『三国史記』にみえる伽耶の諸勢力は、当然のように金海勢力であるかのように叙述されてきたという史料批判的指摘に耳を傾ければ[119]、列伝の記録がもつ意義は大きい。咸安地域を浦上八国の攻撃対象とみることは十分可能である。実際に咸安地域の安邪国とみる見解もあり、この考えを採れば浦上八国の乱の平定を契機として、咸安地域が新羅と友好関係をもち、折しも新羅の間接支配下にあった南部の釜山地域とも友好的に連携したと想定することもできるだろう。とはいえ、これだけで両地域が深い関係を結んだ理由が説明される訳ではない。あるいは新羅が危機に陥った咸安地域を救援する過程で、釜山地域が関連したのかもしれない。その乱が発生すると同時に、新羅は近郡と六部の軍士をして咸安を救援したという記録があるが[120]、その近郡とは既に服属した慶州南方の釜山地域や梁山地域を指している可能性がある。すなわちこの乱を契機として、咸安地域と釜山地域の間に一定の友好関係が生じたとみることもできる。そして先に推論したようにその連携関係を主導した集団こそが、福泉洞古墳群の低所と中位部に大型墳を築造した集団であったと考えられるのである。

　しかし、このような相互関係を主導した集団は、新羅の地域勢力に対する分割・牽制政策のために、4世紀中頃を境に次第に衰退していく。低所の小型墳と中位部の大型墳の様相は、このような状況を示しているとみられる。

　ここで注目したいのは、福泉洞古墳群から出土する副葬品が、全体的に武器・武具類は豊富である反面、着装型金工威信財類は極めて貧弱な点である。事実、福泉洞古墳群から出土した着装型威信財は、中位部と高所の小型墳はもちろん、大型墳を含めても2点の金銅冠と数個の耳飾のみである。これは、他地域では小型墳でさえも、耳飾の出土が稀でないことと対照的で、たとえば4世紀後半～5世紀初めの古墳を対象に、慶山地域と比較するとその違いは歴然である[121]。

この事実は、両地域に対する新羅の支配方式が異なっていたことを示唆するもので、釜山地域に関してはほか〔慶山以外の〕の地域とも異なっていたようである。着装型威信財の代わりに武器・武具が豊富な理由は、第一に斯盧を外敵による南方からの侵入から防衛するにあたって、この地域が重要な緩衝地帯となったであろうことと関連する可能性が高い。さらには、洛東江下流西岸の金海勢力に対する新羅の前進基地であった梁山地域を補完する役割もあったであろう。浦上八国の乱において、これらの地域と推定される「近郡」の動員は、上述の地理的、戦略的脈絡と関連するとみられる。

写真２　慶山林堂 G-5、6 号墳

　ただし、釜山地域の軍事的性格は慶州地域に対しても脅威となりうる点を考えれば、早くからこの地域にその動向を監視する軍官のような人物が派遣されていた可能性も想定されよう。その軍官は、地方軍動員において当然生じたであろう指揮上の問題などに関連した調整の役割もまた担ったはずである。浦上八国の乱に関連する近郡動員の記録を引用しつつ、麻立干期新羅の地方支配方式に、重要な軍事要衝地に軍官などを派遣して常駐させる類型を設定し、地方軍の組織や動員は在地勢力の自治に任されていたとみる見解は[122]、このような解釈をする上で参考となる。そのような自治性は、釜山地域支配層が新羅国家の間接支配下にありつつも、咸安地域の支配層と一定の儀礼関係を結ぶ背景となったであろう。また地方官ではなくとも、もし監察任務をもつ軍官が派遣されていたならば、次章で述べるように、釜山地域が他地域に先じて新羅国家の直接支配下におかれた一つの背景となるであろう。

　一方で福泉洞古墳群の４世紀代の古墳から、咸安様式土器が頻繁に出土する事実は、この地域の独自性をそれなりに反映しているように思われる。そして、慶州様式土器が４世紀後葉になる

139

まで高所の古墳群だけから出土する点も、慶州勢力との相互関係があくまでこの地域の最上層部を中心とするものであったことを示唆する。すなわち、新羅政府の地方村落支配という観点からみた際、慶州地域からの影響は4世紀後葉までは釜山地域の中心村の上層部に留まる〔限定的な〕ものであったと推定されるのである。それが4世紀の終わり頃の福泉洞10・11号墳段階になると状況は一変し、新羅様式内の一地域様式〔である釜山様式〕が成立し、福泉洞古墳群内の低い位階の古墳にも副葬されるのみならず、釜山地域内の下位村落の古墳群にも本格的に副葬されるようになる。これはおそらくその頃に、釜山地域の地域政治体に大々的な再編が起きたことを反映しているのではないだろうか。

　ここまで4世紀中・後半の福泉洞古墳群を例に、4世紀における新羅の地方支配がもつ一面をみてきた。残念ながらほかの地域では、まだこれだけの分析に耐えうる資料が蓄積していない。ただ、釜山地域と同じく早くから慶州地域の影響を受けていたとみられる慶山地域でも、4世紀第2四半期にはヒスイ製勾玉が出土した積石木槨墓である林堂G-5、6号墳（写真2）が確認されている。そして、それより多少〔築造時期が〕遅いものの、おそらく4世紀第3四半期に遡る可能性がある林堂CⅡ-2号墳が、大型のヒスイ製勾玉を副葬する積石木槨墓であるという事実も示唆するところが大きい。ところでCⅡ-2号墳に連接して設置されたCⅡ-1号墳は、同じく瓢形墳であるG-5、6号墳がいずれも積石木槨墓であるのとは異なり、この地域固有の墓制である岩壙木槨墓に変わっている。これを嚆矢として、これらの古墳よりも高所に大型岩壙木槨墓を埋葬施設とする高塚が、いくつかの群をなして相次いで築造される現象も認められる。この地域の土器様式もその頃に成立し、釜山地域とは異なるかたちの間接支配がなされたようであるが、これまでに公開されている資料だけでは、4世紀後葉を除く麻立干期の詳細な事情は明らかにしがたい。この慶山地域の4世紀後葉の状況については、次章で各地域の高塚について解釈する際に合わせて検討することとしたい。

　義城地域の場合も、塔里古墳第Ⅰ槨から出土した金銅冠の製作および下賜時期は、4世紀第3四半期にまで遡る可能性がある[123]。義城地域に対する新羅の間接支配は、現在までに知られる資料をみる限り、おそらくは4世紀後半から本格化したものと推定される。ただし、義城地域の4世紀代の資料はこれ1例のみであるため、やはり次章で合わせて検討したい。

　4世紀における新羅の地方支配の水準は、まだ各地域の中心地区だけに国家権力が浸透しはじめた段階にあった。そのことは新羅式威信財が中心地区の古墳群にのみ副葬されていることからもうかがえる。国家権力がまだ確立していない麻立干期初期の地方支配は、既存の地域集団において中心にあった勢力の弱化を図り、地域政治体内の支援対象集団を必要に応じて変えることによって牽制する、以夷征夷のような方策を採っていたと判断される。

　〔このようにしてはじまった〕地方支配は、4世紀末に近づくにつれ再び強化されたようである。地域土器様式が成立し、地域全域の古墳に副葬される釜山地域は、そのことを示すよいケースである。他地域に比べて新羅化がかなり遅れた昌寧地域では、4世紀末に主要邑落の高塚群である桂南里古墳群に新羅式威信財が副葬される。ただしこの古墳群は、5世紀代の昌寧地域における高塚群の様相からみて、もともと中心邑落高塚群ではなかったか、すぐにその地位を校洞古墳群に譲ったものと判断される。これは、地域内の邑落を分離・牽制する方策によるものと推定され、

第Ⅰ章　4世紀における新羅の成長

新羅国家の支配力が相対的に速く浸透していったことを示唆する。しかし慶山地域のようにいち早く新羅化したものの、釜山地域と異なり多数の邑落から構成される地域は、その速度が相対的に遅かったと考えられ、おそらくは中心邑落に優先的に新羅国家の支配力が浸透していったのではないかと思われる[124]。このような差異は、後者の勢力が強かったためというよりは、新羅国家が地方支配で採った戦略上の優先順位によるものと推定される。このように国家権力の地方への浸透度合は、地域ごとに異なったものの、4世紀末には洛東江以東地方における地方支配は確立したとみられる。多くの地域で5世紀初め以降に副葬される新羅式威信財が、おそらく4世紀末には既に下賜されていたであろうことは、これを傍証する。

註

(1) 原三国時代に代わって三韓時代を用いる傾向が、10年ほど前から特に嶺南地方の研究者の間で目立っている。これは文献史料から「韓」の存在が推定される紀元前2世紀初めには、既に「三韓」が成立していたとみるものである。また考古学においては、もう少し遡らせて初期鉄器時代の粘土帯土器・細形銅剣期、または鉄器が一部登場する時点に起点をおいて、紀元前4世紀末、または紀元前3世紀初めから三韓時代とし、従来の原三国時代に該当する時期を三韓時代後期、それ以前を前期とする意見もある（申敬澈1995「三韓・三国時代의 東萊」『東萊区誌』, pp.182-186）。考古学的妥当性の是非はともかく、文献史料における「韓」の登場を「三韓」の始まりとみることには疑問があり、それはどこまでも「韓」とみなければならないだろう。これに関する批判は（李熙濬2004「初期鉄器時代・原三国時代 再論」『韓国考古学報』52, pp.69-94）を参照。

(2) 権五栄1996『三韓의「国」에 대한 研究』（서울大学校大学院国史学科博士学位論文), pp.41-46。一部の研究者は瓦質土器の概念を拡大させ、朝鮮半島南部全域に存在したとみる。しかし仮にそうだとしても、嶺南地方における瓦質土器の共通性がほかの地域に比べて顕著であることは事実であり、これを根拠に辰・弁韓のおおよその範囲を定めても差し支えないと判断される。この問題に関する議論は（李熙濬2002「初期 辰・弁韓에 대한 考古学的 論議」『辰・弁韓史研究』慶尚北道・啓明大学校韓国学研究院, pp.146-150）を参照。

(3) 金栄珉は、辰・弁韓時期の洛東江下流域の考古学的文化が洛東江の以東と以西で区分される要素を多くもっていることを指摘した（金栄珉1996『嶺南地域 三韓後期文化의 特徴과 地域性―洛東江 東西岸地域 比較를 中心으로―』（釜山大学校大学院史学科碩士学位論文））。これは下流域では洛東江を境に、辰韓と弁韓がはっきりと区分されていたことを示唆しているのではないだろうか。

(4) 各地域の「国」内の中心集団と他集団との間の関係を、「不能善相制御」と表現する『魏志東夷伝』馬韓条の記録は、このことを傍証する。各「国」内の事情がそうであったならば、「国」間の関係もまたそのような水準を大きく逸脱するものではなかっただろう。

(5) 李賢惠1993「原三国時代論 検討」『韓国古代史論叢』5, pp.18-20。

(6) あるいはこのような理由のために長期に渡って根深い地域意識が残存し、羅末麗初に尚州地域や星州地域が「古寧伽倻」、「星山伽倻」とされたのかもしれない。

(7) 後述するように『日本書紀』に、4世紀中葉までは伽耶として現れる昌寧の比自烌がその代表例である。

(8) 李賢惠1984『三韓社会形成過程研究』一潮閣, pp.188-193。

(9) 李賢惠1984 前掲書, p.182。

(10) たとえば所也峠（大邱－軍威）や甲嶺（永川－義城塔里）などが挙げられる。しかし峠を挟んだ二つの地域はたとえ峠によって通じていたとしても、少なくとも辰・弁韓時期には異なる

第 2 部　4 〜 6 世紀の新羅考古学

生活圏域ないしは政治圏域をなしていたと考えられる。

(11) 以上の地理、地形については、図 1・2 の地図を参照。

(12) 李盛周は、嶺南地方の交通路について傾聴に値する指摘をしているが、地理的障害がほぼない交通路だけに注目し、このような内陸路の重要性自体は看過した（李盛周 1993「1 〜 3 世紀 加耶 政治体의 成長」『韓国古代史論叢』5, p.101 図 6）。

(13) この交通路については、次節で詳述する。

(14) 李賢惠 1988「4 世紀 加耶社会의 交易体系의 変遷」『韓国古代史研究』1, pp.157-179

(15) 崔永俊 1990『嶺南大路—韓国古道路의 歴史地理的 研究—』高麗大学校民族文化研究所, p.65

(16) 権五栄 1996 前掲書, p.95。

(17) Hassig, R. (1991). Roads, routes, and ties that bind, In C. D. Trombold (Ed.), *Ancient Road Networks and Settlement Hierarchies in the New World* (p.20). Cambridge University Press.

(18) 交換のいくつかの方式については、（コリン＝レンフルー・ポール＝バーン（李熙濬訳）2006『現代 考古学의 理解』社会評論, pp.375-377）を参照。

(19) 各地域の物品を中継する方式であったとしてもこれは同様であっただろう。

(20) 宣石悦 2001『新羅国家成立過程研究』혜안, pp.92-93。

(21) 後述するように嶺南地方の中で開発可能な鉄産地の分布をみても、そのような蓋然性は非常に高いといえよう。

(22) 李賢惠 1988 前掲文, pp.163-164。

(23) 李盛周は三韓時期の東海岸の交通路の重要性について、明らかな根拠は提示していないものの前代より弱化していたとみる（李盛周 1993 前掲文, p.109）。一方、李鍾旭は慶州地域の地理的位置こそが東海岸路を通じた辰韓小国の対外交易において、慶州地域が主たる役割を担当するに至った要因とみている（李鍾旭 1979「斯盧国의 成長과 辰韓」『韓国史研究』25, pp.312-313）。

(24) このような局面はもしかすると、斯盧国を征服活動へと向かわせた一つの要因となったのかもしれない。

(25) これは環境決定論ではなく、斯盧国がそのような環境的利点を最大限活用したであろうという観点に立った解釈である。

(26) 姜鍾薫 1991『3 - 4 世紀 斯盧国의 辰韓統合過程에 대한 考察—上古紀年의 検討와 関連하여—』（서울大学校大学院史学科碩士学位論文）。

(27) たとえば（金在弘 1996「新羅〔斯盧国〕의 形成과 発展」『歴史와 現実』21 ,pp.1-37）。

(28) 白承玉は『魏志東夷伝』の不斯国が現在の昌寧地域を指し、『三国史記』にみえる比斯伐の中国式表記とみている（白承玉 1995a「比斯伐加耶의 形成과 国家的 性格」『韓国文化研究』7 釜山大学校韓国民族文化研究所, pp.91-117）。そのような理解を一般化することも一つの方法であろうが、仮に不斯国の場合はそうであったとしても、ほかの国名にはそのような音似さえ認められず、これを一般化することは難しい。また同時に『三国史記』の小国名を『魏志東夷伝』の国名と同じ時期のほかの発音表記と解釈できる訳でもない。

(29) （白承玉 1995a 前掲文）のように『三国史記』新羅本紀・真興王 16 年条の完山州設置記事を、昌寧地域が新羅に初めて服属したと解釈するのであれば、このような理解は多少変わってくる。しかしこの記事は決してそのように解釈することはできず、昌寧地域が新羅領域化したのはそれより遥かに以前に遡ることについては、前章で指摘した通りである。

(30) 金泰植は、当該期にそのように呼ばれていた可能性を完全に否定している（金泰植 1993『加耶連盟史』一潮閣, pp.71-74）。

(31) この時の新羅をすなわち、慶州一帯の斯盧とみて、伽耶七国と新羅に対する攻撃の順序、または方向性を主な根拠として、卓淳を大邱地域に比定する見解もあるが（白承玉 1995b「「卓淳」의 位置와 性格—《日本書紀》関係記事 検討를 中心으로—」『釜大史学』19, pp.83-117）、沙比新羅の場合と異なり特定地域を冠称しない新羅の一地域を攻撃したとみれば、このような理

第Ⅰ章 4世紀における新羅の成長

解は誤りであることが分かる。その記事に出てくる新羅は、おそらく洛東江に沿った新羅の一地域であったのだろう。

(32) 白承玉のように辰・弁韓時期の不斯国を昌寧地域に比定し、それを比斯伐の中国式表記と理解するのであれば、昌寧地域の場合は辰・弁韓時期の名前が後代まで続いたことになる（白承玉 1995a 前掲文）。ただ、ほかの地域は辰・弁韓時期の名前とは直接つながらないため、この見解は一般化できない。むしろこれは、『三国史記』の小国名自体が3世紀中葉以降に新たにできた名前とみる傍証となりうる。

(33) 宣石悦 2001 前掲書, p.129 表15。

(34) たとえば（全徳在 1996『新羅六部体制研究』一潮閣, p.43）。

(35) 現在、興海地域は行政上、浦項市に編入されている。

(36) 音汁伐を安康地域に比定する見解の弱点はここにある。先述のように当時の安康地域は兄山江北岸の狭い地帯に過ぎず、複数の邑落が存在する余地はない。

(37) 李鍾旭は音汁伐国を東海岸地域に位置する小国とみつつも（李鍾旭 1982『新羅国家形成史研究』一潮閣, p.86）、別のところでは斯盧国北側東海岸と近い安康地域のどこかにあったとするなど多少曖昧である（李鍾旭 1982 前掲書, p.85）。

(38) たとえば（宣石悦 2001 前掲書）や（姜鍾薫 1991 前掲書）。

(39) 宣石悦 2001 前掲書, p.130。

(40) 金龍星 1996「新羅의 成立과 成長 過程에 대한 質疑（約定討論要旨)」『新羅考古学의 諸問題』（第20回 韓国考古学全国大会）, p.136。

(41) 金在弘は、『三国史記』のこれらの小国をすべて同じ水準の「伐国」とみた（金在弘 1996 前掲文）。しかし地域単位自体が小さいこれらの海岸沿いの小国は、押督国や多伐国のような盆地中心の小国とは区別する方がよいだろう。

(42) 後の時期の事情を示す高塚群の分布をみると、海岸地域と内陸盆地の小国では、高塚群の数が異なる。たとえば居柒山国の釜山地域は中・大型高塚群が一ヶ所だけであるのに対し、後者の代表的な例といえる大邱地域の場合は何ヶ所もあり、対照的である。

(43) 朱甫暾 1996「麻立干時代 新羅의 地方統治」『嶺南考古学』19, p.30。

(44) ただし、『三国史記』地理志・良州獐山郡条には「伐取押梁小国」として現われ、祇摩王代に「討伐」されたことになっている。

(45) 朱甫暾 1995a「三韓時代의 大邱」『大邱市史』第一巻（通史）, p.147。

(46) 斯盧の範囲を越える広域政治体の成立を新羅とみるのであれば、（斯盧への小国の服属が一度になされたのでない限り、）南側方面が斯盧の麾下に入った時点が新羅の成立ということになる。

(47) 朱甫暾 1998『新羅 地方統治体制의 整備過程과 村落』新書院, p.29。

(48) 朱甫暾 1998 前掲書。

(49) ただし、南江の発源地を経て小白山脈を越え、現在の全羅北道南原へ抜ける道は早くから拓かれていた可能性が高い。

(50) 李賢惠 1994a「1～3世紀 韓半島의 対外交易体系」『古代東亜細亜의 再発見』湖巌美術館, pp.165-178。

(51) 李賢惠 1994b「三韓의 対外交易体系」『李基白先生古稀紀念 韓国史学論叢〔上〕―古代編・高麗時代篇―』一潮閣, pp.51-56。

(52) 李賢惠 1994b 前掲文。

(53) 朱甫暾 1995b「序説―加耶史의 새로운 定立을 위하여―」『加耶史研究―大伽耶의 政治와 文化―』慶尚北道, p.20 註）36。

(54) 李炯佑 1988「伊西国考―初期新羅의 西南方 進出과 관련하여―」『韓国古代史研究』1, pp.7-29。

(55) 両地域の関係が深かったことは、多少時期が新しいものの清道鳳岐里遺跡で昌寧様式土器が出土している点から間接的に裏づけられる（慶尚北道文化財研究院 2006『清道 鳳岐里 遺蹟』)。

143

(56)「二十三年（102）秋八月、音汁伐国与悉直谷国争疆、詣王請決。王難之。謂金官国首露王年老多智識、召問之。首露立議、以所争之地属音汁伐国（中略）以兵伐音汁伐国。其主与衆自降」（『三国史記』新羅本紀・婆娑尼師今23年条）。

(57)（宣石悦2001 前掲書, p.134）も同様の見解を示している。

(58)「二十一年（77）秋八月、阿浪吉門与加耶兵、戦於黄山津口」（『三国史記』新羅本紀・脱解尼師今21年条）。

(59)（東潮1987「鉄鋌の基礎的研究」『橿原考古学研究所紀要 考古学論攷』12, p.133）の図17 から引用。これは当時までの鉄鉱山について言及した考古学、古代史の論文と鉄鉱山に関する文献を総合して作成されたものである。

(60) これは（文暻鉉1973「辰韓의 鉄産과 新羅의 強盛」『大丘史学』7・8, pp.99-102）に列挙された『世宗実録地理志』と『東国興地勝覧』収録の鉄山リストをもとに図15から抽出したものである。

(61) 李賢惠は斯盧が東南方面を攻略した主目的が鉄の確保にあったとみている（李賢惠1995「鉄器普及과 政治権力의 成長—辰弁韓地域 政治集団을 中心으로—」『加耶諸国의 鉄』仁済大学校加耶文化研究所, p.22）。

(62) 韓国文化財保護財団1998『尚州 青里遺蹟（Ⅷ）』。

(63) 先に挙げた尚州青里遺跡は、金泉地域から北側の尚州地域へ至る交通路上に位置する。

(64) ひょっとするとこの朝貢は鶏立嶺、竹嶺を通じてなされたのかもしれない。

(65) たとえば東莱福泉洞古墳群と蔚山中山里古墳群を比較する場合などがこれにあたる。

(66) 国立慶州博物館2000『慶州 隍城洞 遺蹟 Ⅰ・Ⅱ』。慶北大学校博物館2000『慶州 隍城洞 遺蹟 Ⅲ・Ⅳ』。啓明大学校博物館2000『慶州 隍城洞 遺蹟 Ⅴ』。

(67) 国立慶州博物館2002『慶州 隍城洞 古墳群Ⅱ』。慶州大学校博物館2002『慶州 隍城洞 古墳群 Ⅲ』、東国大学校慶州캠퍼스博物館2002『隍城洞古墳群』など。

(68) 権五栄は斯盧国の国邑が隍城洞遺跡の鉄器製作と供給を管掌していたとみており、妥当な見解である（権五栄1996「三韓社会 ‘国’의 構成에 대한 考察」『三韓의 社会와 文化』韓国古代史研究会, p.51）。

(69) 啓明大学校博物館が発掘した隍城洞1次タ地区の遺構がそれである。その年代については2世紀前半～中頃とみる見解もあるが（孫明助1997「慶州隍城洞製鉄遺蹟의 性格에 대하여」『1～3 C 慶州地域의 遺蹟과 文化』（1997年度 第16回 新羅文化学術会議 発表文）, p.34）、巾着形壺の型式からみて遅くとも1世紀初めの遺構とすべきだろう。

(70)（文暻鉉1973 前掲文, pp.6-7）参照。

(71) 詳細な内容は（尹東錫・大澤正巳2000「隍城洞遺蹟 製鉄関連遺物의 金属学的 調査」『慶州 隍城洞 遺蹟 Ⅱ』国立慶州博物館）参照。

(72) 孫明助1997 前掲文, p.35。

(73) 鉄製鍬鋤先が生産力発展においてもつ重要性については、（李賢惠1990「三韓社会의 農業 生産과 鉄製 農器具」『歴史学報』126, pp.55-58）を参照。

(74) 国立慶州博物館2002 前掲書。

(75) 金亭坤1996『新羅 前期古墳의 一考察—中山里 遺蹟을 中心으로—』（東義大学校大学院史学科 碩士学位論文）。

(76) 金龍星1996「林堂 1A-1 号墳의 性格에 對하여—高塚의 始原的 様相—」『碩晤尹容鎮教授 停年退任紀念論叢』, pp.311-343。

(77) この問題を含めた慶州地域の木槨墓に関する最新の議論は、（李在興2006『慶州地域 木槨墓 研究』（慶北大学校大学院考古人類学科碩士学位論文））を参照。

(78) 前者には慶山林堂・造永洞古墳群が該当し、後者には蔚山中山里古墳群が該当する。

(79) 洛東江下流域の初期馬具を検討した申敬澈は、最も古い馬具が出土した古墳を東莱福泉洞69号墳とし、その年代を4世紀第2四半期に比定したが（申敬澈1994「加耶 初期馬具에 대하여」

『釜大史学』18, pp.263-295）、氏の5世紀代の古墳の年代観は本書の年代観より30 ～ 50 年ほど遅いため、69 号墳は遅くとも4世紀初めと判断される。

(80) 金斗喆 2000『韓国 古代 馬具의 研究』（東義大学校大学院史学科博士学位論文）。

(81) これに加えて陸路を通じた人的・物的資源の移動も遥かに早くなり、陸路交通網の効率も上がったものとみられる。

(82) （崔鍾圭 1995『三韓考古学研究』書景文化社, p.174）と（李仁淑 1993『韓国의 古代 유리』創文, p.18）を参照。

(83) 宋桂鉉・洪潽植・李海蓮 1995「東萊 福泉洞 古墳群 第5次 発掘調査 概報」『博物館研究論集』3 釜山広域市博物館, pp.1-117。

(84) 金龍星 1996「土器에 의한 大邱・慶山地域 古代墳墓의 編年」『韓国考古学報』35, pp.79-151。

(85) 崔恩珠 1986「韓国曲玉의 研究」『崇實史学』4, pp.72-79。

(86) 早乙女正博・早川泰弘 1997「日韓硬玉製勾玉の自然科学的分析」『朝鮮学報』162, pp.21-42。

(87) コリン＝レンフルー・ポール＝バーン 2006 前掲書, p.387。威信財システムに関する議論については（穴沢咊光 1995「世界史の中の日本古墳文化」『江上波夫先生米寿記念論集　文明学原論』, pp.401-424）も参照。

(88) 李熙濬 1996「慶州 月城路 가-13 号 積石木槨墓의 年代와 意義」『碩晤尹容鎭教授 停年退任紀念論叢』, p.307。

(89) 金元龍 1986『韓国考古学概説』（第3版）一志社, p.231。

(90) これは（金元龍 1986 前掲書）で既に示唆されている。

(91) 権五栄 1996 前掲書, pp.201-202。

(92) 宋桂鉉・洪潽植・李海蓮 1995 前掲文, p.62。

(93) 月城路カ-13 号墳より古い慶山林堂 1A-1 号墳からは銀製空球、素環の金銅製細環耳飾が出土している（金龍星 1996 前掲文, pp.311-343）。これもまた慶州地域と深い関わりをもつ可能性が高い。

(94) 崔鍾圭 1983「中期古墳의 性格에 대한 若干의 考察」『釜大史学』7, p.9。

(95) 釜山大学校博物館 1990『東萊福泉洞古墳群Ⅱ』。

(96) 申敬澈 1991「金海大成洞古墳群의 発掘調査成果」『加耶史의 再照明（金海市昇格 10 周年記念学術会議 発表文）』, pp.48-50。

(97) 朱甫暾 1998 前掲書, pp.33-34。

(98) 以上、第1部第Ⅱ章参照。

(99) これはローマが紀元前4世紀中葉以降、周辺国を服属させ、「ラテン同盟」から「ローマ連合」へと変身したことを示す（塩野七生（김석희訳）1995『로마인 이야기』1（로마는 하루아침에 이루어지지 않았다）, p.217）〔塩野七生 1992『ローマ人の物語Ⅰ　ローマは一日にして成らず』新潮社〕の図を援用したものである。

(100) 李基白・李基東 1982『韓国史講座』Ⅰ（古代篇）一潮閣, pp.149-150。

(101) 朱甫暾 1990「韓国 古代国家 形成에 대한 研究史的 検討」『韓国 古代国家의 形成』民音社, pp.232-233。

(102) 李基白らはこれを貴族国家段階とした（李基白・李基東 1982 前掲書）。

(103) 国立慶州博物館・慶北大学校博物館 1990『慶州月城路古墳群』。

(104) 4世紀初めの交易システムの変動と高句麗と新羅の交易関係に関しては、（李賢惠 1988 前掲文, pp.167-171）を参照。

(105) 朱甫暾 1998 前掲書, p.33。

(106) 先述したように土器様式に現れる証拠からみる限り、この交流は基本的にいくつかの地域間に多元的に起こったものではなく、慶州地域と該当地域間との間の一元的交流という様相を呈するものである。

(107) 朴淳發の見解を参考にすれば、百済の場合はこのような共通土器様式の存在、すなわち百済土器を認識し、解釈する際にそれほど大きな問題は起きていないようである（朴淳發 1992「百済土器의 形成過程―漢江流域을 中心으로―」『百済研究』23　忠南大学校百済研究所,pp.21-64）。文献史料から百済という歴史的実体が当然視されているためであろう。嶺南地方で土器様式が政治体と関連するのかしないのかなどという論争があるのは、新羅と伽耶という二つの政治体と関連するためであるが、百済土器の場合を考慮すれば、複雑に考えずとも容易に解決できる問題のようにもみえる。

(108) これまでの調査と報告に対する研究史の概要については、(宋桂鉉・洪潽植・李海蓮 1995 前掲文,pp.1-3) を参照。

(109) これは低所の大型墳全体ではなく、その横に造営された大型墳群に対応する小型墳群の可能性がある。

(110) 中位部の大型墳群はもう一つの異なる集団で、二つの集団が継起的に盛衰を繰り返した可能性が高いものの、資料が不足しているため答えを保留しておく。

(111) 慶州様式土器の模倣によって成立した釜山様式土器の出土例〔の嚆矢〕として、福泉洞 10・11 号墳を挙げることができる。

(112) このような形態の墓も積石木槨墓の範疇に入れるべきことに関しては、(李熙濬 1996 前掲文) を参照。

(113) 図 9 参照。

(114) 高所側の積石木槨墓（25・26 号墳）が先に築造されている点も意味深長である。

(115) 陶質土器の出現を前後して、釜山地域と金海地域の土器文化の共通性が高まることは広く指摘されていて、当時の両地域の関係を示唆する証拠といえる。しかしそれを拡大解釈して釜山地域を金海地域と同じく弁韓であったと断定したり、両地域が当時に一つの政治的単位をなしていたと解釈することはできない。新羅・伽耶土器段階の土器様式と、その前の古式陶質土器段階の土器様式のもつ意味を同じ次元で解釈することはできないためである。さらにそこから出発してその後も両地域が金官伽耶という一つの政治的単位を構成していたとみる観点は到底受けいれがたい。

(116) これに対しては（李賢惠 1988 前掲文, pp.157-179）を参照。

(117) 朴天秀 2007「5～6 世紀 湖南 東部地域을 둘러싼 大伽耶와 百済」『交流와 葛藤―湖南地域의 百済, 加耶, 그리고 倭―』(第 15 回湖南考古学会定期学術大会), p.134。

(118) 金泰植 1994「咸安 安羅国의 成長과 変遷」『韓国史研究』86, pp.51-52。

(119) 朱甫暾 1995b 前掲文, p.47。

(120)「尼師今使王孫捺音、率近郡及六部軍往救」(『三国史記』勿稽子伝)。

(121) 慶山林堂・造永洞古墳群では盗掘のためにはっきりとしないものを除いても、金銅冠（片）が確実に出土した古墳は 5 世紀第 1 四半期までで 4 基を数え、それ以降も 5 基を数える。(金龍星 1998『新羅의 高塚와 地域集団―大邱・慶山의 例―』春秋閣, pp.82-84) の表 3 を参照。

(122) 朱甫暾 1996 前掲文, pp.31-32。

(123) ただし、共伴するほかの着装型威信財は、金銅冠より下賜年代が遅れる可能性もある。

(124) 慶山地域のもう一つの主要邑落の古墳群である新上里古墳群は、年代が多少新しいものの、積石木槨墓のみで構成される高塚群であり、実状はそれほど単純ではなかったようである。これに関する議論については、(李熙濬 2004「慶山 地域 古代 政治体의 成立과 変遷」『嶺南考古学』34, pp.25-33) を参照。

訳註

〔1〕「弁辰与辰韓雑居」(『魏志東夷伝』弁辰条)。

〔2〕『魏志東夷伝』馬韓条に引用された『魏略』には、廉斯邑の右渠帥であった廉斯鑡が王莽代（地

皇年間（20-23年）に楽浪郡に帰化したことが記されている。廉斯邑については忠清南道瑞山とみる意見もあるが、李賢恵は『魏書東夷伝』に記された辰韓12国以前に「斯盧国または衛氏朝鮮系の流民と密接な関係をもっていた一連の政治集団群の一つ」と理解している（李賢恵1984『三韓社会形成過程研究』一潮閣, p.182）。

〔3〕『三国史記』や『三国遺事』は、南海岸一帯に所在した八国（骨浦、柒浦、古史浦（古自）、保羅、史勿など）が加羅または安羅を襲い、新羅と戦ったことを伝えており、この戦いのことを指す。『三国史記』新羅本紀・奈解尼師今14年（209）条と『三国史記』勿稽子伝、『三国遺事』勿稽子条の伝える内容には齟齬もあり、時期や浦上八国の位置、乱の性格については研究者によって見解が異なり、意見の一致をみない。

第2部　4～6世紀の新羅考古学

第Ⅱ章　5世紀における新羅の地方支配

　麻立干期に関する史料の乏しい文献史学からは、4世紀後半から5世紀代にかけての変化を通時的に扱うことはもちろん、各地域の具体相を比較検討することも困難である。そのためか4世紀と5世紀を区分することなく、新羅全域をおしなべて間接支配したと理解されがちである。文献史料に対する精緻な分析から間接支配の類型を抽出し、特定地域において各類型が段階的に施行された可能性を指摘する見解もあるが[1]、それを具体的に証明できる地域がある訳ではない。文献史学において4世紀と5世紀を区分して地域ごとの実態を具体的に把握したり、相互に比較することは、相当に困難な作業であるといってよいだろう。

　先述のように考古学においても、4世紀代までの資料はまだ不足しており、地域に焦点をあてて研究を進めることは非常に困難である。しかし5世紀代については、地域ごとに多少の偏差はあるものの、相当な質・量の資料が蓄積しており、各地域の姿をある程度推し測ることが可能であり、かつそれをもとに地域間の比較を試みることもできる。この点は考古学が文献史学に勝る若干の長所ではないかと思われる[2]。また、5世紀代と4世紀代の差異についても検討することができる。もちろん資料をどのように分析・総合してその目標を達成するかが肝要であろうが、ひとまずそれにアプローチするための手がかりとなる当該期資料は、既に確保されているのである。

　本章では、5世紀の新羅各地に築造された高塚に焦点をあて、当該期における新羅の地方支配について探ってみたい。可能な限り4世紀の様相と比較しつつも、まずは新羅の領域内における慶州と各地域間の関係変化を明らかにすることに重点をおく。具体的にはまず、5世紀における新羅高塚の意義について論ずる。次にそれをもとに各地域の状況を概観し、5世紀における地方支配の様相を整理する。最後に、5世紀後半に本格化しはじめる高塚の衰退現象について、新羅の地方支配進展の産物とみる立場から、簡単に検討してみたい。

1. 新羅における高塚の意義

　第1部第Ⅲ章で明らかにしたように、新羅の各地域でこれまでに発掘された高塚は、おおむね5世紀代に属する。もちろん洛東江以東地方の高塚がすべて5世紀に帰属するとまではいいきれないが、その中心年代が5世紀代にあったことについては動かないだろう。とりわけ各地で群をなして築造される高塚はそのようにみてよさそうである。この点において、5世紀は高塚群の時代ということができる。この時期、斯盧から各地域に威信財が様々なかたちで下賜され、高塚の築造が本格化し、新羅土器様式の統一性が次第に強まっていく。洛東江以東地方の各地域で認められる高塚現象[3]の背景に、新羅国家の地方支配の進展が深く関わっていた可能性については、既に指摘した通りである。ここからはそれを土台として、5世紀代の新羅をより鮮やかに描きだすために、各地域において高塚がもつ意味について、より詳しくみてみたい。

　高塚が、それ以前の古墳とは質・量ともに大きく異なることについては、第1部第Ⅱ章におい

148

第Ⅱ章　５世紀における新羅の地方支配

て再三述べてきた通りである。ただしそこでは、各地における高塚の出現が新羅の地方支配と関連することの論証に焦点を合わせたために、各地で高塚が本格的に群を形成する段階に認められる定型性については言及しなかった。ここからは、その中でも最も重要な定型性を一つだけ指摘した上で、高塚の意義について論ずることとしよう。

　各地域の高塚群を概観すると、一地区の高塚群がいくつかの小集団によって築造されていることが分かる。これはすべての地域で明瞭に認められる訳ではないものの、大古墳群の形成された慶州地域や高霊地域、または咸安地域では容易に確認できる。これらの地域がそれぞれ新羅と伽耶の核心地域であることを考慮すれば、そのような造営様相が該当地域の政治的発展と何かしらの関連があったことは明らかである。すなわち〔高塚群の造営は〕５世紀に入って、各社会に何らかの質的変化が起きたことを示唆する現象といえよう。

　同じような現象は大邱地域の達城古墳群においても認められる。これについて朱甫暾は、古墳群全体を血縁関係にある支配集団の共同墓地とみた上で、その中で家系集団が分化し、それらの間にかなりの政治的、経済的差異が生じていたことを示すと解釈した[4]（図19）[5]。

　このように高塚がいくつかの小集団ごとに築造される現象は、大邱地域の達城古墳群のような中心地区古墳群、すなわち辰・弁韓時期の国邑に該当するような地区の高塚群において明瞭に確認することができる。その墓域全体が一血縁集団のものであるのか、中心邑落の支配層を構成する複数の血縁集団のものであるのかどうかについては俄かに判断しがたいが、少なくともその一部は、一血縁集団内での分化を反映していることは確かであろう。もしそうであるならばこれは、それ以前にはみられなかった新しい現象であり、古墳の変遷において非常に重要な変化ということができる。

　第１部第Ⅱ章で述べたように、高塚の出現は、辰・弁韓以来の古墳の変遷において、量的にも質的にも明らかに一つの画期をなす考古学的な現象である。したがってその出現は、それ以前とは異なる社会的状況を反映しているとみて大過ないであろう。４世紀代の木槨墓または石槨墓の古墳群[6]については、個々の墳丘がさほど目立たず、古墳の築造された丘陵全体があたかも一つの墳丘をなすかのような状況をみても分かるように、先代からの共同体的な様相が強く認められる。これに対して５世紀代の高塚は、明らかな個別性、誇示性をもち、共同体的な様相から逸脱した様相を示している。高塚群がいくつかの小集団によって造営される現象もまた同様である。このように辰・弁韓以来の共同体成員から次第に分離した支配層が、排他的な墓域に、誇示性、存続性が強い墳丘を築造し、個別性を追求することを通じて、支配層内における彼我を明確に区別しようと試みた様子を読みとることができる。

　このような高塚が出現するに至った契機は、一体何だったのであろうか。これまでその理由を説明しようとする試みは皆無であった。それは地域社会全体が発展するにしたがって、またはその支配層の権力が成長するにしたがって、自然と現れた結果であり、多分に自然な進化現象であるかのように受け取られてきたためかもしれない。古墳資料の地域間類似性を解釈する際にしばしば取りあげられる地域間の文化的影響、すなわち模倣によって高塚が現れたといった見解は、このような理解の賜物である。また、高塚を各地域の独自性を象徴するかのように捉える見解も、このような解釈と表裏をなしている。要するに、各地域の高塚を政治的に独立し、自治的であっ

149

第2部　4〜6世紀の新羅考古学

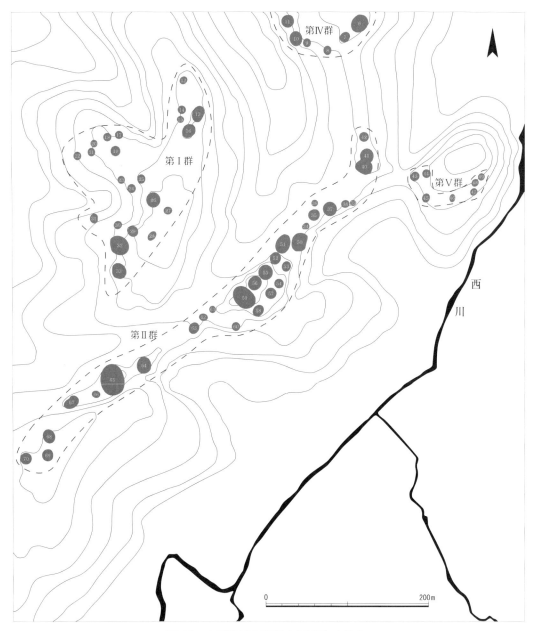

図19　大邱達城古墳群（高塚群）の分布

たことを示す指標とみなすのである。それゆえに、洛東江東岸のいくつかの地域については、5世紀になっても新羅の領域でないことはもちろん、甚だしくは影響圏の中にさえ入っていなかった地域、あるいは影響圏の中に入っていたとしても政治的には依然として伽耶であった地域、という解釈がなされてきた。高塚現象が各地域の政治、経済的成長を示す以上、各地域が新羅の支配下に入っていれば、このような現象は生じえないと考えているようである。

　もちろん先述した高塚現象の誇示性と地域色だけに注目すれば、高塚を各地域の独自性を象徴するものとみなすことは、十分可能である。また高塚にみられる質的、量的変化は、前時期より

も一層深化した社会分化や、それにもとづいた労働力の動員などを前提とするもので、一次的にはそれが所在する地域社会の主体的変化を背景に出現したとみるほかない。しかし、各地域が量的、質的に急激に変化する契機は、そのような理解だけで説明できるほど容易ではない。高塚現象は、主要地域の古墳変遷において一つの段階として認められるが、その初現年代は地域ごとに異なり、単純に地域間の模倣現象とは片づけられない。

　嶺南地方全域の高塚の墳丘形態が、おしなべて平面円形や楕円形をなす点からみて、高塚築造に文化的模倣という側面がまったくなかったとはいえないだろう。しかしその模倣は、ある地域において高塚が築造される条件が成熟して初めて実現されるものであり、そういった条件が整わなければ、ほかの地域における高塚の築造をいくら認識していたとしても決して起こることはない。その条件には、地域社会がそれ以前より顕著に成長したということもあるだろうが、地域社会の分化が進み、一定水準の政治的進化を達成したことが最も直接的な条件となったであろう。新羅とは若干異なる面があるかもしれないが、金官伽耶の中心地である金海地域に高塚らしい高塚が存在しないことは、これに対する逆説的な証拠となりうる。金官伽耶は一時、伽耶を代表するかのような存在となり、文献史料から6世紀前葉までは存在したことが分かっている。にもかかわらず、その中心地である金海地域で高塚の集中分布地が発見されない理由は、ほかの地域で高塚の出現する頃にこの地域の社会進化の速度と強度が急激に鈍くなったことに求められそうである。社会進化がそのように急に鈍化する原因と契機についてここでは詳論しないが、嶺南地方に高塚が出現する前後にあたる400年の高句麗南征の後に金海地域が経た歴史に求められることは明らかである[7]。

　高塚現象は総体的に解釈する必要があり、表層的にみるだけでは決して理解することができない。各地の高塚について、ほかの地域の高塚を単純に模倣しただけの文化的現象とみる解釈は、洛東江以東地方の高塚に必ず地域様式の新羅土器と慶州式金工威信財が副葬されるという重要な事実を看過しているといわざるをえない。この金工威信財は、慶州式であると同時に洛東江以東様式、すなわち新羅式でもある。洛東江以東地方各地の中心地区で、群をなして築造される高塚の最も古いものに慶州式威信財が副葬されている事実は、高塚群の出現と慶州式威信財の副葬の間に深い関係があったことを示している。またこの威信財は、高塚被葬者の死亡時ではなく、生前に下賜されたものであることから、威信財は高塚群の出現に先立って下賜されたと考えることができる。両者の間には何らかの因果関係があった可能性が高いといえよう。たとえば慶山地域の林堂・造永洞古墳群をみると、林堂7A号墳や造永洞EⅢ-2号墳は、（それ以前に築造された高塚より高い位置にあり、）小群をなす高塚群の中でそれぞれ最初に築造されたと考えられているが、これらからはやはり新羅式金工威信財が出土しているのである。

　高塚現象を単なる各地域の独自的、自治的成長の結果とみる解釈では、高塚群がいかにして洛東江以東地方全域に形成され、なぜ慶州から下賜された新羅式威信財が副葬され続けたのか、という疑問には答えることができない。各地域における高塚群造営現象と同一様式の威信財の共有には、相関関係があるのみならず、因果関係があることは明らかで、両者を独立した現象であるかのようにみなすのは誤りである。

　威信財とは、序列化が進展した社会において個人の社会的地位を誇示する政治的機能をもつ器

第2部　4〜6世紀の新羅考古学

物を指す。高位層からの下賜行為自体が高度な政治的現象であることを踏まえれば、威信財下賜と高塚現象の時間的前後関係は、前者が後者という結果をもたらす上で、一定の役割を果たしたことを示している。各地域の威信財がいずれも新羅式であるという事実は、それが該当地域社会内での地位の象徴であると同時に、新羅国家という枠組みにおける地位の表徴でもあることを示しており、第1部で述べたように4世紀に始まる新羅国家による間接支配という政治的現象は、地域における高塚出現の重要な契機となったことを知らしめる事象といえる。

　前章において、4世紀を前後した時期におけるヒスイ製威信財の分与が、辰・弁韓時期とは異なる関係、すなわち新羅初期の斯盧と地方の間の支配−被支配関係を示唆している可能性について指摘した。金工威信財の下賜は間接支配のさらなる強化を示すものと考えられる。このような間接支配の強化によって、中央政府である斯盧を背景とする各地域支配層の政治、経済力は否応なく高まったとみられる。〔各地域における〕高塚の築造は、その一つの帰結といえよう。

　高塚の出現は、一般に地域社会全体の成長を示すものといえるが、具体的には地域社会の権力と富が、高塚出現以前とは比較にならないほどに支配層に集中するに至ったことを意味する。すなわち、その出現は共同体的性格が強かった辰・弁韓時期の各地域邑落社会が次第に分化し、新羅に統合され、新羅国家の間接支配を受けることで、各地域における支配層と被支配層の分化が加速化していったことを如実に示している。間接支配とは、地域支配層の政治、経済的基盤を解体することなく、彼らを通じて各地域を支配する方式であり、もとよりみずからの権力基盤をもっていた地域支配層は、中央政府の権力の委任を受けることで一層強化された権力を共同体成員に行使できたものとみられる。莫大な労働力が動員されたであろう高塚の築造は、このような社会変化を背景とする。墓に副葬される遺物の量や質の著しい飛躍は、まさに富の集約を象徴するものといえよう。そして、共同体の一般成員とは墓域を異にした支配集団にもほどなくしてさらなる分化が起きたようである。小集団が別々の高塚群を造営するようになったり、高塚群の中に小グループが形成される状況から、小集団が彼我を区別するようになったことが分かる。

　高塚群の出現が新羅国家による地方支配の強化と密接な関係にあることを間接的に裏づける現象が、4世紀末から5世紀初め頃にみられる鉄製農具の変化とそこから推測される農業生産力の増大である。これまで邑落共同体の解体を加速化した要因に農業生産力の増加が挙げられてきたが、それがどのような過程で進行したのかについては、漠然とした説明しかなされてこなかった[8]。また、生産力の増大をもたらした農業技術の発展について自然に起こった現象かのようにみられているが、各地域における技術発展は独りでに起きたとは考えにくく、その過程に対する説明が必要であろう。文献史学においては農業生産力の増大がおおよそ4〜6世紀にかけて起きたと把握されるのみで、4・5世紀と6世紀さえも区分できないという限界を抱えている[9]。

　しかし高塚現象を媒介にすることによって、農業生産力の増大過程についても理解することがある程度可能となる。すなわち、高塚築造が地域社会の生産力の増大を前提とするものであるならば、（逆説的かもしれないが、）そのような生産力の増大が新羅国家の地方支配に始まり、地方支配が強化される過程で生産力が一層増大した可能性を考えてみることも可能かもしれない。

　4〜6世紀にかけて起こった農業生産力増大の主要契機として、これまでも鉄製農具の普及が挙げられてきた。そのこと自体は否定しない。だが、4世紀のみをその画期とみて、以後6世紀

第Ⅱ章　5世紀における新羅の地方支配

表6　U字形鍬鋤先とサルポが出土した古墳

区分	古墳名	U字形鍬鋤先	サルポ	区分	古墳名	U字形鍬鋤先	サルポ
慶州	皇南大塚南墳	○		地方	昌寧　校洞1号	○	
	皇南洞破壊墳1槨	○			昌寧　校洞3号	○	
	皇吾里16号7槨	○			昌寧　校洞89号	○	
	皇吾里16号10槨	○			慶山　造永洞CⅡ-1号	○	
	仁旺洞20号	○			慶山　造永洞EⅡ-2号	○	
	味鄒王陵地区34-3槨	○			慶山　造永洞EⅢ-2号	○	
	安渓里32号	○			慶山　造永洞EⅢ-6号	○	
	金鈴塚		○		昌寧　桂南里1号		○
	飾履塚		○		昌寧　校洞7号		○
	壺杅塚		○		大邱　達城51号2槨		○
	味鄒王陵地区7地区5号		○		大邱　達城55号		○
	皇南洞82号西塚		○		義城　大里里古墳1墓槨		○
					義城　塔里Ⅰ槨		○

までを一括りにして理解する点は少し問題である。辰・弁韓以来の鉄製農具の変遷の中で、それが4世紀代以降に普及していくこと自体は事実である。ただし、農業生産力の増大を具体的に示す農地の拡大や、農業技術の向上を実証的に裏づけることのできる農具の存在に焦点をあててみると、各地の農業生産力が実際に大きく変化する時期は、4世紀後葉頃、遅くとも5世紀初め以降であると思われる。主として水稲耕作に用いられた農具であるU字形鍬鋤先とサルポがその点をよく示している。

　U字形鍬鋤先やサルポの出土した古墳を示した表6をみると[10]、まずこれらの古墳がいずれも4世紀後葉以降の高塚である点が注目される。とりわけU字形鍬鋤先をみると、慶州地域では5世紀前半まではおおむね大型墳に副葬され、それ以後は小型墳に副葬される傾向が認められるのに対して、地方の高塚では例外なく最高位クラスの高塚にのみ副葬される。サルポもまた、各地域の最高位クラスの高塚から主に出土する。サルポについては、各地域の最高首長の埋葬された大型墳からはほとんど出土せず、次の「階層」（位階）に該当する中・大型墳から出土するとみる見解もあるが[11]、これは出土古墳の年代差を考慮せずに分析したためと思われる。慶州地域でこそ最高位階の次の位階の高塚から出土するものの、地方においては主として最高位階の高塚にまず副葬され、時間が経つにしたがって次の位階の墓へ副葬されるようになるとともに最高位階の古墳への副葬が中断するようである。

　ところで4・5世紀の洛東江以東地方における鉄器の生産と流通に関しては、慶州地域の支配層が鉄原料と鉄製農具の生産を管理することで地方支配層を統制し、地方支配層も慶州勢力との関係のもとにこれを大量に所有することで邑落民を統制したとみる見解が提示されている[12]。まだ鉄器の組成分析など具体的研究がほとんど進展しておらず、検証すべき課題は山積しているものの、妥当な推定と看取され、上述のU字形鍬鋤先やサルポの副葬様相は、このことを間接的に後押しする。

　このようにU字形鍬鋤先やサルポは、水田の拡大や耕作技術の発達と密接にかかわる農具と理解することが可能である[13]。また新羅において地方の農業生産力が大きく増大しはじめる時期

については、ひとまず4世紀後葉頃とすることができる。それらが地方で最高位階の高塚に限定して出土する様相は、地域生産システムの頂点にあったであろう勢力が、そのような生産力の増大を主導したことを示している。そして地方における農具の製作や普及が、斯盧と何らかの関連性をもっていたのであれば、地方における生産力の増大は、結局、新羅国家の間接支配と関わっていたことになる。換言すれば新羅各地域における生産力増大は、新羅国家による地方支配の強化に伴って、各地域内の支配層に権力が一層集中していったことを意味すると同時に、各地で前代以来進行していたであろう共同体の解体を一層加速させたとみられるのではないだろうか。

このような経済的変化を間接的に反映する現象こそが、地域土器様式の成立である。既に述べたように新羅土器様式の地域様式は、4世紀後葉頃に成立したと考えられるが、それらは一体いかなる脈絡のもとに成立したのであろうか。

まずそれらは、地域様式という名前が示すように、あくまで汎新羅様式内における一様式に過ぎないことを忘れてはならない。かつては、それらをそれぞれ独自の様式であるかのようにみたりもしたが、今日では、純粋に考古学的にいえば洛東江以東様式であり、歴史的解釈を加えれば新羅様式というべき土器様式の中の一つの単位とみなければならない。

この地域様式は、既に述べたように高塚群の出現に先行して形成される傾向が認められる。すなわち、各地の高塚群において最初に築造された高塚の被葬者の生前には、既にこのような様式が成立していたようである。そうであれば、これは新羅式威信財の下賜とおよそ軌を一にする現象といえ、二つの現象は表裏一体の関係にあった可能性が高い。すなわち地域様式の成立は、威信財の下賜という政治的変化に伴ってもたらされた経済的変化の一様相である可能性が高い。おそらくこれは、斯盧と強い政治的関係をもつに至った地域支配層が、地域内の生産組織を強力に掌握し、統制することによって、多元的であった域内の生産単位が一元化され、物資の生産および流通に関連する斯盧と地方の情報の交流がより円滑となったために起こった現象とみられる。

以上みてきたように、慶州を除く新羅各地域の高塚現象は、一見矛盾するかのような二面性をもっていて、この二面性は、麻立干期における新羅各地域の存在様態と地域支配層の位相を象徴的に示している。高塚の内部構造は、各地域の独自性を強調し、土器にみられる地域色もまた同様である。その一方で、古墳から出土する威信財などからは、慶州斯盧に強く依存していた様子がうかがえる。土器の地域色もあくまで新羅様式という範疇の中に収まるものである。それゆえか内実は新羅政府に従属していながらも、外見上は独自性を標榜しようとしているかのようにさえ感じられる。もちろんその独自性も一定の枠組みから逸脱するものでは決してない。

先に洛東江以東地方の各地域は、新羅に統合されていく過程で辰・弁韓以来の「国」としての独自性を失い、新たな地域名のもとに新羅国家の間接支配を受けるようになったと想定した。このような状況の中で、既存の支配層が地域住民にみずからの統治の正当性を示すために高塚を築造したとみるのは憶測が過ぎようか。しかし、このような二面性は時間が経つにしたがって、次第に薄れていき、その実体を露わにしはじめる。たとえば、地方の高塚の内部構造が汎新羅様式の横口式石室へと変化し、それとほぼ同時に土器の地域色も薄まっていき、やがては完全に統一された新羅様式へと収斂する。これらは、麻立干期末期に新羅国家から各地方に地方官が派遣され、地域支配層にとって代わることによって起こった変化だったのであろう。

第Ⅱ章　5世紀における新羅の地方支配

　最後に、高塚の意義を考えるにあたって留意すべき点について、一つだけ指摘しておきたいことがある。これまでの議論を通じて浮き彫りとなったように、高塚の出現が一つの画期となる現象であるからといって、それをもって国家成立の指標とみることは、その現象やそれがもつ問題を、あまりに単純化した視角であるということである。事実、これまでの歴史考古学においては、辰・弁韓以来の墳墓の連続的変遷過程においてそのような指標を探したり、設定することに没頭してきた面がある。古墳の概念を多角度から規定し、そのような概念規定に符合する古墳の出現が、すなわち国家の発生を示すといったアプローチ[14]はその一例といえよう。もちろん墳墓の変遷上において、いくつかの明確な変化が存在することは事実であり、それぞれ一定の意味をもっているのであろうが、あえて国家の発生といった面からそれらを解釈する必要はないだろう。発展を重ねていく中での一つの画期としての意味は否定しないが、かといってその意味を過度に強調し、前時期との断絶を強調する必要はない。前時期との間にみられる重大な差異がもつ意味を連続的な社会進化過程の中で説明すれば、それで足りることである。墳墓の変化を根拠とする社会進化論と、国家をどのように定義するのかという問題を混同してはならない。

2. 高塚からみた5世紀における新羅の地方

　新羅高塚に関する上述の解釈を基礎に据え、4世紀末から5世紀代にかけての新羅各地域の様相を概観してみたい。その前に、各地域の高塚群の分布相が示す相違性と相似性を解釈する際の基本認識の問題点を一つだけ指摘しておこう。

　洛東江以東地方全体を見わたした時、各地域の高塚群の分布は決して一様ではない。高塚群の数や規模、個々の高塚の大きさなどには相当な地域差が認められる。この違いは何らかの意味をもっているはずであり、単なる偶然では片づけられない。これを多角的に考えていくにあたっては、まずそれらが時空的にどのような存在様態を示すのかを把握した上で、地域間の相互比較をしていくというのが理想的であろう。しかし各地域の各地区の古墳群が悉皆的に発掘調査されている訳ではないため、この方法はまだ現実的とはいえない。ただし斯盧は、各「国」内の統合力がそれほど強力でなかった時点で、各「国」を服属させたと想定され、また一般的に高塚群は前代までの状況を基盤とする地域社会の進化の産物と考えられるため、各地区の高塚群は基本的に辰・弁韓時期以来の各地区の邑落や集落の成長を反映しているとみられる。

　それゆえ、一地域の高塚群を造営した支配階層が地域を移動したとみる見解[15]が成立する余地はない。少し曖昧な表現ではあるものの、一地域内において中心古墳群が移動したと考えること[16]もまた難しい。それよりは各地の古墳群を同時期の邑落または集落の様相と関連づけて地域内の構造を把握することが肝要である。その点で、発掘資料に地表調査資料を加えて単位地域内における古墳群の分布相を把握し、それにもとづいて麻立干期の各地域の内部構造を推定した朱甫暾や金龍星の研究は高く評価される[17]。ただし、一地域内における古墳群の規模や出土威信財にもとづいて各古墳群にランクを設定し［を等級分類し］、さらには何らかの位階関係を想定する方法[18]については、まだ根拠が不足している。位階化を試みること自体は構わないが、そのような考古学的に設定されたランキング［等級分類］の結果をそのまま古墳群造営集団相互間

の統属関係と結びつけてはならないだろう。もちろんある時期以降、古墳群間に位階化が起こった可能性は十分ある。ただし各古墳群の規模や数は、基本的には辰・弁韓以来の各邑落が地域単位内でどのような過程を経て成長していったのかを知る手がかりであり、それらの古墳群は第一義的には邑落および集落単位を示すということをまずはしっかりと認識しておく必要がある。

以下ではこのような視角のもと、既往の地域研究の成果を参考にしつつ、今後、各地域をより深く研究するための基本骨格となる事項を中心に、おおよそ5世紀代の様相を明らかにしてみたい。

1) 各地域の様態

(1) 慶州地域（図20）

新羅各地の様相についてみる前に、新羅の中心地でありプロト新羅ともいうべき慶州地域の様相についてみておく必要があるだろう。

図20　慶州地域の地形と遺跡

慶州地域には慶州盆地中心部と、西側の永川方面から慶州市内に入る途中にある乾川邑金尺里（写真3）の2ヶ所にのみ麻立干期の中・大型高塚群が分布する。これは慶州一帯の地形とそこから推論される斯盧国の範囲、さらには前代の墳墓または古墳群の分布を考慮すると、やや異例といえる。

慶州盆地中心部自体はそれほど広くはないが、そこを中心として四方に長く形成された谷間地区が斯盧の地域単位内に含まれると考えられる。その範囲は、ほかの地域に比して決して狭くはない。北側の安康地域までは慶州盆地と兄山江本流によってつながっており、高塚群が存在しないことからみて前稿で一

第Ⅱ章　5世紀における新羅の地方支配

部修正したように少なくとも安康地域の兄山江以東は早くから斯盧の直轄地であったと考えられる。また、南側の内南方面は兄山江上流域まで、西側もやはり兄山江の支流である大川の発源地である阿火一帯まで、そして南東側は蔚山の太華江河口付近までが斯盧の範囲であったと想定される。この範囲の多くの地点では、

写真3　慶州金尺里古墳群（高塚群）

1〜3世紀の墳墓遺跡が確認されている[19]。それにもかかわらず中・大型高塚群が2ヶ所しか存在しない事実は、何かしらの意味を内包しているとみるべきだろう。

　中・大型高塚群が有力な邑落の存在を示すとみるのであれば、地域の範囲が広いにもかかわらず、それが2ヶ所にしか認められないという事実は、斯盧国邑内の統合力が抜きんでており、それ以外の邑落の成長が大きく抑制されたことに起因すると想定することができる。斯盧国がほかの地域を服属させる際の何よりも重要な基盤が、国内の統合力にあったと考えられていることを踏まえれば[20]、慶州市内の国邑地区と金尺里一帯の邑落以外のほかの地区の邑落は、斯盧の国内統合過程において相対的に微々たる存在へと転落していったと理解することができる。最近発掘された徳泉里木槨墓遺跡[21]一帯の様相はこのような理解を後押しする。徳泉里一帯には内南方面の邑落の中心集落が所在したと推定される。辰韓段階には木槨墓が大規模に築造され、ほかの地区にも大きく引けを取らなかったであろう。しかしそれに後続する高塚段階の古墳は、積石木槨墓を内部構造とするとはいえ、現状では明確な墳丘をもたない高塚群が確認されているに過ぎない[22]。

　問題は金尺里一帯の邑落が、新羅内のほかの地域の高塚群が代弁する単位地区（すなわち邑落）と同じような独自性をもっていたのかどうかである。先に想定した一般論にあてはめるのであれば、そうみるべきだろう。実際に金尺里から永川側に7kmほど離れるものの、その間に何ら地理的障害のない場所に位置する舎羅里では、規模や副葬遺物からみて1世紀代の古墳の中では卓越した水準にある130号墓（写真4）が調査されている。さらに舎羅里は、現在の漢字表記は「舎羅」里だが、慶州一帯においては発音上、「斯羅」または「斯盧」という「新羅」以前の名前と通づる唯一の場所であり、その地でこのような遺構が調査されたことは大変興味深い[23]。ただしこのような音似による比定については『東京雑記』（1669〜1670年）にこの一帯を示すものとして出てくる「沙火郎」が「沙火羅」と読めることから、「斯羅」とつながるかは少し疑問があり、両者は偶然の一致に過ぎないという否定的見解もある[24]。しかし「沙火郎」自体、ともすれば「斯羅」とつなげることができるため、まったくその可能性がなくなる訳ではない。ともかく、舎羅

157

写真4　慶州舎羅里130号墓

里130号墓と金尺里古墳群を合わせて考慮すれば、この一帯に辰・弁韓時期以来の主体的成長の中で形成された有力な邑落が存在した可能性は十分ある[25]。

一方で、異なった解釈をする余地もなくはない。というのも、舎羅里130号墓が築造された時点ではその一帯は強い独自性をもっており、有力な邑落が存在したことが容易に推測されるものの、舎羅里130号墓と金尺里古墳群の間には300年以上の時期差があって、その間に連続性は想定しがたい。両者が空間的にかなり離れている点も考慮すべきだろう。また、金尺里一帯ではこれまで1～3世紀の重要遺跡が発見されていないのに対して、舎羅里では4世紀後半以降も小規模古墳群の造営がつづく。したがって、金尺里古墳群はその造営を開始した、早ければ4世紀後半、おそらくは5世紀代に入って突然、その一帯で優位に立ちはじめ、成長した集落の古墳群と解釈することも可能である。すなわち金尺里古墳群の造営は、現在の慶州盆地を中心に周辺の邑落や集落を強力に統合し、それを基盤として広域新羅を達成した斯盧の支配集団がある時点で分化し、金尺里地区の戦略的必要性によって副次的集落を新たに形成することに伴って始まった可能性が高い。ただし今後、金尺里一帯で高塚に先行する段階の大規模木槨墓群などが確認されれば、このような解釈が成立しえなくなることは改めていうまでもない。

金尺里一帯については、慶州中心部と西側の洛東江を結ぶ交通路上にあり、斯盧の西側を防衛するにあたって極めて重要な地区である点をまず考慮する必要がある。さらにはすぐ西側に密陽地域や清道地域からの道が通る交通の要地でもある。『三国史記』初期記録にみえる斯盧を一時、風前の灯火の危機に陥れた伊西国の侵入は、必ずやここを経由したに違いない。また、伽耶からみても洛東江下流を越えて密陽地域を経て、慶州地域へと至る要所である。要するにこの地区は、慶州地域の西側を防御する上で重視せざるをえない場所なのである。すなわち、斯盧国防御の必要性の増加によって、ここに新たな集落が形成され、高塚の築造が始まったと想定される。このような側面において、この一帯の邑落を必ずしも独自性の強い地区といいきることはできないだろう。

広域新羅の成立後にこの一帯が絶えず重視されたことを反映する現象として、平地の金尺里古墳群に後続する横口・横穴式石室墳群がすぐ南側の山地の芳内里に造営されたことと、この一帯の集落の防御施設であったと考えられる鵲城[26]の存在を挙げることができる。遅くとも6世紀後半頃には存在したと考えられる富山城[27]が西側および西南側方向の防御を同時におこなえた

第Ⅱ章　５世紀における新羅の地方支配

ことからみても、このような解釈は決して無理ではないだろう。金尺里古墳群の埋葬施設が慶州市内の高塚と同じ積石木槨墓であることも[28]、同じ脈絡で理解される。

　慶州地域で調査された高塚に４世紀後半に遡るものはまだ少なく、５世紀の状況を４世紀と対比することは容易ではない。ただし５世紀初めに築造された皇南大塚南墳という良好な基準が、このような資料上の不均衡を多少ではあるものの和らげている。５世紀初めとは、先にみたように４世紀後葉頃に新たな局面に入った洛東江以東地方各地域との関係（新羅の洛東江以東地方全域に対する地方支配確立に要約される）が再び大きく変化していく時期である。その契機とは、おそらく400年のいわゆる高句麗南征であったのだろう。

　南征以降も軍隊を新羅領域内に駐屯させた高句麗は、新羅の王位継承に関与するなど国政にまで干渉し、それによって新羅は高句麗の附庸勢力のような存在になる。しかしおそらくは慶州付近に駐屯したであろう高句麗軍は[29]、伽倻山以南、洛東江以西の伽耶勢力に対する強い抑制力となると同時に、洛東江以東地方各地域に対する新羅国家の支配の強力なバックボーンともなったであろう。このように５世紀の新羅の地方支配は、麻立干期の最初の段階である４世紀代とはまったく異なる条件を背景に展開したとみられる。

　皇南大塚南墳の遺物相は、おおよそ４世紀後半に始まる新羅の成長を反映しているとみて大過ないだろう。その大型墳丘は、５世紀初めにおける慶州地域の実相を雄弁に物語っている。皇南大塚南墳の遺物相と墳丘は、ほかの地域の高塚とはまったく異なる次元にあり、新羅のみならず嶺南地方全域においても圧倒的優位を示している。まさしく斯盧干の中の干であり、新羅領域の干の中の干である麻立干の存在を象徴するものとして、慶州地域内における圧倒的地位の政治的存在の出現を示すのみならず、新羅全域に対してもその存在を誇示したのであろう[30]。５世紀代における高塚墳丘の超大型化は、一方ではその頃を前後して起こった支配集団内の分化と関連し[31]、もう一方では地方支配の進展と表裏一体の関係にある中央集権化の水準を示唆している。

　前者に関する情報を内包するのが、慶州中心地区における高塚群の分布相である。慶州市内の高塚群は様々な規模の古墳が混在しているかのようにみえるかもしれないが、大型墳はその中でも現在の大陵苑一帯に群集している。それらはさらにいくつかの小群に分かれるようである。大陵苑およびその北側の路東洞・路西洞一帯に群集した大型墳については、金氏王族の高塚群に比定する研究があり[32]、奈勿王陵と推定される皇南大塚南墳が含まれることからみてもその蓋然性は高い。もしそうであるならば、各小群は麻立干期における金氏集団の文化相を示すものと解釈しても大過ないだろう。ただしこれらの小群の中で特定の位置にあるものを王陵に比定し、各群をそれに関連した家系集団とみる解釈[33]については、もう少し検証してみる必要がある（以上、図21[34]参照）。

　一方、後者の事情をそのまま示しているのが訥祇麻立干初年、水酒村干など３名の村干を招いて、国事を論じたという『三国史記』朴堤上伝の記録である[35]。この３名の村干の出身地はそれぞれ醴泉、栄州、星州地域に比定されているが、それが事実であれば、既にこの時点で新羅国家の権力が慶北北部地方の奥深くにまではっきりと及んでいたことを示す格好の証拠となる。本書で再三述べてきた新羅様式土器の統一性の強化と、新羅式威信財の本格的な下賜の開始といった考古学的現象とも符合する記録といえる。

159

第2部　4〜6世紀の新羅考古学

図21　慶州市内における古墳群（高塚群）の分布

　皇南大塚南墳にみられる鉄器の大量副葬は、北墳と明らかに異なる点も含め、重要な意味をもつと考えられる。南墳にはU字形鍬鋤先のほかに三又鍬が副葬されていた。それは、5世紀初めまではあらゆる古墳から出土するものではなく、最高位クラスの古墳からのみ出土する。〔これを踏まえると三又鍬の副葬は、〕単なる権力と富の象徴という側面のみで理解できるものではなく、生産道具の製作および流通の独占が普遍的社会関係であったことを示しており、特別な意味をもってくる[36]。そのような副葬様相は、北墳では確認できない。北墳の被葬者が女性であるからかもしれないが、北墳より新しい金冠塚やそれ以後の大型墳にもやはり副葬されないことを踏まえれば、時間的変化とみるのが妥当であろう。すなわち、このような農具は4世紀後半の状況を示すと考えられる皇南大塚南墳を最後として、慶州地域の大型高塚には副葬されなくなったのである。これは農具副葬によって被葬者が生産分野の職能を代表したことを象徴する観念が必要

第Ⅱ章　5世紀における新羅の地方支配

性を喪失したためと解釈され、裏を返せば支配層の上層部がより一層分化していったことを示唆するものといえる。

　麻立干期の斯盧がもっていた中心的位相を示唆するもう一つの事実は、高塚出現時期の象徴性である。もちろん慶州市内の高塚群に対する調査が限定されている現状において、確たることをいうのは難しい。ただし、第1部第Ⅲ章の編年表でみたように皇南洞109号墳3・4槨は、どの地域の高塚よりも古く位置づけられる。また、それよりもさらに古い月城路古墳群のいくつかの古墳は、（制限された範囲の調査でよく分からない部分もあるが、）高塚段階の古墳である可能性があり、斯盧における高塚の出現年代が4世紀前半にまで遡る可能性は多分にある。斯盧中心地区ではないものの、蔚山中山里古墳群でみられる変化は、その間接的な傍証である。中山里古墳群では、本書の年代観でいえば遅くとも4世紀前半期には高塚化の明確な指標となる平面楕円形護石などが出現している[37]。このような状況からみて、斯盧の積石木槨墓が、新羅領域内はもちろん嶺南地方全域において最初に高塚化を達成したと推論することが可能である。

（2）釜山地域

　『三国史記』地理志の記事を参考にすると、釜山地域はもともと居柒山郡である東萊郡に該当する地域で、二つの領県からなる。これらの県が比定される位置や一帯の地形をみる限り、水営川流域である現在の釜山市東萊区・金井区一帯が中心地であり、東側の機張一帯も含まれていたとみられる。西側は平地地形が洛東江まで続き、現在の沙上一帯まで含んでいたと考えられる。釜山地域は、麻立干期当時の海水面を基準に地形復元をすると非常に狭小であったようであり[38]、その経済的基盤はひょっとすると農業ではなかったかもしれない（図23参照）。いずれにせよ辰・弁韓以来、成長を続けてきた背景には、前章で想定したような地政学的利点があったはずで、新羅に統合された後もそのような地理上の利点は一定期間、社会進化の基盤として作用したのであろう。

　この地域は前章で想定したように、新羅に統合された後、居柒山と呼ばれた場所にあたり、東萊との音似を根拠に『魏志東夷伝』の弁辰瀆盧国をこの地域に比定することは必ずしもできない。さらに、たとえそのような比定が可能であるとしてもあくまで「弁辰」の瀆盧国に過ぎず、新羅・伽耶への転換期に釜山地域が「伽耶」に属していたという推定は必ずしも成立しない。そのような機械的区分が困難であることは、昌寧の事例がよく示している。昌寧地域に比定される不斯国には「弁辰」という接頭語がなく、新羅とすべきはずであるが、4世紀末までは明らかに伽耶の比自㶱として現れるためである。

　釜山地域には、4世紀末までは福泉洞に大型墳群が造営され、5世紀になると蓮山洞に高塚群が造営される。すなわち、高塚化についてはほかの地域に比べて遅いといえそうだが、それ以外にもこの地域の高塚群はいくつかの特徴をもっている。まず蓮山洞だけに中・大型高塚群が造営された点を挙げることができる。釜山地域が狭小なせいもあるだろうが、地域内の統合が多少早くから進んでいたことを示しているのかもしれない。一方、その数は10基程度が知られるのみで[39]、さほど多くない。4世紀代、特に4世紀後半の福泉洞古墳群の規模などを考慮すれば、高塚段階に入り、ほかの地域に比べて顕著に弱化した感すらある。

161

第2部　4〜6世紀の新羅考古学

　釜山地域における4世紀から5世紀へかけて起こった古墳から高塚へという変化は、なぜほかの地域とは多少異なる様相を示しているのだろうか。福泉洞古墳群で木槨から石槨へ変わった後に、蓮山洞に高塚が登場することから、内部構造だけをみると高塚段階に起こった変化はさほど顕著なものではなかったようにもみえる。ただしこの地域の高塚も、立地の卓越性や古墳の個別性など外見上はほかの地域の高塚と同じような一般的特性をもっている。また、各墳丘の盛土量もさほど際立つものではないけれども、福泉洞古墳群段階よりは増えているため、先述のように支配層内での彼我の区別は一層明確になったように感じられる。一方で内部構造をみてみると、多少異なった現象が認められる。よく知られているように福泉洞古墳群の時期までの釜山地域の古墳は、少なくとも埋葬施設に関する限り、ほかのどの地域にも劣らない規模を誇っていたのに対して、蓮山洞古墳群の時期になると以前よりも小さくなったかのようでさえある。このような多少ちぐはぐな変化相は、いち早く成長した釜山地域の成長速度が高塚段階に入って鈍化したことを示すもので、その裏にはやはり新羅国家の地方支配が関連していたようである。この問題については、蓮山洞古墳群と福泉洞古墳群の関係について検討した上でアプローチしてみよう。

　一般的には、5世紀の蓮山洞古墳群を造営した集団は福泉洞古墳群を造営した集団と同一集団で、福泉洞に墓をつくる場所がなくなったために墓域を蓮山洞に移し、高塚群を造営したとみられている。いいかえれば、4世紀後半に福泉洞の丘陵高所に古墳群を造営した集団が、5世紀に入って墓域を蓮山洞に移し、高塚を築造したと考えるようである。しかし、福泉洞古墳群を綿密に探ってみると、話はそう簡単ではない。

　前章で福泉洞丘陵の低所の古墳群と高所の古墳群を比較し、それにもとづいて4世紀中葉頃に新羅国家が実行した地方支配の一側面について検討をおこなったところ、4世紀後半以来、高所に造営された古墳群の配置には興味深い現象が観察された。それは、稜線中央部に縦列に並ぶ4世紀後半の大型墳の周辺部東側斜面に、5世紀前半に比定される[40]小型墳が群集して築造されていることである。分布上、一単位のグループ［群集］を形成する点からみて、これらが密接な関連性をもつ一集団の墓であることは容易に理解される。また、それらが4世紀後半に中心稜線部に築造された大型墳と深い親縁性をもつ集団の古墳であることも配置から推定可能である（図17参照）。

　これらの小型墳は蓮山洞の高塚群と併行して築造された古墳であるが、規模や立地がまったく異なることからも分かるように、蓮山洞古墳群造営集団とこの小型墳築造集団の間には一定の差異が認められる。このことは、5世紀の蓮山洞古墳群造営集団が、4世紀後半の福泉洞古墳群の高所の大型墳築造集団と直接つながらないことを強く示唆するものである。これは前章でみた4世紀前半に福泉洞丘陵の低所に大型墳を築造した集団とは別個の集団が、4世紀後半に高所の大型墳を築造し、同時期に前者と深い親縁性をもつ集団は、低所の大型墳の周辺部に小型墳を築造したことと同じ様相といえよう。

　次に、これと関連して注目しなければならないのは、高所の大型墳中、最後に築造された福泉洞10・11号墳と蓮山洞古墳群の内部構造の差である。蓮山洞古墳群で最も古い高塚がまだ発掘されていない可能性が高いため、議論に限界はあるものの、これまでに発掘された4号墳と8号墳（写真5）をみる限り、蓮山洞の高塚が平面細長方形竪穴式石槨を埋葬施設とすることは明ら

第Ⅱ章　5世紀における新羅の地方支配

かで、副槨（いわゆる異穴副槨）はもたなかった可能性が高い。これは（前時期の古墳ではあるものの）、平面長方形主槨に副槨をもつ福泉洞10・11号墳とは大きな違いであるといわざるをえない。

　このことについては一般的に、時間が経つにつれて墓槨形態が変化したに過ぎないとみられてきた。一方で同じ時期の慶州地域の高塚には依然として副槨があることから、釜山地域で副槨がなくなる変化を「副槨の廃止」とみなし、新羅土器様式の地域様式土器文化が釜山地域に定着するのとほぼ同時に起こっていることから、新羅による徹底した規制、すなわち一種の古墳規制がおこなわれたと解釈する見解もある[41]。しかし、これをあえて古墳の規制という観点からみる必要はないし、また必ずしも時間の経過による変化とみる必要もない。10・11号墳と同じ時

写真5　東萊蓮山洞8号墳の石槨検出状況

期の福泉洞1号墳に、既に蓮山洞古墳群の墓槨と同じ平面細長方形石槨がみられるためである（以上、図22と写真5参照）。

　墓の形態が築造集団のアイデンティティと深く関わるのであれば、一地域内の同一時期の墓の形態が異なるということは、それらの築造集団が相互に区分されていたことをまずは意味する。したがって福泉洞1号墳の被葬者と10・11号墳の被葬者は、ひとまず釜山地域の支配者層の中で相互に異なる集団であったと解釈することができる。福泉洞1号墳の被葬者が10・11号墳を含めた稜線中央部の古墳築造集団と異なる集団であったことを示す証拠は、その立地からも確認できる。すなわち1号墳は、10・11号墳のように稜線中央部を占める古墳とは異なり、古墳群全体の中で周辺的位置に築造されている。これは築造当時に、1号墳の被葬者が支配層内で核心的位置になかったことを示している。

　両者にはこのほかにもいくつかの点において、多少の差異が認められる。1号墳の土器は慶州系というか慶州様式の土器が多いのに対し、10・11号墳の土器は新羅土器様式内の地域様式である釜山様式が主流をなす[42]。また両者とも金銅冠を副葬するが、1号墳のものは山字形で10・11号墳のものは草花形である。これらがどちらも慶州から下賜されたものであれば、型式学的に先行する10・11号墳の草花形金銅冠が先に下賜され、しばらくして1号墳の被葬者に山字形

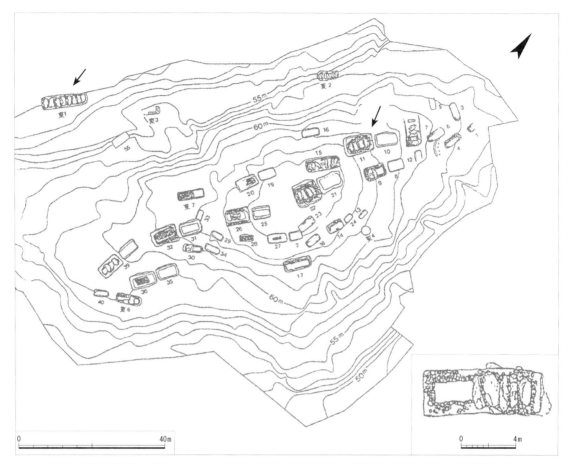

図22　東萊福泉洞1号墳、10・11号墳の位置（矢印部分）と東萊蓮山洞4号墳の内部構造（右下）

金銅冠が下賜された後、両古墳の被葬者が一定期間、異なる金銅冠を同時に保有していたこととなる。そのようにみることによって、1号墳の被葬者側は後発勢力で、まだ10・11号墳側に比べて劣勢にあったが、両古墳の被葬者が死亡する頃には1号墳側がむしろ慶州斯盧勢力とより密接な関係となっていたと推論することが可能となる。これは、蓮山洞古墳群造営集団の性格を理解するにあたっても重要な意味をもつ。

　上の議論にもとづけば、蓮山洞古墳群の内部構造は、福泉洞1号墳の系譜をひくものと考えられ、したがってその造営集団は福泉洞10・11号墳ではなく福泉洞1号墳が属した集団につながる可能性が非常に高い。となると問題は、4世紀末には支配層内で劣勢にあった勢力が、いかにして5世紀に入り、高塚群の造営集団となったのか、である。その背景にはやはり新羅国家の意図が介在していたと考えるべきだろう。そして同時に、4世紀末の福泉洞1号墳から出土した山字形金銅冠と慶州様式土器が示唆するように、その被葬者が属した集団は、蓮山洞に高塚群を造営する以前から斯盧との連携を強く維持することによって勢力を伸ばしたであろう点も考慮する必要がある。

　事実、4世紀中葉までの福泉洞古墳群は、高塚でこそないものの、遺構の規模や遺物量において同時期の慶州地域を除く新羅国家内のどの地域にも劣らない水準にあった。これは先に想定し

第Ⅱ章　5世紀における新羅の地方支配

たように地政学的に有利な位置から辰・弁韓時期に急速に発展した釜山地域が、新羅国家の間接支配下に入ると同時に、共同体の分化が急速に進み、支配層の権力が極度に強まっていった事実を示している。

　これは間接支配の副産物とはいえ、新羅国家にとっては決して望ましい現象ではなかった。それゆえに新羅国家は支配集団の勢力が大きくなり過ぎないように何らかの方法で牽制を試みたであろうし、4世紀中葉までは支配集団内の性格を異にする小集団間に適切な競争関係を誘発することによって全体を弱化させる方策を採ったと考えられる。一種の以夷征夷の方策で当時、劣勢におかれていた小集団を集中的に支援し、権力の中心を移す、つまり牽制と均衡の中で集団全体を統制しようとしたと思われる。そして5世紀を前後する頃、新しい勢力に支援の力点を一層強く加えることで、既存の勢力を実質的に無力化させる方式へと転換したのではないだろうか。これは支配集団の交代といってもいいもので、釜山地域に対してそれまでにおこなってきた統制が功を奏した結果と推察される。

　このような転換の時期にあたる4世紀末の福泉洞古墳群の資料をみると、もう一つの注目すべき現象に気がつく。すなわち、10・11号墳に全面的に副葬されている地域様式土器としての釜山様式の成立である。この地域様式の出現が地域内の経済統合の強化と関連するのであれば、これはその時点で10・11号墳の被葬者が属した集団が釜山地域全域をそれ以前とは異なる水準で統合したことを意味する。福泉洞古墳群のみならず下位集落の古墳からも釜山様式土器が一斉に副葬されるためである。このような状況に対して新羅国家は、1号墳の被葬者が属した集団を集中的に支援することによって、10・11号墳の被葬者が属した既存勢力の無力化を試みたであろう。これは最終的には釜山地域全体の弱化を念頭においたものであったとみられ、蓮山洞古墳群の様相をみる限り、新羅国家の政策は思惑通りに成し遂げられたと考えられる。

　これと関連してもう一つ注目される事実は、釜山地域の古墳に副葬された鉄鋌の大きさが4世紀末以来、小型化し、長さ約20cm以下の規格に統一されていく点である（表7[43]参照）。それが福泉洞10・11号墳の側ではなく、1号墳の側で始まることもまた興味深い。李漢祥は釜山地域出土鉄鋌について、規格が慶州のそれと一致するとした上で、新羅国家が既存の鉄器生産体制を掌握、統制した結果と解釈した。その傍証として4世紀中葉（既存の年代観では5世紀初め）までは福泉洞古墳群に副葬されていた鍛冶具が、

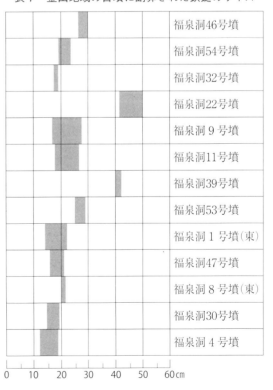

表7　釜山地域の古墳に副葬された鉄鋌のサイズ

165

第2部　4～6世紀の新羅考古学

それ以後（既存の年代観では5世紀中葉から）、副葬されなくなる点を挙げている[44]。

しかし、生産システムの掌握は、間接支配ではなく直接支配の状態を意味するため、少し苦しい解釈である。生産システムを掌握したというよりは、（それ以前は鉄素材こそ新羅国家から供給を受けていたとはいえ、）地域に相対的自律性が与えられていた鉄器製作過程が、その頃からより一層強く統制されるようになったと解釈しておくのが妥当であろう。そして4世紀末以後は、福泉洞1号墳側の集団が慶州地域とのそのような連携において主導的な役割を果たしたと推定される。このことからも鉄素材の供給と流通が、斯盧の地方統制手段の中で重要な位置を占めていたことがうかがえる。

釜山地域は4世紀末頃にこのような変化を経た後、5世紀初めの高句麗南征によって再び大きく変貌したとみられるが、これまでに公表された資料からそのことを具体的に追究することは難しい。ただし釜山地域で横穴式石室墳が1基も発見されていない点は注目に値する[45]。これは第1部第Ⅲ章でもみたように現在の資料による限り、釜山地域の高塚の存続期間が比較的短いこととも関係すると考えられる。おおよそ5世紀後葉になると、釜山地域における高塚の築造はほぼ終了したとみられる。これと非常に対照的なのが慶北北部地方でまさにその頃、特に横口式石室を埋葬施設とする中・大型高塚が多数築造されている[46]。これは翻せば、新羅国家がそれだけ釜山地域に対して強い統制力をもっていたことを示しているのであろう。それが示唆するところについては、最後の節で5世紀の高塚の変質とその意味を議論する際に改めて言及したい。

(3) 梁山地域

梁山一帯は地質上、寧海付近から清河、神光、慶州、彦陽、梁山を過ぎて洛東江河口に至る断層地形によって[47]、南北に長い地溝帯を形成している（図23）[48]。したがって東側および西側の地域とは地形上、比較的はっきりと区分される一方で、北側の慶州地域とはそれほど高くない峠が境界となるのみである。このような地理的環境と、梁山地域の領県が一つであるという『三国史記』地理志の記事を合わせてみると、麻立干期以来の梁山地域の範囲も、やはりこの狭くて長い地溝帯の範囲に限定されていたと判断される。梁山地域の大型高塚群が北亭里・新基里だけであるのもこのような背景と関連があったとみて差しつかえないだろう。とはいえ、この狭小な地に中・大型高塚群がまがりなりにも造営されるにあたっては、梁山地域が慶州地域から洛東江へ出る最短ルートに位置すると同時に、（現在の金海平野が当時は洛東江河口とともに一つの湾を形成していたことから、）海へと出ていく際にも入り江として、あたかも慶州地域の外港のように機能しえたという、この地域のもつ地理的利点が深く関わっていたようである。

梁山地域の新羅国家における地政学的位置をよく示している文献史料が、『日本書紀』神功紀47年（247→367）条の記事である。この記事には、百済の使臣一行が伽耶の一国である卓淳から出発して倭に行く途中で、道を誤って沙比新羅に抑留されたとあり、その沙比新羅は梁山地域に比定されている[49]。また出発地である卓淳の位置については、近年は昌原地域とみる説が有力だが、その説にはいくつかの問題点がある。もし仮に筆者のように宜寧地域に比定するのであれば[50]、この記事は百済の使臣が宜寧地域から洛東江に沿って東へ下り、川筋が河口付近で折れ曲がりつつ狭まった後、再び広がりはじめる辺りの左岸（図23参照）に位置する梁山地域に抑

166

留されたと読める可能性が高い。これは、新羅と伽耶の戦闘地として『三国史記』初期記録にみえる「黄山津」が梁山地域とみられることと合わせて、梁山地域が新羅において占める位置を端的に示すものといえる。このような地理的要素は、洛東江を境界に伽耶との対立が次第に深化していったと考えられる麻立干期に入って、さらにその重要性を増したであろうし、それこそが狭隘な地域にもかかわらず、それなりの中・大型古墳群が造営された理由であったと考えられる。また、そういったこの地域の位相を間接的に示す文献記事と

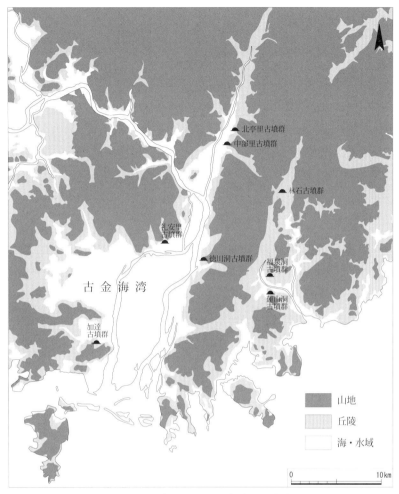

図23　洛東江下流域の古地形と遺跡

して、5世紀初めに王弟を救う際に、梁山出身の朴堤上を適任者として推薦した3地域の村干に関連する『三国史記』朴堤上伝の逸話を挙げられよう。

　梁山地域については、釜山地域と一括りに考える意見もあるが[51]、先に想定したいくつかの点に加えて、考古学的にみてもそのように考えることは難しい。北亭里・新基里の大型高塚群から想定される梁山地域政治体の中心地区には、4世紀代の釜山地域の登録商標ともいえる外折口縁高杯がみられず[52]、その時点から既に釜山地域とは区分される一つの単位であったと考えられる。また、この両地域を一つの単位とみて、中心地がある時期に釜山地域から梁山地域に移動したとする見解[53]についても受けいれがたい。この説は両地域の高塚群の中心年代を基準に比較すると、蓮山洞の高塚群に比べて北亭里の高塚群の方が新しいか、あるいは後者が全体的に前者に後続することを前提としている。ただし、蓮山洞の高塚群は5世紀中葉頃までは造営されており、北亭里の高塚群の年代も5世紀の古い時期まで遡る可能性が十分にある。5世紀初めの朴堤上が梁山地域の人物であることも踏まえれば、そのような移動説は到底成立しがたい。

　ただし、新羅国家の南部地方の中での比重が釜山から梁山へ移ったとみることは可能であろ

第2部　4～6世紀の新羅考古学

写真6　梁山北亭里古墳群(高塚群)(西側から。護石がめぐる古墳が夫婦塚)

う。4世紀末、特に5世紀初め以来、釜山地域の洛東江対岸に位置する金海地域の生谷洞加達古墳群や礼安里古墳群などで新羅様式化した土器が継続して出土することから、その頃には新羅が洛東江の河口から海へと至るその一帯に対する影響力を強く行使していたと思われる。それによって辰・弁韓以来、釜山地域がもっていた関門地的位置としての比重は低下し、その代わりに梁山地域が相対的に大きな比重をもつに至ったと解釈することは可能である。梁山地域側の高塚が相対的に多少遅くまで築造されたかのようにみえる点は、この比重の移動と関わるものとみられる。梁山地域で5世紀第4四半期頃に比定される小型墳から山字形金銅冠が出土していることも[54]、そのような状況と関連するのであろう。

　梁山地域の遺跡分布を概観すると、中心年代が遅くとも4世紀代である中部里古墳群と梁山貝塚の位置が、北亭里・新基里古墳群に比べて洛東江側に位置する点が注目される。前二者の立地は古金海湾へすぐ船を出すことができるのみならず、東側に峠を越えれば東莱地域とも通じる要所にあたる。それが4世紀後半以後になると北側に中心を移動し、新基里・北亭里に高塚群が形成されはじめる。これについては南部地方が新羅に編入された後、徐々に梁山地域と東莱地域が対内交通で占める利点が失われていくにしたがい、集落条件のよりよい内陸側が中心地区となっていったと考えることができる。

　北亭里の高塚群（写真6）はこのような背景のもと、おそらく5世紀に入ってその造営が始まったようである。北亭里の高塚群には5世紀の古い時期の資料が、そして釜山地域の蓮山洞の高塚群には5世紀後半の資料がなく、相互の比較には困難な点が多い。ただし、梁山夫婦塚から慶州地域以外では非常に珍しいいわゆる鹿角形立飾をもつ金銅冠や、一揃いの服飾品が出土している点は、梁山地域の位相が少なくとも5世紀第3四半期の多少古い段階には、釜山地域に比べて決して劣っていなかったことをよく示している[55]。

　しかし梁山地域もやはり、この夫婦塚段階やそれに後続する段階、すなわち5世紀第4四半期になると中・大型高塚が消滅すると推定される。北亭里の高塚群が東側の丘陵高所から西側の低所へ向かって順次造営されたとみた時、〔5世紀第4四半期に該当する〕夫婦塚より西側の丘陵先端にあって、夫婦塚より若干新しいと推察される北亭里3号墳が[56]、夫婦塚に比べて遥かに規模が小さいことに気づく。このことから遅くとも5世紀第4四半期には梁山地域に大きな変化が起こった可能性が高い。

世紀における新羅の地方支配

　梁山夫婦塚出土土器　　　　　　　　　　　　　昴塚に副葬された土器類は
大きく２段階に分けい　　　　　　　　　　　　された土器は、梁山様式と
でもいうべき、微妙な　　　　　　　　　　　　されたと推定される土器は
慶州様式である。これ　　　　　　　　　　　　きな変化である。これと
時を同じくして高塚群　　　　　　　　　　　　やはりこの地域の支配層
の地位に非常に大きな　　　　　　　　　　　　えよう。このような状況を
総合すると、梁山地域　　　　　　　　　　　　ないだろうか。それと関
連して注目される事実　　　　　　　　　　　　が始まることである。釜山
徳川洞古墳群については　　　　　　　　　　　が、実際は梁山地域の下
位集落に関わる古墳群で　　　　　　　　　　　戈していた頃、ここは梁山
から洛東江東岸に沿って　　　　　　　　　　　里古墳群のちょうど対岸
に位置する。すなわち、　　　　　　　　　　　を守るような位置にあって、
梁山地域にとっては関門　　　　　　　　　　　が徳川洞古墳群造営集団
の意義であったのではない　　　　　　　　　　で高塚の衰退問題について
検討する際にもう少し検討

（4）慶山地域[58]

　大邱地域と慶山地域は、　　　　　　　　　　　弁韓時期以来、ずっと別々
の単位であったと判断され　　　　　　　　　　域と大邱地域の間に、はっ
きりとした地理的障害が存在　　　　　　　　　段階であれ、なぜ両地域
が統合されなかったのかとい　　　　　　　　　して存続したと推定される）
両地域の間に対立、緊張関係を示すような城郭などの防御施設の配置などは認められない。中・
大型高塚群の分布地区の数や規模をみる限り、大邱地域が慶山地域を圧倒していたと考えられる
ことは、そのような疑問を一層強く抱かせる。同じ疑問は慶山地域に隣接する盆地である永川地
域についても提起することができる。

　これに対する答えは、高塚群が造営された時期はもちろん、それ以前から両地域間の統合を阻
止する方向へ力が作用していたためとするほかない。既に述べたようにこれは結局のところ、両
地域が高塚築造以前から慶州地域に服属していたことを意味するのだろう。すなわち、新羅国家
が各地域を服属した後、その勢力基盤をある程度認定しつつ、間接支配をおこない、隣接地域と
の相互連携を阻止することによって地方勢力の強大化を牽制していたことを示唆する現象とみる
ことができる。

　いずれにせよ、慶山地域と大邱地域の間にはこれといった地理的障害は存在しないため、両
者の単位をまずは区分する必要がある（以下、図24参照）。麻立干期の大邱地域と慶山地域の古
墳群分布について先駆的研究をおこなった金龍星は、『三国史記』地理志の記録と地形などにも
とづいて、現在の慶山市全域に大邱直轄市〔現在は大邱広域市〕東区の琴湖江東岸地域と壽城区
の一部（かつての慶山郡孤山面）を加えた範囲を慶山地域として設定した[60]。この案にしたがう
と、大邱地域と慶山地域は南側の清道地域との三角点にある上院山（標高674m）から北へ動鶴

第2部 4〜6世紀の新羅考古学

写真7：

屛風山、大徳山を〔...〕、現在の顧母洞と晩〔...〕間を通って琴湖江〔...〕に至る山脈によってひ〔...〕まず区分される。また、〔...〕北流する琴湖江とその〔...〕脈がぶつかる地点から〔...〕び北流し、西へ大きく〔...〕がったところに北側の〔...〕山から延びる山脈がま〔...〕ぶつかり、琴湖江のこ〔...〕の部位を境に大邱地域と〔...〕慶山地域を区分できると〔...〕のことである。

合理的な区分案と評価で〔...〕問題がない訳ではない。たとえば琴湖江南側の境界〔...〕ようにみる必然性は必ずしもないだろう。琴湖江の〔...〕分ける山脈があるが、不老洞地区と慶山地域の河陽地区の間にもそれと同じくらい高い山脈が琴湖江まで横たわっており、両地区を区分しているためである。したがって、邑落間の統合が相対的に弱かったと考えられる辰・弁韓時期には、不老洞地区と河陽地区は相互に区分されていた可能性が高いといえよう。

もちろん両地区は琴湖江によってつながっており、不老洞地区を慶山地域に含めても大きな問題とはならない。しかしその論理によるのであれば、不老洞地区はむしろ大邱地域に編入する方が自然である。山脈はそれによって区分される地域間を遮断するのみで連結はしない一方、河川はそれによって区分される地域間を時として連結するという考え方をとれば[61]、琴湖江が漆谷地区と大邱中心部を区分すると同時に連結したことと同様に、不老洞地区と大邱中心地も十分

表8 慶山地域における古墳群の等級とグループ区分（金龍星1989）

群	番号	古墳群名	等級	群	番号	古墳群名	等級
I	①	林堂・造永洞・夫迪洞古墳群	A	IV	⑫	北四洞・校村洞古墳群	B
	②	内洞古墳群	B	V	⑬	蓮荷洞古墳群	B
	③	唐音洞古墳群	B		⑭	葛旨洞古墳群	C
II	④	城洞古墳群	C		⑮	坪基洞古墳群	D
	⑤	蘆邊洞古墳群	(D)		⑯	龍山古墳群	D
	⑥	中山洞古墳群	D	VI	⑰	所月洞古墳群	C
	⑦	山田洞古墳群	D		⑱	新間洞古墳群	C
III	⑧	新上洞古墳群	B	VII	⑲	龍水洞古墳群	B
	⑨	仁安洞古墳群	(C)		⑳	不老洞古墳群	A
	⑩	儀松洞古墳群	D	VIII	㉑	槐田洞古墳群	C
IV	⑪	束草洞古墳群	D				

第Ⅱ章　5世紀における新羅の地方支配

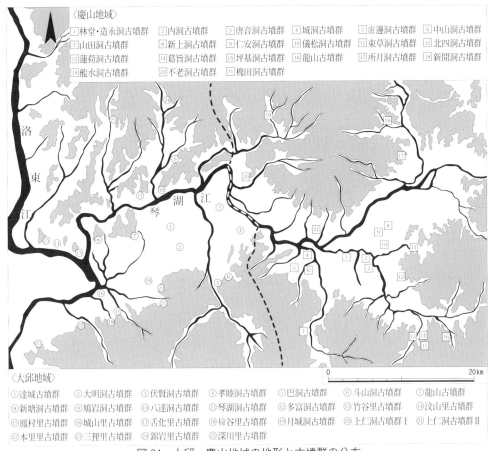

図24　大邱・慶山地域の地形と古墳群の分布

連結しえたと考えられるからである[62]。そして高塚群間の距離をみても、不老洞の高塚群（写真7）の立地は、大邱地域の中心古墳群である達城の高塚群から北へ6km余りであるのに対し、慶山地域の中心古墳群である林堂・造永洞の高塚群とは倍以上（14km）も離れている。もちろん『三国史記』地理志において、不老洞地区にあたると考えられる解顔県が獐山郡（慶山地域）に属していることからみて、麻立干期には慶山地域に属した可能性は多分にあるものの、それ以前の状況については分からないとしておくべきであろう。

なお、前稿ではこのように慶山地域と大邱地域を区分したが、その後に発表した大邱地域政治体の変遷に関する新稿[63]では、琴湖江以北の場合、北側の架山から延びる山脈がぶつかる線を基準に、その一帯の古墳群の中で西邊洞古墳群は大邱地域に、残りの桐華川中・上流の古墳群は慶山地域に所属させた（図24参照）。

以下では不老洞の高塚群のもつ特性をもとに、慶山地区と大邱地区のどちらに属していたのかを推論した上で、不老洞古墳群を含めた高塚群の分布を土台として麻立干期の慶山地域の構造について検討をおこなう。

慶山地域内の古墳群の分布は、ほかの地域に比べて詳細に分かっていて、先に想定した地域内の単位集団の集落分布と邑落構成をうかがうのに適している。これまでに確認されている古墳群はのべ21ヶ所にものぼり[64]、これらを相互にどのように関連づけて地区単位区分をしていくの

171

かが鍵となる。その際には地理的要素と古墳群の規模などを主たる基準とすべきであろう。

慶山地域の古墳群について先駆的研究をおこなった金龍星は、以下のように隣接した古墳群をグルーピングした上で八つの群に分け、各単位を麻立干期の「村」に対応するとみた（表8）。また、古墳群を四つの等級に分けて、八つの群の間と各古墳群の間に位階[65]を想定し、琴湖江を基準に南北の林堂・造永洞古墳群と不老洞古墳群をそれぞれ最高位階古墳群として把握した。さらには南側の五つの群が一つの国家的結束体をなしたという解釈のもと、新羅（すなわち斯盧）を盟主とする連盟体の地方国家（すなわち押督国）として解釈した[66]（以上、図24参照）。

これらの古墳群をほぼ独立的な一つの「国」を構成する集落の遺跡と捉えるのであれば、古墳群間に等級や位階を設定することも十分可能であろう。

しかし既に批判されている通り、新羅連盟体という概念は曖昧で、当時の実状を適切に表した概念ではない。慶山地域が事実上、独立的存在であったという解釈についても先述の高塚現象の解釈による限り、決して受容することはできない。仮に古墳群間のランク化［等級化］が可能で、それによって位階を設定することができたとしても、その位階が必ずしも相互間の統属関係を示す根拠とはならない。またそのような位階は、各邑落または村を構成する集落間における何らかの上下関係を示していたとしても、それらが集まって構成される邑落または村の間にもそのような上下関係が存在したとは必ずしもいえない。古墳群の規模や副葬量から各邑落の勢力の大きさを推定できるかもしれないが、それがそのまま邑落間の上下関係を反映する訳ではないのである[67]。

したがって、古墳群の分布相からこの地域の邑落構造の問題にアプローチする際には、やはり文献史料との接ぎ木が必要となる。『三国史記』地理志に景徳王代の慶山地域を示す獐山郡の領県が三つと記録されていることを踏まえれば、慶山地域は郡治も合わせて四つの単位集団によって構成されていたと理解される[68]。もちろん、これがそのまま麻立干期に遡るのかどうかについては容易に決められない。しかし先に想定したように、各「国」内の統合が大きく進展する以前の辰・弁韓時期から新羅の地方として統合され、間接支配という枠組みの中で地域集団が存続したのであれば、『三国史記』地理志の記録は麻立干期の状況を大部分維持しているとみることが可能であろう。これは地理志に本〇〇県［本某某県］と記された本来の県単位が遅くとも麻立干期段階の単位を示すと考えられるためである。慶山地域の「押督」という名前が先に想定したように、新羅の地方として編入された後に付けられた地域名称であるならば、おそらくこの本〇〇県という名称も麻立干期の各地域内の地区名とみるべきだろう。

郡治のおかれた押督地区は、この地域の中心地区で、林堂・造永洞古墳群を核とする慶山市（かつての慶山邑）一帯を示すとみて大過ないであろう。残りの3地区については現在の不老洞一帯、珍良一帯、そして南側方面の慈仁一帯に対応するものとみることができよう。林堂・造永洞古墳群（□1）が辰・弁韓時期の国邑にあたる地区に対応する古墳群であり、その下位にはおそらくは表8の第Ⅰ群と第Ⅱ群の古墳群が直属していたとみられる。このほかに塊田洞古墳群（21）についても、距離からみてこれに属する可能性が高いといえよう[69]。2番目の地区の中心古墳群は不老洞古墳群（20）で、地理的にみて北の龍水洞古墳群（19）がこれに属したようである。そして珍良地区では新上洞古墳群（8）が中心古墳群で、その下位にⅢ群に分類された古墳群が所属し、

またⅣ群に所属する束草洞古墳群（⑪）も水系からみてここに属したのではないだろうか。

　つづいて慈仁地区では北四洞古墳群（⑫）と第Ⅴ群に分類された古墳群が分布するが、両者の関係をどのようにみるのかが問題となる。というのも古墳群の規模や数からみて、両者は対等か、むしろ後者の方が大きいとみることもできるためである。立地を考慮すれば辰・弁韓時期には国邑の近くに位置し、慶州－大邱間の東西交通路にも近い前者がより有利な位置にあったのかもしれない。あえて両者を異なる邑落単位としてみるよりは[70]、一つの邑落を構成した単位とみるほうが妥当であろう。後者の古墳数が多い理由については、あるいは麻立干期の地域相互間の関係を考えた場合、その立地が現在の清道邑や密陽方面に通じる交通路の要所にあたることと何らかの関係があったのではなかろうか。

　このようにみていくと、これまでに発掘調査された資料からみえる不老洞地区の強い小地域性と、それには及ばないものの慈仁地区の土器にみられる小地域性が注目される。不老洞の高塚群は規模からみて、ほかの地域の中心高塚群と比べても決して遜色ない。また高塚の内部構造も林堂・造永洞の高塚群の木槨墓とは異なる石槨墓構造を採用している。この強い小地域性は一体何を意味しているのであろうか。金龍星は先の分析において、このような特性を念頭において、琴湖江以南の慶山地域だけを『魏志東夷伝』の「国」に対応する麻立干期の小国（すなわち押督国）に、そして不老洞地区は『魏志東夷伝』段階の「小別邑」に対応する別邑として設定した。

　辰・弁韓時期の不老洞地区を小別邑とみる点については、妥当なように思われる。この地区が洛東江の主要支流である琴湖江に沿って東西に通じる交通路の要所にあたる点は、当時においては大きな利点であったはずである。また琴湖江の川幅が現在より南へ拡がり、氾濫原も広がっていた当時において、その一帯は南側の地区とより明確に区分されていたであろう。しかし、麻立干期もこの地区が独立した別邑のような単位であったとみることは必ずしも適切ではない。大邱地域であれ慶山地域であれどちらかに編入されたとみるべきであり、（一つの邑落または村として相対的に独自性を保持していたかもしれないが、）依然として独立した単位であったとみることは困難である。おそらく慶山地域が斯盧に服属する時点でこの小別邑も一緒に服属し、編制された可能性が高い。それと関連してこの地区が慶山地域に続いて服属したと考えられる大邱地域との接点に位置することは注目される。この地区はひょっとすると斯盧の大邱地域攻略において非常に重要な拠点の一つであったのかもしれない。そして大邱地域が新羅に服属した後も、不老洞地区は慶山地域に属しつつ、それなりの独自性を維持し続けたために、そのような小地域性が発露したとみることもできるのではないだろうか。

　北四洞古墳群にみられる土器の小地域性は、慶山地域が新羅に服属した後も、この地区が多少の独自性を維持しつづけていたことを間接的に示していると解釈することが可能である。すなわち、地区単位の土器生産システムを保持していたとみられ、その小地域性には昌寧的な地域色のようなものさえ感じられる。この地区が慶山邑から南側へ通じる要所に位置し、慶山－清道－昌寧地域の交流が増加するにつれて現れた現象なのであろう。そして、もしも北四洞１号墳から出土した〔葉文透彫〕銀製帯金具などの新羅式威信財が、慶山地域の中心地区を介さず慶州地域から直接下賜されたのであれば、この邑落の独自性だけでなく、当時の新羅国家が慶山地域に対して実施した地方支配の一面がおぼろげながら明らかとなってくる。４世紀後半の段階では慶州式威信

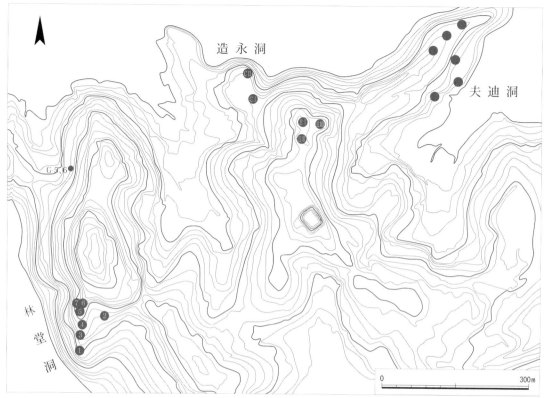

図25 慶山林堂・造永洞地区の地形と古墳（高塚）

財の下賜が林堂・造永洞地区に限定されていたことにうかがえるように、新羅国家の地方支配はこの地域の中心地区集団を媒介としていたと考えられるのに対して、5世紀前半頃になると中心地区ではない下位地区にもその支配がある程度及びはじめたことを示しているのではなかろうか。

　新羅国家の地方支配の異なる側面は、中心古墳群である林堂・造永洞の高塚群にも認められる。この地区の高塚群は、いくつかの地点に分かれて造営されている。それも一地点に数基の高塚が連接築造された後に、異なる地点に高塚が築造されるのではなく、地点を異にしながらおおよそ併行して築造されたものとみられる。これまでに発掘された高塚群は大きくみて林堂古墳群と呼ばれる一単位と造永洞古墳群と呼ばれる一単位に分かれ、それに発掘されていない夫迪洞古墳群を一単位とみれば、おおよそ三つ程度の群からなる（図25）。

　各群は連接高塚群を単位としてさらに細分可能である。たとえば造永洞古墳群内で最も高所に造営された高塚群は、数基の古墳が相互に連接したEⅢ群とそれに隣接したEⅡ群に区分することができる。この中で、前者は林堂古墳群の連接高塚群である7A・B・C号墳とおおむね併行して、後者はおおむねそれらに後続して築造されたと考えられる[71]。横口式石室墳であるEⅡ-1号墳を筆頭とする高塚群である後者で興味深いのは、横口式石室が最も古い高塚に採用され、それに連接された高塚にはこの地域固有の墓制ともいえる岩壙木槨墓が採用されている点である。またEⅡ-1号横口式石室墓からは、この群が斯盧勢力と連携した地域内の新興集団であることを象徴する〔葉文透彫〕銀製帯金具などの新羅式威信財が出土している。横口式石室の採用は、単に当時の流行を反映しているのではなく、みずからのアイデンティティを何らかのかたちで標榜して

第Ⅱ章　5世紀における新羅の地方支配

いるかのようにさえ感じられる。ともかく、このように各集団間には差異がみられ、これは先に想定した通り、支配集団内の分化を示す現象であると判断される。

　第1部第Ⅲ章の編年案とこれまでに公表された遺物リストを参考に[72]、林堂・造永洞の高塚群の大型墳において注目される現象について一つだけ述べておきたい。それは林堂の高塚群ではU字形鍬鋤先[73]など主要農具はもちろん、農具自体がほとんど出土しないのに対して、造永洞の高塚群では大部分の古墳から農具が出土している点である。特に農具の中でも鉄製U字形鍬鋤先や三又鍬が注目され、EⅢ-2号墳主槨と副槨から鍬鋤先各1点、副槨から三又鍬1点が出土していて、EⅢ-6号墳からも鍬鋤先1点が出土した。EⅡ群ではEⅡ-2号墳からやはり鍬鋤先が1点出土している。

　第1節で想定したようにこれらの鍬鋤先が特別な意味をもつのであれば、これは造永洞古墳群造営集団の性格が林堂古墳群造営集団とは異なっていたことを示している。また主要鉄製農具が斯盧勢力の統制下に流通していたという解釈を受けいれるのであれば、造永洞古墳群造営集団は辰・弁韓以来、この地域の農業生産を掌握した中心集団であり、この地域に対する新羅国家の支配が進展するにつれて新たに浮上した集団が、林堂古墳群造営集団であったようである。いずれにせよ、これは新羅国家がこの地域の支配階層を適切に分割支援しながら制御していったことを示唆する証拠といえる。

　一方、この地域の高塚にみられる連接築造や木槨墓的な伝統は、慶州以外の地域では認められず、慶州地域との高い親縁性を示唆する現象である。ひょっとするとこのような伝統は、『三国史記』新羅本紀に記載された押督国の徙民記録と何らかの関連があるのかもしれない。徙民は押督国すべての人々を対象とするものではなく、既存の支配集団の一部を対象としたのであろうが、そのような徙民に続いて親新羅的集団を擁立し、この地域の支配を進めたためにこのような傾向が現れたのではなかろうか。

　この点で注目される現象が一つある。それは、麻立干期の慶山地域に固有の墓槨形態である岩壙木槨墓が出現する直前段階、もしくは最初に出現する段階に、慶州地域の固有の墓制である積石木槨墓、それも規模のかなり大きなものがこの地区に築造されることである。前者に該当するものがG-5、6号墳で、後者に該当するものがCⅡ-2号墳である[74]。これらの事実は、慶山地域特有の内部構造をもつ高塚群登場に、斯盧が何らかの関与をしていたことを示しているものと解釈される。

　これらの積石木槨墓の年代については、林堂G-5、6号墳が本書の洛東江以東様式Ⅰ期直前の月城路カ-6号墳段階に該当し、造永洞CⅡ-2号墳は確実ではないものの、おそらくはⅠa期からⅠb期にかけての過渡期に該当するように思われる。林堂G-5、6号墳は瓢形墳をなし、後続するG-5号墳には甲冑が副葬され、殉葬が認められるなど慶州地域以外の積石木槨墓としては特異な様態を示す。CⅡ-2号墳にもやはり甲冑が副葬され、被葬者は男性と推定される。両者からはいずれもヒスイ製勾玉のような慶州式威信財が出土している。これらが男性墓である可能性の高いことに注目した時、釜山地域の福泉洞25・26号墳についてもこれらと同様にその地域固有の墓槨形態が登場する直前の墓槨類型であるという点が想起される。

　ともすればこのような現象は、新羅国家が初期に服属した地域の支配層の一部を慶州地域に召

集し、一定期間留まらせた後に帰還させ、それらを通じて地域を間接統治することによって、現れたのではないだろうか。麻立干期新羅の地方統制方法の中には、後代の上守吏制[1]のように制度化されていたかどうかはさておき、一定期間、在地勢力またはその子弟を上京侍衛させる人質制度の性格をも兼ねた制度が存在した可能性が高いとされており[75]、そのような事情ゆえの現象かもしれない。これ以外にもいくつかの理由から地域支配層みずから慶州地域に留まるというケースが想定される。これらの古墳の築造年代が4世紀中・後葉である点からみて、彼らが慶州地域に居住していた時期は4世紀の前・中葉にまで遡る可能性が高い。やはり慶州地域と慶山地域がいち早く深い関係を結んでいたことを示すといえよう。

(5) 大邱地域[76]

　麻立干期における大邱地域の政治社会的構造と動向については、既に古墳群の分布と『三国史記』地理志などの文献史料にもとづく詳細な考察がなされているため[77]、ここでは大邱地域の高塚群がもつ一、二の特徴をもとにこの地域に対する新羅国家の地方支配のあり方をうかがってみることとしよう。

　麻立干期の大邱地域の範囲については地形と『三国史記』地理志を参考にする限り、東限については先の慶山地域の項で述べた通りであり、西限については洛東江となるであろう。南側は山地によって清道地域と区分され、北側は琴湖江までではなく、それよりも北の漆谷地区も含まれると判断される。ただしこの漆谷地区を大邱地域から分離し、辰・弁韓時期には小別邑であった同地区が麻立干期にも別邑として存在したとみる見解もある[78]。漆谷地区の高塚群である鳩岩洞古墳群の56号墳の埋葬施設が、達句伐地区〔達城地区〕の中心高塚群である達城古墳群のそれとはまったく異なること、土器もまた小地域色が非常に強いことを念頭においているようである。

　漆谷地区が琴湖江によって大邱中心部と区分される点を考慮すれば、辰・弁韓時期にはそのような小別邑でありえたのかもしれない。しかし『三国史記』地理志の記録を参考にする限り、麻立干期にはおそらく大邱地域の一単位地区として編制されていたとみるのが妥当であろう（図24参照）。

　そうであれば、漆谷地区の上述の特色はどのように理解すべきであろうか。おそらくは麻立干期の大邱地域政治体もまた、辰・弁韓時期に各邑落がもっていた独立性を基盤として構成されたことに起因するのであろう。すなわち、前代以来の各邑落の独自性が強く維持されたことに主たる原因があったと考えられ、それは新羅政府の地方支配政策とも符合するものであった。

　これと関連して、5世紀後葉に編年される鳩岩洞56号墳本墳から〔葉文透彫〕金銅製帯金具などの新羅式威信財が出土している点は注目される。盗掘を受けており、ほかにどのような着装型威信財が副葬されていたかどうか明らかでないものの、金銅製帯金具が出土した地方の高塚からは決まって金銅冠または金銅冠飾が出土していること[79]、また56号墳北墳に金銅冠が副葬されていることを勘案すれば、56号墳本墳にも当然のことながら金銅冠が副葬されていたであろうと推定される。それらが慶州地域から下賜された時期は、馬具類などの遺物からみて5世紀中頃までは遡ると考えられる。これは、新羅に編入された当初は中心地区（達句伐地区）だけに賜与されていた金工威信財が、その頃になるとその下位邑落である漆谷地区の勢力にも分与

第Ⅱ章　5世紀における新羅の地方支配

されはじめたことを示している[80]。

このように5世紀中頃、新羅政府が中心高塚群から出土する威信財の中でも第一級のものを大邱地域の中心地区とまったく異なる墓槨形態をもつ高塚を築造し、おそらくは異なる土器生産システムを保持していたであろう地区の勢力に対して分与していたという事実は、どのように理解すべきであろうか。それは新羅政府が大邱地域の主要地区の支配層と早くから直接連携し、それらを後援することによって中心地区の役割を弱化させ、それらの間に競争を誘発する

写真8　大邱達城遠景

ことによって地域全体を統制しようとしたことを意味する。大邱地域内の各勢力が結集し、中央政府の脅威となることを防ぐために、威信財下賜を以夷征夷の一手段として積極的に活用したとみていいだろう。

麻立干期における大邱地域のこのような状況の背景は、文献史料からもうかがえる。『三国史記』新羅本紀・沾解尼師今15年（261）条の達伐城を築き、奈麻克宗を城主にしたという記録[2]である。これはいろいろな面で意味深長な記録で、この地域における高塚現象を理解する際に非常に重要である。達伐城に該当することが明らかな達城（写真8）は大邱地域の中心部にあって、その周辺には達城の高塚群が造営されている。達城の築城年代は『三国史記』記事の年代をそのまま信じる訳にはいかず、考古学的証拠から導出する必要がある。極めて限定された発掘範囲に留まるものの、城壁の断ち割り調査によって、4世紀中頃を上限とし、その頃の築城を裏づける資料が出土している[81]。

この年代は『三国史記』初期記録の小国服属記事の年代に関連づけてみた時、非常に興味深い。『三国史記』に記載された年代順にみると、達伐城の築城時期は沾解尼師今代の沙梁伐国を最後として慶北北部地方に対する斯盧の服属事業が完了する時期と一致する。その実年代は4世紀

177

中頃と考えられ、『三国史記』初期記録の斯盧の小国服属活動をおおよそ3世紀後半から4世紀前半にかけて起きた事実と再解釈する年代修正論の傍証ともなる。

このように4世紀中頃に起きた事実を伝えていると考えられるこの記事の内容の中で、奈麻克宗を城主にしたという部分は、新羅政府が克宗を達伐城主として派遣したことを示すと解釈されている[82]。派遣の目的は複合的であったであろうが、その中でも重要な目的の一つが、大邱地域が百済や伽耶から斯盧を防衛する核心的な前進基地に該当し、慶北北部地方に対する連結点に位置することと関わるのはまず間違いない。すなわち、永川－義城間の内陸路を完全に掌握したと考えられる当時の状況の中で、大邱地域を前進拠点として洛東江中流域以北の慶北北部地方を統制することが戦略上、これ以上ないほどに重要であったのであろう。この地域の高塚群の数や規模が、ほかのどの地域よりも優越することは、その何よりの傍証である。事実、大邱地域は大規模高塚群が4ヶ所以上把握されるのみならず、それぞれの高塚数や規模もまた、高い水準を誇る。この地域がその地理的位置から、辰・弁韓以来の対内・対外経済交換において恩恵を受け続けていた点を推し量れば、これは決して偶然ではない。

しかし一方でこの地域を間接支配下においた新羅国家にとっては、その勢力の行き過ぎた強大化は決して望ましいことではなかったであろう。そのような強大化は、この地域を構成するいくつかの邑落が結集することによって始まることを考えれば、この脅威の発生に対する監察を達伐城主に任せたとみてもいいであろうし[83]、これこそが麻立干期以前において唯一、城主の派遣記録が残っている重要な理由であったのではなかろうか。漆谷地区の高塚群にみられる小地域色は、新羅政府のそのような分離支配政策が貫徹された結果とみることも可能だろう。

一方、達城周辺に築造された古墳の中でこれまでに発掘された古墳の年代は、5世紀初め以前には遡らない。4世紀中頃にまで遡るかどうかははっきりしないものの、達城築城以降に築造されはじめたとみて大過ない[84]。すなわちこれらの古墳は、新羅国家から達伐城主が派遣された後に築造されたものである。

そのことと関連して注目される考古学的現象は、達城古墳群から出土した土器の地域色の問題である。大邱地域の中心地区のこの高塚群では、先の慶山地域とは異なり、慶州系あるいは包括的に慶州様式とでも呼びうる土器が、地域様式土器と共伴する現象が顕著に認められる。地域様式土器といってもその地域色は、大邱地域より慶州地域に近い慶山地域よりも決して強くない。これは奈麻克宗以降も城主が持続的に派遣され、大邱地域と慶州地域の人的交流と政治経済的または文化的交通が相当に頻繁であったことに起因するのではなかろうか。このような土器にみられる慶州地域からの影響が、当時の中心地であった達句伐地区に限定して認められることにも何らかの意味がありそうだ[85]。なぜなら、このような交流、交通が主として大邱地域の中心集団によって独占されていたことを示唆するためである。これは麻立干期の新羅国家が大邱地域を支配した一つの方法を示しており、新羅国家の地方支配が実施された初期段階のほかの地域に一般化してみることも可能であろう。

次に注目される現象は、達城古墳群で出土した金銅冠をはじめとする新羅式威信財の量がさほど多くない点である。発掘された古墳の年代が比較的新しいことも影響しているのかもしれないが、その点を勘案してもたとえば慶山地域と比べると、威信財の量は決して多いとはいえない。

第Ⅱ章　5世紀における新羅の地方支配

写真9　星州星山洞38号墳の板石造石槨

写真10　星州星山洞39号墳の割石造石槨

第2部　4～6世紀の新羅考古学

　これは、ひょっとするとこの地域に城主がいち早く派遣された事実と関わるのかもしれない。城主が地方官ではなかったとしても新羅国家から任命された存在である以上、在地勢力の威勢はそれだけ萎縮し、また彼らを威信財によって懐柔する理由も少なかったと考えられるからである。

　中心地区の高塚群である達城の高塚群を構成する高塚には、まったく異なる二つの内部構造が確認されており、特異な様相を示す。その一つがいわゆる割石造石槨で、もう一つが板石造石槨である。後者については横口式石室の可能性を完全に排除することはできないが、仮に横口式石室であったとしてもほかの地域で一般的な追葬構造でないことは確かである。したがってこれはこの地域特有の墓槨形態といえ、巨大な板石の使用には荘厳性を誇示するという目的があったのであろう。またこれまで発掘成果による限り、板石造石槨からしか金銅冠が出土していない点は[86]、割石造石槨の被葬者と出自に差などがあった可能性を示唆する。

　ところでこのような板石造、割石造石槨は、星州地域の中心地区古墳群である星山洞の高塚群の墓槨形態（写真9、10）と類似し、注目される[87]。先に想定したように各地域のアイデンティティを標榜するために地域ごとに類型を異にする墓槨形態が創出されたと理解できるのであれば、同じ大邱地域の達城地区と漆谷地区の墓槨形態が互いに異なるにもかかわらず、地域を異にする星州地域と達城地区が同じ墓槨形態をもっていることは決して通常のことではなく、何らかの理由があったとみざるをえないだろう。

　その理由を明らかにするためには、まず大邱地域と星州地域が洛東江を挟んで向かい合っているという立地に留意する必要があるようである。両地域が連携すれば洛東江中流域を両岸から塞ぐことが可能となる。さらに星州地域は新羅国家の立場からみて、高霊地域を北側から防ぎ、大伽耶勢力が北部内陸に進出することを阻止する上で、極めて重い役割を果たした地域でもある。大邱地域と星州地域が連携すれば、洛東江上流域に対する統制はもちろん、大伽耶に対する強い封鎖も可能となる。両地区の墓槨形態が類似する背景には、そのような連携があったのではなかろうか。

　さらに大邱地域と星州地域はいずれも、中心地区とほかの地区の墓槨形態がおそらくは異なっていたとみられる点も[88]、連携の意味を推論する際に参考にしなければならないようである。いうなれば辰・弁韓の国邑に該当する地区だけが連携している状況であることから、その連携は自然に生じたものというよりは外的要因によってなされた可能性が推測される。なぜならば、地区ごとに墓槨形態が異なることから推論されるように、自地域内のほかの邑落に対する統合力も多少微弱であった両中心集団が、地域を越えて連携することは決して自然とはいいがたいためである。そこに新羅国家の介入以外の要因を考えることは難しい。

　両地域の4世紀後半の古墳をまったく知ることのできない状態で、これ以上の推論は許されないであろうが、ここであえて推測を重ねるならば、おそらくは4世紀後半に両地域の古墳が高塚化する段階から、4世紀末～5世紀初めに対伽耶洛東江戦線が形成されることによって、城主が派遣された大邱達城地区の主導のもとに、洛東江対岸の星州星山洞地区と連携して大伽耶方面に対する防御網または包囲網を構築したのではなかろうか。これは、大邱地域をテコに洛東江中・上流域を統制しようとした新羅国家の戦略による現象と解釈される。星州星山洞地区の高塚群の威信財や鉄器類の副葬が非常に貧弱なことは、ともするとこのような連携と関連するのかもしれ

ない。もし仮にこのような解釈が正ければ、これは後述する昌寧系土器の拡散と同じく、5世紀前半の新羅国家の地域間連携支配を示す一つの事例となる。結果として、4世紀末から5世紀初めに新羅国家が実施した地方支配の重要な側面を我々に教えてくれるのである。

(6) 昌寧地域[89]

昌寧地域は『三国史記』地理志によれば火王郡にあたり、現在は大邱市に編入されている達城郡玄風地区のみを領県としたとされる。これは現在の昌寧郡の範囲や一帯の地形条件などを考慮すれば、非常に不自然であり、麻立干期の昌寧地域政治体はより広大な地域を包括したはずであろう。昌寧地域が4世紀中葉まで比自烋として記録された伽耶の代表的な国であったことを考えれば、その影響圏は並大抵のものではなかったと推測される。一帯の地理をみる限り、昌寧邑から洛東江を下って現在の密陽郡と境界をなす山脈の西側一帯までの間に、いかなる地理的障害も存在しないこともそのような推測をする上で重要である。

大型高塚群の分布と出土遺物の様相もこの考えを裏づける。現在の昌寧郡内に所在する中・大型の高塚群としては、昌寧邑校洞古墳群、桂城面桂南里古墳群、そして霊山面東里古墳群が知られている。この中で一部が発掘されている前二者の高塚群からは、(内部構造こそ異なるものの、)いずれも昌寧様式土器が出土しており、同じ地域単位を構成していることが分かる。そして、まだ発掘されていない東里古墳群からも、桂南里古墳群と出土した土器と様式的に同じものが採集されており[90]、霊山一帯も麻立干期にはやはり昌寧地域に属していたことを強く示唆する(以上、図26参照)。

であるならば、霊山一帯を昌寧地域から切りはなして6世紀前葉まで存在した伽耶国の喙己呑に比定したり[91]、桂城地区以南を一括りにし、桂城霊山≪伽耶≫とする見解[92]は、少なくとも考古資料にもとづく限り、まったく根拠がなくなる。これらの見解は、『三国史記』地理志において霊山一帯が密城郡に属していることを根拠として、そのような推定をしている。しかし、『三国史記』地理志にみられる各地域単位の範囲はおおむね麻立干期の様相をもとにしているとはいえ、そのまま機械的に麻立干期にあてはめることはできない。麻立干期～中古期以降、新羅国家の地方支配の進展とともに、各地域の事情でその単位に一部変化があったことについては、改めていう必

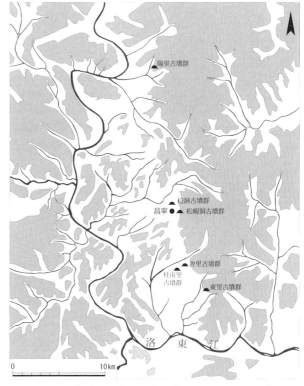

図26 昌寧地域の地形と主要古墳群(高塚群)の位置

第2部 4～6世紀の新羅考古学

要もないだろう。昌寧地域が麻立干期以来、新羅国家において戦略的に非常に重要な地域であったために、地方支配が進むにつれて、その勢力の弱化を試みた結果、その範囲が縮小した可能性は十分にある。

一方、現在は達城郡に属する玄風地区が昌寧地域の一地区となっている点についてはどのように理解すべきであろうか。玄風地区の中心古墳群である瑜伽面陽里古墳群がまだ発掘されていないため、その性格を知ることは難しいものの、地表採集された土器片は昌寧様式土器とは多少異なる様相を示している。またこれまでに嶺南地方から出土した異形土器の多数が玄風出土と伝えられていることからもうかがえるように(93)、仮に昌寧様式であるとしても強い小地域色をもっていたと推定される。玄風地区の中心地は昌寧地域の中心地から20kmも離れていて、両者の間には大きな地形的障害こそないとはいえ、比較的距離が離れている。このようないくつかの状況からみて、玄風地区は辰・弁韓時期には独立した勢力であった可能性もある。玄風一帯は洛東江が曲がりくねっているために、その河岸から洛東江路を通じた交通を統制しやすい位置にあり、このような地理的利点ゆえに玄風一帯が辰・弁韓時期に一つの「国」とまではいわずとも、「小別邑」であったとしても何ら不思議はない。あるいはこのような前代の事情ゆえに、昌寧地域の一部となった麻立干期以後も、強い地域色を維持していたのではないだろうか。

麻立干期における昌寧地域の範囲をこのように想定した場合、この地域は洛東江を越えて高霊地域の大伽耶から陜川地域の多羅国、そして宜寧一帯の伽耶国(94)と南江右岸の咸安地域の安羅伽耶に至る複数の伽耶勢力と対面する、新羅国家にとって戦略的に極めて重要な地域となる。このような地政学的位置を考慮すれば、先に挙げた玄風、霊山地区は、4世紀中葉までは現在の昌寧中心部とは別個の集団であったのかもしれないが、〔遅くとも〕麻立干期にはそれらも含めて一つの地域単位を構成し、新羅国家の中でこれ以上にない重要な前進基地の役割を果たしたであろうと想定される。

昌寧巡狩碑の中にこの地域の述干が二名もみえることについても、それに値するだけの理由があったとみるべきであろう。この外位は嶽干の次の第二位に該当し、金石文に嶽干が確認されたことがこれまでにないため、事実上最も高い格といえる。一地域にそのような外位をもつものが二人もいること自体が、この地域の重要性を端的に物語っている。ところで、6世紀中葉のこの地域に二人の述干がいた背景については、興味深いことに麻立干期の高塚群からもうかがうことができる。

この地域の中心高塚群である校洞・松峴洞古墳群は論者によって3～5群に分けられているが、大きくみて校洞の2群と松峴洞の1群に分けることができるようである(95)。校洞の2群より多少規模の小さい松峴洞古墳群の造営がいつ始まったのかについてはよく分からない。内部構造が横口式石室であるため、校洞古墳群と同じ時期とみる見解もあるが(96)、横口式石室とはいっても現在の露出状況や植民地時代の観察報告による限り、おおむね半地上化した横口式石室で、また上部が狭まる形式であるため、多少時期が新しいことは明らかである。そのような想定は最近発掘された松峴洞6、7号墳(97)をみても妥当なようである。このように松峴洞の高塚群がおおむね新しい時期に造営されたのであれば、麻立干期の中心期間においては、校洞の2群を中心に高塚が築造されたということになる。注目されるのは2群にはそれぞれ、主墳と呼びうる大型墳が

182

第Ⅱ章　5世紀における新羅の地方支配

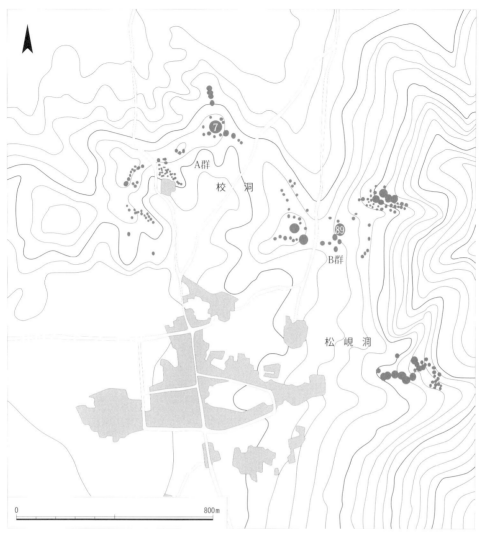

図27　植民地時代における昌寧校洞一帯の古墳群（高塚群）

含まれていることである。すなわち、植民地時代に発掘された89号墳と7号墳である（図27）。

　ここからは、それらに対する分析を通じて、新羅国家が昌寧地域に対して採った支配方式の一面をうかがってみよう。まずは両大型墳の築造年代について考える。校洞7号墳と89号墳の土器資料については正式な報告がなされておらず、問題がないわけではないが、両古墳から出土した新羅式威信財が年代比定の参考となる。両古墳の威信財がすべて一度に付与されたものであるのかどうかについては分からないものの、ほぼ同じ〔葉文透彫〕帯金具が出土していることからみて、両被葬者が生存した期間に重なりがあったことは確実である[98]。そして7号墳から出土した細環耳飾が5世紀第3四半期に築造されたと考えられる[99]玉田M3号墳のものと類似することから、7号墳の築造年代もそれとさほど遠からぬ時期であったと推測される。7号墳周辺部に築造された11号墳は、第1部でみたように5世紀第3四半期に比定される。7号墳は古墳の配置からみてそれよりも先行するとみられ、その築造年代は遅くとも5世紀第3四半期で、第2四半期にまで遡る可能性が高い。また校洞7号墳からは地方の高塚では比較的古い時期にだけ副

183

第2部　4～6世紀の新羅考古学

葬されるサルポが出土しており、金銅冠の型式も山字形立飾の横に付く枝の角度が若干鈍角をなすなど、相対的に古相を示す[100]。第1部で5世紀第3四半期に築造年代を比定した大邱飛山洞37-1号墳から出土している2個の大小の金銅冠の中でも、型式学的に新しい大型品よりは古いと判断されることも[101]、そのような年代観を強く後押しする。またここから出土した熨斗が皇南大塚南墳出土品と同工であるという指摘も参考となる[102]。以上から、校洞7号墳の築造年代は5世紀中頃に近い前半に比定しておきたい。

　一方、89号墳は写真をみる限り、高杯の中に昌寧の地域色を強く維持するものに加えて、慶州様式の影響もある程度みられ[103]、5世紀第3四半期の校洞11号墳よりは古いであろうが、校洞1号墳以前にまでは遡りがたい。よって、89号墳の築造年代もやはり5世紀の中頃を前後する時期に比定することができる。

　そうであれば、麻立干期の昌寧地域の中心地区に所在する二つの高塚群においてそれぞれ最大の高塚にあたる両墳の被葬者は、ほぼ同時期に生存し、5世紀中頃を前後して相次いで死亡したということになる。ところでこれまでに報告された資料をみると、89号墳が属した高塚群（以下、B群とする）からは89号墳はもちろん3号墳からもU字形鍬鋤先が出土している一方で、7号墳が属する高塚群（以下、A群とする）からはそれが出土しない代わりに着装型威信財の比重が高い[104]。これは先の慶山地域の林堂・造永洞地区の高塚群と類似した現象である。ここで重要なことは、A群は7号墳から群を形成しはじめる可能性が高いのに対して、B群は89号墳以前から既に群を形成していたと判断されることである。

　以上の考古学的現象については、次のように解釈することができる。すなわち、以前からこの地域の中心地区ないしは地域全体の核心支配層を構成していた集団がB群高塚群を造営していたところに、5世紀初め以降になって新たな集団が登場した。彼らは既存の高塚群から多少離れたところにA群高塚群を造営する。既存の集団に比べて豊富な新羅式威信財を副葬したことからも分かるように、浮上の契機となったのは新羅国家による集中的支援であったと推定される。A群の7号墳周辺に築造された高塚の一つである12号墳が積石木槨墓である点は、このことを傍証する。その被葬者が結婚による慶州地区からの移住者[105]かどうかはさておき、慶州地域と深い関連があったことは明らかである。A群高塚集団がB群高塚集団より慶州地域と深く連携していたことを示す一つの傍証とみてよいだろう。

　このように5世紀前葉以来、昌寧地域中心地区の支配層内には少なくとも二つの主要集団が存在したとみられる。それは100年以上の時間差があるものの、6世紀中頃の昌寧地域に述干という高い外位をもつ村主が二人も存在する淵源となったのであろう。またこのような支配集団の分化は、先にも想定した通り、新羅国家がこの地域勢力の過度の肥大化を牽制するための基本方策である、いわゆる以夷征夷策を採った結果と解釈される。

　一方、現状において看過できない点が一つある。すなわち、89号墳や7号墳が築造された頃が昌寧地域の高塚築造の頂点であって、どちらの集団もそれ以降、ここまで大型の高塚は築造しえなかったという事実である。もちろん7号墳と89号墳が大きい理由は、その被葬者が集団内でもった個人的位相ゆえとも考えられる。しかしその点を勘案しても、支配集団全体の権力が遅くとも5世紀中頃には、量的に分散し、弱化していったのであろう。皇南大塚の北側の路西洞・

第Ⅱ章　5世紀における新羅の地方支配

路東洞にある高塚がおおよそ皇南大塚南墳以降に築造されたとみてもよいのであれば、それらの中に依然として大型の高塚が含まれることは、昌寧地域にみられる上述の現象とは対照的である。結局、これは新羅国家の昌寧地域支配集団に対する牽制政策が当初の目的を達成したことを示しているのであろう。

　5世紀中頃を前後する時期（7号墳と89号墳の墓主が生存していた期間を勘案して、多少広く捉えるなら5世紀中葉の間）に、昌寧地域の経たこのような状況とともに現れる考古学的現象が一つある。すなわち洛東江対岸の主要伽耶勢力で、5世紀初めから前半まで土器を主体とする昌寧系遺物が副葬されていた多羅国の陝川玉田古墳群に、5世紀中頃を前後する時点から着装型威信財を主体とする慶州系または昌寧系遺物が副葬されはじめるという事実である[106]。これは、大局的には新羅国家が昌寧地域を通じて多羅国を外交的に懐柔する方策を採った結果として理解される[107]。5世紀中頃を前後して、玉田古墳群の昌寧系遺物の性格が土器類中心から威信財中心へと変化することは、先に想定した二つの集団の分化とも何らかの関係があったのかもしれない。すなわち、おおよそ5世紀前半まではB群高塚群造営集団を通じていた新羅国家の洛東江西岸攻略が、早ければ5世紀中葉初めから中頃を前後する時点以降は、慶州系威信財を豊富に副葬したA群高塚群造営集団を通じてなされたとみることができるだろう。

　それはともかく、新羅国家による昌寧地域を通じた洛東江西岸地域に対する外交攻勢の本格化は、後述するように慶州以南に対する支配がある程度盤石となったことを前提とするのではなかろうか。すなわち5世紀前半の間に、新羅国家の南部地方に対する掌握力が強化されることによって、地方支配が安定したことと関係がありそうである。もしそうであれば、これは新羅の発展という観点からみて極めて意味が大きいといえるだろう。それと関連すると思われる現象が、いわゆる昌寧系土器の「拡散」である。ここからは、主として洛東江下流域を中心に起こったこの現象について考えてみたい。

　昌寧系土器の拡散は釜山、金海、慶州、大邱、陝川地域などで確認され、主たる分布地は洛東江下流域の釜山、金海地域と陝川玉田地域である。昌寧様式土器が昌寧以外の地域に拡散する現象については、洛東江東岸のいくつかの集団が新羅の間接支配下に入ったことと相関関係があったと推定する見解がある[108]。この見解はその傍証として、釜山地域で5世紀第3四半期（本書の年代観では4世紀末または5世紀初め）になると、遺物が全般的に新羅化することと合わせて、外来系遺物の流入に明らかな変化が起こる点を挙げている。すなわち、5世紀第2四半期（本書の年代観ではおおよそ4世紀末）までは主に咸安地域の土器などが流入し、第3四半期（本書の年代観では5世紀初め）からはそれらがまったく副葬されず、昌寧系土器がそれにとって代わるとする。また、昌寧地域と同じく、この時から慶州式威信財や馬具などが下賜され、広範に拡散したとみて、そのような中で昌寧様式土器が釜山、慶州地域などに拡散したとする[109]。

　昌寧系土器の拡散理由に対するこの見解は、決して万人を納得させるほど具体的に論じられているとはいいがたいが、昌寧系土器の拡散には、特定遺物の分布の拡散という表面的現象に留まらない深い意味があったとみるべきであろう。ところでこの昌寧系土器の拡散が、おおよそ4世紀末から5世紀前半にかけての比較的短い期間に起こっていることは注目に値する。また、主として洛東江と接する地域で集中的に起こったことを重視すべきであろう。さらには金海生谷洞加

185

第2部　4～6世紀の新羅考古学

達古墳群のように洛東江西岸に位置する遺跡から昌寧系土器が大量に出土する理由についても説明が必要である。

　洛東江下流域における昌寧系土器の拡散は、洛東江路自体や洛東江東岸路沿いに起こったとみられる。これは、新羅国家が5世紀初めを境として洛東江交通路の多くの部分を確保し、それによって洛東江中・下流域において対西岸〔対伽耶〕勢力の連帯が形成されたことを示唆するものである。さらには新羅国家の地方支配が、地域ごとに個別におこなわれる水準を越えて、いくつかの地域を同時におこなえる水準にまで到達したことを示している。

　一方、洛東江西岸の金海生谷洞加達古墳群で4世紀末以降、昌寧系土器が大量に出土していることは注目に値する。この遺跡では半世紀ほどの限定された期間ではあるものの、昌寧系土器が副葬されつづける。これは集団移住と、故郷との一定の連携が持続したことに伴う現象であろう。あるいは昌寧地域がおおよそ4世紀後葉頃に新羅化する過程で実施されたであろう徙民がその要因かもしれない。いま、この問題を詳細に論じる紙幅はないものの、南海から古金海湾へと至る要所を統制する前進基地となりうる加達古墳群の地理的位置は、大きな意味をもっている。そのような地理的位置ゆえ、ここに昌寧様式土器が大量副葬されたと考えられ、対岸の若干北側に位置する釜山堂甘洞古墳群からも同時期の昌寧様式土器が出土していることを踏まえれば[110]、新羅が当時、洛東江下流域の西岸に一部進出していたことを示唆している可能性が高いと思われる。

　昌寧系土器の拡散は、包括的にいえば洛東江中・下流域で昌寧地域が与えられた役割の拡大を意味するのであろうが、加達古墳群や堂甘洞古墳群のようなケースは、（多少推測を加えれば、）新羅国家が昌寧地域から徴発した人的、物的次元がこの一帯に集中投与されたことを示すと解釈することもできる[111]。もしそうであればこれは、物的、人的移動を通じた昌寧地域の弱化と洛東江河口地域に対する〔影響力の〕強化を狙った一挙両得の戦略とみることができるだろう。しかしこのような対西岸圧迫は4世紀が終わる頃に伽耶の大々的な侵入を引き起こす。そして、それに対する庚子年（400年）の高句麗南征によって、洛東江下流域と古金海湾一帯で新羅の優位が確保されることで、そのような移動現象は多少衰退したものと思われる。昌寧系土器が洛東江下流域に拡散する期間の短さは、このような状況変化と関わるものであろう[112]。その代わりに昌寧地域は、伽耶勢力に対する外交交渉における新羅国家の窓口としての役割（多羅国だけではなく、大伽耶との交渉においても同じような役割を担った可能性がある）を、より一層担当することになったのではないだろうか。

（7）義城地域

　義城地域の中心地区である金城面塔里古墳群の横穴式石室墳以前の麻立干期高塚の埋葬施設をみると、類似積石木槨墓とでも呼ぶべきこの地域特有の墓槨形態と積石木槨墓が同一墳丘内に設けられている[113]。このことから義城地域の支配層は、慶州地域と何らかの特別な関係を結んでいた可能性が想起される。とはいえ義城地域様式土器はほかのどの地域にも劣らない強い地域色をもっていて、その地域色を遅くまで維持することもまた事実である。これらの一見すると相容れない考古学的現象は、この地域の地理と多少なりとも関係するようである。

186

第Ⅱ章　5世紀における新羅の地方支配

　義城地域は永川地域と接していて、中心地区間の直線距離はさほど遠くはない。ただしその間にかなり険しい山地が横たわっており、甲嶺がかろうじて通れる程度で、交通の難易度を考慮すれば、実際は比較的遠距離であったといえる。義城地域の土器の地域色が遅くまで維持される現象はこの点とも関わるのかもしれない。

　前章でも想定したように斯盧は辰・弁韓以来、陸上交通によって金海狗邪国の河岸路と競争する立場にあった。内陸路の重要性は昔から高く、斯盧はいかなるかたちであれこの掌握に努めたであろう。3世紀後半から4世紀前半にかけての時期に新羅国家が鶏立嶺と竹嶺を開通させ、公道化した後は、慶州地域からそれらへ至る最短距離ルート上に位置する義城地域の重要性が一層高まったことは想像に難くない。また交換手段としての金の登場後、陸路を利用した経済交換に移動の迅速性という要素が加わり[114]、慶州地域と慶北北部地方を連結するこの内陸路の価値はさらに高まったはずである。新羅国家がこの地域を間接支配下において以来、効果的な統制手段を常に追究しつづけたことは疑いの余地がない。積石木槨墓は、このことと関わる現象と思われる。

　積石木槨墓は斯盧支配層がみずからのアイデンティティを内外に誇示する意図で築造した排他的な墓槨形態である。したがってこれがほかの地域で確認される場合、その被葬者は慶州地域と深い関係をもった人物とみていいだろう。先にみた昌寧地域の積石木槨墓（校洞12号墳）が婚姻関係の産物と解釈されていることは、このことを端的に示しており、釜山、慶山地域の古い時期の積石木槨墓も慶州地域と直接的な関係をもった人物の墓とみざるをえない。積石木槨墓が盈徳槐市里16号墳[115]のように慶州地域から多少離れてはいるものの、間にこれといった高塚群の所在地を経ずに至る地域や、慶州地域から比較的近距離にある東莱福泉洞古墳群、慶山林堂・造永洞古墳群などで確認されることは、そのような解釈をする上での参考となる。ところで近距離地域では積石木槨墓が基本的に単発的なものに留まるのに対して、義城地域の場合は積石木槨墓とその影響を強く受けた地域固有の墓制がほぼ同じ比率で築造されつづけており、斯盧との間に遥かに強固で持続的な連携が想定できる。このような脈絡において、義城地域と慶州地域の間にある永川地域の完山洞古墳群の墓制が、やはり積石木槨墓と推定されていることは留意される[116]。

　『三国史記』新羅本紀をみると、永川地域の骨伐国は征服されたのではなく、内降したとなっている。その年代が慶山地域の服属よりも遅い理由については、これまでいくつかの推測がなされてきた[117]。ただし、たとえ同じ内降という表現が用いられたとしても、その後の措置をみる限り、骨伐国内降の性格はそれ以前の慶山押督国のようなほかの小国の内降とは異なったようである。具体的には永川地域の有力勢力を中央（すなわち斯盧地域）に移住、貴族化させ、その地域を再編する一方、それらと一定の血縁関係にある有力者を干に任命して、この地域の支配を委任したとみる見解が朱甫暾によって提示されている[118]。そうであるならば、永川地域は内降という事件よりも遥かに以前から既に新羅の間接支配下に入っていたこととなり、その頃にはほとんど直接支配圏に近い状態になっていたことを示すと解釈される。このような事情ゆえ、永川地域の高塚群に多くの積石木槨墓が築造されたのであろう。

　義城地域の場合、『三国史記』に記載された服属年代順序や上述の地理的条件をみる限り、永川地域と同じ状況は想定しがたい。そうかといって積石木槨墓が単発的に築造されたほかの地域と同じように理解することもできない。すなわち、被葬者は慶州地域からの移住者か、でなけ

187

写真11　義城大里里3号墳第2槨（左:主槨、右:副槨）

れば何らかの理由で慶州に長期間居住した経験をもつこの地域の出身者であった可能性が高いと判断される。ところで塔里古墳や大里里3号墳第2槨において積石木槨墓がこの地域固有の墓制と同一墳丘に築造されている点や、大里里3号墳第2槨に並列して設置された副槨が慶州地域の典型的な積石木槨墓とは異なる木槨墓である点（写真11）などからみて、その被葬者が果たして慶州地域の出身者であったのかについては疑問が残り、後者、すなわちこの地域出身の支配層の墓である可能性がより高いと判断される。もしそうであるならば、この地域出身の支配層が慶州地域に居住するに至った理由については、先述したように新羅国家が地方の統制を目的として、後代の上守吏制度と類似した政策を採ったためとみておくのが、現時点では最も合理的であろう。おそらくそのために彼らが出身地に帰還した後も、積石木槨墓が持続的に築造されたのではないかと思われる。土器の地域色が長く維持されたのは、慶州地域からこの地域への人口流入がさほどなかったことを意味しているのではなかろうか。

　ところで、4世紀第4四半期に築造されたとみられるこの地域固有の石蓋をもたない構造の墓制（塔里Ⅰ墓槨）が、積石木槨墓とよく似ている点に注目すれば、義城地域支配層の慶州居住は、おそらく斯盧に服属した時にまで遡る可能性が高い。ただし現在までの資料をみる限り、積石木槨墓である塔里第Ⅴ墓槨は5世紀第3四半期に築造され、大里里3号墳はそれよりもさらに古いとはいえ、地域支配層の慶州居住が本格化するのは5世紀に入ってからではないだろうか。まだ二つしか資料が確保されていない状況における推定に過ぎないものの、塔里古墳の場合、積石木槨墓がこの地域固有の形態の墓槨よりも後に追加され、大里里3号墳の場合は先に築造されている点からみて、地域支配層内で慶州居住を経験した集団が時期ごとに異なっていた可能性もある。もし仮にそのようなことがあったのであれば、これはもちろん新羅国家のこの地域の支配層に対する分離制御策とみるべきであろう。あるいは新羅国家による地方支配が実施された段階で、この地域の支配層内で劣勢にあった集団が積極的にそのような道を選択した可能性もあるが、高塚資料自体からその点を見きわめるためにはもう少し資料の蓄積を待つ必要がある。

　ともかく遅くとも5世紀に入る頃には、義城地域と斯盧は以上のような安定した関係を維持していたとみられる。新羅国家が義城地域を中間拠点のように活用する中で、慶北北部地方のみならず小白山脈を越えた地域にまで義城地域の影響力が及んだのであろう。義城地域圏の一邑落遺跡である安東造塔洞古墳群で横口式石室が盛行し[119]、遠く離れた忠清北道清原米川里古墳群か

ら義城様式土器が出土していることは[120]、そのことを傍証する。

〔新羅国家における〕義城地域の相対的比重の高さは、『三国史記』地理志の召文国関連記事からも間接的にではあるがうかがえる。そこには「聞韶郡、本召文国。景徳王改名、今義城府。領県四」と記されており、義城府は現在の義城邑で、召文国および聞韶郡の位置は現在の金城面とみるのが妥当である。義城府の治所と召文国＝聞韶郡の治所がそのように遠く離れている理由については、いくつかの考証を重ねた上で『三国史記』撰者の誤りとみる見解もある。すなわち、召文国＝聞韶郡（義城郡金城面）を当時の義城府（現在の義城郡義城邑）と誤ったとした上で、『三国史記』撰者の中の誰かが本貫制[3]と関連させて義城府を優遇しようとして意図的におこなったか、あるいは義城府の土豪勢力が編纂した地方邑史のようなものをそのまま利用したために、地名考証を過ったのではないかという積極的な解釈が提示されている[121]。

これは地理志の記事を考証という観点のみで理解しようとしたことによる行きすぎた推論であろう。先にも指摘したように『三国史記』の本〇〇国の範囲は中心古墳群のある地区一帯だけに必ずしも限定されるものではない。とりわけ盆地地形に所在した「国」の場合がそうであるが、比較的遅くに服属した地域もおおむねそのようである点が参考になる。このような一般的観点を採らずとも、義城地域の範囲は義城様式土器の分布圏をみれば、義城邑はもちろんであるが、その北側、現在、安東市に属する造塔洞一帯や、金城面塔里から眉川と渭川に沿って洛東江に至る水系一帯をすべて含んでいたものと思われる。当時義城府が郡治として表記されたのは、同じ地域内である時期に治所の移動があったためであろう。

そのような移動は大邱地域でも推定されている。すなわち、麻立干期から中古期にかけての間、中心地区であった達句伐の位相を弱化させる必要性ゆえに、後代になっておそらく麻立干期には達句伐の下位集落に過ぎなかった喟火地区に治所を移動したため、地理志にはそこが以前から中心地であるかのように記録されている。地理志に昌寧地域の範囲が非常に狭く記載されていることも、同じ脈絡で理解できる。義城地域の記録についても、これらと同じような背景や脈絡で理解して何ら問題ないであろう[122]。このようにみれば、後代の郡治が麻立干期における義城地域の中心地である金城面塔里一帯ではなく、北側の義城邑として記載されたことは決して誤りではなく、むしろ事実をそのまま反映している可能性が高い。これはむしろ、麻立干期または中古期の間に義城地域が享受した独自性がほかの地域に比べて相対的に強く、その位相が高まり過ぎたがゆえに、地方支配の進展した後代に中央政府による地方勢力弱化措置が採られたことを示す記録といえるのではなかろうか。

麻立干期の義城地域が〔他地域に比して〕相対的に高い位相を保持しつづけたと推定できるもう一つの事実は、横口・横穴式石室墳がほかの地域に比べて比較的活発に築造された点である[123]。横口・横穴式石室墳の活発な築造は、慶北北部地方における通有の現象ともいえるが、慶北北部地方の多くの地域は前段階にあたる竪穴式石槨墓の高塚の築造が貧弱であったのに対して、義城地域は麻立干期の中心期間に固有の竪穴式墓制も活発に築造されている点で明瞭に区別される。斯盧を背景とする慶北北部地方のほかの地域の支配層の政治的成長が、全体的に麻立干期の比較的遅い時期からと推定されるのとは異なり、義城地域の支配層はいち早く、そして相対的に長期間に渡って政治的成長の道のりを歩んでいったと推定することができるだろう。

2）5世紀における新羅の地方支配

地域間における資料の不均衡という問題はあるものの、5世紀の各地域の高塚現象が示す相違性と相似性を新羅の地方支配という観点から整理してみたい。ここでいう相似性とは、新羅国家の地方支配によっていくつかの地域で共通して現れる現象を指し、相違性とは地方支配と関連しつつも主に各地域の特殊性に起因する顕著な差異を指す。まず、各地域単位に整理した上で、洛東江以東地方を、慶州地域を中心に南部、西部、そして北部内陸方面に大別して整理してみよう。

このように3方面に大別する理由は、地理について検討をおこなった際にも言及したように、洛東江以東地方は地形構造からそのような三つの単位におのずと区分されるためである⁽¹²⁴⁾。3方面は相互の交通に障害がある一方で、各方面の内部の地域間は非常に円滑かつ緊密に連携している。また新羅形成期における斯盧による小国服属もおおむねこの方面ごとに段階的になされ、新羅国家の地方支配展開過程にも一定の影響を与えたであろうと判断される。この3方面の接した外部勢力が南部方面は金官伽耶、西部方面はそのほかの伽耶勢力、そして北部内陸方面は百済などそれぞれ異なった点も参考になる。

いくつかの要因が複合した結果、各地域における高塚現象の初現時期や高塚群の造営期間、高塚数には変異がある。それは、一次的には各地域がそれまでに辿ってきた歴史的経緯や各地域の主体的進化力と関連するのであろうが、もう一方では新羅国家の各地域に対する支配開始時期と強度、そして各地域が新羅領土内でもった戦略上の比重による影響も強く受けていたと考えられ、一律的に解釈することはできない。たとえば高塚の数は、高塚群の造営期間の長短と相関関係にあるものの、集団の勢力の大きさによっても左右される。

釜山地域は高塚の築造開始が比較的遅く、高塚の規模や数もほかの地域に比べて劣勢である。4世紀中頃まで相当の規模と内容を誇っていた古墳築造活動は、4世紀末または5世紀初めの高塚築造直前段階に至り、そのテンポが著しく鈍る。これは、新羅国家の地方支配が早くから力点をおいてきた釜山地域に対する介入や統制が4世紀末頃から一層強化されたことを示している。また、その結果として高塚築造が相対的に早く終焉し、おそらく5世紀第3四半期以後にはその築造をほぼ終了したものと思われる。隣接する梁山地域の様相についても同じである。これは詰まるところ、新羅国家が洛東江下流域東岸一帯を統制することによって、南部の諸地域が西岸の伽耶へ進出していくための前進基地となり、また倭や伽耶の斯盧侵入を防ぐ緩衝地帯となることとも関連するのだろう。

『三国史記』初期記録にみられる伽耶の新羅侵入をはじめとする両者の衝突が、いずれも斯盧の南側の地域で起こっていることはこのことを傍証する。麻立干期の南方経営においても、洛東江河口に介入してほかの勢力の洛東江路交通を統制し、対外交易の出口を確保することが重要であったことは想像に難くない。（麻立干期以前の事件とみなければならないであろうが、）悉直谷国や押督国の反乱を鎮圧した後、反乱勢力を徙民したところが斯盧よりも南側の地域であったことに、そのような政策の一端をうかがうことができる。反乱地の弱化という徙民自体の目的はもちろん、南方経営という二重の効果を狙ったものであることは疑いの余地がなく、徙民勢力に対する軍事的監視のための軍官派遣のような措置もあわせて採られたのであろう。

第Ⅱ章　5世紀における新羅の地方支配

　大邱地域の場合、中心地区高塚群が〔後世の開発などによって〕ほぼ消滅し、残念ながらその造営開始時期を正確に知ることはできなくなってしまったが、高塚群の中心年代が全体的に慶山地域よりも遅れることは明らかである。これは先に想定した通り、達伐城主の派遣などとも深く関係するとみられる。すなわち、斯盧がこの地区に直接介入することで、大邱地域の中心地区支配層の政治的成長は多少鈍化したのであろう。ただし、この地域を構成する単位地区の数は異例なほどに多く、洛東江中・下流域の中では相対的に遅くまで高塚を築造していたようである。この地域のいくつかの地区の中でも、特に洛東江に近い地区の高塚群については、造営期間が短く、中心年代が中心地区よりも少し遅れる可能性がある。

　一方、昌寧地域のような慶州地域から遠く、かつ伽耶との境界地域にあたり、新羅が洛東江中流域沿岸の多くの地域を包括する上で戦略的に重要なところは、やはり比較的早くから高塚が築造されはじめ、相対的に遅くまでその築造が続く。これは地域集団が新羅国家の間接支配下で保った自律性がそれだけ高かったことを意味する。新羅国家はこのような地域の中心地区支配層の分化を促すことで勢力全体の弱化を図ったと思われる。

　北部内陸方面では5世紀末頃以降、中心地区以外の集落でも横口式〔石室を埋葬施設とする〕高塚が大々的に築造された。これは南部方面に対する新羅国家の支配が5世紀前半の間に大きく進展したために、5世紀後半からは北部内陸方面により大きな比重をおいたことと関係するようである。5世紀前半までは密接だった高句麗との関係が疎遠になることも一定の関係があるのかもしれない[125]。

　以上が麻立干期の早い時期の間にみられる各地方の高塚現象の相違性に対する解釈の概要である。以下では相似性に焦点をあてながら、麻立干期における地方の姿をまとめてみよう。

　辰・弁韓時期には独自性をもっていた「小別邑」のような単位集団も、麻立干期以降、ひとまず新羅国家領域内の一定に区分された各地域単位の中に編制されていくようである。まだ仮説の段階に留まるものの、もしこれが事実であるならば、そのような編制は辰・弁韓時期の「国」と表現された地域政治体の範囲を拡大させるもので、一見すると地域集団の勢力増大とも受け取れかねない。一方で辰・弁韓時期に各「国」に対する競争的単位であったであろうそれらの地区が地域単位内に編入されることで、内部にはむしろ遠心的効果が生じたとも考えられ、新羅国家の地域支配と符合する面もあったのであろう。地域の中で異質な存在であったこれらの地区は、「国」内の既存の邑落地区よりも中心地区による統制が容易でなかったはずで、地域集団全体の勢力の大きさを増大させるよりも、かえってその統合を阻害、分散させる役割を果たしたと考えられる。そのような地区（たとえば漆谷地区）に、地方では高級品にあたる威信財が新羅国家から下賜されていることは、このような観点から理解してもよいだろう。

　およそ5世紀中頃になると、辰・弁韓以来、各地域の非中心地区（邑落）であった地区の古墳（たとえば慶山北四洞古墳群）にまで威信財が下賜されていることから、新羅国家は各地域の中心地区だけでなく、ほかの地区にまでその影響力を拡大しようとしたことがうかがえるのではなかろうか。もちろんこの威信財の下賜が各地域の中心地区を介してなされた可能性は排除できず、その場合これらの地区はそれだけ中心地区に統属していたこととなる。だが、辰・弁韓以来の各邑落の独立性あるいは自治性を最大限維持させることによって、域内の統合をできる限り阻止しよ

191

第2部　4～6世紀の新羅考古学

うとしたであろう新羅国家にとって、中心地区を通じて威信財を下賜することに見返りがあった
とは考えにくい。それよりは直接下賜することによって、以夷征夷による中心地区牽制策をとっ
たと解釈すべきであろう。直接的な根拠とはならないものの、これと関連して注目される現象と
して、非中心地区の土器が中心地区とは異なる小地域性をしばしば呈する点を挙げることができ
る。これはその非中心地区が一定の独自性を維持していたことを示すものと解釈され、当時の中
心地区とほかの地区の間の統属関係がさほど強くなかったことを示唆する。

　要するにこれは、4世紀代には中心地区を通じた間接支配に留まった新羅国家の支配力が5世
紀代に入り、各地域の非中心地区に直接及ぶまでには至らないものの、新たな局面を迎えたこと
を示唆していると思われる。一方、このように遠心的構成をもたない地域の場合（たとえば釜山
地域の場合）は、中心地区を頂点としてほかの地区または集落を下位に編制した後、その中心地
区を以前より一層強く統制、掌握することによって間接支配を強化したとみられる。そのことは
単一地域様式土器が域内の古墳に広く副葬される現象から類推することが可能であろう[126]。

　新羅式着装型威信財の下賜は、各地域や地区の支配層に、一律的になされたのではなく、4世
紀の間に掌握した地域支配層の構成を勘案しつつ、巧妙にコントロールされたとみられる。その
ようなコントロールは、支配層の底辺が広い中心地区に対して特に巧妙におこなわれたようであ
る。下賜された威信財は着装者と慶州勢力間の連携を示し、社会内での地位を保証する表徴であ
るのみならず、その下賜とともに新羅政府による政治的支援が実際に伴ったのであろう。

　昌寧地域と慶山地域では、生産力を象徴する農具の副葬された高塚と、それをもたず威信財の
みが副葬された高塚が、群を異にして築造される現象が認められた。これはある時期以降、域内
生産手段を掌握し、慶州地域と連携していた前者の集団から、威信財を主とする後者の集団へと
中心が多少移動したことを意味するのではないかと推論される。ただし、両高塚群の規模や数が
ほぼ等しいことから、どちらかに完全に中心が移ったのではなく、新羅国家は牽制・均衡策によっ
て地域集団を全体的に弱化させる方針を採ったのであろう。一方、釜山地域のように地域の範囲
が狭く、支配集団の掌握が早くに達成されていた地域では、ほぼ勢力交代に近い策が採られるこ
ともあったと判断される。

　洛東江以東地方の各地域の高塚群を概観する限り、このような地方支配の強化は、早い地域で
は4世紀末、基本的には5世紀初めから中葉までの時期にかけて集中的になされたようである。
現時点ではおおよそ琴湖江以南の大邱、昌寧、梁山、釜山、慶山地域と洛東江以西の星州地域
で顕著に認められる。これらの地域は洛東江以西地方の伽耶と直接対面する地域[127]と、慶州地
域から洛東江への通路にあたる地域に該当することから、決して偶然の現象とみることはできな
い。地方支配強化の最終的な目標の一つが当該地域を足がかりとしてさらに領域を拡大すること
にあったのであれば、これは結局、麻立干期における新羅国家の対外政策が伽耶方面に力点をお
いていたことを示唆するものといえる。

　文献史料をみると、新羅は433年から百済といわゆる羅済同盟を結び、それ以後麻立干期の間、
両者に大きな衝突はなかったようである[128]。そのような背景のもと、対伽耶優先政策がおそら
く機能したと考えられ、伽耶との国境地帯に対する間接支配の強化が現実化したと解釈すること
ができる。もちろん、昌寧地域を通じた多羅国への接近などをみる限り、まだ伽耶に対する政策

192

は武力的におこなわれたというよりは、外交的側面がより大きな比重を占めていたであろう。い
ずれにせよ現代的用語で表現するならば、当時の新羅にとっての「第一仮想敵国」は、伽耶であっ
たとみてよい。洛東江以東全域に対する支配がまだ確立されていなかったため、外交攻勢に留ま
らざるをえなかっただけのことである。

　一方で、これまでの調査に地域ごとの偏りがあるため、推論に無理があるかもしれないが、大
局的にみると洛東江以西の慶北北部地方は、高塚の築造が相対的に遅く、構造もおおむね横口式
石室と横穴式石室である[129]。慶北北部地方が新羅中心地から遠く〔離れているため〕、本格的な
地方支配の開始が相対的に遅く、その強度も弱かったことが主たる要因であろう。加えて、少な
くとも5世紀前半の高塚隆盛期の間は、対伽耶優先政策によって相対的に南部方面と西部方面、
特に南部方面に地方支配の重点がおかれたことも関係するのであろう。それが5世紀後半に入り、
高句麗との関係が弱化するにつれ、新羅国家は高句麗勢力と接する北部内陸方面に対してより比
重をおいたはずである。それによって南部方面の高塚群に比べて遅い時期に、〔北部内陸方面に〕
横口・横穴式石室構造をもつ高塚群が活発に造営されたのであろう。

　5世紀に入ると、新羅国家の地方支配力が4世紀代に比べて各地域単位内により広く浸透しは
じめる。地域ごとに個別に対処していたと推定される4世紀の地方支配とは異なり、地域間を連
携支配する水準に至ったとみられる。昌寧系土器の拡散現象は、そのことを示唆する格好の例と
いえよう。もちろんこの連携の主体が斯盧であったことはいうまでもない。そして5世紀の遅い
時期以降、義城様式土器が小白山脈を越えて忠清北道の清原米川里古墳群からも出土するという
事実や、忠清北道の報恩三年山城を修築する際に善山地域などの人々を動員したという記事[130]
も同じ脈絡で理解される。これらを通じて、新羅国家の領域内統合力が麻立干期初期とは著しく
異なる水準にまで到達したことが分かる。

　いずれにせよ5世紀中頃、各地域の高塚に重要な変化が起こった。たとえば南部方面の釜山地
域では高塚の築造がほぼ全面的に衰退し、西部方面では威信財下賜の集中度が慶山から洛東江に
接した大邱へと移動し、また北部地方の義城地域では塔里古墳における威信財副葬が突然減少す
る。これらは地方高塚の全般的衰退現象といえ、後述するように新羅国家の地方支配がもう一つ
の局面を迎えたことを示唆するものである。

3. 高塚の衰退と地方支配の変化

　おおむね5世紀後半の中頃に始まる高塚の衰退現象は、二つの側面をもっている。第一は高塚
の築造自体が衰退することであり、第二は高塚の性格が変質しはじめることである。高塚現象が
新羅国家の間接支配を主要契機とするがゆえに、その退潮もまた地方支配と関連するとみられ、
該当地域の支配構造に大きな変化が起こったことは疑いの余地がない。高塚の変質とは要するに
埋葬施設の変化であり、追葬可能な半地上式または地上式の横口式石室や横穴式石室へと高塚の
埋葬施設が変化する。

　横穴式石室を埋葬施設とする古墳を高塚の範疇から除外する意見もあるが[131]、その場合、半
地上式、地上式の横口式石室は高塚に含めて、横穴式石室は除外する基準が問われることとな

る。横穴式石室の登場が大きな変化を意味することは事実であるが、高塚が本質的に墳丘の個別性、単独性を強調するものであるならば、除外するよりは包含させることによって、その変化の意味を見いだす方がより効果的な分類といえ、論理的にも一貫性がある。横口・横穴式石室墳は、初葬者の配偶者やほかの家族、または姻戚がみずからの高塚を築造できない点において、それ自体が高塚の衰退現象とみることができるからである。

　これまでの嶺南地方の横口・横穴式石室墳に対する研究は、おおむね内部構造の類型化を通じて、その起源を探したり、古墳編年または段階設定することに重点をおいてきた。導入の契機については外来墓制ということに注目し、埋葬観念の変化にばかり焦点があてられ、横穴式構造がもつ追葬の意味については疎かにされてきたようである。もちろん横穴式は一人葬を基本とする既存の竪穴式とは葬法が異なるため、その採択は当然、埋葬観念または死後観念の転換を前提とする[132]。しかし、ある時期に埋葬観念の変化が自然に起こり、それによってこの新しい墓制が採択される、またはその逆の現象が起こるという解釈だけでは十分でないようである。そのような観念の変化がなぜ起こったのかを考えてみると、ことは簡単でなく、社会的諸関係の変化によって埋葬観念の変化がもたらされた可能性を考慮する必要がありそうである。

　上述のように横口・横穴式石室墳には、初葬者と深い親縁関係にある人がいわば他人の幽宅に追加で埋葬される。彼らは自身だけの墓、すなわち継世観念によるところの専用の幽宅（死後の場所）をもつことができない。それのみならず追葬を前提に古墳が築造される以上、初葬者もまた、専用の墓をもちえないということになる。このような点で追葬を前提とする横口・横穴式石室墳は高塚でありつつも、竪穴式石槨または一人葬の横口式〔石室を埋葬施設とする〕高塚とは根本的に異なるといえる。すなわち、高塚によって社会的関係における優位を可視的に表象してきた慣習に大きな変化が生じたのである。

　高塚の築造は、被葬者の社会の諸関係における優位を誇示するに留まらず、高塚を築造した人々の社会的優位を確認し、再生産する行為である。横口・横穴式〔石室を埋葬施設とする〕高塚でも初葬者の社会的優位を標榜するという目的は、ある程度達成できる。しかしその墓を築造した主体者の中で、被葬者と最も深い血縁関係にあって、順次、その横口・横穴式石室に追葬される人は、既にその時点で自身の墓をもちえないことを予告されている訳で、先に述べた優位を持続的に再生産するという点において深刻な制約を受けることとなる[133]。これは地域支配層またはその一部が集団的に保有した権力の継承性に大きな制約が生じたことを示唆し、結局は権力の享有が横口・横穴式〔石室を埋葬施設とする〕高塚の主たる被葬者、すなわち初葬者の代で終わることを意味する。このような変化は横穴式〔石室を埋葬施設とする〕高塚群の配置からもうかがえる。竪穴式〔石槨を埋葬施設とする〕高塚は、個別性を確保するためにそれぞれ離れていると同時に、相互間の関係性がはっきりと分かるように配置されていたが、横穴式〔石室を埋葬施設とする〕高塚群の造営開始以降は、極めて分散的な配置様相を示しはじめる。高塚出現期の個別化指向とは異なる意味での個別化が起こったのである。

　このように高塚の衰退は二つの側面をもって現れる。その様相は新羅領域全体でまったく同じという訳ではなく、大きくみて琴湖江以南の南部方面とそれ以北の北部内陸方面に二分される明らかな圏域差を示す。すなわち南部方面では高塚築造の退潮、北部内陸方面では横口式ないしは

第Ⅱ章　5世紀における新羅の地方支配

横穴式石室の集中築造現象として現れるのである。この背景には辰・弁韓以来、両方面が経てきた歴史的過程の差があるのだろうが、石室墳築造当時に焦点をあてると、新羅の地方支配の進展と関係することは疑いの余地がない。以下ではそれについて論じてみたい。

まず南部方面の釜山、梁山地域では、5世紀第3四半期になると高塚築造は著しく衰退し、中・大型高塚の築造は5世紀第4四半期には終焉を迎えたようである。

釜山地域の場合、蓮山洞の高塚群が2基しか調査されていないために不確実ではあるものの、おおむね5世紀第3四半期頃には高塚の築造が終焉を迎えたと判断される。蓮山洞の高塚群がおおよそ丘陵の高所から低所へ下りながら順次築造されたとみた時、下から8番目の8号墳と4番目の4号墳の間の年代差がさほどないことに加えて、4号墳が遅くとも5世紀第2四半期に比定される点や蓮山洞の高塚群の内部構造がすべて竪穴式石槨と推定されている点が[134]、その間接的な根拠となる。これまでに釜山地域で横穴式〔石室を埋葬施設とする〕古墳が1基も確認されていない点もこのことを傍証する[135]。

ところで5世紀第4四半期頃、このような高塚の終焉と同時に新たに形成される小規模古墳群がある。これまでに発掘された古墳群の中では杜邱洞林石古墳群がこれにあたる[136]。年代が最も古い1号墳から出土した土器は、本書のⅢb期、すなわち5世紀第4四半期に該当する。この1号墳はいわゆる竪穴系横口式石槨墓で、この古墳群の形成はおそらくは蓮山洞の高塚群の終焉と連動すると考えられる。そうであるならば、それ以前とはまったく異なる状況のもとに古墳群の造営が始まったことを意味する。それはおそらく地域社会が再編されたことを反映しており、高塚群の終焉が示す地域内在地勢力の微弱化と表裏をなす現象であったと判断される。

梁山地域の場合も状況はおおむね同様であったようである。ただ、その変化の意味を読みとる端緒は釜山地域よりも多い。梁山地域の中心地区高塚群である北亭里古墳群が丘陵の高所から低所へ向かって順次造営されたのであれば、5世紀第3四半期に比定される夫婦塚は、その位置からみて中・大型墳の中で最後に近い時期にあたり、梁山地域の高塚群もその頃には既に衰退していたことが分かる。夫婦塚が追葬されたことが明らかな横口式石室である点や、夫婦塚よりも新しいかほぼ同時期の金鳥塚が、威信財こそ夫婦塚と似たような水準ではあるものの、規模が大きく縮小して、立地も中心から外れることはこのことを傍証する。

梁山地域の下位集落に関わる古墳群で洛東江左岸に所在する徳川洞古墳群が、やはり5世紀第4四半期に造営されはじめる点は、これと関連して注意される。徳川洞古墳群の位置は、直線距離では釜山地域の中心地区である東莱側に近いものの、その間は高い山によって遮られ、洛東江河口側の沙上に抜けて、洛東江を上るほかは、接近が困難である。よって徳川洞一帯は釜山地域よりは梁山地域に含めるのが妥当であろう。実際に距離からみても梁山地域の中心地区の方が近く、洛東江左岸に沿えば、交通も遥かに容易である。この徳川洞古墳群において最も古い土器は、D地区11号墳から出土した初葬に伴う土器とみられ、これは本書の編年では5世紀第4四半期に比定することができる[137]。発掘資料による限り、徳川洞古墳群はこの頃から造営されはじめたと考えられ、それは梁山地域の中心地区における高塚群の終焉と連動する現象と判断される。

この重要な変化の意味は、本遺跡の立地とそこから出土する土器の性格に求めなければならないようである。現在の金海平野は麻立干期には湾を形成していたと考えられており[138]、この見

195

解にしたがえば、徳川洞古墳群は洛東江の本流から古金海湾へと抜ける左岸に立地することとなる。斯盧にとっての洛東江および南海への出口である梁山地域の中でも最前進地区に該当し、また古金海湾一帯から洛東江に上がっていく入口の一方を占拠するところに立地する徳川洞古墳群は、その一帯の集落の墓域とみてよいだろう。

　次に注目される事実は、この遺跡から出土した土器が地域色の完全に消えた新羅土器であるという点である。これはこの地区や梁山全域の既存の土器生産システムに何らかの変化が起こったことを暗示するもので、自然な変化とはいいがたい。それが大型高塚群の消滅と軌を一にすることを踏まえれば、この地域において長期間持続してきた新羅国家の間接支配が何らかの変化を迎えたとみるべきで、現状では地方官の派遣に代表される新羅国家の直接支配と関連づけるほかない。すなわち徳川洞古墳群は、新羅国家が梁山地域を直接支配しはじめ、同時に洛東江河口の出入りを強力に統制するために新たに集落を設置するか、既存の集落を補強した結果、造営を開始した古墳群と理解される。また、そこから出土する土器が地域色の無い新羅土器であるということとは、新羅国家がこの地域の生産システムを完全に掌握したことを如実に示すもので、これは服属地の生産システムをおおむね温存したまま統治していた間接支配とは対照的な現象である。

　以上によって明らかな事実は、5世紀の第4四半期になると釜山、梁山地域に代表される南部方面では中・大型高塚群がこれ以上造営されず、下位集落に再編が起こるということである。これは先述のように文献史料にみられる新羅国家の地方官派遣による直接支配と関連づけて解釈するほかない。

　従来、文献史学においては『三国史記』新羅本紀・智証麻立干6年（505）条の州郡制整備と悉直軍主派遣記事[4]を新羅国家による最初の地方官派遣とみてきた。しかし503年の立碑がほぼ確実な迎日冷水里碑が発見され、その研究が進んで以降は、それよりも遡らせて5世紀後半には既に地方官の派遣が始まったとみているようである[139]。このような脈絡において、上述の考古学的現象は、新羅国家の地方官派遣による直接支配を、5世紀後半に実施されたとみようとする最近の文献史学の流れを裏づけるものといえるだろう。

　さらにいえば、これらの考古学的現象は地方官の派遣が具体的にどのように実施されたのかに関する〔解明の〕端緒を提供しているようにもみえる。すなわち、新羅が成立する早い段階で服属し、地方支配がいち早く進展した地域に対して、地方官派遣も優先してなされた可能性がある。もちろん南部地方に対する直接支配がいち早く実施されたことは、新羅国家の洛東江以西地方進出戦略とも深く関係している。事実、新羅国家が洛東江という地理的障害を越えて、洛東江以西地方の伽耶に進出しようとすれば、目標である洛東江以西地方の対岸の洛東江以東地方に対する統治を一定水準にまで引き上げることが先決課題である。それに該当する地域の一つが金海地域の伽耶勢力と面した南部方面であったという考古学的示唆は、いくつかの点で啓発されるところがある。

　広開土王碑によれば庚子年（400年）の高句麗南征で任那加羅は最も直接的な打撃を受けたものとみられる。その位置についてはこれまでのところ金海地域とみる説と高霊地域とみる説に意見が分かれている。逆の推論ではあるものの、上述の考古学的証拠をみると、その任那加羅は新羅南部と接した金海地域であったのかもしれない。結果論ではあるものの洛東江以西地方の伽耶

第Ⅱ章　5世紀における新羅の地方支配

の中で、金海地域が6世紀前葉末に最初に新羅に完全服属することは、このような歴史過程と無関係ではないだろう。もちろんこの推定を確実に証明するためには、5世紀初め以降の金海地域の考古資料にさらなる証拠が確認されねばならず、また6世紀前葉末までにこの地域の政治体が経た道程が具体的に解明される必要があることはいうまでもない。

　西部方面に該当する琴湖江流域についてはまだ関連資料がさほど報告されておらず、高塚の衰退がいつどのように起こったのかについてはよく分かっていない。ただし第1部の編年表で提示したように、これまでに調査された高塚が5世紀第4四半期にも築造されていることからみて、南部方面よりは多少遅くまで中・大型高塚群が築造されていたようである。

　ところで慶山、大邱地域よりも慶州地域から遠い昌寧地域に5世紀第4四半期に築造された横口式石室墳の校洞31号墳で、6世紀に入り追葬がなされている点は注目される。また地域色が強かった昌寧様式土器に、5世紀後半初めから慶州様式の影響がみられはじめ、5世紀第4四半期になって再び強い影響が現れはじめ、6世紀初めには完全に慶州様式化する点も留意される。この1例のみをもって一般化することは躊躇されるものの、この地域もおおよそ6世紀初めを境に高塚の築造が退潮していったのではないだろうか。昌寧地域の下位邑落中、桂城地区の舎里A1号墳もやはり横口式石室で、5世紀第4四半期の初葬時に金銅冠が副葬され、6世紀初めに追葬がなされたことが確認されている。その意味もやはり同じ脈絡で理解できそうである。したがって〔昌寧地域よりも慶州地域に近い〕琴湖江流域の高塚群も5世紀末に衰退しはじめ、6世紀初めにはほぼ終焉を迎えたのではないだろうか。

　北部内陸方面の場合は、高塚の調査がまだ一部の地域に限られるため、何らかの定型性を抽出するのは時期尚早である。ただし追葬を前提とする横口・横穴式石室墳を主とする高塚群が、北部内陸方面でも尚州、聞慶、栄州地域など琴湖江の以北、それも洛東江以西に多く分布することは注目に値する。これらの地域には横口・横穴式石室墳が集中分布する一方で、竪穴式石槨を埋葬施設とする高塚はさほどみられない点も重要な特徴といえる。各地域の地表調査で確認された高塚のほとんどが横口・横穴式石室を埋葬施設とすると推定されており、最近発掘された尚州地域の一下位集落の古墳群とみられる青里古墳群は、そのことを如実に示している。

　尚州青里古墳群の調査では、一地区単位または集落単位の時期別古墳群の全貌がほぼ明らかとなっている。そこでは横口・横穴式石室墳が群をなして造営される一方で、竪穴式石槨墳は微々たるもので皇南大塚南墳段階になっても木槨墓が築造され、竪穴式石槨墓は5世紀第2四半期頃になって本格的に登場するようである[140]。地域の下位集落に伴うとみられるこの古墳群が、どの程度の代表性をもちうるのかという問題はあるものの、何らかの参考にはなるはずで、竪穴式石槨墓の登場が南部方面や西部方面に比べてかなり遅れる点は、それだけ政治的進化が鈍かったことを示唆する。

　これは慶北北部地方、その中でも洛東江以西の社会進化力が前代以来、相対的に弱かったことに一次的な要因があるのであろう[141]。それに加えて、この地方に対する新羅の本格的地方支配の開始時期が南部方面や西部方面に比べて相対的に遅く始まったにもかかわらず、5世紀以降は南部方面に劣らずに強力なものであったことにも、その原因を見いだすことができる。5世紀前葉、訥祇麻立干代の初年に国王が外国の人質であった二人の弟を救出するために諮問役として

197

第2部　4〜6世紀の新羅考古学

任命した水酒村干、一利村干、利伊村干の出身地がそれぞれ醴泉、星州、栄州地域に比定されていることは、そのことをよく示している。なぜならこれは、それらの地域に対する新羅国家の支配力が既に相当な水準にあったことを前提とするためである。

　上述の青里遺跡の場合、横穴式石室墳の築造年代は短脚高杯の登場する6世紀中葉以降と考えられるため、下位集落の古墳群とみられる点を含めて、慶北北部地方の中・大型高塚群の性格をうかがう際にはさほど参考にならない。竪穴式石槨から横口式石室への転換がいつ起こったのかという問題については、洛東江上流域における横口式石室の登場と展開を専論した最近の研究によれば、皇南大塚南墳を5世紀第3四半期とした時の6世紀第1四半期に横口式石室が登場するようであり[142]、本書の年代観では5世紀第3四半期の遅い時期に該当する。

　このように新羅北部の洛東江以東、以西では5世紀第2四半期頃に竪穴式〔石槨を埋葬施設とする〕中・大型高塚が登場し、おおむね5世紀第4四半期を前後して、横口式〔石室を埋葬施設とする〕高塚に転化すると推定される。これを糸口に、新羅国家の慶北北部地方に対する支配過程を以下のように論ずることができるのではないだろうか。

　5世紀前半以来、新羅国家の南部方面に対する支配が安定すると、5世紀後半に入り、高句麗との関係が疎遠となるにつれ、北部内陸方面に対して戦略的比重がおかれはじめた。その結果、この地域の支配層の政治的成長も促進されたであろうが、先に引用した5世紀初めの文献記事が示すようにその頃には既に新羅国家全体の統合力は相当な水準に到達していたため、地域支配層の政治的成長は南部方面や西部方面とは異なる軌跡を辿ったものと推測される。具体的には、支配集団の分化などは進行しにくかったであろうと思われる。

　このことは、5世紀後半の北部内陸方面と関連する築城記事や国王巡行記事のような文献史料からも傍証することができる。『三国史記』新羅本紀には5世紀後半の慈悲麻立干代（458-478年）から知証王5年（504）にかけて、築城記事が集中的に現れる。築城に際しては大規模な役夫動員と力役体制の整備が前提となり、また地域政治体単位の分立性の克服が前提となるため、「諸小国」（すなわち、地域政治体）の解体と州郡への編制過程との密接な関連を想定する見解もある。また、築城過程自体を州郡への編制作業と直結させることは難しいものの、その過程でそれが加速化したことは明らかであるとして、5世紀にそのような州郡への編制が大いに進行したとみる見解もある[143]。

　北部内陸方面の築城関連記事の中で注目されるものとして、忠清北道の報恩三年山城を改築する際に善山地域一帯の人々が動員されたとする炤知麻立干8年（486）条の記事がある。これは、5世紀前半の間におおよそ地域ごとに進められたと推測される北部内陸方面における地方支配が、この頃に至ってそのような水準を完全に超えて地域間の統制と調整の段階に入ったことを示すものといえる。さらには新羅国家の徴発力の水準を示しているのみならず、徴発した人力を扶養するための食糧調達もまた、その地域でなされたことを含意し、地域支配が既に大きく進展していたことを示す。新羅国家がこのように地域の資源を自由に差配していたことを示すもう一つの文献記事が、国王の巡行とそれと関わる賑恤記事である。

　王が領域内を巡狩、巡行すること自体は、いわゆる初期国家（early state）の地方統治において普遍的にみられる現象で、政治、経済的統合機能のみならず、宗教的、象徴的機能に至るま

198

第Ⅱ章　5世紀における新羅の地方支配

で相当に広範囲かつ複合的な機能をもっていたことが指摘されている[144]。ところで『三国史記』新羅本紀には、初期記録を除くと、4世紀の全期間と5世紀中葉までは巡行記事がまったくなく、慈悲麻立干12年（469）になって初めて巡行があったことが記録されている。この時、王は水州郡、すなわち醴泉地域に巡行し、5世紀後葉の炤知麻立干代にも4度に渡って巡行をおこなっているが[145]、炤知麻立干3年（481）に東北地方の比列城に巡行し、軍士を慰撫したことを除き、その対象地域はいずれも善山、栄州地域など北部内陸方面である点が注目される。もちろん該当地域で水害などの特殊な事件が勃発したために巡行したのかもしれないが、先にも述べたように王の巡行が多目的、多機能的である点を勘案すれば、これは地方支配と深い関連があったとみるべきであろう[146]。『三国史記』初期記録の巡行記事には北部内陸方面を対象とするものがないこと、巡行地を『三国史記』の記録年代順にみていくと、おおむね斯盧の領域が拡大する方向と一致することもその傍証となる。

　ところで大部分の初期国家において、王のこのような巡行がある一定のルートに沿ってなされたという研究を踏まえれば[147]、（炤知麻立干9年（487）、四方に官道を設置したという記録とあわせて、）麻立干期の新羅においてもこのような巡行を土台として地方官である道使[5]が派遣されたとみて大過ないであろう。そして巡行においてしばしばなされた賑恤事業が現地で調達した食糧を活用したものであったことを踏まえれば、5世紀後葉以前には新羅国家の管理する地方の公共倉庫に剰余食糧が保管されていた可能性が高い。このようにみていくと、これらの地域に対する新羅国家の統制力は、地方官である道使が慶北北部地方に派遣されていたかどうかはさておいて、既に非常に高い水準にあったことは明らかである[148]。

　以上のような文献記事から類推される地方支配の変化に関する枠組みは、今後、慶北北部地方の考古学的調査が進展し、その成果が蓄積されるまでの間は大いに参考となるだろうが、地域ごとにもう少し調査がおこなわれ、古墳変化の様相が明らかとなるまでは、高塚群の意味に対する解釈は保留しておくべきであろう。ここでは、横口式石室墳のもつ上述の一般的性格からみて、慶北北部地方でも5世紀後半に既に高塚としての性格が変質しはじめたと考えられること、直接支配がほぼ新羅全域に確立されたとみられる6世紀初め以降、より大きな変化を経た可能性が高いことを指摘するに留めたい。

　　註
（1）朱甫暾 1996a「麻立干時代 新羅의 地方統治」『嶺南考古学』19, pp.27-32。
（2）事実、嶺南地方のいくつかの地域では5世紀代の資料がかなり蓄積されており、朝鮮半島南部のほかの地方よりは遥かに研究条件が整っているといえよう。
（3）高塚現象とは、高塚、すなわち高大な円形盛土墳がほかの考古学的現象と深く関わった総体的現象であり、当時の社会を反映し、それ自体が一つの重要な分析単位あるいは分析対象ということができる。
（4）朱甫暾 1996b「新羅国家形成期 大邱社会의 動向」『韓国古代史論叢』第8輯, pp.129-134。
（5）この図は、達城古墳群について、（朱甫暾 1996b 前掲文）とは若干異なる小集団区分をしている（咸舜燮 1996「大邱 達城古墳群에 대한 小考—日帝強占期 調査内容의 検討—」『碩晤尹容鎮教授 停年退任記念論叢』, p.359）の図面5をもとに作成したものである。
（6）代表的な例として東萊福泉洞古墳群が挙げられる。

199

（7）蓮山洞の高塚群が所在する釜山地域を金官伽耶圏とみる見解は、いずれも金海地域における高塚の不在を念頭において、おおむね5世紀以降に中心地が金海地域から釜山地域に移動したと想定することで、この問題を間接的に解消しようという意図をもっているようである。しかし、先に論じたように釜山地域はほかのどの地域よりも早く新羅化したと判断されるため、このような考え方は到底受けいれがたい。朱甫暾が指摘しているように、少なくとも5世紀以降の釜山地域を金官伽耶とみる場合には、まず文献史学、考古学的な根拠を提示する必要があるだろう（朱甫暾1997「4～5世紀 釜山地域의 政治的 向方」『加耶史 復原을 위한 福泉洞古墳群의 再照明』（第1回 釜山広域市立福泉博物館 学術発表大会），pp.69-101）。金海地域における高塚群の不在を5世紀の金官伽耶を反映する一つの考古学的現実として受けいれた上で、その理由をこの地域の歴史展開過程と関連づけながら説明する努力を怠ってはならない。

（8）金在弘1995「鉄製農器具와 牛耕」『韓国歴史入門①（原始・古代篇）』，pp.184-202。

（9）全德在1990「4～6世紀 農業生産力의 発達과 社会変動」『歴史와 現実』1990年第4号，pp.16-50。ただし、これは農具を含めた遺物・遺跡に対する考古学側の年代観、特に絶対年代に対する研究者間の見解の差によるところが大きい。文献史学の研究者が考古学側で対立する年代観の是非を主体的に判断することは至難の業であろう。

（10）U字形鍬鋤先出土古墳については、（李賢惠1991「三国時代 農業技術과 社会発展—4～5世紀 新羅社会를 中心으로—」『韓国上古史学報』8, p.68）の表Ⅲ、（千末仙1994「鉄製農具에 대한 考察」『嶺南考古学』15, p.37）の表3、（鄭永和・金龍星・具滋奉・張容碩1994『慶山 林堂地域 古墳群Ⅱ—造永EⅢ-8号墳外—』嶺南大学校博物館）を、サルポについては（金在弘1997「살포와 鉄鋤를 통해서 본 4～6世紀 農業技術의 変化」『科技考古研究』2, p.37）の表5を参照した。ただし、これらの文献間には若干の齟齬がみられるため、U字形鍬鋤先については千末仙の論文を、サルポについては金在弘の論文を第一基準とした。

（11）金在弘1997 前掲文, p.36。

（12）李賢惠1991 前掲文, pp.69-78。

（13）二つの農具の機能については、（李賢惠1990「三韓社会의 農業生産과 鉄製 農器具」『歴史学報』126, pp.45-70）と（金在弘1997 前掲文）を参照のこと。

（14）申敬澈1989「三韓・三国・統一新羅時代의 釜山＜考古学的 考察＞」『釜山市史』第1巻, p.394。その中で「いかなる要素をもって「国家」とすることができ、いつから国家出現期とみることができるのかについて、考古学は明白である。すなわち、国家発生の動かぬ証拠として「古墳の発生」を挙げることができる」としているが、このような観点が果たして考古学界の通説といえるのかについては、極めて疑問である。

（15）朴光烈は慶山地域の高塚群に比べて大邱地域の高塚群の中心年代が新しいことに注目して、前者の支配階層が後者へ移動したとみた（朴光烈1992「琴湖江下流域 古墳의 編年과 性格—陶質土器를 中心으로—」『嶺南考古学』11, p.69）。このような見解が成立しがたいことに関しては（李熙濬2005「4～5世紀 昌寧 地域 政治体의 邑落 構成과 動向」『嶺南考古学』37, pp.1-38）を参照。

（16）鄭澄元・洪潽植は昌寧地域内で桂南里古墳群地区から校洞古墳群地区に一種の覇権移動があったかのように解釈している（鄭澄元・洪潽植1995「昌寧地域의 古墳文化」『韓国文化研究』7 釜山大学校韓国民族文化研究所, pp.27-89）。これについては後で検討したい。

（17）（朱甫暾1996b 前掲文, pp.83-146）、（金龍星1989「慶山・大邱地域 三国時代 古墳의 階層化와 地域集団」『嶺南考古学』6, pp.29-58）。

（18）金龍星1989 前掲文。

（19）図20に表記された慶州朝陽洞、九政洞、竹東里、隍城洞、舍羅里、九於里、德泉里と蔚山中山里などの古墳群を挙げることができる。

（20）権五栄は主として国邑の主導によって戦争が遂行されたとみているが（権五栄1996『三韓의

第Ⅱ章　5世紀における新羅の地方支配

「国」에 대한 研究』（서울大学校大学院国史学科博士学位論文），pp.112-121）、仮にそうであったとしても国内統合力が戦争を効率的に遂行する基盤であったことはいうまでもない。

(21) 이석범・이나영 2006「慶州 徳泉里遺蹟」『階層 社会와 支配者의 出現』（韓国考古学会 創立 30周年 紀念 韓国考古学全国大会），pp.295-326。

(22) 中央文化財研究院 2005『慶州 徳泉里古墳群』

(23) 舎羅里130号墓については（嶺南文化財研究院 2001『慶州舎羅里遺蹟Ⅱ―木棺墓，住居址―』）を参照。また、新羅国号の変遷とその意義に関しては（朱甫暾 1994「新羅 国号의 確定과 民意識의 成長」『九谷 黄鍾東教授 停年紀念 史学論叢』，pp.245-277）を参照。

(24) 全徳在 2007「慶州 舎羅里古墳群 築造 集団의 政治的 性格과 그 変遷」『韓国上古史学報』56，pp.143-166。

(25) 舎羅里130号墓や金尺里古墳群を根拠に六村の中の「茂山大樹村」をこの一帯に比定する見解もあるが、六村自体を後代の創作とみる見解もあり、必ずしも強力な邑落が存在した裏づけとなる訳ではない。

(26) これについては朴方龍が簡単に言及しており（朴方龍 1992「新羅王都의 守備―慶州地域 山城을 中心으로―」『新羅文化』9　東国大学校新羅文化研究所，p.26）、やはり高塚群と関連づけてみているようである。

(27) 富山城は『三国史記』によれば文武王3年（663）の築城となっているが、城内で採集された土器片やほかの文献史料からみて、それより遥かに以前に築城されていたとみなければならない。後者については『三国遺事』に孝昭王代〔692-702年〕のことと記録された竹旨郎と得烏の富山城関連記事が実は真平王代〔579-632年〕末期の事件であるという朱甫暾の指摘が参考になる（朱甫暾 1984「新羅時代의 連坐制」『大丘史学』25，p.30）。

(28) 金元龍 1960「慶州 金尺里古墳 発掘調査 略報」『美術資料』1，p.20。

(29) 李道学はより広範な地域に駐屯したとみている（李道学 1988「高句麗의 洛東江流域進出과 新羅・伽倻経営」『国学研究』2，pp.89-114）。

(30) 慶州地域の高塚が、墳丘や威信財の面において、新羅内のほかの地域の高塚よりも圧倒的に優位であったことは、金龍星が大邱、慶山地域の場合と比較する中で具体的に言及している（金龍星 1998『新羅의 高塚과 地域集団―大邱・慶山의 例―』春秋閣，pp.317-319）。

(31) これと関連して、皇南大塚南墳を前後して積石木槨墓が多様化し、超大型地上式〔の積石木槨墓〕が出現したことについて論じたことがある（李熙濬 1996「慶州 月城路 가-13号 積石木槨墓의 年代와 意義」『碩晤尹容鎮教授 停年退任紀念論叢』，pp.287-310）。

(32) Pearson, R., Lee, J.W., Koh, W., & Underhill, A. (1989). Social ranking in the Kingdom of Old Silla, Korea: Analysis of burial. *Journal of Anthropological Archaeology*, 8(1), pp.1-50.

(33) 金龍星 1998 前掲書，pp.339-345。

(34) （金龍星 1998 前掲書）では図21の直線上に位置する大型墳を王陵に比定した。

(35) これに関しては（金哲埈 1952「新羅 上代社会의 Dual Organization（上）」『歴史学報』1，pp.42-43）と（朱甫暾 1996a 前掲文，p.30）を参照。

(36) 李賢惠 1990 前掲文，p.70。

(37) 李盛周 1996「新羅式 木槨墓의 展開와 意義」『新羅考古学의 諸問題』韓国考古学会，pp.39-64。

(38) 安春培・金元経・潘鏞夫 1990「伽倻社会의 形成過程 研究―金海地域을 中心으로―」『伽倻文化研究』創刊号　釜山女子大学伽倻文化研究所，pp.45-114。

(39) 宋桂鉉 1993「東莱 蓮山洞古墳群 収拾遺構 調査報告」『博物館研究論集』2　釜山直轄市立博物館，pp.251-259。

(40) 高句麗南征にもとづく報告者の年代観ではおおよそ5世紀後半となっているが、それよりおおよそ50年ほど遡らせてみる本書の年代観にもとづけば、このようになるであろう。

(41) 申敬澈 1989 前掲文，p.434。ただし、その後の論考である（申敬澈 1995「三韓・三国時代의 東

第 2 部　4 〜 6 世紀の新羅考古学

莱」『東莱区史』, p.243）では「当時の趨勢によるものであるのか…慶州からの強制的な副槨廃
止措置による所産であるのかについては、今となっては判断することができない。」と多少表
現が後退している。

(42) 申敬澈は新羅様式内の東莱型式と表現した（申敬澈 1995 前掲文, p.237）。しかし東莱一帯だけ
にみられるものではなく、釜山地域の至るところの古墳群からも出土するため、釜山様式と
するのが妥当であろう。

(43) （安在晧 1990「鉄鋌에 대하여」『東莱福泉洞古墳群Ⅱ（本文）』釜山大学校博物館, p.103）の第
17 図（ただし金海側は除外）をもとに作成。同書, pp.101-109 では福泉洞 21・22 号段階から
大きな変化があったとみて、それを画期としているが、表 7 をみる限りその根拠が何である
のかを知ることはできない。この図の相対編年を本書の編年通りに直してみると、やはり福
泉洞 1 号墳から変化があったとみるべきであろう。

(44) 李漢祥 1995「5 〜 6 世紀 新羅의 邊境支配 方式—装身具 分析을 中心으로—」『韓国史論』33,
p.71。ただし慶州地域のものと規格が同じであるという明確な根拠は提示されていない。

(45) 鄭澄元・洪潽植 1994「釜山地域의 古墳文化—墓制와 高杯를 中心으로—」『釜大史学』18, p.298。

(46) 第 1 部第Ⅱ章で指摘した通り、金龍星は横穴式石室墳を高塚に含めずに別の段階に区分してい
るが（金龍星 1998 前掲書）、その基準には多少問題があると考えられる。それについては本
章第 3 節で論ずることとする。

(47) 曺華龍 1997「梁山断層 周邊의 地形分析」『大韓地理学会誌』第 32 巻第 1 号, pp.1-14。

(48) （安春培・金元経・潘鏞夫 1990 前掲文, p.80）の図 9 をもとに作成。

(49) 坂本太郎・家永三郎・井上光貞・大野晋（校注）1967『日本書紀』上　岩波書店, p.617 補注 9-
二六。

(50) （李熙濬 1995「土器로 본 大伽耶의 圏域과 그 変遷」『加耶史研究—大伽耶의 政治와 文化—』
慶尚北道, pp.432-442）と本書第 2 部第Ⅲ章参照。

(51) 金廷鶴 1981「釜山과 加耶文化」『釜山直轄市立博物館 年報』1・2, p.26。

(52) 鄭澄元 1990「梁山地域의 古墳文化」『韓国文化研究』3　釜山大学校韓国文化研究所, p.27。仮
に外折口縁高杯が出土したとしても、それだけで同じ圏域として設定できるのかどうかは疑
問である。

(53) 崔鍾圭も多少曖昧な表現ではあるものの、これと同じような見解を示唆している（崔鍾圭
1995『三韓考古学研究』書景文化社）。

(54) 北亭里 3 号墳や 23 号墳がその例である。詳しくは（沈奉謹 1994「梁山北亭里古墳群」『考古
歴史学志』10, pp.7-360）を参照。

(55) 李漢祥は両地域の高塚群を同一平面において比較しても梁山地域の〔高塚群の〕方が一段階高
いレベルにあったとみている（李漢祥 1995 前掲文, p.67）。

(56) 北亭里 3 号墳は盗掘を受けたために土器が出土しなかったが、金銅冠片の形態や、隣接する 8
号墳や 22 号墳の土器をみると、その築造年代は夫婦塚とさほど遠くはない時期と判断される。
これらの古墳については（沈奉謹 1994 前掲文）を参照。

(57) このルート上には現在、35 番国道が通過している。徳川洞古墳群は東莱地域から直線距離で
わずか 10km 以内にあるものの、両者の間にはかなり高い山地が横たわっていて、アプローチ
することは非常に困難であっただろう。したがって徳川洞は、東莱地域の下位集落というよ
りはむしろ梁山地域の下位集落であった可能性が極めて高い。

(58) 慶山地域の古代政治体に関するより詳細な議論については、（李熙濬 2004「慶山地域 古代 政
治体의 成立과 変遷」『嶺南考古学』34, pp.5-34）を参照。

(59) 両地域間の関係については、大邱地域がいち早く慶山地域に服属し、再び慶山地域が斯盧に服
属したとみる見解もある（朱甫暾 1995「三韓時代의 大邱」『大邱市史』第一巻（通史）, p.147）。
その可能性も否定できないが、大邱地域は 5 世紀代の古墳の構造、土器などが慶山地域とは

大きく異なり、むしろ洛東江を越えて星州地域と密接な関連を示すため（金鍾徹 1988「北部地域 加耶文化의 考古学的 考察―高霊・星州・大邱를 中心으로―」『韓国古代史研究』1, pp.235-260）、辰・弁韓時期にも大邱地域と慶山地域はおそらくは別個の地域単位であったのだろう。

(60) 金龍星 1989 前掲文, pp.29-58。

(61) 朱甫暾 1996b 前掲文, p.125。

(62) 朱甫暾は麻立干期の大邱地域政治体の範囲を『三国史記』地理志と古墳群の分布などにもとづいて設定する際に、大邱地域の東限を金龍星と同じようにみた。しかし金龍星は、不老洞地区については大邱地域ではないほかの政治勢力に含まれていたとするものの、慶山地域に含まれるかどうかについては明確に言及していない（金龍星 1989 前掲文, p.125）。

(63) 李熙濬 2000「大邱 地域 古代 政治体의 形成과 発展」『嶺南考古学』26, p.85。

(64) 金龍星 1989 前掲文。ただしその後、新たに 29 ヶ所と報告しており（金龍星 1998 前掲書）、またそれを土台として旧稿とはかなり異なる解釈をおこなっている。具体的な地区設定の是非よりも、問題へのアプローチ方法や解釈に焦点を当てて批評し、議論することが本書の主たる目的であるために、便宜上、最初に公表され、学史的意味の大きい旧稿を検討対象としたい。

(65) 金龍星は階層化としているが、適切な用語とはいえない。最近になって「階層化」という用語がよく用いられるが、その使用には慎重を期すべきである。上下の序列や位階の存在が認められる場合、それを階層概念によって把握することは適切でないと考える。

(66) 金龍星 1989 前掲文。

(67) これに関して、6 世紀初めの冷水里碑段階には邑落相互間の統制がまだ徹底されていなかったという朱甫暾の指摘は参考になる（朱甫暾 1996c「6 世紀 新羅의 村落支配 強化 過程」『慶北史学』19, pp.9-12）。

(68) 金龍星は琴湖江以南に限定し、五つの集団として把握した（金龍星 1989 前掲文, pp.29-58）。

(69) 金龍星は琴湖江が南北両岸を分割する役割を重視し、槐田洞古墳群を後述する不老洞地区に所属させた（金龍星 1989 前掲文）。辰・弁韓時期であれば妥当であったかもしれないが、麻立干期の琴湖江には、地区分割機能よりも共通性をより強く見積もるべきであろう。

(70) 金龍星はほかの邑落または村を示すとみた（金龍星 1989 前掲文）。

(71) これに関しては、第 1 部第Ⅲ章の表 3 と（金龍星 1998 前掲書, p.333）の表 21 を参照。

(72) この地区の発掘で出土した遺物中、本書の分析に必要な項目を集成した（金龍星 1998 前掲書, p.82-84）の表 3 が参考となる。

(73) 金龍星は鋤刃［가래날］と呼んでいる（金龍星 1989 前掲文）。

(74) これらについては上部積石がなされないことから、積石木槨墓の範疇から除く意見もある。しかしながら、以前に指摘したようにそのような見方は、積石木槨墓の構造が時間の経過とともに変化していくことを考慮しない視角によるもので、これらも積石木槨墓の範疇に入れなければならないことは明らかである（李熙濬 1996 前掲文, pp.287-310）。

(75) 朱甫暾 1996a 前掲文, p.33。

(76) 麻立干期大邱地域の邑落構造などに関する議論は、（李熙濬 2000 前掲文）を参照。

(77) 朱甫暾 1996b 前掲文, pp.83-146。

(78) 金龍星 1989 前掲文, pp.29-58。

(79) （李漢祥 1995 前掲文, p.15）の表 2 と（鄭永和ほか 1994 前掲書）の林堂・造永洞古墳群出土遺物の表を参照。

(80) 前稿では鳩岩洞 56 号本墳の年代を 5 世紀初めとみたために、金工威信財が中心邑落と別経路で早くから下位邑落に与えられていたと解釈した。本書では先にその年代を下方修正したため、金工品のもつ意味も理解し直したい。

(81) 尹容鎮 1990「韓国初期鉄器文化에 관한 研究―大邱地方에서의 初期鉄器文化―」『韓国史学』

11, pp.93-133。氏は〔達城の築城年代について〕5世紀初め頃とみたが、その年代は新羅土器の発生を5世紀初めとみる年代観によるものである。城壁土層中からは発生期の新羅土器が出土しており、おおよそ4世紀中頃を上限とすると考えられる。これらの土器は〔築城年代の〕上限を示すのみであるが、それ以降の時期の土器がみられない点を考慮すれば、築城当時のものとみてもよいであろう。

(82) 『三国史記』新羅本紀の「為城主」という記録を中央から派遣したのではなく地域出身者をそれに任命したものとみる見解もあるが（李宇泰 1991『新羅 中古期의 地方勢力 研究』（서울大学校大学院国史学科博士学位論文）, p.32）、ここでは派遣したものとみる朱甫暾の見解にしたがう（朱甫暾 1995 前掲文, p.180）。

(83) 朱甫暾は麻立干期における新羅の地方支配方法の中の一つとして、大邱地域への城主派遣を挙げ、このような城主をその地域を直接支配するために派遣した地方官ではなくて、主に軍事目的から要衝地に派遣された軍官とみた（朱甫暾 1996a 前掲文, pp.31-32）。具体的には兵を率いて常駐しつつ防衛業務を担当すると同時に、在地勢力が外部勢力との結託や、地域内の連結、独自の交易活動をおこなうことに対する監視や統制といった任務も遂行したとみている。

(84) 咸舜燮 1996 前掲文, p.374。

(85) 達城古墳群に代表される中心地区の下位集落の古墳群である伏賢洞古墳群からも、本書の4世紀末から慶州様式土器が出土しており、注目される。この点に対する指摘は（李盛周 1993「洛東江東岸様式土器에 대하여」『第2回 嶺南考古学会学術発表会 発表 및 討論要旨』, p.41）を参照。一方、朴光烈は明確な根拠は提示していないものの、大邱地域の古墳に副葬される土器が「慶州系」と「大邱式」に完全に区分され、前者は上位身分の墓に、後者は中下位身分の墓に副葬されるとした（朴光烈 1992 前掲文, p.38 註 14）。

(86) 飛山洞 37-1 号墳と内塘洞 55 号墳は板石造石槨墓で、いずれも金銅冠が出土している。そのほかの威信財の量や質をみても全般的に割石造石槨墓より優位にあったといえる。

(87) このため金鍾徹は大邱、星州の両地域を一括りにして北部伽耶勢力と呼んだ（金鍾徹 1988 前掲文, pp.235-260）。

(88) 大邱地域の達城古墳群と漆谷古墳群がまったく異なる石槨墓形態であることは先述した通りである。星州地域の場合もたとえば月恒地区の古墳群に横穴式石室墳が多くみられるなど、〔中心地区である〕星山洞地区とは多少異なったようである。

(89) この地域の邑落構成と動向については、（李熙濬 2005 前掲文）を参照。

(90) 鄭澄元・洪潽植 1995 前掲文, p.49。

(91) 金泰植 1993『加耶連盟史』一潮閣, p.188。

(92) 武田幸男 1994「伽耶～新羅の桂城「大干」―昌寧・桂城古墳群出土の土器の銘文について―」『朝鮮文化研究』1, pp.59-76。氏は中・大型高塚群をそのまま伽耶の一国であったかのようにみているが、これは高塚群に対する無理解に起因する推測にすぎない。また大干を伽耶に結びつけることができないこともいうまでもない。この点については（朱甫暾 1997「韓国古代의 土器銘文」『特別展 遺物에 새겨진 古代文字』釜山広域市立博物館福泉分館, p.60）を参照。

(93) （朴天秀 1993「三国時代 昌寧地域 集団의 性格研究」『嶺南考古学』13, pp.196-198）に引用されている装飾性が強い玄風地域出土器台を参照。

(94) 筆者は宜寧地域を伽耶の喙己呑と卓淳の故地と比定したことがある。これについては（李熙濬 1995 前掲文, pp.432-442）を参照。

(95) このような理解が一般的であるため、前稿でもそれにしたがったが、（国立昌原文化財研究所 2007『昌寧 松峴洞古墳群 6・7 号墳 発掘調査 概報』, p.28）で言及されているように火旺山城から牧馬山城方向に延びる道を下る途中の山腹で、牧馬山城に近い道成庵の近所にも古墳群がある。このことをみても、この一帯の高塚群のまとまりは簡単に線引きすることができない。

(96) 鄭澄元・洪潽植 1995 前掲文, p.36。

第Ⅱ章　5世紀における新羅の地方支配

(97) 国立昌原文化財研究所 2007 前掲書。

(98) 帯金具を基準に編年をおこなった李漢祥は〔校洞7号墳と89号墳を〕同時期とみた（李漢祥 1995 前掲文）。両墳から出土した威信財に関しては、（穴沢咊光・馬目順一 1975「昌寧校洞古墳群―「梅原考古資料」を中心とした谷井済一氏発掘資料の研究―」『考古学雑誌』第60巻第4号, pp.23-75）を参照。

(99) 細環耳飾の年代については（李熙濬 1994「高霊様式 土器 出土 古墳의 編年」『嶺南考古学』15, pp.89-113）を参照。

(100) 毛利光俊彦 1995「朝鮮古代の冠―新羅―」『西谷真治先生古稀記念論文集』, p.696。

(101) 飛山洞 37-1 号墳〔の埋葬施設〕を横口式石室と把握し、そこから出土した二つの金銅冠の中の一つを追葬に伴うとみる見解もあるが、類似した構造の星州星山洞古墳群の発掘を通じて、必ずしも横口式石室とみる必然性がなくなったことを踏まえれば、そのような見解は成立しがたい。それよりは毛利光俊彦が慶州地域の古墳に副葬された冠について、被葬者が生前に順次交換して用いたとみたように（毛利光 1995 前掲文, p.703）、地方の高塚から複数出土した冠についても生前に時を異にして斯盧から下賜されたと理解しておくのが妥当であろう。

(102) 東潮・田中俊明（編）1995『高句麗の遺跡と遺物』中央公論社, p.430。

(103) 金元龍 1960『新羅土器의 研究』乙酉文化社, pl.13 fig.5（前者）・fig.6（後者）。

(104) この中で校洞89号墳とA群高塚群など植民地時代の発掘古墳の出土品リストについては（n.n.1919「大正七年度古蹟調査成績」『朝鮮彙報』大正8年8月号, pp.124-129）を参照。

(105) 穴沢・馬目 1975 前掲文, p.70。

(106) 玉田古墳群の年代は（李熙濬 1994 前掲文）による。一方興味深いことに、（5世紀中頃のこのような変化とともに、）玉田古墳群では5世紀前半以来、大伽耶系威信財である耳飾が副葬され、5世紀後半になると高霊様式土器が流入する現象も認められる。

(107) これに関しては以前に簡略に言及したことがある（李熙濬 1995 前掲文, pp.421-423）。

(108) 鄭澄元・洪潽植 1995 前掲文。

(109) 鄭澄元・洪潽植 1995 前掲文, p.87。

(110) 釜山大学校博物館 1983『釜山堂甘洞古墳群』。

(111) 昌寧系土器が主として小型墳から出土するという見解は（鄭澄元・洪潽植 1993 前掲文, pp.344-346）、このような推定の傍証となる。

(112) 以上に関するより詳しい議論については、（李熙濬 1998「金海 礼安里 遺蹟과 新羅의 洛東江 西岸 進出」『韓国考古学報』39, pp.125-153）を参照。

(113) 1965年に発掘された大里古墳（金基雄 1980「義城大里古墳発掘調査報告」『史学研究』19-20, pp.87-109）が前者に該当し、1960年に発掘された塔里古墳（金載元・尹武炳 1962『義城塔里古墳』乙酉文化社）と1995年に発掘された大里里3号墳（朴貞花・申東昭・徐敬敏・李炫姫 2006『義城 大里里3号墳』慶北大学校博物館）が後者に該当する。

(114) 朱甫暾 1998『新羅 地方統治体制의 整備過程과 村落』新書院, pp.33-34。

(115) 国立慶州博物館 1999『盈徳 槐市里16号墳』。

(116) 宋春永・鄭仁盛 1996「永川 完山洞 古墳群」『博物館年報』6　大邱教育大学校博物館, pp.9-38。

(117) たとえば李富五は、慶州地域から西北方に上がり、永川地域に至る前に北安面で南側に曲がり、ナ峠［나고개］（標高252m）を越えて山地を通過して慶山地域に到達する方法も考えられるものの、これは結局、長期間に渡る交通路としては適さないとみた（李富五 1988『3・4世紀 大邱・慶山地域의 小国과 新羅의 進出』（韓国精神文化研究院附属大学院碩士学位論文）, p.55）。

(118) 朱甫暾 1996a 前掲文, pp.30-31。

(119) 尹容鎭・李在煥 1996『大邱－春川間 高速道路 建設区間内 安東 造塔里古墳群Ⅱ（'94）（本文）』慶北大学校博物館。

(120) 尹根一・金性泰・金聖培・申煕権 1995『清原 米川里 古墳群 発掘調査報告書』国立文化財

第2部　4〜6世紀の新羅考古学

研究所。

（121）金泰植 1995「『三国史記』地理志 新羅條의 史料的 検討—原典 編纂 時期를 中心으로—」『三国史記의 原典 検討』韓国精神文化研究院, pp.228-232。

（122）これに関しては（朱甫暾 1996b 前掲文, pp.115-123）を参照。

（123）安東造塔里古墳群（尹容鎭・李在煥 1996 前掲書）の様相と義城鶴尾里古墳（李白圭・李在煥・金東淑 2002『鶴尾里古墳』慶北大学校博物館）がその点を示唆している。

（124）北部内陸方面はより細分すべきであろうが、考古学的調査がほとんどなされていない現段階ではひとまず一つの単位とみておく。おそらくは東海岸地帯も別個の単位として設定すべきであろう。

（125）このことは 450 年（訥祇王 34 年）に新羅の何瑟羅城主が高句麗の辺将を殺害し、454 年（長寿王 42 年）に高句麗が軍士を送り、新羅北辺を攻めるという事件が起きていることからも推測することができる。これに関しては（盧重国 1981「高句麗・百済・新羅 사이의 力関係変化에 대한 一考察」『東方学志』28, pp.75-76）を参照。

（126）事実、このような〔単一地域様式土器が域内の古墳に広く副葬される〕現象はその地域が大きな変化を経たことを示しており、李盛周はその変化の起点を基準に嶺南地方の古墳文化を前・後期に分けた（李盛周 1996「新羅・伽耶古墳文化 時期区分 試案」『碩晤尹容鎭教授 停年退任紀念論叢』, pp.237-273）。ただし、それが果たして洛東江以東地方全域、さらには嶺南地方全域で同時に起こった現象であったのかどうかについては、まだ議論を詰めていく必要があり、段階区分はさておき、分期の基準とするのは時期尚早である。

（127）地理的にこれらの地域が伽耶との境界地域であることについては（李漢祥 1995 前掲文, p.62）を参照。

（128）麻立干期新羅と百済の関係については、（盧重国 1981 前掲文）と（金秉柱 1984「羅済同盟에 관한 研究」『韓国史研究』46, pp.25-47）を参照。

（129）前者の例としては尚州地域の青里遺跡（韓国文化財保護財団 1998a『尚州 青里遺蹟』）、城洞里古墳群（韓国文化財保護財団 1999『尚州 城洞里古墳群』）、新興里古墳群（韓国文化財保護財団 1998b『尚州 新興里古墳群』）を、後者の例としては栄州地域を挙げることができる（文化財管理局 文化財研究所 1994『順興 邑内里 古墳群 発掘調査 報告書』）。

（130）「徴一善界丁夫三千、改築三年屈山二城」（『三国史記』新羅本紀・炤知麻立干 8 年条）。

（131）金龍星 1996「林堂 ⅠA-1 号墳의 性格에 對하여—高塚의 始原的 様相—」『碩晤尹容鎭教授 停年退任紀念論叢』, pp.311-343。

（132）鄭澄元・洪潽植は横穴式石室墳の導入のもつ意味について、仏教の盛行と関連させつつ、主に死後観念の変化に焦点をあてて解釈した（鄭澄元・洪潽植 1994 前掲文, p.300）。ところでほかの論者らも死後観念の変化についてしばしば言及しているものの、葬法の変化をもとにそのように推論しているだけで、その正確な意味をはっきりと特定できている訳ではない。

（133）もちろんこのような横口・横穴式古墳の性格に対する議論は、嶺南地方の古墳に限定したものである。また横口式石室であったとしても夫婦二人が合葬されるのみであった場合は、このような優位再生産の中断の程度は弱かったといえよう。

（134）鄭澄元・洪潽植 1994 前掲文, pp.334-335。

（135）鄭澄元・洪潽植 1994 前掲文, p.298。

（136）杜邱洞林石古墳群からわずか 250ｍほど離れた杜邱洞古墳群から 5 世紀前半の遺物が確認されていることからみて（洪潽植 1993「杜邱洞古墳과 遺物」『博物館研究論集』2 釜山直轄市立博物館, pp.245-250）、杜邱洞林石古墳群はおそらく杜邱洞古墳群に続いて造営されたのではないかとみられる。このような対応関係は後述するように杜邱洞林石古墳群と似た時期に造営されはじめた梁山地域の徳川洞古墳群とそれ以前に造営された華明洞古墳群の間にも想定される。

〔137〕 第1部第Ⅲ章では徳川洞古墳群D地区11号墳の土器をⅣ期（6世紀前葉）に比定したが、それらは図11に示したように追葬に伴う土器である。

〔138〕 安春培・金元経・潘鏞夫1990 前掲文, pp.45-114。

〔139〕 朱甫暾1992「新羅의 村落構造와 그 変化」『国史館論叢』35, pp.55-94。

〔140〕 韓国文化財保護財団1998a 前掲書。

〔141〕 ただし、同じ慶北北部地方でも、尚州地域より南に位置する善山地域の洛山洞古墳群や、東に位置する安東地域の臨河洞古墳群は大高塚群をなしており、対照的である。

〔142〕 李在煥2007『洛東江 上流域 横口式 石室墳 研究』（慶北大学校大学院考古人類学科碩士学位論文）。

〔143〕 全徳在1990「新羅 州郡制의 成立背景研究」『韓国史論』22　서울大学校国史学科, pp.46-49。ただし両者の確実な関係を示すものではなく、その時期も多少曖昧である。

〔144〕 Kobishchanow, Y. M.（1987）. The phenomenon of gafol and its transformation, In H. J. M. Claessen & P. van de Velde（Eds.）, *Early State Economics*（pp.108-128）. Leiden: Brill. 金瑛河はこれを王の統治形態の一部分と理解した（金瑛河1988『三国時代 王의 統治形態 研究』（高麗大学校大学院史学科博士学位論文））。

〔145〕 金瑛河は巡行記事を列挙しつつ、炤智麻立干3年（481）、5年（483）、そして10年（488）の記事を挙げているが（金瑛河1988 前掲文, pp.171-173）、同22年（500）の〔王が〕捺巳郡（栄州地域）の波路の娘を寵愛し、たびたび足を運んだという記事もこれに加えるべきであろう。

〔146〕『三国史記』新羅本紀・炤智麻立干10年（488）条の「在問鰥寡孤独、賜穀有差。三月、至自一善。所歴州郡獄囚、除二死、悉原之」という一善郡（善山地域）巡行記事はこれを端的に示す。

〔147〕 Kobishchanow, Y. M.（1987）前掲文, p.108。

〔148〕『三国史記』新羅本紀・炤智麻立干22年（500）条に、王が栄州地域〔捺己郡〕の有力勢力である波路の娘を寵愛し、たびたび栄州地域を巡行したことについて、古陁郡（安東地域）の老婆が非難していることからみて両地域にはまだ地方官が派遣されていなかったのかもしれない。

訳註

〔1〕 地方の高官を一定期間、慶州に滞在させる制度。『三国遺事』文虎王（文武王のこと）法敏条にみえる（「韓国民族文化大百科事典」https://encykorea.aks.ac.kr/　最終閲覧日：2019年9月1日）。

〔2〕「十五年（261）春二月、築達伐城、以奈麻克宗為城主」（『三国史記』新羅本紀・沾解尼師今15年条）

〔3〕 姓の出自地または始祖の居住地を通じて血統関係と身分を示す慣習制度。統一新羅時代末期から高麗時代に本格的に定着したと考えられている（「韓国民族文化大百科事典」https://encykorea.aks.ac.kr/　最終閲覧日：2019年9月1日）。

〔4〕「六年（505）春二月、王親定国内州郡県、置悉直州、以異斯夫為軍主。軍主名、始於此」（『三国史記』新羅本紀・智証麻立干6年条）

〔5〕 中央から地方の城や村に派遣された地方官。迎日冷水里碑から遅くとも智証麻立干4年（503）には存在したと考えられている（「韓国民族文化大百科事典」https://encykorea.aks.ac.kr/　最終閲覧日：2019年9月1日）。

第Ⅲ章　6世紀における新羅による伽耶服属

　562年、新羅は洛東江を挟んで長らく対峙していた伽耶を完全に服属する。それは、三国統一へと向かう中で最も重要な進展であったといえるが、服属に至る過程を伝える文献史料はこれといってない。530年を前後して、金官伽耶など伽耶3国の服属に関連する記事がみられるくらいである。そのため、新羅による伽耶服属に関する文献史学的研究は、おおむね6世紀前葉末と中葉の服属に焦点を合わせてきた。伽耶史においては新羅による伽耶服属が6世紀中葉に起こった一つの事件かのように取り扱う傾向もあったようである。

　新羅による伽耶服属過程は、果たしてそのように短期間に起こったものとみてよいのだろうか。少なくとも新羅史の立場においては、伽耶服属は急激に起こったのではなく、長期間に渡る過程の帰結、すなわち長期間に及ぶ努力の結果、実現したと理解するのが妥当なようである。先に述べたように、新羅は考古学的にみて遅くとも5世紀初めには洛東江河口西岸に位置する金海地域の一部の地点に伽耶進出のための橋頭堡を確保し[1]、その後、ここを拠点として絶え間なく西進を試みたと推定される。一方で伽耶服属にこれだけ長い時間がかかったのは、新羅と伽耶の境界であった洛東江の存在が新羅の伽耶進出にとって大きな障害となっていたことを示唆する。5世紀代から6世紀初めにかけての考古資料は、このような観点からの理解を傍証するものとみられ、また地理に関してもそのようにみる余地が多分にある。

　これまで考古学においては、6世紀前半までの新羅を慶州周辺の限定された勢力であったかのように誤解し、上述の問題にアプローチしようとさえしてこなかった。歴史考古学が文化研究に偏り、古代史復元へさほど関心を傾けてこなかったことも一因である。前章では、遅くとも4世紀末以降の新羅領域について、琴湖江以北では洛東江以東と洛東江以西のすべて、琴湖江以南では洛東江以東とみられる根拠を示した上で、5世紀における新羅の地方支配について議論した。本章では、そこからさらに一歩進んで、5世紀に地方支配の進展と体制整備という準備期間を経た新羅が、6世紀に入り洛東江以西地方へ本格的に膨張していくという観点のもと、新羅の伽耶への進出および服属の過程を通時的に探ってみたい。このテーマは6世紀の新羅考古学において、文献史学との接ぎ木を実践するのに最も適したテーマでもある。

　文献史料によれば、新羅は530年を前後して、伽耶の一員であった㖨己呑、南加羅、卓淳を併合した。その後、新羅が伽耶のほかの勢力をどのように蚕食していったのかはよく分かっていないものの、562年には伽耶全域を服属させたことは周知の通りである。530年代は新羅が洛東江以東地方全域を領域にしてから実に150年が過ぎていた。新羅の立場からみれば、それだけ長い準備期間をかけてやっと洛東江以西地方への本格的進出を達成したということになる。また、そこから伽耶の完全服属までは、30年余りに過ぎず、服属活動が急速に進展していったことが分かる。このように伽耶3国の併合は、新羅の伽耶進出史において画期的な事件といえる。したがって、おおむね6世紀前葉までを新羅の伽耶進出の第1段階、その次の6世紀中葉を伽耶進出の第2段階と設定するのが一見妥当なようにみえる。ただし、新羅の伽耶進出を長期的歴史展開過程

という観点からみれば、3国服属直前までを準備段階とし、3国服属から伽耶全域の服属までを
もう一つの段階として捉えることも可能である。このように区分することで、新羅が初めて洛東
江以西地方に領域を確保するまでの推移と、それ以後、6世紀中葉に完全に併合を達成するに至
る過程の違いをうまく捉えられるようになる。

　したがってここでは、いま提示した段階区分にしたがって、まず洛東江の境界性［地域分割性］
が新羅と伽耶の関係、特に新羅の伽耶進出史においてもつ意義を簡略に検討した上で、それをも
とに520年代頃までの新羅が伽耶へ進出する際に採った戦略について考古資料を中心にみていく。
次に論争となっている伽耶国の卓淳と喙己呑の位置比定問題を中心に、洛東江中・下流伽耶3国
の服属過程について検討する。最後に3国が服属してから562年に伽耶が完全に服属するまでの
間に、文献史料にこそみえないものの、伽耶のそのほかの地域も一部新羅化していた可能性が非
常に高いことを考古学的に論ずることによって、新羅による伽耶服属が長期間の漸進的過程で
あったことを再度、明らかにしてみたい。

　新羅の伽耶進出過程を通時的にみるのであれば、洛東江東岸にありながら、文献史料からみて
一時期明らかに伽耶であった昌寧地域の統合から〔議論を〕はじめるべきであろうが、昌寧地域
の4世紀代の考古資料がまだ確保されておらず、今後の課題とせざるをえない。そして現在まで
での考古資料が5世紀代と6世紀初めに集中していることを勘案し、520年代までの議論に重点
をおくこととする。なお、〔新羅の伽耶進出過程を通時的にみるためには〕考古学的検討だけでなく、
地理、文献史料、考古資料を総合した検討が必要であり、本章もおのずとそのような議論となる
ことをあらかじめ断っておく。

1. 520年代までの伽耶進出戦略

1）洛東江の境界性と新羅・伽耶

　先に論じたように新羅・伽耶は、おおむね4世紀初め頃に辰・弁韓から成立した。辰韓と弁韓
という二つの単位は、政治性をまったく排除することはもちろんできないものの、基本的には経
済的な交換、交易圏であったのに対して、新羅と伽耶は明確に区分される政治的領域または圏域
であったという点で重要な差異がある。

　ところで文献史料には辰韓と弁韓の境界はもちろん、新羅と伽耶の境界がどこであったのかを
直接示す記事はさほどない。第1部第Ⅰ章で新羅の領域に対するこれまでの議論と本研究の観点
について詳細に言及したが、ここではその中でも洛東江の境界性に関連する部分だけを要約して
おきたい。新羅と伽耶の境界に関連する文献記事としては、伽耶の圏域について直接言及した『三
国遺事』の駕洛国記条と五伽耶条があるのみで、相互の内容も矛盾している。前者は伽耶の圏域
を伽倻山以南、洛東江以西と記す一方で、後者はそれ以外に伽倻山北側の星州地域と洛東江東岸
の昌寧地域などの地も伽耶であったと伝える。一方、『三国史記』には新羅の領域について直接言
及した文献記事はない。前章で述べたように朴堤上伝に関連した文献記事をみる限り、おおむね
5世紀初めには醴泉、星州、栄州地域を含めた慶北北部地方全域と梁山地域をはじめとする洛東
江東岸が新羅の領域に含まれていたと推論される[2]。まとめると文献史料からは5世紀以来、新

209

羅と伽耶がおおよそ洛東江本流を境界として分かれていたと推定することができる。

　考古資料の中でも、新羅様式土器と伽耶様式土器の分布圏が（琴湖江以南の）洛東江本流を境界として東西に二分されるという事実は、いち早く指摘されてきたところである[3]。またそのような二分性は、威信財や鉄器、馬具などの分布にも認められる。これは、新羅・伽耶時期の考古資料が文化的産物であると同時に政治的産物であるという解釈さえ可能であれば、ある時期以降の伽耶圏域については、『三国遺事』駕洛国記条の記事通りにみても差しつかえないことを示唆する。もちろんそれは同時に、新羅の領域も『三国史記』の示唆するところと一致しうることを意味する。伽耶国名が具体的に記載された『三国遺事』五伽耶条がそのように解釈する上での大きな障害となっていたが、五伽耶条の内容に羅末麗初の政治的状況が投影されている可能性が多分にあるという見解が近年提示された[4]。これによって、洛東江本流を境界とする考古資料の二分性を新羅・伽耶の領域区分に結びつける際に、五伽耶条に束縛される必要は事実上、なくなったといえよう。問題は、いつから洛東江は「境界」となったのかである。これは結局、考古資料の年代観とも関わる問題である。それゆえに筆者は第2部第I章で、新羅土器の発生を4世紀中葉とみる年代観のもと、おおよそ4世紀後葉から琴湖江以南の洛東江以東と、琴湖江以北の洛東江以東・以西の古墳に新羅様式土器が持続的に副葬されるようになることから、遅くとも4世紀末には洛東江以東地方の全域が完全に新羅領域化したと解釈した。

　このように洛東江本流は、4世紀後葉以降、新羅と伽耶の境界の役割を果たしたと判断される。そうであれば洛東江のこのような境界性は、どのような過程を経て生成されたのであろうか。その過程を辿ることによって、おのずとこの境界性が実際に含意するところが明確となるはずである。

　洛東江本流の交通性については、これまでにも様々な面から強調されてきたところである。各地域政治体の内的凝集性がそれほど強くなかった辰・弁韓時期においては、政治体間の競争もさほど熾烈ではなく、洛東江がその本流や支流に散在した各地域体を連結する際にも非常に重要な機能を担っていたであろう。辰・弁韓時期に金海地域がほかの地域に先立って発展しえた要因として洛東江を通じた交通、交易の関門地であったことが挙げられている点は[5]、このことを理解する上で十分である。洛東江は両岸を連結する機能も当然担ったであろう。『魏志東夷伝』にみえる「弁辰与辰韓雑居」は、ひょっとするとそのような状況を反映しているのではないかと推測される。すなわち、対内・対外交換と交易において広域の単位として機能したとみられる辰韓と弁韓は、おおむね洛東江を境界として区分されたであろうが、その両岸に位置する各勢力はある一方に排他的に所属したのではなく、自身にとって利益のある交換・交易網に自由に参与したのであろう。それゆえに辰韓と弁韓は、明確に区分されない政治的単位であるかのように漢郡県や中国側から認識され、〔「雑居」と〕表現されたのではないだろうか。要するに辰・弁韓の頃の洛東江は、政治体相互間の境界というよりは、交通路としての機能を果たしていたと考えられる。

　ただし、辰・弁韓の「国」が成長するにしたがって、両岸の勢力が交換、交易の利益を極大化しようと、この交通路に積極的に介入した結果、それらの間の争いは次第に熾烈なものとなり、それによって河川を利用した交通も次第に妨げられていったはずである。それと同時に両岸の勢力の間に横たわる河川の境界性は、次第に強まっていったであろう。このような状況は、新羅が成立し、洛東江流域へ進出することによって一変したとみられる。新羅国家が間接支配とはいえ、

洛東江東岸地域を自身の領域に統合したことによって、洛東江を利用した交通に全面的に介入するようになるや否や、その交通は不能状態とはいわないまでも、全面的に支障をきたしたであろう。たとえば洛東江の流路が地形的理由から狭まったり、大きく曲流するところは、干渉がより容易であり、実質的な統制が可能であったと推定される。斯盧のほかの「国」に対する政治経済的支配をもとに、新羅という広域政治体が成立することによって、一地方に転落した既存の洛東江東岸の「国」は特に対外関係において本格的な干渉を受けたであろうし、洛東江両岸の交流はますます強力に統制されたであろう。これは、洛東江の境界性が本格的に発揮されはじめたことを意味する。このように新羅・伽耶が成立し、洛東江を利用した交通はもちろん、両岸地域間の交通自体が強力な制約を受けることによって、洛東江の境界性は一層強化されていく。

　洛東江中流域東岸の川岸に位置する新羅古墳群である大邱汶山里古墳群（図28の上側汶山里城址の横に位置）は、5世紀から6世紀前半にかけて築造された中・大型高塚6基と数百基の小型の石槨墓からなる。全面的な発掘調査の結果、これまでに報告された中・大型高塚6基から計2000点に近い土器が出土したものの、高霊様式土器と推定されるものは3・4点に過ぎなかった[6]。何らかの契機で高霊様式土器がある程度流入してもよさそうな立地にもかかわらず、これほど僅かにしか出土しないのは、洛東江が両地域間の交流の厳然たる障害であったたことを如実に示している。

　洛東江の境界性がもつこのような政治的側面は、もちろんこの大河の自然地理的障害性を基盤とする。韓国の歴史において大同江、漢江などの大河が重要な阻止線の役割をしてきたことは、周知の事実である。たとえば大同江北岸におかれた高句麗の都城や、漢江南岸、後には錦江南岸におかれた百済の都城は、明らかに防御的機能を念頭においてその立地が選定されている。百済の都城と漢江を挟んですぐ北側に設けられた高句麗堡塁も[7]、大河の境界性を雄弁に物語っている。

　今日の洛東江は支流などに設けられたダムや貯水池のために水量が少なく、また河川堤防のために川幅も狭いものの、これは決して本来の姿ではなかったはずである。特に琴湖江、黄江、南江という大きな支流が合流する中・下流域の川幅は広く、後背湿地などを考慮すれば、容易にアクセスできる地点も大きく限定されていたものと考えられる。そのような状況を新羅の伽耶進出に関連づけるならば、5世紀の間に洛東江を越えて、その両岸にある伽耶の一勢力を一時的に征服することができたとしても、そこを持続的に支配することは難しかったであろう。洛東江東岸の地方勢力もまだ直接支配できていなかったことに加えて、固定された橋がないため、洛東江西岸の新しい占領地に対する円滑かつ持続的な軍需支援も難しく、もし仮に周りの伽耶勢力から包囲・反撃された場合には、持ちこたえがたかったのではないかと考えられる。このような見地からみることによって、新羅がいち早く洛東江河口の金海地域に橋頭堡を確保したにもかかわらず、金官伽耶を完全に統合するまでに1世紀以上かかった理由を理解することができる。またその統合も、最終的には武力による服属ではなく、内降によるものであった。対岸の釜山地域は新羅の支配がいち早く強化され、ほかのどの地域よりも早くから直接支配がなされたであろうし、西岸への進出がほかのどの場所よりも容易であったと推定されるにもかかわらず、このような次第であったのは、洛東江のもつ境界性が大きな要因であったといえる。

第2部　4〜6世紀の新羅考古学

2）520 年代までの伽耶進出戦略

　遅くとも4世紀後葉以降に洛東江を境に分かれてから、520 年代までのおよそ1世紀半の間、新羅と伽耶の関係はどのようなものであったのだろうか。もちろんその関係は、双方向的にみることによって初めて正確に把握することができる。ただ、結果論ではあるものの、（6世紀中葉に）最終的に新羅が伽耶を服属させたことを念頭におけば、その間の関係史を新羅の伽耶進出史という観点から読み解いてみることも一つの方法といえよう。

　この間の新羅と伽耶の関係を直接示唆する文献史料は極めて少ない。またあったとしても、その期間の最後の部分に限られている。ただし、両者の衝突を記録した記事がこれといってない一方で、友好関係を示唆する記事は散見されることから、おおよそ5世紀以降の新羅と伽耶、とりわけ新羅と加羅（大伽耶）の関係は友好的なものであったとみられている[8]。具体的には 481 年、高句麗の新羅侵入に対して伽耶が救援軍を派遣したという記事[9]、496 年、伽耶が新羅に白雉を送ったという記事[10]、そして 520 年代に結んだ新羅と伽耶の間のいわゆる婚姻同盟［結婚同盟］[11]が挙げられる。これらの記事からみて、520 年代までの新羅と伽耶の関係はひとまず友好的であって、また新羅はかなり受動的であったと考えられる。すなわち文献史料をみる限りは、その後に突然両者の関係が悪化し、530 年を前後する頃、新羅が短期間の軍事的行動を起こし、いわゆる伽耶南部諸国を服属させたと理解せざるをえない。ただし考古資料は、微かではあるが必ずしもそうではなかったことを示唆している。

　4世紀末から6世紀前葉に至る時期の考古資料の中でも、政治的圏域を最も分かりやすく示す遺物である新羅・伽耶土器の分布圏をみると、琴湖江以南は洛東江を境界としてほぼ正確に東西に分かれる。また新羅式の金銅冠、冠飾、帯金具、耳飾など威信財の分布もほぼ洛東江以東に限定される。洛東江下流西岸の金海一帯と中流の玉田古墳群に新羅様式土器が副葬され[12]、玉田古墳群からは新羅式威信財が一部出土するなど例外もあるが、考古資料をみる限り、ひとまず新羅と伽耶は洛東江を境にはっきりと区分することができる。

　このような様相を根拠として、両者の関係を対立的にみるべきであろうか。それとも、領域または圏域が洛東江を境界に分かれるのみで、友好的であったとみるべきであろうか。この問題を検討する際に看過してはならないいくつかの前提がある。第一に、伽耶全体を一括りにして、新羅との関係を論ずることは実質的にはほとんど意味がないということである。昨今の理解のように伽耶諸国全体が一つの政治体として統合されなかったのであれば、各国の対外関係は一元的に統制されることはなかったと推論される。また当然のこととはいえ、新羅と伽耶諸国の間の関係も一律的なものではなかっただろう。事実、新羅と伽耶の間の友好的な関係を示す先の文献記事にみえる伽耶は、その主体を加羅（すなわち大伽耶）とみるのが通説である。5世紀後半〜6世紀初めにかけての新羅と伽耶の関係を友好的とみるのは、このような加羅と新羅の関係に対する文献記事を一般化させているだけのことである。当時の新羅と伽耶の関係は、基本的には洛東江を境界とする二単位間の関係であるものの、具体的にはそれを前提にして、伽耶諸国それぞれと新羅の関係に焦点をあててみる必要がある。第二に、新羅と伽耶の特定の国の間の関係が、長い期間の間、常に友好的もしくは対立的であったと二者択一してみることについても問題がある。当

212

第Ⅲ章　6世紀における新羅による伽耶服属

時の国際状況や様々な変数によって、その関係は多分に変化し、〔新羅の立場からみれば〕軍事的行動と外交的攻略を併用する政策が採られたのであろう。

　まずは新羅と伽耶、とりわけ加羅がそのように友好的な関係だけではなかったことを示唆する考古資料についてみてみよう。このような状況を最もよく示す資料は、洛東江中流域一帯の両岸に列をなして分布する防御施設である。図28は前稿[13]に掲載した洛東江中流域両岸の城郭分布図に1990年代末以降、新たに確認された城郭を加えたものである[14]。この図からみてとれるように洛東江は、北から星州付近まで南へまっすぐ下り、琴湖江が合流する付近で時計回りに一度大きく弧線を描く。この弧線の中央部の東岸は、新羅の首都慶州まで通じる東西地溝帯の西端にあたる。また、弧線の南端部分の西岸は、大伽耶の核心地高霊へと至る要路への入口でもある。この一帯に分布する城郭や堡塁のような施設が、両国の核心地域に入るための最短ルートの入口に設置された監視ないしは防御施設であったことについては疑いの余地がない。

　であれば、このような監視・防御施設が築造された時期が問題となる。本格的な調査がなされていない現時点では、すべて一時期に築造されたのか、築造に時期差があったのかは断言しがたいが、当然ながら時期差はあったであろうと想定される。また、それらが連続的に配置されている状況からみて、ある時期からは単なる監視施設ではなく、相互が密接に連携した防御施設であったのであろう。これらの中で慶州へ向かう要路の喉元に位置する花園古城からは、確実に4～6世紀代の土器片が採集され、早くから監視および防御において最も重要なところであったようである。竹谷里望楼（竹谷里城址の城外東辺に位置）と竹谷里城址については至近の距離にあること、後者にも望楼が設置されていることから、同時に存在したとは考えにくい。前者にはその壁に取りつくように明らかに5世紀中頃にまで遡る古墳が築造されているため[15]、その時点では既に望楼が廃棄されていたとみてよさそうである。一方、後者は採集された土器片はおおむね6世紀前代に集中するが、築造年代の上限は5世紀代にまで遡る可能性がある。舌化里城址からも5世紀代に遡る土器と6世紀前半代の土器片が採集されている。このほかの両岸の城郭や堡塁の築造時期についても、遅くとも6世紀前半代には比定することができる。したがってこれらの監視・防御施設は、遅くとも5世紀後半には一部が築造され、5世紀末～6世紀初めにかけていくつかの施設が随時築造されたと考えられる。これが両岸勢力の対峙の本格化を示唆するものならば、文献史料から推定される5世紀後半～6世紀初めの両者の友好的な関係とは多少矛盾する現象といえる。

　しかし、この頃の両国の政治的発展を推し量れば、上に挙げた諸施設のもつ意味について、文献史料に記録された表面的外交関係とは若干異なった角度から理解してみることも可能である。すなわち両者は矛盾した現象ではなく、ある意味当然の現象といえよう。

　多くの研究者によって加羅（大伽耶）王と推定されている荷知が、479年に中国〔南斉〕に遣使した事実は、大伽耶の成長を示唆するものと捉えられている。高霊様式土器の拡散などから、大伽耶がその頃に伽耶統合の最も重要な急進勢力として登場したことは明らかであり[16]、そのような成長、発展の様子は考古資料にも認められる。また、481年に高句麗の侵入を受けた新羅を助けた伽耶勢力の主軸がしばしば推定されているように大伽耶であるならば、これも大伽耶の強盛を傍証するものといえよう[17]。一方で最近の文献史学においては、新羅もちょうどこの頃に

213

第 2 部　4〜6 世紀の新羅考古学

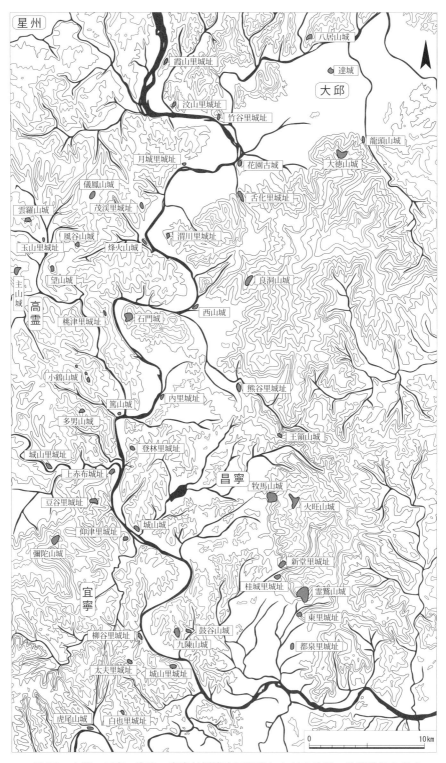

図 28　大邱・昌寧・高霊・宜寧付近洛東江両岸における監視・防御施設の分布

第Ⅲ章　6世紀における新羅による伽耶服属

地方官を派遣しはじめるなど直接支配の道へと踏みだし、地方支配において大きな進展があった[18]。直接支配とは、要するに地方の人的、物的資源を新羅国家が一層容易に動員できるようになったことを意味し、考古学的には前章でもみた地方高塚の築造衰退などがこれを裏づける。

このような状況の中、新羅と加羅の間で緊張が高まることはある意味必然といえよう。先にみた洛東江両岸の防御施設は、そのような状況を反映するものとひとまず解釈できる。ただし、両国間の対峙や友好が決して一辺倒なものではなかったであろうことは、現代の民族・国家間の関係においても、生々しく目撃できる。文献史料に描写された新羅と大伽耶の友好関係は、次第に高まっていった両者の緊張関係を逆説的に表したものとみることも可能である。そのような友好的雰囲気を加羅が主体に醸成したと記録されている点は、単なる偶然とは思えず注目に値する。それについては後述することとしよう。

新羅の伽耶に対する政策も、軍事的対峙を基礎とした受動的戦略のみでもないし、また大伽耶一辺倒に展開した訳でもない。既に洛東江東岸を一つの体制のもとに統合していた新羅は、いかなる方法であれ、ほかの伽耶勢力に対しても影響力の拡大や、浸透を試みたはずである。陜川玉田古墳群の土器と威信財の一部にみられる新羅的要素は、このような脈絡で理解される。

玉田古墳群はこれまでに黄江下流域一帯で発掘された唯一の古墳群である。現在の資料をみる限り、若干の問題はあるものの、伽耶の有力国の一つであった多羅の中心古墳群とみてよい。既に指摘されているように玉田古墳群が位置するこの一帯は、黄江が洛東江に合流する直前の要衝にあたり、黄江を利用した交通や交易の関門地に該当する地点である[19]。多羅はこのような立地を利用して、辰・弁韓の時期から成長を遂げていったのであろう。『日本書紀』神功紀49年条の加羅七国にその名前が挙がっていることも、そのような脈絡を踏まえれば決して偶然ではない。前章でも少し触れたように、玉田古墳群からは昌寧様式土器類と新羅式威信財が若干出土している。それらに対する分析はしばらく先延ばしにすることとして、そのような新羅や昌寧地域との関係がなぜ多羅の中心古墳群にみられるのであろうか。

地理的にみて玉田地域と深い関係をもつ地域は、山地を挟んで北側に位置する高霊圏と、洛東江東岸の昌寧圏のみである。それゆえ新羅と玉田地域の関係を考えるにあたっては、当時の昌寧地域がいかなる政治的状況におかれていたのかがまずは問題となる。玉田古墳群から昌寧様式土器のみが出土する点に焦点をあわせると、あるいは昌寧地域が独自にそのような関係を結んだのではないかという解釈をすることもできる。ただし、昌寧様式土器はかつて誤解されたように「東岸」様式という〔新羅土器様式とは〕別の広域土器様式に属するのではなく、新羅土器様式の中の一地域様式として捉えなければならない[20]。再三述べてきたように、洛東江はその両岸を連結するとともに、区分する地理的要素である。この時期の土器様式が政治的意味を強く帯びたものであることを踏まえれば、昌寧地域が独自勢力であったという説は成立しがたい。もし仮に昌寧地域が独自勢力であったのであれば、なぜ昌寧側から玉田側へという一方的影響のみが確認され、昌寧側では玉田側の影響が顕著に認められないのだろうか。この事実は、昌寧地域が独自勢力や中間勢力といったものではないことを傍証する。

昌寧地域は、嶺南各地の勢力関係が辰・弁韓から新羅・伽耶へと転換した後も一定期間、洛東江東岸にありながらも伽耶であった地域であり、先に挙げた『日本書紀』神功紀49年条において、

215

多羅と同様、加羅七国の一つとして挙げられている比斯伐にあたる地域である。そして洛東江の両岸に分かれているものの実質的には向かいあっている昌寧地域と玉田地域は、辰・弁韓時期から新羅・伽耶初期にかけては密接な関係を結んでいたものと推定される。このような歴史、地理的背景を勘案すると、考古学的にみて4世紀後葉には新羅化したと判断される昌寧地域が、新羅国家が玉田地域に外交的に介入する際の窓口となったことは、実に自然な流れといってよいだろう。

ところで単純に玉田地域の新羅的要素だけに焦点をあわせただけでは、多羅と新羅の関係を正しく理解することはできない。新羅的要素の流入と相前後して、大伽耶の影響もまた確認されるためである。ここでそのことを詳細に分析する紙幅はないものの、その定型性を図式化して述べると次の通りである[21]。第一に、昌寧的または新羅的現象はおおむね5世紀代の古墳に顕著である。第二に、5世紀前半までは土器（図29-1）やローマン・グラス（図29-2）といった保有型威信財に新羅的（昌寧的）要素がみられ、耳飾（図29-5）のような着装型威信財に高霊的要素がみられる。第三に、5世紀後半になると昌寧系土器が消えるとともに、高霊様式土器（図29-3・4）が急増し、大伽耶様式の威信財とともに新羅式着装型威信財（図29-7）が出土する。

5世紀前半の玉田M1、M2号墳の段階は、新羅様式土器と大伽耶式耳飾に象徴されるように、玉田地域をめぐる新羅と加羅の競争的な様相がみてとれるのに対し、5世紀第3四半期のM3号墳を起点に上述の第三の様相へと変化する。そのような流れは、その後もM4号墳やM6号墳にまで継続する。このような解釈をするにあたって、M4号墳とM6号墳から出土した山梔子形

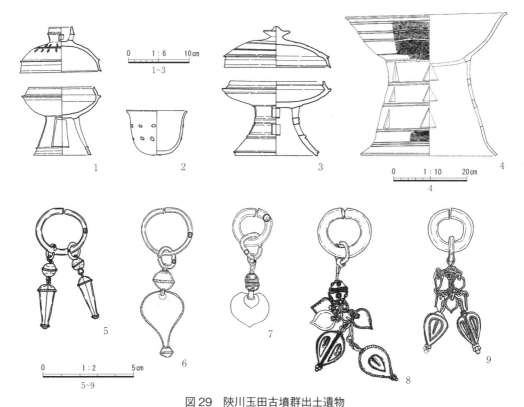

図29　陜川玉田古墳群出土遺物
1・2：M1号墳　3：85号墳　4・6・7：M3号墳　5：M2号墳　8：M4号墳　9：M6号墳

垂飾付耳飾（図29-8・9）とM6号墳から出土した山字形金銅冠の製作地が問題となるであろう。それらについては、すべて玉田地域で製作されたとみる見解もあるが[22]、もしそうであるならばこの時期の考古学的現象に、新羅の影響はそれほどみられなかったことになる。ただしこれらの耳飾の主環は直径が大きく、極めて細い主環を特徴とする大伽耶式耳飾（図29-5・6と7〜9を比較）とは異なる。山字形金銅冠についても玉田地域で模倣製作する理由までは十分に説明されていない。細かな製作技法のみに依拠して玉田地域での製作とみることは難しく、やはり新羅で製作され玉田地域に移入したとみておくのが妥当である。ともあれ5世紀後半まではこのような様相であったのが、6世紀に入ると完全に大伽耶的現象だけが認められるようになることから、5世紀後半以降の多羅は、基本的に加羅の影響圏下に入ったとみることが可能である。

　それでは、一定期間とはいえ玉田古墳群に新羅的現象がみられるのはなぜだろうか。洛東江両岸の考古学的現象をみる限り、新羅側から多羅の首長層に対して一方的に友好的接近を試みただけとはみがたく、それとともに何らかの実質的な利益を提示しつつ玉田勢力の懐柔を試みたと考えなければならないであろう。玉田勢力が具体的に得た利益については食糧などが考えられるが、考古学的には確認できない。状況的な推定ではあるものの、高句麗南征以降、次第に強化された新羅の洛東江路の交通統制を緩和するといったような実質的利益を玉田勢力に保証したのかもしれない。事実、洛東江路が統制されれば、多羅が黄江の関門地勢力としてもつ利点は大きく減少する。多羅は5世紀前半の間、新羅と加羅の間で一種の等距離外交を採り、時には新羅側に傾きもしたが、高霊勢力が5世紀中葉頃に黄江中流域に本格的に進出し、圧迫を加えるようになると[23]、最終的に加羅側へと傾いていった、ということなのではなかろうか。5世紀第3四半期のM3号墳をみると、被葬者の死亡時の状況を反映するとみられる土器などからは大伽耶側に傾いていた様子がうかがえるものの、被葬者の着装する耳飾（図29-7）は新羅式で、生前はむしろ新羅側に多少傾倒していた可能性を示唆する。結局、玉田古墳群における様相からは、おおよそ5世紀中葉頃、高霊勢力の本格的介入とともに、状況が大きく変化した様子が読みとれる。ただしM4号墳やM6号墳にみられるように玉田地域が加羅の影響圏内におかれた後も、新羅は粘り強く接近を試みていたようである。

　以上のような玉田地域への対応とは対照的に、新羅は洛東江河口西岸の金官伽耶の故地である金海地域に対しては、直接的な軍事行動を試み、一定の成功を収めたようである。既に詳細に論じたことがあるため[24]、ここでは論証を省略するものの、新羅は4世紀末以来、洛東江下流域への進出を試み、その結果として5世紀初め以降、礼安里や加達のような西岸の戦略的要衝地を橋頭堡として確保した。これはもちろん新羅が洛東江河口東岸の梁山地域と釜山地域をいち早く掌握し、支配を強化した結果である。洛東江河口西岸における橋頭堡確保の意義は実に大きく、これによって新羅国家は洛東江から南海に出たり、逆に南海から洛東江を遡る交通を河口の両岸から強力に統制することができたであろう。

　〔洛東江河口西岸における〕橋頭堡の確保後、おおむね5世紀の間、新羅は主に古金海湾一帯を軍事的、外交的に攻略して影響下においていったのではないだろうか。それによって金官伽耶の領域は、金海地域北側の洛東江に面した旧金海郡一帯[25]とその西側の茶戸里遺跡を含む旧昌原郡一帯に縮小したと考えられる。結果として、金官伽耶残存勢力の洛東江河口および南海岸への

第 2 部　4 〜 6 世紀の新羅考古学

出入りは、ある意味では新羅による一定の統制を受けるようになったとみられる。金官伽耶はその後、6 世紀初めにも「四村抄掠」記事[26][1]に代表される新羅の軍事的侵攻を受け、532 年に内降するに至る。

　新羅は、ほかの伽耶地域に対してもこのような軍事進出を試みたと考えられる。新羅が頻繁に喙己呑に侵攻したという、（おおむね 6 世紀前葉の事実を述べたものとみられる）『日本書紀』欽明紀の記事は[27]、そのことを端的に示している。しかし、次節で論じるように 520 年代までの新羅は、直接的な武力行使によって服属させるのではなく、軍事力を背景にした外交的圧迫によってできる限り内降を促す戦略を基本としたようである。

　各個撃破方式による新羅の伽耶接近戦略を示唆するもう一つの例として、固城地域にみられる新羅的要素を挙げることができる。固城内山里古墳群出土瓔珞装飾付台付長頸壺からみて[28]、新羅は比較的早くから南海岸航路を通じて固城一帯に接近を試みていたとみらる。これは、洛東江河口両岸の掌握を基盤とするものと推定される。また、固城栗垈里 1 号墳には大伽耶的要素とともに新羅的要素がみられ、両勢力が競り合っていたことを反映するかのような様相が認められる。以前に新羅は南江を通じて固城地域に接近したと考えたことがあるが[29]、金海地域を経る南海岸航路を通じて接近した可能性の方がより高いと考えられる。

　ここまで、6 世紀初め頃までの考古学的状況をもとに新羅の伽耶進出戦略とその実状についてみてきた。520 年代に入り、加羅王が新羅に婚姻を要請することで、両国の関係は一層友好的な局面に入ったかのような様相を呈する。このいわゆる婚姻同盟は、己汶・帯沙事件[2]によって引きおこされた百済との対立が遠因であったとしばしば理解されている。たとえば李文基は、百済が倭との友好関係をもとに伽耶に進出したことを背景に、加羅が百済・倭勢力に対抗して「親新羅」に対外政策の方針を変えたとみる[30]。また金泰植は、加羅が 510 年代の多沙津領有権紛争においては百済に勝って河東を守り切ったが、対倭貿易競争では百済に敗北し、それ以降、倭が伽耶を差しおいて百済と頻繁な交易をおこない、国際的に孤立した大伽耶はこれに対抗して婚姻同盟を結んだとより踏みこんだ解釈をしている[31]。

　ただし、加羅と新羅の関係は、先にみたようにそれ以前から既に表面的ではあっても友好的であり、百済との関係悪化を理由に加羅が婚姻同盟を結んで親新羅へ旋回したと図式化することは難しい。外交関係を戦略的次元のみからみれば、そのような国際的な力学関係の変化によって理解することも可能であろうが、このような説明は多少皮相的・抽象的で、具体性が欠如している。外交政策の転換は当時も現代と同じで、どこまでも具体的な損得勘定を前提としていたと考えられ、己汶・帯沙を巡って大伽耶と百済の間に繰り広げられた一連の葛藤が内包する具体的意味について考えを及ぼす必要があるだろう。すなわち、政策転換の契機となった己汶・帯沙の喪失、あるいはそれに対する影響力の悪化が加羅にどのような結果をもたらしたのかを考慮しなければならない。次にそのこととも関連することであるが、加羅が婚姻同盟によって何を得ようとしていたのかについても考えてみる必要がある。同時に婚姻同盟に応ずることによって新羅は加羅から何を得ようとしていたのかも考えなければならない。そうすることで初めて、婚姻同盟という重要な外交的事件の実体にアプローチすることが可能となるであろう。

　己汶・帯沙が加羅にとっていかなる意味をもっていたがために、加羅と新羅の間に百済の聖王

のいうところの外交的「結党」[32]がなされたのであろうか。これと関連して当時の加羅、すなわち大伽耶の領域または圏域が主として高霊地域から黄江中・上流域と南江上流域一帯にかけての範囲であったことにまず注目する必要がある[33]。このような領域または圏域をもつ加羅が外部世界へと通じる主要なルートとしては、高霊地域からそのまま洛東江中・下流域を通じて南海へ出るルート、高霊→黄江上流→南江上流→蟾津江→南海へと出るルート、南江上流から錦江上流を経て百済へと出るルート、黄江上流から再び南江下流まで出て洛東江を下るルート、そして南江中流からそのまま南海に出るルートを想定することができる[34]。これらのうち6世紀初めまでは、考古学的状況からみて高霊地域から河東地域へ至る半円状の交通路が最も根幹をなしていたようである[35]。当時は、加羅の対外交易が活発であったと想定され[36]、南海へ出るこのルートの比重は相当に高かったであろう。それゆえに6世紀初めに百済が南原一帯に比定される己汶を抑え、河東地域に比定される帯沙まで進出したという事実は、大伽耶にとっては大きな圧迫であった。百済が加羅の主要対外交通路の一方に直接介入するようになったことで、加羅は百済の干渉を受けずに南海へ出ることができなくなったのである。それによって、大伽耶は新羅と婚姻同盟を結び、何らかの対価を約束する代わりに洛東江路の利用保証を要請したものとみられる。すなわち、婚姻同盟に対する加羅の主たる目的は、対外交通路の多元化にあったのであろう。

　このような理解が妥当であれば、加羅が481年に新羅を支援し、496年には白雉を送ったという『三国史記』の記事[3]も同様の脈絡で理解できそうである。両国間の純粋な友好関係構築のための努力の一環であったと片づけることもできるが、当時の国際状況を考慮すれば、やはり百済と関連するのであろう。ひょっとすると475年に、高句麗の攻撃で首都漢城が陥落した百済が熊津に遷都し、蘆嶺山脈以南の地域〔現在の全羅南道一帯〕に対する圧迫が次第に強化されていくにしたがって、加羅は洛東江路をより円滑に利用しようと新羅に友好の手を差しのべたのではないだろうか。論者の年代観によって多少差異があるものの、金海礼安里古墳群[37]、昌原茶戸里B1号墳[38]、昌原盤渓洞古墳群[39]など、おおむね5世紀後葉から6世紀前葉にかけての時期の洛東江下流域の古墳から大伽耶系土器が出土することは、おそらくこのような事情と深く関係しているのだろう。そして、己汶・帯沙事件が起き、半月状交通路の西側からより大きな圧迫を受けるようになった加羅は、それに代わりうる交通路である洛東江路側の方に確実な保証を得ようとして、婚姻同盟を要請したのではないかと考えられるのである。

　もちろん交易・交通路によって外交政策のすべてを説明できる訳ではない。しかし内陸に位置する加羅の地理的特性を考慮すれば、少なくともその核心部分については説明することが可能である。6世紀第1四半期を前後して高霊が南江方面に本格的に進出することも決して偶然ではなかったであろう[40]。もちろん加羅の成長による自然な膨張とみられる側面がなくもないが、ほかの伽耶勢力の反発を招くであろうにもかかわらず、持続的に進出を試みたこと自体、それだけ加羅の対外交通事情が悪化しつつあったことを傍証するものである。そこには、少なくとも対外交通路を多元化しようとする意図が内包されているのであろう。

　一方で婚姻同盟を伽耶側のみの必要性によるとみることもまた難しい。外交関係はどこまでも双方向的なものであり、新羅もまた、婚姻同盟によって何らかの対価を得ようとしたのであろう。そうであれば、新羅は一体どのような対価を要求したのであろうか。それは一つではなかったで

第2部　4〜6世紀の新羅考古学

あろうが、その一つに大伽耶の圏域外のほかの伽耶国に対して新羅が外交的、軍事的に接近しても、ある程度までは黙認するといったような要求があったのではなかろうか。これは、婚姻同盟の破綻を前後する頃に新羅が伽耶「南部」諸国へ本格的に進出している点[41]からみて、まったく蓋然性がない話ではない。先述のように金海地域に対して新羅は、絶えず進出を試みていたと考えられ、婚姻同盟の破綻と金官伽耶の服属には直接的な関係はなかったかもしれない。ただし卓淳と喙己呑の服属については突然のことであり、また多少意外であるためにその前後に起こった一連の事件を相互に関連づけて理解しようとした時、婚姻同盟が同一線上に浮かびあがってくるのである[42]。

　そのような関連性は、特に婚姻同盟が決裂する過程から読みとることができる。婚姻同盟は、新羅の王女にしたがってきて伽耶「諸県」に分置された従者100人が、「変服」したことに対して、阿利斯等が強力に反発して送還を要求し、加羅王はやむをえず彼らを送り返すことで決裂した。この阿利斯等を大伽耶圏に属さない伽耶の他勢力[43]、特に卓淳王とみる見解[44]は注目に値する。これまで大部分の論者が、「変服」自体にのみ焦点を合わせて婚姻同盟の決裂を論じてきたが、送還の理由とされる「変服」は実に表面的な理由に過ぎず、本当の原因はほかにあったはずである。その反発とはおそらくは婚姻同盟の成立以降の新羅の行動変化に接したほかの伽耶諸国が、加羅が新羅と一種の密約を結んだのではないかという疑念を抱いたことによるものであったのではなかろうか[45]。ここでいうところの行動変化とは、新羅が伽耶勢力に対して繰り広げた外交攻勢と軍事攻撃を指す。このような脈絡からみて、婚姻同盟の破綻が年代的に喙己呑の服属とほぼ一致する点は重要である。決裂前に喙己呑が服属したのか、その直後であったのかを正確に知ることはできないものの、もし仮に前者であれば当然のことながら、隣接する卓淳を含むほかの伽耶勢力が強く反発するだけの事件であったといわざるをえない。仮に後者であったとしても喙己呑が毎年、新羅の攻撃を受けていたという記事[46]からうかがえるように、おそらく婚姻同盟の期間にそのような攻撃がなされている点においてやはり反発を受けるに値する事件といえよう。これは詰まるところ、新羅が婚姻同盟に応ずることによって加羅から得た対価が、先に述べた軍事的、外交的進出の黙認であった蓋然性が非常に高いことを示すものといえる。

　以上をまとめると、新羅は各個撃破の戦略のもと、洛東江対岸の伽耶勢力に多方面から浸透しようと弛まぬ努力を続け、実際に洛東江下流域の金官伽耶のようなところでは早くからその一部の地点を橋頭堡として確保し、軍事的圧迫をかけつづけたのであろう。ただ520年代までの西進戦略は、全体的には外交攻勢により大きな比重をおいていたようである。すなわち新羅は、伽耶が単一政治体ではなかったことを衝いて、加羅を主軸とした関係の中で勢力別に対応しながら各個撃破を試みていた。それがついに成果を収めたのが、すなわち530年代を前後とする喙己呑、南加羅、卓淳の併合であった。

2.　530年代における洛東江中・下流域伽耶3国の服属

1）卓淳、喙己呑の位置

　金官伽耶の服属年代については異見もあるが、532年とみるのが一般的である。喙己呑と卓淳の服属年代についても議論が紛糾しているものの、おおむね金官伽耶の滅亡前後に服属したとみ

られている。金官伽耶、喙己呑、卓淳をそれぞれ金海地域、洛東江東岸の霊山・密陽一帯、昌原地域に比定すると、3国すべてが洛東江下流域に位置するため[47]、この3国は一括して「伽耶南部諸国」と呼ばれることもある[48]。

　金官伽耶の中心が、現在の金海市にあったことについては疑いの余地がない。しかし卓淳と喙己呑の位置については、いくつかの説があるもののいまだ定説はない。もしも卓淳と喙己呑が別の場所にあった場合、「伽耶南部諸国」という呼称は再考する必要がある。前章で既に論じたように喙己呑については洛東江東岸には存在しえないため、それをどこに比定するのかはさておくとしても、白承玉のように卓淳を昌原地域ではなく大邱地域に比定したり[49]、筆者のように卓淳と喙己呑を洛東江中流域西岸の宜寧郡南部と北部一帯にそれぞれ比定するのであれば[50]、これらは伽耶の南部というよりはむしろ「中東部」とする方が適切であるためである。

　地域が異なれば、新羅がこれらの伽耶国を併合した意味もまた異なるため、これは単なる呼び方の違いに留まるものではない。もし仮に卓淳と喙己呑が「南部諸国」であったのであれば、それらを併合して以降、新羅の西進は、阿羅伽耶という強力な勢力によって阻まれて、伽耶滅亡時までほぼ進展がなかったと推定される。一方で、「中東部諸国」であったのであれば、新羅は伽耶のまさに「脇腹」を突いたかたちとなり、その後の西進にあたっても、前者の場合よりも軍事、外交的に一層有利な高地を占領したことになる。

　このように卓淳と喙己呑の位置比定問題は、530年代以降の伽耶史を理解するにあたって、極めて重要な意味をもっており、おのずと議論の対象となる新羅の伽耶進出史においても非常に大きな比重を占める。よって本節では、この問題に焦点をあてて詳細に検討してみたい。ここで改めてこの問題を論ずるのは、これまでに提起された筆者の宜寧説に対する批判について[51]、若干の検討が必要なためでもある。ただし宜寧説の根拠について再度論ずることは省略し、各論者に対する反論についても必要最低限に留めておく。むしろ筆者がなぜこれまでまったく注目されてこなかった宜寧地域に両国を比定したのかについて焦点をあて、新しい問題認識が何にもとづくものであるのか、その背景をより強調しておきたい。あわせてこれまでの研究は、文献史料を地理と適切に関連づけて把握してこなかったと判断されるため、それについても補完しておきたい。

　先に述べた洛東江の境界性やほかの状況を斟酌すれば、卓淳と喙己呑が洛東江中・下流域の沿岸に位置したことは確実である。考古資料から両国の位置を積極的に比定することは、難しいものの、音似などを主たる根拠とした比定を論駁することは可能であろう。音似による位置比定も基本的には一つの仮説に過ぎず、歴史的、地理的背景や脈絡の中で初めて意味をもつ。音似のみによる位置比定は危険であり、地名考証の蓋然性を高めたいのであれば、考古資料などの全体的な状況を背景とする必要がある。再度強調するならば、考古学的状況を無視し、地理、地形をまったく考慮しない音似のみによる比定作業は、徒労に終わるであろう。

　いまや伽耶土器分布圏は伽耶圏域、新羅土器分布圏は新羅領域とみなしてもよいほどに十分な論証がなされている。伽耶のある国の所在地に比定された地域から新羅土器のみが出土するのであれば、その比定は根拠を失うといっても過言ではない。そのような観点からみて、喙己呑が洛東江東岸の昌寧霊山・密陽一帯にあった可能性は極めて低い。既に論じたように霊山は新羅の一

地方である昌寧地域の圏域内に含まれており、地理的にみても密陽地域と同一圏域として設定することはできない。地表調査の結果などによれば[52]、密陽地域南端の洛東江に面した古墳群では初期段階の新羅土器高杯と長頸壺などが出土しており[53]、採集されている土器も新羅土器が主流をなす。また近年実施された密陽新安遺跡の発掘調査の結果、本書の新羅土器Ⅰb期末に遡る段階から、慶州土器様式の影響を非常に強く受けた新羅土器が持続的に出土していることが明らかとなり[54]、密陽地域もまたいち早く新羅化したものとみられる。ゆえに喙己呑を霊山・密陽に比定することはできない。

喙己呑は洛東江東岸でほかに比定しうるところがなく、洛東江西岸にあったとみなければならないが、卓淳が昌原地域に比定される以上、洛東江下流域には比定しうる場所がない。したがって卓淳と喙己呑が隣接していたことを前提とする卓淳＝昌原説も自然とその力を失う。事実、卓淳＝昌原説は関連記事の地名考証でそれ以外に比定すべき場所がないことから、同意を得てきた面が多分にある。そのような地名考証の盲点については既に言及したことがあり、ここでは再論しないが、卓淳が昌原地域にあったのであれば、喙己呑は洛東江下流域に比定する場所がないという点が、卓淳＝昌原説の最も大きな問題となることは明らかである。事実、喙己呑については宜寧一帯を除いてほかに比定するところがないのである。

先に論じたように高塚が新羅・伽耶古墳の変遷過程でもつ意味を考慮すれば、高塚群の存否は一地域の政治社会的成長を推し量る必要条件と考えることができる[55]。よって高塚群の存在しない地域は当時の主要勢力の中心地、ここでいえば卓淳の候補地とはなりえない。これに対しては、金官伽耶の故地である金海地域に高塚群が存在しないことを反証に挙げ、高塚のもつ意味を小さく見積もる見解もある[56]。しかし、それは金海地域の状況を誤解している。なぜなら先にみたように、金海地域は4世紀末～5世紀初め以来、新羅の強い圧迫を受けて社会的成長が大きく鈍った地域だからである。それゆえ金海地域に明確な高塚群の存在しない点は、高塚の一般的な意味を過小に評価する根拠とはなりえず、むしろ逆に高塚群が社会発展の程度を測るよい指標となることを裏づける例といえよう。また宜寧邑一帯に高塚群がないことを問題視する見解もある[57]。しかし、発掘調査を経ていないため断言できないものの、宜寧邑中里には中・大型高塚群が分布している[58]。

筆者は卓淳の位置比定に間接的に関連して『日本書紀』欽明紀5年11月条の「大江水」を南江とみたことがある。そのような解釈は、洛東江を前提とせずに一度発想を転換してみたらどうであろうかというところに起因するもので、河川堤防によって川幅が狭くなった今日とはまったく異なる状況であったであろう当時の南江に考えを及ぼしたのであった。事実、「大江水」が洛東江と南江のどちらであったのかを証明する方法はなく、状況から推論せざるをえないが、洛東江とみる場合、関連記事の理解に非合理的な面が生じることを『日本書紀』の「耕種」関連記事[4]を挙げて指摘したことがある。比定が不確実な現時点においては、洛東江でないなら南江といったような二者択一の必要もない。事実、百済の聖王はその時点の新羅と安羅の間にある川の特定部分を「大江水」と言及したのであって、洛東江や南江という言葉で我々の頭に浮かぶような上流から下流までの川全体を呼び指している訳ではない。それに続く「要害之地」という言葉はそのことを裏づけるものである。また、咸安地域と宜寧一帯の南江下流域は、洛東江本流と合流す

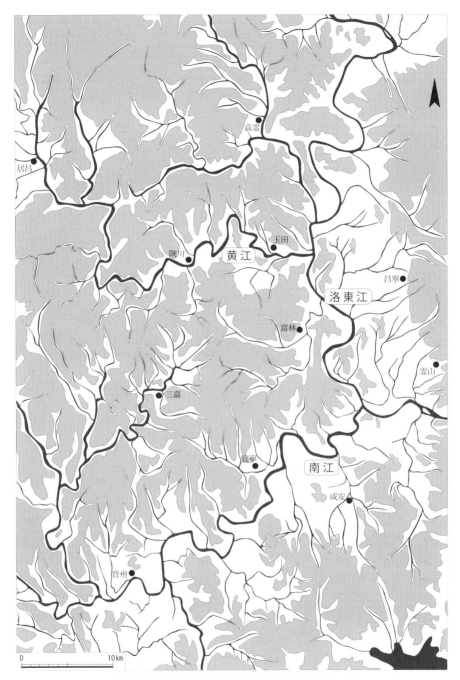

図30　洛東江中流域と南江下流域の地形

る地点にあたり、その一帯全体が非常に広い水域を形成している。両者は明確に区分されなかったであろうと推定され、洛東江と南江を必ずしも厳密に分けてみる必要はない。図30は、比高を基準に一帯の山地と平地を分けたものであるが、当時の海水面の高さが今よりも若干高かったとことを考慮すれば、南江下流域の水域はかなり広かったであろうと推量される[59]。

　宜寧地域は、新羅の力が圧倒的に優位にある時には、戦略的要衝としての意義が大きいが、そ

の反対の場合はむしろ両側から挟みうちを受ける危険性があって価値が失われるという解釈を根拠に、卓淳＝宜寧説を間接的に否定する見解もあるが[60]、まさにその点こそが筆者が卓淳を宜寧地域に比定する際に念頭においた点であった。『日本書紀』継体紀23年4月条の「四村抄掠」記事や、継体紀23年3月条の「三城及北境五城」陥落記事[5]などをみても、530年前後であれば新羅の軍事力は既に圧倒的優位な水準に到達していたとみられる。もし新羅が宜寧地域を抑えていたのであれば、これは戦略的要衝として非常に大きいという反論の前提自体がそのままあてはまるためである。また当時の伽耶全体の統合力は、新羅のそれとは比べようもなく、実際に西岸の伽耶一国と戦争をした際の新羅の軍事力は、圧倒的に優位にあったと考えられる。また服属した後は、ほかの伽耶勢力からの合同攻撃にも対抗することができたであろう。在地勢力が望まない以上、伽耶連合勢力による軍事行動は無意味なものとなる点も考慮しておく必要がある。宜寧地域の戦略的価値は、新羅が十分に発揮しうる状況にあったといってよい。

　既往の位置比定の問題点は、洛東江中・下流域の地形からも見いだせる。今日の金海市から西側の咸安郡へと至る洛東江下流域の地形をみると、いくつかの単位地域に区分することができる（図31）。まず、古金海湾であった金海市中心部が一つの単位（図31のA）を、そしてその北側の洛東江流域の旧金海郡と旧昌原郡北面・大山面・東面がもう一つの単位（同B）をなす。前者の西側、後者の南側に山地を間に挟んで位置する昌原盆地と馬山市一帯も一つの単位（同C）をなす。その西北に該当し、先に述べた洛東江沿岸の旧昌原郡と南北に横たわる非常に高い山地によって区分される現咸安郡漆原面と漆北面（同D）は洛東江に向かって狭長な単位を形成しており、そ

図31　洛東江下流域の地形

の西側の咸安郡中心部（同E）とは少し低い山地によって区分されるものの、旧昌原郡側よりは低いため、洛東江沿岸を通じて比較的容易に通じることができる。

　このような地形観察を前提として、卓淳＝昌原説に対する筆者の批判を反論する見解についてみてみよう。まず卓淳＝昌原説の新提案者である金泰植は、「久礼牟羅城」の位置を咸安郡漆原面亀城里の山城に比定し、卓淳はその東南側の勢力、すなわち昌原地域とし、昌原盆地に比定していることは明らかであるにもかかわらず[61]、昌原地域の地理的範囲は訳もなく拡大されたり、誤解されてきた。たとえば卓淳＝昌原説を支持しつつも卓淳を旧昌原郡大山、徳山一帯に比定する見解があるが[62]、先にもみたようにそこを含めた旧昌原郡と旧金海郡は考古学的にみて金海湾一帯と合わせて金官伽耶領域に入っていたと判断され[63]、卓淳に比定することはできない。もしかするとこれは、大山一帯が広い平野であることを念頭においているのではないかと考えられるが、大山一帯は今でこそ平野であるものの、当時はその大部分が洛東江の氾濫原であったことを忘れてはならない。

　『三国史記』地理志の義安郡がおおむね卓淳の故地であると解釈し、現在の咸安郡漆原が当時は昌原地域に属し、卓淳の圏域であったとみる見解もある[64]。しかし咸安郡漆原、漆北からは咸安系土器が集中的に出土しており[65]、この一帯はある時期以降、阿羅伽耶圏域であった可能性が高い。地理志の郡県区分単位をそのまま新羅・伽耶当時の単位と想定する解釈の問題点については、先に義城地域を例にとって批判したところであり、ここでは再論しない。

　筆者は、卓淳＝昌原説を批判した際に、一帯の地理と関連して金海から「久礼山戍」に行こうとしても金海から昌原盆地までは非常に高い山地に遮られて容易に行くことができず、ひとまず進永側に迂回した上で、昌原盆地にわざわざ回り道をして、再び漆原側に向かわなければならないために合理的ではないと結論づけた。これは、あくまでも金海→卓淳（昌原盆地）→久礼山戍というその説の方向設定を批判したものである。それゆえに、進永側から洛東江水路を通じて西側に行けば、あえて昌原に回り道をしてもう一度漆原に出る必要もないという反論は[66]、本来の説の出発点自体を否定する結果となる。漆原がもし卓淳に属していたのであれば、卓淳が新羅に倒された時に新羅と安羅の間にあった「大江水」を洛東江に比定することはできなくなってしまう。なぜなら地形をみる限り、新羅と安羅の間には洛東江が存在しないからである。卓淳を昌原盆地一帯に限定し、久礼山戍を漆原一帯に比定する見解にもまったく同じ問題を指摘できる。あわせて「耕種」関連記事についても解釈が難しくなる。これは非常に具体的な記事であるため、地理とも整合した解釈を提示する必要があろう。

　多くの研究者が文献史料を抽象的、皮相的に解釈してきたことは否定できない。そのような傾向は、特に『日本書紀』欽明紀2年4月条の「其喙己吞、居加羅与新羅境際、而被連年攻敗。任那無能救援。由是見亡」という喙己吞の位置に関連する記事に対する理解に強く認められる。金泰植は「喙己吞が加羅すなわち高霊と、新羅すなわち慶州の間にあったことが分かる」とするが[67]、このような解釈は大きな誤りである。加羅を高霊地域と限定してみるにせよ、先述したように当時の加羅は黄江全域をも包括していたとみるにせよ、新羅または慶州地域との方向関係に変化が生じることはなく、加羅、すなわち高霊地域という解釈は大きな問題とはならない。しかし新羅を慶州地域とみることについてはそう簡単にはいかない。氏が霊山・密陽一帯に比定

第 2 部　4 〜 6 世紀の新羅考古学

する喙己呑は、決して慶州地域と加羅の間にあったとはみられないからである。加羅であれ、新羅であれ、高霊地域や慶州地域というよりは、広域の大伽耶と新羅を示すとみるべきであろう。そうであれば、洛東江西岸で「加羅と新羅の境際にある」ところは、宜寧を除いてほかに考えられない。

　意外なことに、喙己呑の位置が宜寧郡富林面一帯であったことを示す状況証拠は少なくない。先に挙げた『日本書紀』欽明紀 2 年 4 月条の記事について、金泰植は「喙己呑が加羅の領域と新羅の領域の間にあったために毎年攻撃を受け、敗れたにもかかわらず任那が救援できなかった」と解釈しているが[68]、であればなぜほかの伽耶勢力が喙己呑を救援できなかったのかが問題となる。もちろん当時、伽耶全体を取り巻く政治的状況のためにそうするほかなかったことを暗示しているのかもしれないが、それよりは喙己呑の位置が地形的にほかの伽耶の助けを受けにくかったためではないだろうか。現在の宜寧郡富林面一帯の地形は、まさにこのような喙己呑の状況と符合する（図 30 参照）。

　宜寧郡富林面一帯は、東は洛東江に面しているが、西と北には高い山地がめぐっていて、西北の高い峠を越えた後、北側の現在の陝川邑側にある黄江へ出るか、あるいは南側に下って三嘉地域へと出ることができるくらいである。富林面は、南側も高い峠によって宜寧邑一帯とも区分されている。このようにほかの伽耶からはかなり孤立した地形に位置するため、有事の際の救援は容易ではなかったであろう[69]。もちろんこのような状況が、先の記事に関わる地理的解釈を直接証明する訳ではない。しかし、喙己呑をほかの場所に比定する場合、こういった説明が可能であるのかどうかを問い直すべきであろう。このような脈絡において、金官伽耶の滅亡に関連した状況回顧の中にみえる「南加羅は狭小で（中略）委託するところを知らなかった（其南加羅、蕞爾狭小、（中略）不知所託）」[70]という言及は注意される。先にみたように金官伽耶の領域であった金海地域の地形も、ほかの伽耶勢力からは孤立した場所にあって、救援が容易でなかったことが示唆されるからである。

　最後に卓淳＝昌原説の反証となる記事を取りあげてみよう。『日本書紀』欽明紀 2 年 4 月条で百済の聖王が「しかし任那の境界が新羅に接していて卓淳などの禍を呼ばないか恐ろしい（然任那境、接新羅。恐致卓淳等禍）」と述べていることや、同年 7 月条において「今、任那の境界が新羅に接しているため、常に備えておかなければならない（方今任那境、接新羅。宜常設備）」と述べていることが注目される。二度に渡ってみえる伽耶の境界が新羅に接しているという表現は、果たしてどのような状況を意識したものであろうか。これは発言当時の新羅と伽耶の境界が洛東江だけではなく、それ以外のところにもあったことを示すものといえる。その候補地として真っ先に思い浮かぶ場所がこの時点では既に新羅に服属していた卓淳とほかの伽耶の間の境界である。もし卓淳が昌原地域であったのであれば、「安羅」の境界が新羅に接していたとする方が正確であるにもかかわらず、そこには「任那」と書かれている。もちろん伽耶全体の危機感を喚起するためにあえて安羅ではなく任那という表現を用いたのかもしれない[71]。しかしその前後の記事において安羅を指すときは、安羅としているため、そのような見方は成り立ちがたい。要するにこの言葉は、卓淳が昌原地域になかったことを間接的に示唆するとともに、新羅が洛東江下流域よりは中流域の西岸に進出していたことを意識した発言ではなかったかと思われ、その場所は宜

第Ⅲ章　6世紀における新羅による伽耶服属

寧邑一帯以外には比定しがたいのである。

　なお、筆者が卓淳の位置を比定するにあたって、土器を根拠としたという見解[72]はまったくの誤解である。卓淳を宜寧邑一帯に比定しても、土器様相は大きく矛盾しないことを述べたに過ぎない。

2）洛東江中・下流域伽耶3国の服属過程

　多少冗長となったが、〔以前に提唱した〕卓淳・㖨己呑＝宜寧説を撤回する明確な理由はいまだ見いだしえない。よってここからはこの説にもとづいて、新羅が洛東江中流域の両伽耶国と下流域の金官伽耶を服属する過程で共通して採られた戦略とその意味を簡単に考えてみよう。

　『三国史記』や『日本書紀』欽明紀2年条、5年条の記事をみると伽耶3国の滅亡は明らかに国主の内降によるものであった。そして関連記事をみると、その前に新羅の軍事行動があったことが分かる。すなわち532年に最終的に投降した南加羅の場合、その直前（529年）に「四村抄掠」を受けるなど何段階かの過程を経た結果として把握されている[73]。㖨己呑も毎年攻撃を受けて敗れたという記事が示すように、内降以前に何度かの敗戦を経ていた。卓淳の場合も『日本書紀』継体紀23年条の婚姻同盟関連記事の末尾の新羅による「三城及北境五城」陥落記事を、卓淳と関連する事件とみる見解を尊重すれば[74]、やはり最終的な内降よりも前から何度か新羅の軍事的圧迫を受けたようである。詰まるところ新羅は、この伽耶3国に対して軍事行動によって圧迫を加えた末に内降を促したとみるべきであろう。したがって、530年段階からの新羅の伽耶進出戦略は、軍事力を前面に押しだすものであったといえる。服属戦略における外交と戦争が占める比重をみてみると、5世紀代よりも後者に比重が移っていったことを意味する。とはいえ、戦争は究極的には内降を導き出すためのものであったとみられる。外交の延長線上に戦争が遂行されたのである。

　このような〔伽耶3国の〕服属過程は、当時の新羅の軍事力が伽耶に対して圧倒的優位になかったことを示唆しているのであろうか。新羅は遅くとも5世紀末からはその領域を直接支配しはじめ、520年代には律令を頒布するなど支配体制を完備し、530年にもなると物的、人的資源の動員能力が間接支配を実施していた頃とは、比較にならないほど増大したものとみられる。㖨己呑を毎年攻撃して勝ったという記事が端的に示すように、洛東江の境界性という要素も勘案すれば、先に述べた急襲戦略などによって伽耶の一小国と対決する場合、新羅が圧倒的優位にあったことは疑いの余地がない。それゆえ理由はほかにあったとみるべきである。ここで改めて新羅が㖨己呑に対して毎年攻撃を繰り返したという点に注目したい。これは、武力占領自体は必ずしも不可能ではなかったものの、その後の支配維持に何らかの困難があったことを示唆している。その困難の一つには、在地勢力がほかの場所に避難することで当該地域の生産組織を含む社会組織が空洞化してしまうというケースが考えられ、もう一つにはほかの伽耶勢力が合同攻撃をしてくるというケースも挙げることができる。二つを同時に解決する道は、結局各国の支配層に一定の地位を保証する条件を提示して、内降を導き出すことによって、彼らを一種の間接支配勢力とし、軍隊の駐屯などを通じて統制する中で支配を維持するという道しかない。「㖨国の函跛旱岐が加羅に対して二心をもって新羅に内降したために、加羅が外から戦いを仕掛けてきた（㖨国之函跛

227

旱岐、弐心加羅国、而内応新羅、加羅自外合戦）」という記事[75]は、在地勢力が新羅側に入った状況をよく示している。要するに新羅が3国をあえて内降させたのは、その後の支配まで念頭においていたからであろう。

『三国史記』には内降した金官伽耶の在地勢力に新羅が破格の待遇を与えたことが記録されている。そのような待遇の背景については、麻立干代以来の伝統的施策が残存し、ほかの伽耶勢力への波及効果を狙ったためという解釈が提示されたことがある[76]。後者についてはもちろん、全面的に妥当な理解であろう。一方、前者については若干異なる角度からみてみる必要がありそうである。なぜならこの頃既に洛東江以東の新羅領土内では、直接支配が実現していたためである。よって伝統的施策というよりは、先に言及したように洛東江の境界性などを勘案して、この地域を実質的に経営するにあたって、在地支配層の協力が不可欠であった点にその理由を求める方が正確であろう。

このように洛東江中・下流域の伽耶3国を（困難であったとしても）内降させるという服属戦略を新羅が採った理由は、その地域の在地勢力をほかの伽耶国の敵対勢力とすることによって初めて実質的な支配を可能とし、またこれによってほかの伽耶勢力が〔伽耶3国を〕救援する名分もなくなるからであった。もう一つつけ加えるならば、新羅が洛東江西岸の伽耶国へ進出した究極の目的は、単に新しい征服地を確保、維持するに留まらず、そこを足がかりとして西進を継続することにあったのであろう。

3. 530年代以降、562年までの伽耶服属

ここまでみてきたように530年代前半までの間に、新羅が洛東江西岸の金海地域と宜寧地域に進出した。それではそれから伽耶滅亡までの間、新羅の西進はどのように進んだのであろうか。文献史料にはこのことを具体的に伝える記録がまったくない。また伽耶から新羅に転換する時期の考古資料は、いくつかの地域を除けば報告されておらず、考古学的にもほぼ完全な空白期に該当する。ただし新羅が前時期までの基本戦略に沿って西進のための軍事的、外交的努力を続けたであろうことは推測可能であり[77]、そのことを前提に、この時期の乏しい考古資料から完全服属する562年以前、540年頃から560年の間の新羅西進と関連する可能性のある証拠を検討する必要がある。現時点においてその作業は、考古学的調査がある程度蓄積し、報告書も刊行されている昌原地域と陜川三嘉地域を対象とするほかない。

まずは昌原地域を取りあげる。ここを卓淳の所在地とみることができないことは既に論じた通りである。そうであれば、532年に新羅化した金海地域の西側に位置するこの地域の行方が気になる。仮に新羅がこの地域を手に入れた場合、阿羅伽耶を直接圧迫することができるため、当然西進戦略の一次対象になったと考えられるためである。

これまで昌原地域で発掘、報告された古墳群の中で、6世紀前半の様相をうかがうことのできる資料は、加音丁洞古墳群から出土している[78]。この古墳群の横口・横穴式石室墳からは、新羅様式土器が大量に出土した（図32）。報告書では1号墳出土土器の中で、周溝内出土高杯の蓋（図32-5）の年代を5世紀後葉（礼安里2次報告書のⅣ段階）とし、それを古墳の初築時期とみて、

第Ⅲ章　6世紀における新羅による伽耶服属

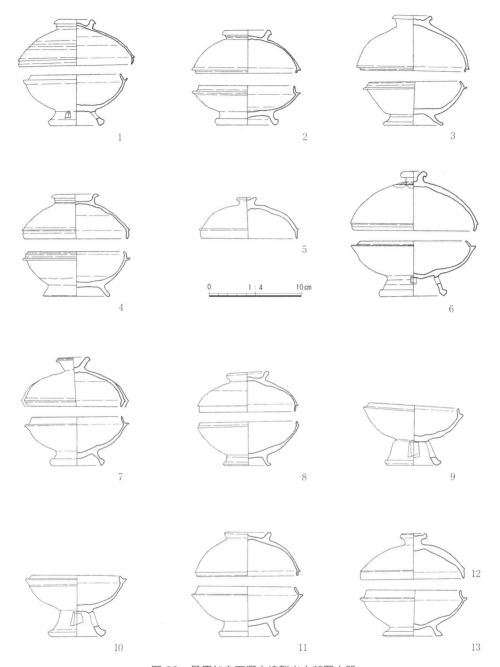

図32　昌原加音丁洞古墳群出土新羅土器
1～4：1号墳（石室内）　5：1号墳（周溝内）　6～13：3号墳

石室内の出土品中、有蓋高杯は6世紀前半（礼安里2次報告書のⅧ段階）とみた[79]。しかし、石室は盗掘を受けているものの、周溝内出土の高杯の蓋と同じ時期の土器が石室内で定型性をもって出土しておらず、これをもって古墳の初築時期を遡らせることができるのかについては疑問の余地がある。一方で、有蓋短脚高杯（図32-1～4）は、明らかに皇龍寺址整地土出土土器（図33-7～9参照）よりも古いようにも思われる。また横穴式石室墳（3号墳）出土品（図32-6～

229

第2部　4～6世紀の新羅考古学

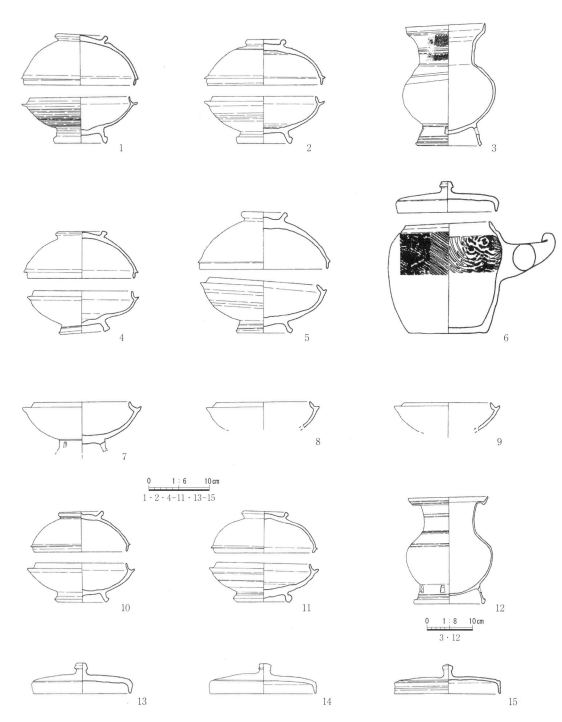

図33　陜川三嘉古墳群出土新羅・伽耶土器と比較資料
1～3：竪穴式石槨1-D号　4～6・13：竪穴式石槨2-C号　7～9：皇龍寺址整地土　10～12：竪穴式石槨2-E号
14：竪穴式石槨1-G号　15：竪穴式石槨2-B号

13) の中にも6世紀前半とみられるものがあって、それに後続する時期のほかの古墳から出土した土器もすべて新羅様式である。

　加音丁洞古墳群一例のみをもって昌原地域の様相を判断するのは多少躊躇されるものの、古墳構造に加えて土器も新羅的であることからみて、6世紀前半には新羅圏に入ったと解釈してもよいであろう。石室から新羅の特徴的な威信財である金銅製耳飾が出土していることもそのことを傍証する。新羅化した正確な年代が問題となるものの、ひとまず金官伽耶の服属年代である532年を前後してそのような変換が起きたと推定しておきたい。ただし、遅くとも6世紀初めに遡る土器が封土の中から多数出土していることを踏まえれば、昌原地域の新羅化がそれよりも多少遡る可能性は残しておくべきであろう。これはある面では、昌原地域が卓淳ではない考古学的証拠となるかもしれない。また先に指摘したように6世紀初めまでの新羅が各個撃破の方針で伽耶に進出していったことを示すよい例となろう。

　陝川三嘉古墳群では既に築造されている竪穴式石槨の周辺にいくつかの竪穴式石槨を追加して、一つの墳丘をなしたり（1号墳、2号墳）、既存の横口・横穴式石室にほかの横口・横穴式石室を追加して一つの墳丘をなす珍しい古墳（3号墳、9号墳）が発掘されている[80]。後者からは新羅様式土器のみが出土し[81]、前者からは先に築造された墓から高霊様式土器、またはいわゆる小伽耶様式土器が出土し、後に築造された墓からは新羅様式土器が出土している。

　この三嘉古墳群から出土した新羅土器の年代について、大部分の論者たちは新羅が伽耶全体を服属させた562年以降とみている。これは洛東江以西地方がほぼ同時に新羅に服属したということを（無意識的であっても）前提としている。ただしそれらの中には新羅土器自体や古墳構造などからみて、それ〔562年〕より古い要素を示すものがある。既に論じたように陝川三嘉古墳群から出土する新羅土器の中で、1-D号墓出土短脚高杯の一部（図33-1、2）と2-C号墓出土短脚高杯の一部（同4、5）は皇龍寺址整地土出土土器[82]（同7〜9）より古い型式とみられる[83]。1-D号墓で短脚高杯と共伴する台付盤口長頸壺（同3）の形態が、同一器形の中では古い型式であることもこのような推定を間接的に裏づける。2-C号墓では、新羅様式の短脚高杯と高霊様式蓋杯の蓋を載せた高霊様式軟質牛角形把手付鉢（同6）が共伴しており注目される。1-D号墓と2-C号墓の土器をそれよりも遅れて設けられた2-E号墓の出土品（同10〜12）と比較すると、長頸壺はもちろん短脚高杯にもその違いをはっきりと認めることができる。

　禹枝南は2-C号墓の高霊様式蓋杯の蓋を2-B号墓の蓋杯の蓋とほぼ類似するとみた上で、同種の蓋の中で最も新しい段階に位置づけているが[84]、これについては再考の余地がある。高正龍は蓋杯の杯身の製作技法を基準とし、長頸壺の形態変化まで考慮した上で、1-A・2-A号墓（III期）／1-G号墓（IV期）／1-B・1-C・2-B号墓（V期）に段階区分をおこなった。それによれば杯蓋の形態は、全体的に器高が低くなるという傾向をもっているようである[85]。そうであれば2-C号墓の杯蓋（同13）は、2-B号墓の杯蓋4点の中で主流を占める完全に扁平なもの（同15）よりは、1-G号墓の杯蓋（同14）と類似するとみるべきであろう。もしこのようにみてよいならば、三嘉古墳群における高霊土器から新羅土器への転換には、若干の重複期間があった可能性が示唆される。以上のような状況からみて、三嘉古墳群における新羅土器の登場は、大伽耶滅亡以前にまで遡る可能性が非常に高いといえよう。

第2部　4〜6世紀の新羅考古学

　問題は，新羅土器の登場は果たして新羅化を意味するのかということである。伽耶地域で横口・横穴式石室とそこから出土する新羅土器は，周知のようにある地域がその副葬時点には既に新羅化していたことを示すよい指標となる。これに対し，先に562年以前とみた三嘉1-D号墓と2-C号墓は，新羅の短脚高杯は出土しているものの，いずれも竪穴式石槨であるため，その現象については新羅以外の理由で説明することも可能である。しかしこれらの2基だけでなく，それよりも遅れて設置されたほかの竪穴式石槨も含めて，高霊様式または小伽耶様式土器が出土したほかの竪穴式石槨とは異なる様相を示す点に注目しなければならない。具体的には，前者は床面に多少大きく扁平な石を敷くのに対し，後者は栗の実サイズの礫を敷いており，差異がある。また前者は後者とは異なり，棺座金具［棺環］をもつ棺を安置するなど，埋葬習俗にも変化がみられる。これは単なる風習の変化ではなく，大きな社会的変化を反映するものと解釈される。すなわち，この地域の新羅化に伴う現象であることについては疑いの余地がない。

　以上からみて，三嘉地域は562年以前から既に新羅化していたと解釈される。これは，高霊地域の大伽耶やそれに隣接する伽耶勢力が服属する以前から新羅が三嘉一帯に進出したことを意味する。このことは，三嘉地域に隣接する宜寧地域に所在した卓淳と喙己呑が服属した後も，新羅による伽耶進出が緩やかな速度とはいえ，進んでいたことを示唆するもので，新羅による伽耶服属が6世紀中葉に突然起こった訳ではないことを意味する。すなわち，新羅が一挙に洛東江を越え，伽耶全域に対する攻撃を繰り広げることによって，伽耶全体の服属が達成されたとは考えられないことを強く示唆するものといえるだろう。

　三嘉地域は洛東江以西地方では珍しく洛東江の支流を近くにもたない内陸の小盆地である（図30参照）。しかし，西南側に流れる南江支流を通じて山清郡丹城面が所在する南江側に出ることができ，南側は（近くも円滑でもないかもしれないが，）晋州方面と通じ，東南は南江に面した宜寧邑へと通じる。また北西は黄江側の倉里古墳群を経て居昌方面へと通じる。このように三嘉地域は，南江中・下流地域と黄江地域を連結する交通の要地に該当する。

　それゆえに新羅がこの地域を手に入れた際に，それが伽耶全域に及ぼす影響も容易に想像される。まず黄江下流側の多羅に直接圧迫を加えることができ，一方では中流や上流の方に進出すれば，高霊地域の大伽耶が西へ出るルートを遮断することもできる。また南江側まで進出すれば，伽耶全体を完全に南北に分断してしまうことも可能となる。このようにみれば新羅の三嘉地域進出は，559年や562年に近い頃に新羅が伽耶全体に対する大々的な軍事作戦を容易におこなうための重要な足がかりとなったであろう。

　最後に多少順番が前後した感もあるが，新羅による伽耶服属過程を6世紀の新羅考古学研究の主要テーマとして本章で取りあげた理由について言及し，まとめに代えたい。このテーマは，実のところ文献史学の研究課題である。ただ，このような試みをするには文献史料もあまりにも零細であり，古代史の復元をする上で考古学も一定の役割を果たしうることを間接的に強調するという意図も込めて，あえてこのテーマを取り上げた。同時にこのテーマは，新羅土器分布圏がすなわち新羅の領域を示すという筆者の仮説を検証する試験場として非常に適しているのではないかということも念頭においている。また，歴史復元のためには，考古学と文献史学の接ぎ木という問題に対して相互が接近を試みるべき，という本書で掲げた方法論を実践する意図もあった。

第Ⅲ章　6世紀における新羅による伽耶服属

議論において「過程」を特に強調した理由は、もともと通時的資料を対象としている考古学の方が、断片的記事に立脚する文献史学よりも、ある面では歴史の過程を長期的観点でみる上で有利な点があるのではないかと考えるからである。

　新羅の伽耶進出という角度からアプローチしたため、新羅と伽耶の関係史を新羅の立場から一辺倒に論じた感がなくはない。ただこのような観点を設定しなければ、微々たる考古学的証拠が内包する意味を適切に評価することが極めて困難であることもまた事実である。このような観点が妥当であるかどうかは、結局これに代わる説明の説得力と比較することによって初めて評価できるのであろう。考古学から「なぜ」や「どのように」といった問題にアプローチするためには、このような積極的な解釈の枠組み、すなわちモデルを前提とすることが不可欠であることを改めて強調しておきたい。たとえば新羅・伽耶土器様式が洛東江を境に二分的分布を示すことは既に明らかとなっているところではあるが、なぜ洛東江西岸にも新羅様式土器が一定量出土するのかについて効果的に説明しようとすれば、土器様式がもつ政治的意味を一つの仮説に据えて、その脈絡を論じる必要がある。単なる地域間の相互作用とか交流という言葉で片づけてしまうことは現象記述的次元に留まり、何も説明していないに等しい。

　土器様式をはじめとする考古資料が、政治的意味を本当にもっているのかどうかについてはまだ確証がなく、それらをもとに歴史的解釈を導き出すことには慎重であるべきだという主張がある[86]。ただしそのような立場は、このようなテーマにアプローチさえできず、まかり間違えば考古学の立場をみずから狭める結果を生んでいるのではないかと憂慮される。考古資料を対象とする解釈の枠組みは、いかなるものであれ直接証明できる性質をもたない。それを通じた説明がどれだけ包括的であるのかが解釈の枠組みの善し悪しを推し量るものさしであり、より包括的な説明ができた時に、その枠組みがある意味で「証明」されたといえるのであろう。限定されたテーマについてのみ説明が可能な枠組みは、それだけ解釈の枠組みとしての価値が小さいといわざるをえない。

　新羅の伽耶進出と密接に関連するテーマの一つとして、新羅が伽耶を征服した直後、各地域をどのように支配したのかということが挙げられる。その点についても言及する必要があるが、まだ考古資料が限定されているために扱えなかった。今後、資料の増加を待って、改めて議論したい。最後に洛東江以西地方から発見される新羅系遺物、遺構に一層関心を傾けること、目的意識をもった野外調査、特に地表調査が必要であることを指摘しておきたい。

註
（1）李熙濬 1998「金海 礼安里 遺蹟과 新羅의 洛東江 西岸 進出」『韓国考古学報』39, pp.125-153。
（2）朱甫暾 1996「新羅国家形成期 大邱社会의 動向」『韓国古代史論叢』8, pp.104-105。
（3）金元龍 1960『新羅土器의 研究』乙酉文化社。
（4）金泰植 1993『加耶連盟史』一潮閣, pp.68-80。
（5）李賢惠 1988「4世紀 加耶社会의 交易体系의 変遷」『韓国古代史研究』1, pp.157-179。
（6）嶺南文化財研究院 2005『達城 汶山里古墳群Ⅰ―Ⅱ地区 M1・M2 号墳―』。慶尚北道文化財研究院 2004『達城 汶山里 古墳群Ⅰ地区―大形封土墳 1 ～ 4 号―』。
（7）崔鍾澤 1998「峨嵯山 第 4 堡塁城遺蹟 発掘調査」『3 ～ 5 世紀 錦江流域의 考古学』（第 22 回

韓国考古学全国大会), p.255。

（8）　たとえば、（白承忠 1996「加羅・新羅 ‘結婚同盟’ 의 決裂과 그 推移」『釜大史学』20, p.4）。

（9）　『三国史記』新羅本紀・炤知麻立干 3 年条。

（10）　『三国史記』新羅本紀・炤知麻立干 16 年条。

（11）　『三国史記』新羅本紀・法興王 9 年（522）条および『日本書紀』継体紀 23 年（529）条。

（12）　もちろん洛東江東岸や洛東江以東地方で伽耶土器がまったく出土しない訳ではないが、非常に単発的なものに留まる。一方、江原道の東海湫岩洞 B 地区古墳群に高霊系土器が副葬されている事実（辛虎雄・李相洙 1994「湫岩洞 B 地区 古墳群 発掘調査報告」『東海北坪工団造成地域文化遺蹟 発掘調査報告書』関東大学校博物館）は、新羅・伽耶土器の二分分布説とは異なる角度から解釈すべき現象である。また昌寧系土器が、洛東江下流域の西岸に多少広範かつ散発的に出土する現象についても、先に扱ったためここでは議論しない。

（13）　李熙濬 1999「新羅의 伽耶 服属 過程에 대한 考古学的 検討」『嶺南考古学』22, pp.1-33。

（14）　趙晶植 2005「洛東江中流域 西岸 三国時代 城郭 調査報告」『博物館年報』14・15　大邱教育大学校教育博物館, pp.21-66。趙晶植 2006「洛東江 中流域 東岸 三国時代 城郭 調査報告」『博物館年報』3　慶北大学校博物館, pp.61-135。

（15）　大邱大学校博物館 2002『達城 竹谷里古墳 発掘調査報告書』。

（16）　李熙濬 1995「土器로 본 大伽耶의 圏域과 그 変遷」『加耶史研究―大伽耶의 政治와 文化―』慶尚北道, pp.365-444。

（17）　ただしこのような解釈は 479 年の中国南斉への遣使記事にもとづいているため、循環論的な推定といえる。

（18）　朱甫暾 1992「新羅의 村落構造와 그 変化」『国史館論叢』35, pp.55-94。

（19）　李熙濬 1995 前掲文, p.399。

（20）　李盛周 1993「洛東江東岸様式土器에 대하여」『第 2 回 嶺南考古学会学術発表会 発表 및 討論要旨』, pp.31-78。

（21）　玉田古墳群出土遺物の段階ごとの変化と特徴については、（趙栄済 1996「玉田古墳群의 編年研究」『嶺南考古学』18, pp.41-73）と慶尚大学校博物館から刊行された一連の発掘報告書を参照。ただし、絶対年代を含む編年については、（李熙濬 1994「高霊様式 土器 出土 古墳의 編年」『嶺南考古学』15, pp.89-113）による。

（22）　李漢祥 1999「装身具를 通해 본 大加耶連盟―耳飾의 分析을 中心으로―」『大伽耶의 政治와 文化的 特性』（第 1 回 大加耶 学術세미나）, pp.71-90。

（23）　これについては（李熙濬 1995 前掲文, p.422）を参照。

（24）　李熙濬 1998 前掲文, pp.125-153。

（25）　ここで用いる「旧」という表現は、〔1995 年の地方行政制度の改編に伴う〕市郡統合以前の行政単位を示すものである。

（26）　『日本書紀』継体紀 23 年条。

（27）　『日本書紀』欽明紀 2 年条。

（28）　国立昌原文化財研究所 2002『固城内山里古墳群Ⅰ』。

（29）　李熙濬 1995 前掲文, p.440。

（30）　李文基 1995「大伽耶의 対外関係」『加耶史研究―大伽耶의 政治와 文化―』慶尚北道, pp.230-231。

（31）　金泰植 1993 前掲書, p.136。

（32）　『日本書紀』継体紀 23 年 3 月条。

（33）　李熙濬 1995 前掲文, pp.365-444。

（34）　これら以外のルートとしては南江上流から栄山江流域へ至るルートを挙げることができる。

（35）　朴天秀や田中俊明は細かな差異はあるものの、これを荷知の遣使ルートとみた（朴天秀 1996「日本속의 伽倻文化」『加耶史의 새로운 理解』（慶尚北道 開道 100 周年 紀念 加耶 文化 学術

大会)、p.68、田中俊明 1992『大加耶連盟の興亡と「任那」』吉川弘文館, p.77)。ただし郭長根は河東地域から南原地域に至る蟾津江ルートについて、早くから百済の交通路であったとみている（郭長根 1999『湖南 東部地域 石槨墓 研究』書景文化社）。

(36) 朴天秀 1996 前掲文。

(37) 釜山大学校博物館 1985『金海礼安里古墳群Ⅰ』。

(38) 任鶴鍾 1998「昌原 茶戸里遺蹟 発掘調査」『3〜5世紀 錦江流域의 考古学』（第 22 回 韓国考古学全国大会）, pp.195-214。

(39) 崔憲燮 1998「昌原盤渓洞 聚落遺蹟 調査予報」『第 8 回 嶺南埋蔵文化財研究院 調査研究発表会』, pp.65-97。

(40) 朴天秀 1999「器台를 통하여 본 加耶勢力의 動向」『加耶의 그릇받침』国立金海博物館, p.102。

(41) 喙己呑・南加羅・卓淳の滅亡や婚姻同盟の破綻など、この時期に起こった各事件の年代については議論が紛糾しているが、ここでは婚姻同盟の破綻年代を、それが記録された『日本書紀』継体紀 23 年（529）に近い時期とみて議論を進めていく。

(42) 金泰植は大伽耶王が婚姻同盟破綻の責任を卓淳に転嫁したことによって新羅に卓淳攻撃の口実を提供したとし、両者を関連づけてみている（金泰植 1993 前掲書, p.196）。

(43) 白承忠 1996 前掲文, pp.3-12。

(44) 金泰植 1993 前掲書, p.194。

(45) 金泰植は新羅からの従者 100 人を伽耶連盟の所属国に分散配置したことと関連して、伽耶連盟所属国は大伽耶王が新羅側に屈して「密約」を結んだのではないかという疑心を抱いたのであろうとだけ言及している（金泰植 1993 前掲書, p.196）。

(46) 『日本書紀』欽明紀 2 年 4 月条。

(47) 金泰植 1993 前掲書, p.173。

(48) 金泰植 1993 前掲書, p.167-220。

(49) 白承玉 1995a「「卓淳」의 位置와 性格―≪日本書紀≫関係記事 検討를 中心으로―」『釜大史学』19, pp.83-117。

(50) 李熙濬 1995 前掲文, pp.433-440。

(51) 田炯権が本格的に取り上げているほかにも（田炯権 1998「4〜6世紀 昌原地域의 歴史的 実体」『昌原史学』4, pp.8-10）、白承忠、白承玉が部分的に批判をおこなっている（白承忠 1996 前掲文, pp.21-22、白承玉 1995a 前掲文, pp.83-117）。

(52) 李雲成 1967「密陽 佳山池畔 出土 遺物」『考古美術』第 8 巻第 9 号。慶星大学校博物館 1989『伽倻文化圏遺蹟精密調査報告書（密陽市・郡）』。

(53) 慶星大学校博物館 1989 前掲書, p.101 図版 14 の 7・8。

(54) 慶南発展研究院歴史文化센터 2006『密陽 新安遺蹟Ⅰ』。

(55) ここでいう高塚は、主に 5 世紀代の竪穴式石槨を埋葬施設とする中・大型墳を限定して指す。

(56) 田炯権 1998 前掲文, p.9。

(57) 白承忠 1996 前掲文, pp.21-22 註）64。

(58) 朴升圭 1994『宜寧의 先史 伽耶遺蹟』宜寧文化院・慶尚大学校博物館, pp.68-74。

(59) 一方、聖王の述べるこの「大江水」は、それが洛東江であれ南江であれ、一つの重要な事実を我々に教えてくれる。あまりにも当然のことであるが、遅くともこの頃（544 年）には咸安の対岸地域が新羅領域であったという点である。昌寧地域が「下州」の設置された頃（555 年）に新羅化したという白承玉の解釈は、この記事一つとっても否定される（白承玉 1995b「比斯伐加耶의 形成과 国家的 性格」『韓国文化研究』7　釜山大学校韓国民族文化研究所, p.3）。

(60) 白承玉 1995a 前掲文, p.91。

(61) 金泰植 1993 前掲書, p.186。

(62) 白承忠 1996 前掲文, p.21。

第2部　4～6世紀の新羅考古学

(63) 洪潽植は外折口縁高杯の分布を基準に金官伽耶の最大版図が昌原盆地まで及ぶとみたが（洪潽植 1998「金官加耶의 成立과 發展―考古資料를 中心으로―」『加耶文化遺蹟 調査 및 計劃』慶尚北道・加耶大学校敷設加耶文化研究所, pp.193-196）、外折口縁高杯が持続的に出土しない昌原盆地を金官伽耶に含めることはできないだろう。

(64) 田炯權 1998 前掲文, p.9 註 22。

(65) 金亨坤 1995「阿羅伽耶의 形成過程 研究―考古学的 資料를 中心으로―」『加羅文化』12, pp.5-69。初築が三国時代に遡ると推定される咸安地域の古城の中で相当数が、昌原・馬山方面と隣接した場所にあって、北側も洛東江を挟んで昌寧地域と向かい合う漆原・漆西・漆北に集中分布していることも傍証となる（阿羅加耶郷土史研究会 1996『安羅国古城』, pp.24-29）。

(66) 田炯權 1998 前掲文, p.9。

(67) 金泰植 1993 前掲書, p.188。

(68) 『日本書紀』欽明紀 2 年 4 月条の「無能救援」については「救援する能力がなかった」とする解釈もあり（金泰植 1993 前掲書, p.184、白承忠 1996 前掲文, p.13）、若干のニュアンスの違いがある。それよりはただ「救援することができなかった」と解釈する方が自然であろう。

(69) これに先に述べた当時の伽耶全体の政治的状況が一つの要因として重なったのかもしれない。考古資料からみて当時の伽耶が、大伽耶、阿羅伽耶そして西部慶南の小伽耶圏に分かれて競争していたことに加えて、宜寧地域、特に富林面一帯が地理的にこれらの勢力の間に位置し、一種の死角にあたるためである。

(70) 『日本書紀』欽明紀 2 年 4 月条。

(71) 白承忠は任那＝安羅とみて、安羅が新羅に内応したことに対する百済の拒否感を逆説的に表現したとみている（白承忠 1996 前掲文, p.14 註 34）。

(72) 白承忠 1996 前掲文, pp.21-22 註 64。

(73) 白承忠 1993「「任那復興会議」의 展開와 ユ 性格」『釜大史学』17, p.48。ただし、「四村抄掠」記事は『日本書紀』継体紀 23 年（529）条に載っているものの、実際にはその前に起こった事件である『三国史記』新羅本紀・法興王 11 年（524）条のいわゆる「南境拓地」記事がそれに当たるとみる見解もある。そうであったとしても幾度も攻撃を受けたという事実が変わることはない。

(74) 金泰植 1993 前掲書, p.192。

(75) 『日本書紀』欽明紀 5 年 3 月条。

(76) 朱甫暾 1982「加耶滅亡問題에 대한 一考察―新羅의 膨張과 関連하여―」『慶北史学』4, p.13。

(77) 『日本書紀』欽明紀 5 年条などからは、新羅が倭系人士を活用して安羅の親新羅化を図った様子をうかがうことができる。

(78) 李柱憲・金大成 1994「昌原 加音丁洞古墳群 發掘調査報告」『昌原加音丁洞遺蹟』国立昌原文化財研究所。

(79) 李柱憲・金大成 1994 前掲文, p.85。

(80) 沈奉謹 1982『陝川三嘉古墳群』東亜大学校博物館。

(81) 三嘉 3-F 号墓から新羅様式ではない高杯が出土しているが、これに関しては後世の攪乱によって混入したものとみるべきであろう。

(82) 崔秉鉉 1984「皇龍寺址出土 古新羅土器」『尹武炳博士 回甲紀念論叢』, pp.227-262。

(83) 李煕濬 1995 前掲文, pp.428-431。

(84) 禹枝南 1987「大伽倻古墳의 編年―土器를 中心으로―」『三佛金元龍教授停年紀念論叢』I（考古学篇）, p.641。

(85) 高正龍 1996「加耶から新羅へ―韓国陝川三嘉古墳群の土器と墓制について―」『京都市埋蔵文化財研究所研究紀要』3, p.20。

(86) 李盛周 1999「考古学을 통해 본 阿羅伽耶」『考古学을 통해 본 加耶』（第 23 回韓国考古学全国

大会), pp.23-35。

訳註

〔1〕「〔新羅〕上臣抄掠四村、金官・背伐・安多・委陀、是為四村。一本云、多多羅・須奈羅・和多・
　　費智為四村也。尽将人物、入其本国。」(『日本書紀』継体紀23年4月条)
〔2〕『日本書紀』継体紀7年条に記された、伴跛国(大伽耶)の侵入に端を発する己汶・帯沙(蟾
　　津江流域)の領有権問題。その前年の任那四県の割譲記事とともに倭が領有していた地域を
　　百済に割譲したと記されているが、実際には大伽耶と百済の領有権争いであったとみられる
　　(田中俊明1992『大加耶連盟の興亡と「任那」―加耶琴だけが残った』吉川弘文館)。
〔3〕「三月、高句麗与靺鞨入北辺、取狐鳴等七城、又進軍於弥秩夫、我軍与百済・加耶援兵、分道禦之、
　　賊敗退、追撃破之泥河西、斬首千余級」(『三国史記』新羅本紀・炤知麻立干3年条)
　　「十八年春二月、加耶国送白雉」(『三国史記』新羅本紀・炤知麻立干18年条)
〔4〕「新羅春取喙淳。仍擯出我久礼山戍、而遂有之。近安羅処、安羅耕種。近久礼山処、斯羅耕種。
　　各自耕之、不相侵奪」など(『日本書紀』欽明紀5年3月条)
〔5〕「抜刀伽・古跛・布那牟羅、三城。亦抜北境五城。」(『日本書紀』継体紀23年3月条)

結　　論

　本書のテーマは、いうなれば考古資料を通じた新羅研究、すなわち新羅考古学の方法論的模索とその適用であった。ここでは、これまでに開陳してきた方法の背景と論拠を、伽耶考古学と関連づけて改めて整理した上で、その方法を適用することによって導き出された結果を結論として提示するとともに本研究のいくつかの意義を明らかにし、今後の研究課題と展望について言及したい。

　近年、伽耶に対する考古学的調査が活発化した結果、伽耶社会を考古学的に復元しようとする試みが盛んにおこなわれている。しかし伽耶ばかりがあまりにクローズアップされ、それと不可分の関係にある新羅の発展水準や位相については不当な評価を受けてきた感は否めない。たとえば、新羅と伽耶の空間的範囲を混同し、6世紀代になっても慶州周辺のみを新羅とする見解さえみられる。これは文献史学において認識されている新羅の領域とはまったくかけ離れており、そのような立場のもとでは、「斯盧」考古学は存在したとしても、本当の意味での「新羅」考古学は事実上、存在しえなくなってしまう。単に新羅・伽耶の領域または圏域を誤認したということに留まらず、それらの性格を究明する上でも決定的な障害となるこのような考え方は、考古学から正しく新羅・伽耶史を復元するためには修正が必要である。本書を執筆するに至った最も重要な動機はここにある。本書では麻立干期のごく初期を除いた4・5世紀の新羅の領域が、洛東江以東地方の全域に及んでいたことを考古学的に明らかにし、これまで伽耶古墳とみられることもあった洛東江東岸一帯の古墳を新羅古墳として復権させることを試みた。また、それらに対する総体的分析を通じて、新羅国家の地方支配の様相と6世紀における新羅の伽耶進出過程を探り、今後、新羅・伽耶史を考古学から有機的に復元するための基盤を整えようとした。

　新羅考古学の不在をもたらすこの歪曲された伽耶・新羅認識の底辺には、方法論的に問題のある考古学的アプローチがある。すなわち、ある一地域または地区の調査結果から導出された微視的な地域史の観点を一般化し、ほかの地域の考古資料を我田引水的に解釈したり、甚だしくはその観点を無謀にも嶺南地方全域に適用し、地域間関係史にまで踏み込もうとする方法のことである。この「井の中の蛙」のような過ちから脱却するためには、研究対象地域に対する通時的観点と嶺南地方全域を考慮した関係史的観点を調和させる努力が必要である。ただしこれはあくまで理想論であり、現時点ではひとまず歪曲された現象を是正するためにも嶺南地方全域を巨視的観点からみわたすことが肝要であろう。地域史の解釈に先行して、歴史的実体としての新羅・伽耶という観点のもとに嶺南地方の考古学的現象を認識せんとするもので、それは本書の方法論的論拠ともなっている。

　一方、現在の歴史考古学が抱える問題の多くは、（新羅考古学不在の中で、）伽耶考古学の研究観点を新羅考古学にそのまま適用しようとしたことに起因しているようにみえる。伽耶は、文献史料がほとんどないことと、伽耶全域が一つの政治体に統合されなかったという二つの点にお

いて、新羅とは異なる環境にある。伽耶考古学はそのような研究対象をとりまく独特な環境ゆえに、新羅考古学とはアプローチの方法や研究の観点が多少異ならざるをえなかったにもかかわらず、その点が看過されてきたのである。

　文献史料の絶対的な不足は、伽耶史の復元をいきおい考古資料とその研究に大きく依存させることとなり、その結果、歴史考古学研究によって新羅・伽耶史を復元する際には、考古学のみによるアプローチが可能で、またそうであるべきという論理が生まれたように思われる。さらには考古学的復元の是非が検証できないこともあって、調査地域を中心とした、（資料に即してはいるものの、）微視的な視角や解釈が拡大再生産され、考古学的想像力が膨み過ぎてしまったのではなかろうか。

　ただ、〔当該期が〕完全に先史的な状況ではない以上、ある意味で先史考古学的アプローチと酷似するこのような伽耶考古学のアプローチ方法は、（方法論的にみると）伽耶史復元においてさえ正当化できないし、新羅史復元の場合はなおさらである。新羅史の文献史料も十分とはいえないものの、伽耶史の文献史料に比べると量・質ともに懸隔の差がある。よって新羅考古学においては文献史学を無視した考古学的方法は決して成りたちえない。いかなるかたちであれ、両者の成果を接ぎ木する方法論を模索する必要があり、ここにまた本書のアプローチ方法が拠ってたつ根拠がある。

　現在の文献史学や考古学の知見による限り、伽耶は一つに統合された政治体の水準にまでは到達しなかったと判断される。伽耶の場合、地域間の連携をはっきりと示す考古学的証拠はさほど多くなく、各地域単位の総体をもって伽耶の考古学であるかのように認識する傾向が強い。最近になって、伽耶考古学にも関係史的観点が必要であるという認識が台頭してきたものの、関係史的観点をほとんど排除した地域単位ごとの通時的研究がかなりの部分で可能なことも事実である。

　それに対して新羅の場合、状況はまったく異なる。新羅には文献史料からみて、いち早く地域単位を越えた広域の空間を包括する点が明確に認められる。考古学的にみても先入観を捨てれば、洛東江以東地方という広い空間が伽耶とは異なる水準の統合された一つの単位をなしていたと解釈される。それゆえ、もっぱら地域史的観点だけでアプローチする伽耶考古学の研究方法を、新羅考古学にそのまま適用することはできない。新羅考古学の場合は、関係史的観点が必要不可欠であり、地域単位の研究においても何らかの関係史的観点を前提とせずに研究を進めることは不可能である。いいかえると、辰・弁韓以来の「国」に準ずる地域範囲を独立した研究単位のように設定することができる洛東江以西地方の伽耶考古学とは異なり、〔新羅考古学は、少なくとも〕各地域が新羅化した後については、以前の「国」とは異なる新羅国家の一地方として存在した以上、洛東江以東地方〔という広い空間〕に対する研究が必要である。すなわち新羅考古学は、関係史的観点を排除しては成りたちえないのである。

　このように新羅考古学には、伽耶考古学特有の研究環境が生み出した地域分割的アプローチをそのまま適用することができない。よって本書では関係史的観点を優先させる立場のもとに議論を展開し、また筆者なりに文献史学との接ぎ木を試みた次第である。このような枠組みを大前提としなければ、4・5世紀の古墳資料から麻立干期の歴史を復元することは不可能である。〔第2

部第Ⅱ章で試みた〕高塚資料にもとづく5世紀の各地域の様態復元も、結局はそのような枠組み
を具体化することで枠組み自体の正当性を明らかにする作業であった。

　もちろん上述の枠組みの妥当性が先験的に否定されない以上、これを構成するいくつかの要素、
または全体の妥当性の是非は、純粋に考古学的問いとして引きつづき検討する必要がある。たと
えば土器様式の共通性は、新羅・伽耶史の展開過程において政治的意味をもつのか。もしそうで
あればどのような脈絡と過程においてそうなったのかなどを明らかにする必要がある。しかしこれ
らがはっきりと証明されていないからといって、それを前提として構成した枠組みに則った論
理展開が不可能であるという反論は妥当ではない。なぜなら、過去に対する考古学的推論はいか
なるかたちであれ、一定のモデルを使わずにはおこなえず、それゆえにそのモデルの妥当性の是
非は、それにもとづいた推論がどれだけ現象を一貫して包括的に説明できるのかどうかにかかっ
ているからである。もちろん資料の増加によって、そのモデルは常に修正されうることはいうま
でもない。

　以上のような論拠のもと、本書では4・5世紀の新羅考古学の基本的枠組みを設定するにあたっ
て最も重要な要素を方法論的に検討した上で、それをもとに新羅古墳の定型性に対する解釈し、
さらには6世紀における新羅の伽耶進出過程について筆者なりの復元を試みた。

　辰・弁韓を新羅・伽耶の前史とみる観点に立った時、新羅考古学の時間的起点はおおむね3世
紀後半から4世紀前半の間に設定することができる。新羅考古学の空間的範囲は、前史段階は斯
盧の中心地である慶州一円、そして4世紀に広域新羅が成立した後はその領域すべて、というこ
とになる。新羅の領域は、遅くとも4世紀中頃に麻立干期が成立した頃には既に、琴湖江以南で
は昌寧などの一部地域を除く洛東江以東全域を、琴湖江以北では洛東江以西をも含むものであっ
た。この領域に対する4・5世紀の新羅の支配方式は総じて間接支配であり、洛東江以東地方各
地の高塚が示す相違性と相似性は、〔新羅による〕間接支配の中で、各地域が経た歴史過程を内包
していると推論される。

　このような研究の枠組みにしたがって、並列的であった洛東江以東地方の辰・弁韓の「国」の
関係が、3世紀後葉から4世紀前半の間に、斯盧を頂点とする一元的上下関係へと変わったもの
を新羅とみた際に、新羅の成長背景の要因の中で長期的観点において最も優先的に挙げられるこ
とは、母胎である斯盧がもつ地理上の利点である。斯盧は嶺南地方の陸上交通の関門地的な位置
にあたり、内陸路を通じた地域間交換関係と対外交易において非常に有利であったと推論される。
また、斯盧がその地理上の利点をもとに長期間をかけて蓄積した地域間関係における相対的優越
性は、(『三国史記』初期記録に出てくるように)ほかの「国」を軍事的に服属することによって絶
対的な優位へと変化する。すなわち、新羅国家の誕生である。

　斯盧が服属活動の中でほかの地域との間に上下関係を形成した後、4世紀の間にそれを永続化、
構造化するために採った政策は、地方支配層に着装型威信財を下賜することによって、彼らに一
定の権力を認定し、彼らを通じて各地域を支配する、いわゆる間接支配であった。下賜された新
しい威信財は、(4世紀初めを前後する頃についてはまだ証拠が稀薄であるものの、)既存のガラス玉
や水晶玉とは異なるヒスイ製勾玉であった可能性が高く、その後次第に着装型金工威信財へ代替

241

されたものとみられる。そのような変化を強く示唆するのが4世紀中頃、新羅土器様式成立期にあたる慶州月城路カ-13号墳の出土品である。斯盧支配層と地域支配層の間のこのような威信財授受システムは、表面的な考古学的現象をそのまま表現した用語に過ぎない。その裏には、直接確認することはできないものの、貢納システムと呼びうる不平等な交換関係または経済的隷属状態があったのであろう。この統属関係を維持するための日常的な仕組みとして、おそらくは辰・弁韓の頃から、斯盧の影響力拡大のために活用したであろう塩の流通統制や鉄素材の配給統制などがおこなわれたのではないかと推察される。

　このように新たな経済関係の構造化を基本的枠組みとする新羅国家の地方支配システムが整備されることで、斯盧と各地域の人的、物的交流は次第に深化していったとみられる。その結果、起こった現象こそが洛東江以東様式土器、すなわち新羅様式土器の成立である。これは経済システムの変化を象徴する現象であり、ある面では麻立干期成立後に起こった地方支配の一次的進展を示す物的証拠と推定される。

　麻立干期初期の4世紀後半に実施された地方支配の具体的様相については、〔第2部第Ⅰ章で〕3世紀後半から5世紀前半にかけて大型墳が築造された東莱福泉洞古墳群を素材に検討をおこなったところである。大きくみて3群に分かれる古墳群が丘陵の低所から高所に向かって造営される福泉洞古墳群の分布相の定型性と出土土器様式の差異に対する分析にもとづく限り、新羅国家は4世紀中・後半の釜山地域支配層内で劣勢にあった後発の小集団を支援することで、在地勢力全体を牽制と均衡の中で統制し、またそれを通じて勢力全体の弱化を狙ったと推論される。

　新羅国家の地方支配が進展するにしたがって、洛東江以東地方各地域の地域共同体の分化が進んでいく。政治権力と経済力が支配層に急速に集中し、結果として平面円形・楕円形墳丘の高塚が各地に登場する。これは量的、質的にそれ以前とは異なる社会が形成されたことを象徴する現象といえよう。ところで各地域の高塚は、内部構造がそれぞれ異なり、あたかも中央斯盧に特有の積石木槨墓と対峙するかのようにもみえる。そこにはみずからのアイデンティティを標榜、維持しようとした各地域支配層の意識が投影されているのであろう。高塚は一見すると各地域支配層の対外的独自性を強調、誇示するかのようにみえるが、実はみずからの墓を記念物的性格を帯びた建造物として築造することによって、主として自地域民に対する社会的優位を誇示し、その〔地位の〕固定化を狙ったと解釈される。高塚が地域支配層の権力を誇示する目的で築造されたにもかかわらず、そこに洛東江以東地方全域で共通する新羅様式の威信財や土器が副葬されているのは、慶州斯盧に統属していた何よりの証拠といえよう。

　遅くとも4世紀後葉には、山字形金銅冠と三葉文透彫帯金具を基本とする慶州式、新羅式の金工威信財が各地域支配層に下賜され、墓に副葬されはじめ、ついには高塚が登場する。これら一連の現象は、地方における高塚登場の最も重要な契機が新羅の地方支配の進展にあったことを象徴するものである。また、地域土器様式も考古学的には独自性を示すかのようにもみえるが、その独自性は新羅様式という一定の枠組みから逸脱するものでは決してない。

　多くの地方において高塚群は4世紀末から5世紀初めを起点に形成されるが、ある地域の単位地区ではいくつかの小さいグループごとに造営される。これは支配層内の分化を示している。各地域に高塚が登場する現象が共同体の分化による各地域支配層の成長を象徴しているならば、主

要邑落の高塚群がそのように2、3のグループに分かれて造営される現象は、支配層の中にさらなる分化が起こり、いくつかの小集団が生まれたことを象徴する。新羅国家はこれらの小集団を牽制と均衡の中で適宜支援、統制することで該当地域全体の弱化を試みたと推論される。昌寧地域の高塚群の様相はこのことを良く示している。

　昌寧地域の中心地区高塚群である校洞古墳群は、5世紀の間、二つの大きなグループに分かれて造営される。最初に造営が始まったグループではU字形鍬鋤先やサルポのような主要農具が副葬され、既存の地域生産システムを掌握した集団であることを示唆するが、それよりも後に、多少離れて造営されるもう一つのグループには農具が副葬されず、その代わりに新羅式威信財の副葬が顕著である。新羅国家が後発小集団を集中的に支援した様子がうかがえる。新しい小集団が高塚群を造営しはじめた頃の高塚はどちらの集団も大きかったのに対し、それ以後はそれらよりも大きいものが築造されることなく、全体的に小さくなっていく。このような状況からは、昌寧地域全体が新羅国家の思惑通りに弱化していった様子を読みとることが可能である。

　これに対し、文献史料や考古学的にみてほかの地域よりも早くに新羅化したとみられる釜山地域は、多少異なる軌跡を辿ったようである。新羅国家は釜山地域に対して、既に4世紀後半の段階で以夷征夷の方策を採り、牽制と均衡の中で地域支配層に対する統制を試み、5世紀に入るとさらに一歩進んでその中の後発集団を集中的に支援することによって、既存の集団を完全に弱化させ、〔結果的に〕勢力全体の弱化を図る方策を採ったと想定される。このような政策は福泉洞古墳群造営集団と蓮山洞古墳群造営集団の関係に端的にうかがえる。すなわち、4世紀後半の福泉洞古墳群で優位にあった支配集団を代弁するとみられる丘陵の高所中心部に造営された大型墳群は、5世紀前半に入っても著しく規模を縮小しながらもその周辺部に造営され続ける一方で、4世紀後半に高所の周辺部に別途、中・大型墳を築造した集団は、5世紀に入るとそこから多少離れた蓮山洞に高塚群を造営したと推測される。釜山地域の古墳が4世紀代まではほかの地域よりも速い成長を示しつつも、5世紀の高塚群の造営については、出現が多少遅れ、規模も小さく、数も少ない点は、新羅国家による地域統制政策が功を奏したことをよく示している。

　洛東江上流域から陸路や水路で中流域へと出る際の要所にあたる大邱地域は、辰・弁韓以来の域内交換関係において非常に有利であった地域である。また、それゆえに新羅化して以降も、慶北北部地方を支配する際の結節点の役割をしたと推定され、新羅にとって戦略的にこれ以上ないくらい重要な地域であったとみられる。辰・弁韓以来の邑落がもつ成長力も大きかったと推察されるこの地域に、ほかに類例を探しがたいほどに大きな高塚群がいくつもの地区に分かれて造営されたことは、このことを端的に示している。新羅国家はこのような事情に適切に対応するために、(『三国史記』初期記録にみられるように)達城を築城し、そこに城主を派遣することで地域全体の統合を監視統制したと理解される。そして、地域内の非中心邑落にもランクの高い新羅式威信財を下賜し、地域内の各邑落集団間の競争を煽り、中心邑落に対する遠心性をつくりだすことによって地域勢力全体の肥大化を抑制したとみられる。

　5世紀を通じて、新羅国家の地方支配力が強くなっていった結果、相対的に地域支配層は弱化していった。5世紀後半にみられる高塚の衰退現象は、そのことを端的に示している。高塚の衰退は二つの面で現れる。文献史料や考古資料にみていち早く新羅化し、後の伽耶進出においても

大きな足がかりとなった南部地方では、高塚の埋葬施設が横口・横穴式石室へと変質する。地方における高塚登場の最も重要な契機が新羅国家による地方支配の進展であったとみてよいのであれば、高塚の衰退現象もまた地方支配の性格変化と関連して考えることが可能となる。このような脈絡において、南部地方における高塚の衰退と軌を一にして、新羅全域で共通する横口式石室墳が下位集落に関わる古墳群に現れることは注目される。文献史学において、5世紀後半に始まったと推論されている地方官の派遣や地域再編と一定の関連があるのだろう。

　洛東江上流域の慶北北部地方で高塚が築造されはじめた時期や全体像については、資料不足のため現段階では確実なことはいえない。ただし、5世紀第3四半期から第4四半期にかけて、高塚の内部構造が追葬可能な構造へと変化したことは明らかであり、4世紀後半から5世紀前半までの地方支配の様相が南部とは多少異なっていた可能性を推論することが可能である。5世紀後半に至り、高塚被葬者の権力継承に強い制約が加えられる方向へと、変化が起こったようである。

　このように新羅国家は、5世紀末頃には地方に対する支配方式を間接支配から直接支配へと転換したと推定され、そのような流れの中で6世紀中葉には洛東江対岸の伽耶を完全に服属させる。新羅による伽耶服属については、しばしば6世紀中葉に急速に起こった単発的事件であるかのように考えられてきた。〔しかし、第2部第Ⅲ章で述べたように〕考古資料と地理、そして文献史料を総合してみると、4世紀末以来、絶えず推し進められてきた漸進的過程として捉え直すことが可能である。新羅の伽耶進出がそのように漸進的に進められた根本的理由は、もちろん基盤となる洛東江以東地方に対する新羅の支配が未成熟であったことにあるのだろうが、一方で伽耶との間に横たわる洛東江の境界性も重要な要因であった。それゆえ530年前後に金官伽耶、喙己呑、卓淳を服属させる前までは、主として外交攻勢によって対岸の伽耶勢力を個別に懐柔する政策を採っていたのではないかと推定される。

　新羅は既に4世紀末に洛東江河口西岸の一部の地点に進出して、これを橋頭堡とし、洛東江を行き来する交通への直接介入を試みた。ちょうどこの頃、金海礼安里古墳群と加達古墳群に新羅様式土器が登場し、それ以後継続して副葬されることは、そのことを示唆する。新羅は400年の高句麗南征以後、域内に駐屯した高句麗軍を背景に地方支配を強化する一方で、洛東江西岸地域に対する外交攻勢を本格化させた。特に昌寧地域の支配層を通じてその対岸の伽耶勢力である多羅に対して積極的な外交攻勢を仕掛けたと推定され、多羅の中心邑落に関わる古墳群とみられる玉田古墳群に5世紀前半の間に副葬された昌寧系土器は、これを傍証する。5世紀中頃を前後して、高霊勢力が多羅に本格的に影響を及ぼすようになってからは、新羅の外交攻勢はひとまず落ち着いたようであるが、5世紀末の玉田M6号墳に副葬された山字形金銅冠などは、新羅が5世紀中頃以降も多羅に対して依然として懐柔政策を採っていたことを雄弁に物語る。

　新羅と大伽耶間のいわゆる結婚同盟は、己汶・帯沙を失った大伽耶が洛東江路を対外交通路として利用するために新羅に接近を図り、新羅もそれを許容することで伽耶国の喙己呑、卓淳などを攻略しやすい条件を醸成する意図をもっていたために成立したとも推定される。新羅による金官伽耶、喙己呑、卓淳の服属は武力による直接征服ではなく、懐柔政策を採りつつ、軍事的圧迫を加えることによって導き出された内降であった。伽耶国の喙己呑、卓淳の位置は文献史学で

は音似などを根拠として、前者を洛東江東岸の昌寧地域南部、後者を洛東江西岸の昌原地域など
の地に比定する見解もあった。しかし、昌寧地域南部は出土土器様式からみて遅くとも５世紀に
は新羅の領域であり、そこを喙己呑とみることはできない。中・大型高塚群が存在しない昌原地
域も、４世紀後半には文献史料にその名がみえる伽耶国の卓淳が所在地にはなりえない。地理と
高塚群の分布にもとづき、卓淳と喙己呑を宜寧地域の南部と北部にそれぞれ比定した筆者の考え
を撤回するだけの反論はいまだ提示されていないといってよいだろう。であればこれは、530 年
を前後する時期に新羅が伽耶勢力の中心部に進出したことを示すものであり、新羅の伽耶進出史
においてこれ以上ない重要な意味をもつことになる。

　宜寧地域西側の陜川三嘉古墳群の 530 年代以降の土器と墓槨構造を分析した結果、562 年の伽
耶滅亡以前から新羅がこの地域に浸透していたと推定されることも、喙己呑や卓淳が宜寧地域に
所在したことを間接的に傍証するものである。

　最後に本書の意義についてまとめてみよう。本書では、何よりも新羅考古学の存立基盤の整備
を試みた。新羅考古学は、既に述べたように依然として存在する新羅と伽耶の領域区分に対する
誤解のために、その地位をいまだ完全には取り戻せていない。それゆえ、６世紀前葉以前の洛東
江東岸については、伽耶でもなく新羅でもないかのような認識がいまだある。本書では、麻立干
期の成立と同時に、〔洛東江以東地方の〕ほぼすべてが新羅化したことを包括的に論証することに
よって、新羅考古学の存立基盤を再確認した。いうなれば新羅考古学を復権させ、今後、新羅考
古学と伽耶考古学を有機的にバランスよく研究するために必要な基本的枠組みを提示したことこ
そが、本書の第一の意義といえよう。

　本書では、新羅を考古学的に探究するにあたって文献史学との接ぎ木は必要不可欠であること
を筆者なりに実証したつもりである。「歴史」考古学がただ文字記録のある時期を研究対象とす
る分野であるという一般的認識を超えて、考古学による歴史研究を主たる目標に据えなければな
らないことを説得力をもって示せたならば、そこにもまた本書の意義を見いだすことができるだ
ろう。嶺南地方の古墳研究から新羅史を復元するにあたって、地域単位を明確に設定した上で、
それらの地域間の関係を通時、共時的に分析、総合していくという作業が不可欠であることも浮
き彫りにしたつもりである。

　高塚は本書において最も重要な分析対象の一つであり、高塚論は本研究のメインテーマともい
える。高塚は新羅・伽耶考古学において最も顕著な現象でありつつも、これまでそれにみあった
分析や解釈がなされてこなかった。その意味が自明であるかのように感じられてきたためである。
本書では洛東江以東地方のいくつかの地域の高塚現象が示す相違性と相似性を比較分析し、高塚
現象が反映する各地域社会の進化の量的変化とその背後に隠された質的変化に対する解釈を試み
た。そして前者は各地域社会の主体的進化、後者は新羅国家の地方支配によって触発された地域
社会の変化という側面をもっていることを論じた。

　高塚に対するこのような新しい分析をもとに、５世紀代の新羅の主要地域の存在様態を考古学
的に探索したのは、高塚論を実際の資料に適用し、具体化するためであった。本書では、各地域
の考古学的現象を概観した際に注意される定型性を指摘し、今後、地域史研究を進めるにあたっ

結　論

て必要となる基本的枠組みを提示することを目的に据えた。それぞれが研究テーマとなりうる地域であり、今後さらなる地域史研究が望まれる地域である。

　今述べたような洛東江以東地方の新羅古墳に対するアプローチは、従来の圧縮編年観、すなわち新羅土器様式の出現を400年の高句麗南征以後とみて、各地の高塚も5世紀後半にほぼすべて同時に出現したものとみる絶対年代観から脱却することによって初めて可能となった。既存の圧縮編年観では、編年の対象となる遺跡・遺物を本来より相当に短い期間の間に配列することによって、おのずとそれらがもつ定型性がみえにくくなっていた。本書では、新羅土器様式の初現年代を4世紀中葉にまで引きあげることで、嶺南地方各地の高塚がもつ相違性と相似性を一層明確に示した。そして、それを土台として高塚出現の意義を新たに解釈し、麻立干期における各地の多様な様相を把握することに努めた。

　この年代観によれば、新羅土器様式の出現時期はまさに麻立干期の成立する頃となる。その出現が単に文化的なものに留まらず、何らかの政治・社会的背景をもっていたことを示唆する時期といえよう。各地の高塚の出現年代に、明らかな時間差が存在することも同様である。従来の編年観では、古墳の絶対年代が全体的に押し下げられ、洛東江以東地方の高塚の消滅年代も、遅くとも6世紀初めとみられる新羅国家の地方官派遣よりかなり遅れるかのように把握されてきた。しかし本書の年代観によれば、大きな矛盾なく両者を関連づけることができる。また、4世紀末から5世紀初めを起点に前後の考古学的現象が明確に区分されることによって、その違いがもつ意味を一層容易に理解できるようになった。たとえば編年の評価基準が、それ自体が合っているか間違っているかという次元ではなく、解釈の枠組みとして説得力ある推論を引きだす上でどれだけ有効であるかにかかっていることを、本書の年代観が例証した点も評価されてしかるべきであろう。

　本書の主たる意図の一つは、現在の資料状況の中で考古学が、新羅史の復元にどの程度の役割を果たしうるのかを天秤にかけることにあった。4世紀代の資料が5世紀代に比べてまだ大きく不足していることは明らかであり、今後、この時期の資料を各地で体系的に蓄積していくことは、重要な課題の一つといえよう。それが達成されれば、4世紀の新羅史を復元するにあたって、文献史学の研究成果に依存する割合は減少するはずで、考古学の比重はそれだけ増加するであろう。もし4世紀代の資料水準が5世紀代の資料水準にまで到達すれば、考古学の果たす役割は、5世紀代よりもある面では大きなものとなるだろう。

　各地域単位の事例研究、すなわち地域史研究を深化させていくこともまた、今後の重要な課題といえよう。4世紀代の資料が増加した際には、4世紀中葉を前後して各地域の土器様式にどのような変化が現れるのか、またそれ以前の段階の嶺南地方全域に対してどの程度の広域的な土器様式を設定することができるのかを調査、研究することが重要な考古学的課題となるであろう。そして地域土器様式をできるだけ厳密に定義し、各地域単位の具体的範囲を明らかにするためにも、その分布範囲を精密に追跡しうる地表調査が必要であろう。精密な地表調査は地域単位内の集落分布を正確に把握し、その位階関係などを推論する上でも必須である。そして蓄積された考古資料にもとづいて、地域政治体内部の構造や性格の変化を通時的に捉える必要がある。その成

果は、本書で骨格だけを簡略に設定した地域単位の範囲であるとか、その内部の構造に関する仮説を修正、補完、発展させるものとなるだろう。新羅考古学の観点からみると、とりわけ新羅の中央である慶州地域に対する集中的調査と、それを基盤においた通時的研究が切実に要求される。斯盧の通時的変化は、新羅全体の関係史で起こった変化と表裏一体の関係にあったと考えられるためである。また、地域史研究をもとに地域間を共時的に比較し、新羅の地方支配において核心となる規制が何であったのかを関係史的観点から推察することも必要であろう。

　関係史といっても新羅国家の地方支配が確立した後は、主として斯盧とほかの地域の間の一元的関係を対象とする。それゆえに〔関係史的観点は〕事実上、中央政府の権力がある時点から地域のどの単位にまで浸透し、その変化の過程はどのようなものであったのかを考究する問題へと直結する。よって、文献史学において活発な中古期以降の村落支配研究とは、双方の接点を探しながら研究の方向を定めていく必要がある。高塚の衰退および消滅時期の地方社会に対する理解は、中古期成立を前後した時期の地方統治と村落社会の変化に対する文献史学の研究にもダイレクトにつながっていくだろう。

　各地域が麻立干期の間にどの程度の自律性をもっていたのかを探究する作業も必要である。たとえば地域単位の交易または対外交流という観点が果たして適当なのか、またはそれが一つの研究テーマとしてどの程度妥当性をもっているのかについては検討してみる必要がある。もし辰・弁韓の「国」の服属が地域ごとに展開した対外関係に対する新羅国家による統制を目的としたのであれば、地域単位の「対外交易」はそもそも成立する余地すらない。もちろんそうであったとしても独自の対外交流がまったくなかったとはいえず、そのような余地は国家の統合力が弱い新羅初期に遡るほどより大きかったであろうと想定することができる。いずれにせよ地域の観点から地域史を再構成する努力が必要である。

　本書は、洛東江以東地方全体を一つに括った大きな枠組みのもとで、新羅を強調しつつ各地域の様態を考察したために、おのずと新羅国家の地方支配に重点がおかれた感もなくはない。これは各地域の進化過程やその背景を実証的に探ることのできる資料がまだほとんど蓄積していないことも一因である。良好な資料の蓄積を待った上で、今後はより長い時間幅の中で各地域の変遷史を研究していく必要がある。それが可能となり、地域史の研究成果が関係史に還流され、両者の調和のとれた新羅史復元がなしえるようになる日がいつか来ることを信じ、本書を擱筆したい。

索　引

【あ】

アイデンティティ　49, 58, 163, 174, 180, 187, 242

圧縮編年観　5, 84, 246

安康　111, 117 〜 119, 122, 143, 156, 157

安在晧
アンジェホ　74, 101, 202

安邪国　108, 115, 137, 135

安東　14, 25, 46, 48, 91, 98, 103, 111, 112, 121, 188, 189, 205 〜 207

以夷征夷　140, 165, 177, 184, 192, 243

位階　25, 27, 43 〜 45, 124, 140, 153 〜 156, 172, 203, 246

威信財　2, 4, 7, 28, 30 〜 33, 36, 37, 42 〜 47, 50 〜 55, 59, 62 〜 64, 95, 97, 98, 126, 128 〜 132, 138 〜 141, 146, 148, 151, 152, 154, 155, 159, 173 〜 178, 180, 183 〜 185, 191 〜 193, 195, 201, 203 〜 205, 210, 212, 215, 216, 231, 241 〜 243

威信財（賜与・授受）システム　127, 130, 131, 145, 242

伊西国　117, 121, 143, 158

李盛周
イ ソンジュ　20, 26, 56, 57, 59, 64 〜 67, 72, 81, 84, 86, 99, 100, 102 〜 104, 142, 201, 204, 206, 234, 236

李賢恵
イ ヒョネ　26, 109, 141 〜 147, 200, 201, 233

蔚山　41, 47, 48, 53, 70, 95, 111, 113, 117, 119, 122, 123, 125, 144, 157, 161, 200

于勒　32

永川　26, 41, 47, 48, 58, 70, 95, 110 〜 112, 117, 120, 121, 141, 156, 157, 169, 178, 187, 205

押督国　117, 118, 120, 143, 172, 173, 175, 187, 190

帯金具　42 〜 44, 53, 62, 82, 84, 94, 97, 173, 174, 176, 183, 205, 212, 242

音汁伐国　117 〜 119, 122, 143, 144

【か】

加達　88 〜 91, 98, 167, 168, 186, 217, 244

加羅　5, 7, 35, 60, 116, 138, 147, 196, 208, 212, 213, 215 〜 220, 225 〜 228, 234 〜 236

咸安　32, 33, 60, 108, 113, 134 〜 139, 146, 149, 182, 185, 222 〜 225, 235, 236

関係史　17, 18, 28, 52, 124, 212, 233, 239, 240, 247

岩壙木槨墓　50, 58

間接支配　4, 5, 21, 32, 33, 35, 36, 51, 55, 57, 58, 116, 130, 136 〜 140, 148, 152, 154, 165, 169, 172, 178, 185, 187, 191 〜 193, 196, 210, 227, 241, 244

関門地　47, 53, 111, 113, 114, 124, 132, 241

『魏志東夷伝』　1, 3, 6, 16 〜 18, 21, 25, 27, 57, 107 〜 109, 113 〜 117, 121, 126, 141, 142, 146, 147, 161, 173, 210

義城　4, 5, 14, 20, 26, 31, 37, 46 〜 48, 54, 61, 71, 91 〜 94, 96 〜 99, 103, 104, 111, 117 〜 121, 123, 140, 141, 153, 178, 186 〜 189, 193, 205, 206, 225

宜寧　32, 57, 166, 182, 204, 214, 221 〜 224, 226 〜 228, 232, 235, 236, 245

己汶・帯沙　218, 219, 237, 244

鳩岩洞　48, 49, 81, 85, 94, 98, 103, 171, 176, 203

境界性　6, 209, 211, 221, 227, 228, 244

陝川　32, 58, 59, 119, 182, 185, 215, 216, 223, 226, 228, 230, 231, 236, 245

玉田　58, 75, 88 〜 91, 96, 183, 185, 205, 212, 215 〜 217, 223, 234, 244

金元龍
キムウォンヨン　30, 56, 64, 99, 101, 145, 201, 205, 233, 236

索　引

金泰植（キム テ シク）　26, 56, 59, 142, 146, 204, 206, 218, 225, 226, 233 〜 236

金龍星（キムヨンソン）　25, 26, 58, 59, 64, 66 〜 68, 72, 76, 81, 82, 84, 85, 89, 98 〜 102, 143 〜 146, 155, 169, 170, 172, 173, 200 〜 203, 206

『魏略』　109, 147

金［―工品］　42, 43, 57, 59, 126, 128 〜 130, 132, 187, 203

金海［―加達、―狗邪国、―大成洞、―地域、―礼安里、―湾］　18, 37, 43, 60, 67, 75, 89, 108, 111, 113, 119, 122 〜 124, 127, 129, 132, 135, 137 〜 139, 145, 146, 151, 166 〜 169, 185 〜 187, 195 〜 197, 200 〜 202, 205, 208, 210 〜 212, 217 〜 222, 224 〜 226, 228, 233, 235, 244

金官伽耶　146, 151, 190, 200, 208, 211, 217, 218, 220 〜 222, 225 〜 228, 231, 236, 244

金工威信財　43, 44, 47, 55, 128 〜 130, 138, 151, 152, 176, 203, 241, 242

琴湖江　6, 28, 29, 37, 51, 102, 124, 169 〜 173, 176, 192, 194, 200, 203, 208, 210 〜 213, 241

金尺里［―古墳群、―地区］　48, 156 〜 159, 201

権五栄（クォンオヨン）　6, 27, 141, 142, 144, 145, 200

百済　16, 17, 25, 32, 54 〜 56, 124, 146, 166, 178, 190, 206, 211, 218, 219, 222, 226, 235 〜 237

狗邪国　18, 108, 111, 113, 114, 122 〜 124, 127, 132, 138, 187

経済システム　131, 242

慶山［―地域、―土器、―様式］　4, 5, 25, 33, 34, 40, 46 〜 50, 53, 55, 58, 55, 58, 59, 61, 64, 67, 71, 81, 83, 94, 95, 98, 99, 110, 111, 117 〜 121, 123, 125, 127, 129, 138 〜 141, 144 〜 146, 151, 153, 169 〜 173, 175, 176, 178, 184, 187, 191 〜 193, 197, 200 〜 203, 205

兄山江　111, 117, 118, 143, 156, 157

慶州式威信財　28, 31, 47, 50 〜 52, 54, 151, 173, 175, 185

慶州様式（土器）　4, 31, 33, 34, 37, 38, 40, 42, 44, 50, 57, 64, 65, 69, 86, 87, 91, 92 〜 97, 104, 123, 130, 133, 135, 136, 139, 146, 163, 164, 169, 178, 184, 197, 204

桂南里［―古墳群］　48, 86 〜 91, 94, 140, 153, 181, 200

鶏立嶺　48, 111, 115, 120, 123, 144, 187

月城路［―古墳群］　4, 34, 39, 40, 42, 64 〜 67, 71 〜 76, 79 〜 81, 94, 98 〜 101, 127 〜 129, 132, 145, 161, 175, 201, 242

圏域　2, 12, 13, 18, 26, 28 〜 30, 32, 33, 35, 36, 42, 58, 96, 104, 108, 110, 119, 120, 125, 142, 194, 202, 209, 210, 212, 219 〜 222, 225, 234, 239

牽制と均衡　55, 165, 242, 243

玄風　181, 182, 204

広域政治体　6, 18, 19, 28, 143, 211

交易ネットワーク　107, 111, 122

興海　41, 48, 118, 119, 143, 156

広開土王碑　29, 35, 196

交換［―関係、―システム、―ネットワーク、―路］　5, 22, 57, 107 〜 114, 120 〜 126, 128 〜 129, 132, 137, 138, 142, 145, 178, 187, 205, 209, 210, 241 〜 243

高句麗　54, 55, 60, 69, 100, 111, 113, 121, 128, 132, 145, 159, 191, 193, 198, 201, 205, 206, 211 〜 213, 219, 237, 244

高句麗系威信財　53, 54

高句麗系遺物　132

高句麗南征　5, 29, 54, 55, 66, 128, 129, 132, 133, 151, 159, 166, 186, 196, 201, 217, 244, 246

黄江　123, 211, 215, 217, 219, 223, 225, 226, 232

交差年代　62 〜 64, 66, 74, 87, 92, 100, 101

交通ネットワーク　132

交通路　46, 48, 53, 110 〜 112, 120, 123, 142, 144, 158, 173, 186, 205, 210, 219, 235, 244

校洞（昌寧）　34, 48, 57, 87 ～ 91, 94, 98, 103, 140, 153, 181 ～ 184, 187, 197, 200, 205, 243
校洞（慶州）　54, 59
皇南大塚　58, 67, 68, 69, 184
―南墳　4, 34, 41 ～ 43, 45, 54, 64, 66, 69, 71, 79, 81, 84, 91, 94, 97 ～ 100, 153, 159, 160, 184, 185, 197, 198, 201
―北墳　81, 82
皇南洞　48, 153
―105 号墳　68, 69
―109 号墳　67, 71, 72, 75, 76, 81, 94, 101, 102, 161
―110 号墳　34, 67, 71, 74, 76, 77, 79, 81, 82, 84, 87, 94, 98, 102
貢納［―関係、―システム］　36, 51, 242
皇龍寺址　65, 87, 229, 230, 231, 236
高霊［―地域、―土器様式、―様式］　32, 33, 59, 60, 95, 102, 149, 180, 182, 196, 203, 205, 211, 213 ～ 217, 219, 223, 225, 226, 231, 232, 234, 244
古金海湾　167 ～ 169, 186, 196, 217, 224
国邑　22, 27, 124, 144, 149, 157, 172, 173, 180, 200
古式陶質土器　38, 40, 65, 146
コスト　112, 113
骨伐国　117, 187
婚姻同盟　212, 218 ～ 220, 227, 235

【さ】

定森秀夫　56, 86, 87, 91, 92 ～ 93, 99, 103, 104
沙比新羅　116, 142, 166
舍羅里［―遺跡、―古墳群］　101, 156 ～ 158, 200, 201
サルポ　153, 184, 200, 243
三嘉［―古墳群、―地域］　223, 226, 228, 230 ～ 232, 236, 245
三韓　6, 26, 27, 101, 107, 112, 118, 141 ～ 145, 147, 200, 202
『三国遺事』　1, 6, 7, 31, 67, 68, 100, 147
―王暦　68, 100
―駕洛国記条　60, 209, 210
―五伽耶条　13, 16, 18, 19, 28, 32, 33, 35, 36, 55, 60, 210
―勿稽子条　147
―文虎王法敏条　207
『三国史記』　1, 6, 7, 8, 17, 68, 109, 115, 116, 117, 119, 120, 122 ～ 124, 138, 142, 143, 147, 167, 177, 187, 189, 199, 201, 206, 209, 210, 219, 227, 228
―朴堤上伝　29, 55, 60, 159
―初期記録　3, 4, 8, 29, 31, 53, 108, 109, 114 ～ 117, 138, 158, 167, 177, 178, 190, 199, 241, 243
―新羅本紀　7, 8, 59, 60, 68, 87, 104, 116, 120, 144, 147, 175, 177, 187, 196, 198, 199, 204, 206, 207, 234, 236, 237
―地理志　4, 14, 20, 21, 80, 116, 117, 143, 161, 166, 169, 171, 172, 176, 181, 189, 203, 206, 225
―勿稽子伝　146, 147
―列伝　138
山字形（金銅）冠　28, 43, 44, 53, 54, 58, 79, 94, 97, 163, 164, 168, 184, 217, 242, 244
塩　112, 123, 242
システム→威信財システム、経済システム、交換システム、生産システム、分配システム

索　引

実聖　68, 104

修正論　3, 114, 138, 178

集落　22, 27, 80, 122, 125, 155 〜 158, 165, 168, 169, 171, 172, 189, 191, 192, 195 〜 198, 202, 204, 244, 246

小国［―服属］　4, 29, 108, 109, 114 〜 117, 119 〜 122, 126, 127, 130, 138, 142, 143, 173, 177, 178, 187, 190, 198, 205, 227

昌原　113, 166, 217, 219, 221, 222, 224 〜 226, 228, 229, 231, 235, 236, 245

尚州　42, 48, 117, 119, 121, 123, 141, 144, 197, 206, 207

昌寧［―系土器、―古墳、―土器、―地域、―古墳］　4, 5, 29, 31 〜 35, 37, 40, 42, 46 〜 48, 52, 56, 57, 59 〜 64, 71, 84, 86 〜 91, 94, 96, 98, 103, 111, 116, 117, 121, 123, 140 〜 143, 153, 161, 173, 181 〜 187, 189, 191 〜 193, 197, 200, 204, 205, 209, 214 〜 216, 221 〜 223, 234 〜 236, 241, 243 〜 245

小白山脈　7, 22, 96, 107, 110, 111, 121, 124, 143, 188, 193

小別邑　21, 22, 25, 27, 173, 176, 182, 191

植民地時代　11, 80, 84, 86, 87, 103, 182, 183, 205

新羅考古学　2 〜 4, 11, 13 〜 15, 17 〜 19, 25, 26, 143, 201, 208, 232, 239 〜 241, 245, 247

新羅式威信財　36, 47, 52 〜 55, 59, 130, 140, 141, 151, 154, 159, 173, 174, 176, 178, 183, 184, 212, 215, 243

新羅高塚　5, 58, 59, 148, 155

新羅（様式）土器　4, 31 〜 33, 35, 39, 41, 52, 53, 56, 57, 59, 61, 64, 67, 69, 71, 78, 81, 86, 87, 95, 99, 130, 131, 133, 136, 151, 159, 196, 204, 205, 210, 212, 215, 216, 221, 222, 228, 229, 231 〜 233, 236, 242, 244

新羅土器様式　4, 5, 53, 54, 69, 96, 130, 148, 154, 163, 242, 246

新羅の成立　3 〜 5, 13, 19, 52, 107, 109, 110, 114, 116, 117, 126, 132, 143, 158

斯盧［―国］　3 〜 6, 14, 18, 19, 36, 43, 44, 52 〜 55, 59, 61, 107 〜 133, 137 〜 139, 142 〜 144, 147, 148, 152, 154 〜 159, 161, 164, 166, 172, 173 〜 175, 177, 178, 187 〜 191, 193, 196, 199, 202, 205, 211, 239, 241, 242, 247

申敬澈（シンギョンチョル）　26, 57, 100, 101, 141, 144, 145, 200 〜 202

仁校洞　67 〜 69, 100

『晋書』　4, 108, 115, 121

辰・弁韓　3, 4, 6, 27, 141

水路　111, 112, 225, 243

生産システム　35, 59, 154, 166, 173, 177, 196, 243

星山洞［―古墳、―地区］　48, 58, 84, 86, 94, 99, 102, 179, 180, 205

政治的ネットワーク　18

星州［―地域、―土器様式、―様式］　4, 30, 37, 48, 55, 58, 59, 61, 71, 84, 86, 94, 96, 98, 99, 102, 103, 141, 159, 179, 180, 192, 198, 203 〜 205, 209, 213, 214

清道　47, 48, 111, 117, 121, 123, 143, 158, 169, 173, 176

石槨→石槨（墓）、竪穴系横口式石槨墓、竪穴式石槨（墓）

石槨（墓）［板石造―、割石造―］　46, 49, 50, 58, 84, 91 〜 94, 149, 162, 163, 173, 179, 180, 204, 211, 235

石室→横穴式石室（墳）、横口式石室（墳）

絶対年代　4, 41, 61, 63 〜 66, 69, 80, 81, 84, 87, 91, 97, 100, 101, 103, 119, 200, 234, 246

前期論　13, 17 〜 19, 25, 109

善山　46, 48, 193, 198, 199, 207

先史［―考古学、―時代］　11 〜 13, 18, 25, 30, 56, 57, 63, 129, 235, 240

前史論　3, 13, 18, 19, 25, 27, 117, 119, 138

選択圧　38, 40, 42, 47, 50, 95

造永洞［―古墳群］　47, 50, 82, 95, 118, 127, 144, 146, 151, 170 〜 175, 187, 203

草花形（金銅）冠　43, 54, 79, 94, 97, 136, 163

相対編年　38, 61 〜 64, 66, 72, 74, 79, 81, 84, 86, 87, 89, 91, 92, 99, 100, 202

252

造塔里［一古墳群］　25, 91, 93, 96, 98, 103, 104, 205, 206
村落　57, 140, 143, 203, 205, 207, 243, 247

【た】

対外交易［一システム、一体系、一ネットワーク］　5, 108, 110 ～ 114, 120 ～ 122, 124, 130, 132, 142, 143,
　　190, 219, 241, 247
大伽耶　25, 33, 56, 58 ～ 60, 101, 104, 143, 146, 180, 182, 186, 202, 205, 212, 213, 215 ～ 220, 225, 226, 231,
　　232, 234 ～ 237, 244
大邱　4 ～ 6, 25, 26, 28, 30 ～ 32, 37, 41, 46 ～ 50, 55, 58, 59, 61, 64, 67, 71, 81, 84, 85, 94 ～ 96, 98, 99, 102,
　　103, 110 ～ 112, 119 ～ 121, 123, 124, 142, 143, 145, 146, 149, 153, 169 ～ 171, 173, 176 ～ 178, 180, 181,
　　184, 185, 189, 191 ～ 193, 197, 199 ～ 205, 211, 214, 221, 233, 234
大成洞［一古墳群］　43, 57, 67, 100, 127, 129, 145
太白山脈　7, 22, 27, 110, 111, 122
高塚現象　49, 148, 150 ～ 152, 154, 172, 177, 190, 191, 193, 199, 245
卓淳　6, 31, 32, 60, 142, 166, 204, 208, 209, 220 ～ 222, 224 ～ 228, 231, 232, 235, 244, 245
武田幸男　56, 204
大刀　42, 44, 62, 95
達城［一郡、一古墳群、一地区］　6, 47 ～ 49, 84, 85, 96, 98, 99, 102, 149, 150, 153, 171, 176, 178, 180 ～
　　182, 199, 204, 214, 233, 234, 243
達伐城　31, 177, 178, 191, 207
竪穴系横口式石槨墓　84, 195
竪穴式石槨（墓）　7, 76, 80, 91, 99, 162, 189, 194, 197, 198, 230, 231, 232, 235
多羅　60, 116, 182, 185, 186, 192, 215 ～ 217, 232, 237, 244
地域史　17, 30, 239, 240, 245 ～ 247
地域色　1, 2, 14, 21, 33, 35, 40, 48 ～ 50, 59, 63, 70, 82, 85 ～ 87, 91, 95, 96, 104, 130, 133, 135, 150, 154, 169,
　　173, 176, 178, 182, 184, 186 ～ 188, 196, 197
地域政治体　3, 4, 14, 18 ～ 22, 25, 59, 91, 103, 107, 110, 118, 126, 131, 140, 167, 171, 176, 181, 191, 198, 200,
　　203, 210, 246
崔鍾圭　6, 26, 57, 58, 87, 99, 103, 145, 202
崔秉鉉　6, 25, 26, 57, 65 ～ 67, 72, 75, 76, 79, 81, 99, 100 ～ 102, 236
築城　31, 177, 178, 198, 201, 204, 243
竹嶺　48, 111, 115, 120, 123, 144, 187
地方支配［一システム］　3, 5, 20, 37, 53, 55, 63, 97, 107, 117, 128, 133, 137, 139 ～ 141, 148, 149, 152 ～ 154,
　　159, 162, 173, 174, 176, 178, 181, 182, 185, 186, 188, 189, 190, 192, 193, 195 ～ 199, 204, 208, 215, 239,
　　241 ～ 245, 247
着装型威信財　32, 43, 44, 47, 63, 64, 126, 129, 138, 139, 146, 176, 184, 185, 192, 216, 241
中・大型高塚　4, 20, 53, 143, 156, 157, 161, 166, 168, 169, 195 ～ 198, 204, 211, 222, 245
中古期　3, 8, 16, 44, 53, 181, 189, 204, 247
中山里　70, 122, 125, 144, 156, 161, 200
朱甫暾　6, 25, 26, 56, 57, 59, 103, 120, 143, 145, 146, 149, 155, 187, 199 ～ 207, 233, 234, 236
長林洞［一古墳群］　91 ～ 94, 96, 98
直接支配　3, 33, 36, 53, 55, 124, 126, 139, 166, 169, 187, 196, 199, 204, 211, 215, 227, 228, 244
接ぎ木　3, 5, 7, 12, 14, 15, 17, 26, 31, 35, 172, 208, 232, 240, 245
積石木槨（墓）　48 ～ 50, 92, 99, 125, 136, 140, 145, 146, 157, 159, 161, 175, 184, 186 ～ 188, 201, 203, 242
定型性　1 ～ 4, 7, 11 ～ 13, 15, 28 ～ 30, 32, 36, 37, 40, 42, 44, 46, 47, 50, 51, 59, 95, 96, 99, 130, 134, 149, 197,
　　216, 229, 241, 242, 245, 246

索　引

鉄　53, 111, 112, 125, 129, 132, 144

鉄器［—時代、—文化］　62, 124, 125, 127, 141, 144, 153, 160, 165, 166, 180, 204, 210

鉄（鉱）山　122, 123, 125, 144

鉄製農耕具　152, 153, 175, 200

鉄素材　125, 166, 242

鉄鋌　144, 165, 202

東莱　5, 26, 38, 41, 43, 45 ～ 48, 53, 54, 57, 67, 70, 72, 98, 101, 107, 111, 113, 117, 119, 122, 123 ～ 129, 133,
　　136, 141, 144, 145, 161, 163, 168, 187, 195, 199, 201, 202, 242

塔里　14, 20, 91, 92, 93, 96, 103, 140, 153, 186

喙己呑　6, 32, 181, 204, 208, 209, 218, 220 ～ 222, 225 ～ 227, 232, 235, 244, 245

徳川洞［—古墳群］　79, 80, 94, 102, 167, 169, 195, 196, 202, 206, 207

徳泉里［—古墳群、—木槨墓］　156, 157, 200, 201

土壙木槨墓　76, 126

訥祇　6, 55, 60, 67, 68, 159, 197, 206

【な】

内降　117, 120, 124, 187, 227, 228, 244

奈勿　6 ～ 8, 54, 59, 64, 67 ～ 69, 159

南加羅　5, 60, 208, 220, 226, 227, 235

南江　27, 123, 143, 182, 211, 218, 219, 222 ～ 224, 232, 234, 235

日本［—列島］　7, 8, 27, 56, 60, 66, 74, 101, 127

『日本書紀』　6, 141, 218, 222

—応神紀　60

—欽明紀　222, 225 ～ 227, 234 ～ 237

—継体紀　224, 227, 234 ～ 237

—仲哀紀　128

—神功紀　29, 31, 35, 60, 116, 166, 215

ネットワーク→交易ネットワーク、交換ネットワーク、交通ネットワーク、政治的ネットワーク

農業生産力　26, 125, 152, 153, 200

【は】

馬韓　52, 107, 111, 113, 121, 124, 147

馬具　11, 62, 125, 126, 144, 145, 176, 185, 210

朴淳發　20, 25, 26, 56, 146

朴天秀　7, 56, 57, 74, 88, 89, 91, 101, 103, 104, 146, 204, 234, 235

土師器系土器　74, 101

咸舜燮　7, 27, 64, 68, 99, 100, 102, 199, 204

比斯伐　87, 103, 116, 117, 142, 143, 216, 235

ヒスイ　43, 59, 126 ～ 129, 137, 140, 152, 175, 241

服飾［—制度、—品］　32, 42 ～ 45, 54, 56, 168

福泉洞［—古墳群］　5, 38, 43, 45, 47, 57, 72, 75, 76, 79 ～ 81, 98, 101, 107, 129, 133 ～ 140, 144, 145, 161,
　　162, 164, 165, 167, 187, 199, 200, 202, 242, 243

—1 号墳　79, 163 ～ 166, 202

—10・11 号墳　54, 67, 79, 81, 82, 97, 140, 146, 162,

釜山［—地域］　4, 5, 26, 38, 40, 47 ～ 49, 53, 58, 61, 70, 71, 77, 79, 80, 82, 94, 95, 98, 101 ～ 103, 107, 111,
　　137 ～ 143, 145, 146, 161 ～ 163, 165 ～ 169, 175, 185, 187, 190, 192, 193, 195, 196, 200 ～ 202, 204 ～

206, 211, 217, 235, 242, 243

釜山（土器）様式　95, 135 〜 137, 140, 146, 163, 165, 202

藤井和夫　65, 80, 82, 84, 87, 99, 102, 103

不老洞［─古墳群、─地区］　48, 170, 171 〜 173

分化　43, 52, 54, 55, 107, 130, 136, 137, 149, 151, 152, 158, 159, 161, 165, 175, 184, 185, 191, 198, 242

分期　4, 61 〜 67, 69, 71, 79, 81, 82, 84, 86, 87, 89, 91, 92, 99, 100, 206

分配システム　128, 130

弁辰　26, 27, 57, 107, 113, 115, 146, 161, 210

防御施設　158, 169, 213 〜 215

北四洞　81, 52, 84, 94, 95, 170, 171, 173, 191

朴堤上　29, 53, 55, 60, 159, 167, 209

北亭里　47, 48, 80, 166 〜 168, 195, 202

浦上八国の乱　138, 139, 147

保有型威信財　43, 216

洪潽植　88, 89, 91, 98, 99, 101 〜 103, 145, 146, 200, 202, 204 〜 206, 236

【ま】

麻立干期　3 〜 5, 7, 19 〜 21, 25, 27, 29, 53, 116, 118, 131, 139, 140, 148, 154 〜 156, 159, 161, 166, 167, 169,
　　171 〜 173, 175 〜 178, 181, 182, 184, 186, 189 〜 193, 195, 199, 203, 204, 206, 239

味鄒　65, 68, 69, 71, 76, 79 〜 83, 85, 94, 98, 104, 153

密陽　48, 111, 123, 158, 173, 181, 221, 222, 226, 235

耳飾　44, 62, 76, 82, 94, 97, 102, 129, 138, 145, 183, 205, 212, 216, 217, 231, 234

木槨（墓）　45, 46, 48, 57, 76, 81, 91, 92, 101, 125, 136, 144, 149, 157, 158, 162, 173, 175, 188, 197, 201

モデル　15, 16, 26, 31, 32, 52, 54, 107, 127, 128, 138, 233, 241

【や】

Ｕ字形鍬鋤先　153, 160, 175, 184, 200, 243

邑落　6, 14, 21, 22, 25, 27, 59, 95, 103, 114, 116, 118, 119, 127, 140, 141, 143, 146, 149, 152, 153, 155 〜 158,
　　170 〜 173, 176, 178, 180, 188, 191, 197, 200, 201, 203, 204, 243, 244

横穴式［─構造、─石室（墳）］　45, 45, 49, 55, 58, 92, 96, 158, 166, 186,189, 193 〜 195, 197, 198, 202, 204,
　　206, 228, 229, 231, 238, 244

横口式［─石室（墳）］　42, 49, 84, 88, 96, 154, 166, 174, 180, 182, 188, 189, 191, 193 〜 195, 197 〜 199, 205
　　〜 207, 228, 231, 244

横口・横穴式［─石室（墳）］　55, 158, 189, 194, 197, 206, 228, 231, 232, 244

【ら】

洛東江以東地方　1, 3 〜 6, 19, 21, 28, 30 〜 33, 35 〜 37, 40, 42 〜 55, 58, 59, 61 〜 64, 70, 71, 94 〜 99, 107,
　　109 〜 112, 116, 117, 123, 127 〜 133, 141, 148, 151, 153 〜 155, 159, 190, 192, 196, 206, 208, 210, 234,
　　239 〜 242, 244 〜 247

洛東江以東様式　1, 2, 30 〜 33, 35, 37, 38, 40 〜 42, 44, 46, 47, 49 〜 52, 57, 61, 64 〜 67, 72, 76, 84, 95, 96,
　　100, 130, 131, 133, 135, 151, 154, 175, 242

洛東江以西地方　28, 32, 33, 37, 51, 56, 58, 61, 95, 127, 129, 192, 196, 197, 208, 209, 231 〜 233, 240

洛東江下流域　53, 87, 89, 126, 141, 144, 167, 185, 186, 190, 217, 219 〜 222, 224, 234

洛東江上流域　52, 96, 109, 111, 124, 180, 198, 207, 243, 244

洛東江中流域 36, 96, 102, 111, 123, 191, 211, 213, 221, 223, 227, 234

楽浪・帯方　108, 110, 111, 113, 121, 124, 126, 128, 129, 132, 138, 147

索　引

羅末麗初　29, 35, 141, 210
陸路　53, 110 ～ 113, 121, 123, 132, 145, 187, 243
梁山　4, 5, 20, 23, 26, 46 ～ 48, 53, 60, 61, 71, 80, 82, 96, 98, 102, 111, 113, 116, 122, 123, 138, 139, 166 ～ 169,
　　190, 192, 195, 196, 202, 206, 209, 217
梁山夫婦塚　80 ～ 82, 87, 89, 90, 94, 102, 127, 168, 169
林堂　34, 47, 48, 58, 67, 81, 98, 99
歴史考古学　11 ～ 13, 15, 19, 155, 208, 239, 240
歴史時代　12 ～ 14, 16, 18, 25, 30, 63
蓮山洞　46 ～ 48, 80, 81, 94, 96, 102, 136, 161 ～ 165, 167, 168, 195. 200, 201, 243
連盟体　26, 36, 108, 109, 121, 128, 172

【わ】

倭　32, 53 ～ 55, 60, 66, 74, 99, 100, 111, 113, 128, 146, 166, 190, 218, 236, 237
濊　22, 27, 53, 111, 113, 122

256

主要著作目録

凡例
・著書（訳書含む）はゴシックで表示した。
・読者の便宜を考え、ハングルは可能な範囲で漢字に改めた。
・同一年に刊行された論文には任意でa,b,c…を振った。

李熙濬 1983a『Seriation 과 安溪里 古墳群의 編年』（서울大学校大学院考古美術史学科碩士学位論文）

李熙濬 1983b「形式学的 方法의 問題点과 順序配列法（seriation）의 検討」『韓国考古学報』第14・15輯　韓国考古学会、pp.133-166

李熙濬 1984「韓国考古学 編年研究의 몇 가지 問題―相対編年을 中心으로―」『韓国考古学報』第16輯　韓国考古学会、pp.25-42

李熙濬 1986a「페트리 継起年代法（sequence dating）의 編年原理 考察」『嶺南考古学』第1号　嶺南考古学会、pp.1-15

李熙濬 1986b「相對年代決定法의 綜合 考察」『嶺南考古学』第2号　嶺南考古学会、pp.1-29

李熙濬 1987「慶州 皇南洞 第109号墳의 構造 再検討」『三佛金元龍教授 停年退任紀念論叢』Ⅰ（考古学篇）　一志社、pp.597-616

金元龍・李熙濬 1987「서울 石村洞3号墳의 年代」『斗渓李丙燾博士九旬紀念 韓国史学論叢』知識産業社、pp.17-32

李熙濬 1988「統一新羅以後의 考古学」『韓国考古学報』第21輯　韓国考古学会、pp.139-160

李熙濬 1989a「皇龍寺 假想9層塔形 展示館 建立에 반대함」『嶺南考古学』第6号　嶺南考古学会、pp.213-215

李熙濬 1989b「統一新羅時代」『韓国の考古学』講談社、pp.231-260

李熙濬 1990「解放前의 新羅・伽耶古墳 発掘方式에 대한 研究―日帝下 調査報告書의 再検討（2）―」『韓国考古学報』第24輯　韓国考古学会、pp.49-80

李熙濬 1992a「四分法 発掘의 除土方式에 대하여」『嶺南考古学』第10号　嶺南考古学会、pp.1-17

李熙濬 1992b「慶州 錫杖洞 東国大 構内出土 蔵骨器―中国青磁가 伴出된 例―」『嶺南考古学』第11号　嶺南考古学会、pp.139-150

李熙濬 1994a「扶余 定林寺址 蓮池 遺蹟 出土의 新羅 印花文土器」『韓国考古学報』第31輯　韓国考古学会、pp.121-135

李熙濬 1994b「高霊様式 土器 出土 古墳의 編年」『嶺南考古学』第15号　嶺南考古学会、pp.89-113

李熙濬 1995a「慶州 皇南大塚의 年代」『嶺南考古学』第17号　嶺南考古学会、pp.33-67

李熙濬 1995b「문민정부의 遺蹟 発掘 報道 統制는 철폐되어야 한다」『嶺南考古学』第17号　嶺南考古学会、pp.115-118

李熙濬 1995c「土器로 본 大伽耶의 圏域과 그 変遷」『加耶史研究―大伽耶의 政治와 文化』慶尚北道、pp.365-444

李熙濬 1996a「慶州 月城路 가-13号 積石木槨墓의 年代와 意義」『碩晤尹容鎭教授 停年退任紀念論叢』碩晤尹容鎭教授停年退任紀念論叢刊行委員会、pp.287-310

李熙濬 1996b「新羅의 成立과 成長 過程에 대한 考察―考古・歴史・地理的 接近―」『新羅考古学의 諸問題』（第20回韓国考古学全国大会）、pp.11-37

李熙濬 1996c「洛東江 以東 地方 4, 5世紀 古墳 資料의 定型性과 그 解釈」『4・5世紀 韓日考古学』（嶺南考古学会・九州考古学会第2回合同考古学大会）、pp.1-25（吉井秀夫訳「洛東江以東地方4・5世紀古墳資料の定型性とその解釈」『4・5世紀 韓日考古学』（嶺南考古学会・九州考古学会第2回合同考古学大会）、pp.27-59）

李熙濬 1997a「土器에 의한 新羅 古墳의 分期와 編年」『韓国考古学報』第36輯　韓国考古学会、pp.45-99

李熙濬 1997b「新羅考古学 方法論 序説」『韓国考古学報』第37輯　韓国考古学会、pp.63-90

李熙濬 1997c「新羅 高塚의 特性과 意義」『嶺南考古学』第20号　嶺南考古学会、pp.1-25

李熙濬 1998a『4～5世紀 新羅의 考古学的 研究』（서울大学校大学院考古美術史学科博士学位論文）

李熙濬 1998b「金海 礼安里 遺蹟과 新羅의 洛東江 西岸進出」『韓国考古学報』第39輯　韓国考古学会、pp.125-153

李熙濬 1999「新羅의 伽耶 服属 過程에 대한 考古学的 検討」『嶺南考古学』第25号　嶺南考古学会、pp.1-33

Brian M. Fagan（李熙濬訳）2000『人類의 先史文化』（*World Prehistory: A Brief Introduction*）　社会評論

李熙濬 2000a「三韓 小国 形成 過程에 대한 考古学的 接近의 틀―聚落 分布 定型을 中心으로―」『韓国考古学報』第43輯　韓国考古学会、pp.113-138

李熙濬 2000b「大邱 地域 古代 政治体의 形成과 変遷」『嶺南考古学』第26号　嶺南考古学会、pp.79-118

李熙濬 2000c「大邱 達城古墳群의 着装形 遺物 出土 定型―日帝下 発掘報告書의 再検討（3）―」『慶北大学校 考古人類学科 20周年 紀念論叢』慶北大学校考古人類学科、pp.15-37

李熙濬 2000d「第3章 琵愁山 地域의 考古学的 文化」『学術調査研究報告書 琵愁山―続集―』大邱広域市・慶北大学校、pp.89-152

李熙濬 2001「新羅の墳墓」『東アジアと日本の考古学』Ⅰ（墓制①）　同成社、pp.165-192

Brian M. Fagan（李熙濬訳）2002『考古学 世界로의 招待』（*Archaeology: A Brief Introduction*）　社会評論

李熙濬 2002a「4～5世紀 新羅 古墳 被葬者의 服飾品 着装 定型」『韓国考古学報』第47輯　韓国考古学会、pp.63-92

李熙濬 2002b「初期 辰・弁韓에 대한 考古学的 論議」『辰・弁韓史研究』慶尚北道・啓明大学校韓国学研究院、pp.119-175

李熙濬 2003「陝川댐 水没地区 古墳 資料에 의한 大伽耶 国家論」『加耶 考古学의 새로운 照明』혜안、pp.199-235

李熙濬 2004a「初期鉄器時代・原三国時代 再論」『韓国考古学報』第52輯　韓国考古学会、pp.69-94

李熙濬 2004b「慶山 地域 古代 政治体의 成立과 変遷」『嶺南考古学』第34号　嶺南考古学会、pp.5-34

李熙濬 2004c「遺蹟 分布로 본 居昌 地域의 青銅器時代 및 三国時代 社会」『嶺南学』第6号　慶北大学校嶺南文化研究院、pp.47-79

李熙濬（高田貫太訳）2004d「高麗墳墓編年に関するいくつかの問題」『福岡大学考古学論集―小田富士雄先生退職記念―』小田富士雄先生退職記念事業会、pp.611-624

李熙濬 2005「4～5世紀 昌寧 地域 政治体의 邑落 構成과 動向」『嶺南考古学』第37号　嶺南考古学会、pp.5-42

Colin Renfrew, Paul Bahn（李熙濬訳）2006『現代考古学의 理解』（*Archaeology: Theories, Methods and Practice*）　社会評論

李熙濬 2006「太王陵의 墓主는 누구인가?」『韓国考古学報』第59輯　韓国考古学会、pp.74-117

李熙濬 2007「이제 '보다 많은' 과 '이들 유적' 만은 그만 씁시다」『韓国考古学報』第63輯　韓国考古学会、pp.190-191

Emil W. Haury（李熙濬訳）2007「美国 先史時代 住民 移住의 考古学的 論証 事例―韓国考古学界에서의 移住論, 征服説에 대한 方法論的 省察을 위한 紹介―」『嶺南考古学』第42号　嶺南考古学会、pp.99-109

李熙濬 2007『新羅考古学研究』社会評論

Colin Renfrew, Paul Bahn（李熙濬訳）2008『現代考古学 講義』（*Archaeology Essentials: Theories, Methods* and Practice）　社会評論

Brian M. Fagan（李熙濬訳）2008『Discovery！』（*Discovery！: unearthing the new treasures of archaeology*）
　　　　社会評論

李熙濬 2008「大伽耶 土器 様式 拡散 再論」『嶺南学』第 13 号　慶北大学校嶺南文化研究院、pp.111-164

Mike Parker Pearson（李熙濬訳）2010『죽음의 考古学』（*The Archaeology of Death and Burial*）　社
　　　　会評論

李熙濬 2010「皇南大塚 南墳 奈勿王陵説의 提起 背景과 概要 그리고 意義」『黄金의 나라 新羅 新羅의 王
　　　　陵 皇南大塚』国立中央博物館、pp.191-206

Brian M. Fagan（李熙濬訳）2011『世界 先史 文化의 理解』（*World Prehistory: A Brief Introduction*）
　　　　社会評論

李熙濬 2011a「韓半島 南部 青銅器～原三国時代 首長의 権力 基盤과 그 変遷」『嶺南考古学』第 35 号
　　　　嶺南考古学会、pp.35-77

李熙濬 2011b「慶州 隍城洞遺蹟으로 본 西紀前 1 世紀～西紀 3 世紀 斯盧国」『新羅文化』38　東国大学
　　　　校新羅文化研究所、pp.137-187

李熙濬 2011c「考古学의 新羅 形成期 社会 研究 方法에 관한 몇 가지 논의」『新羅 形成期의 遺蹟』韓国
　　　　文化財調査研究機関協会、pp.610-623

李熙濬 2012「研究 主題 多変化의 模索：2011 ～ 12 年 歴史考古学 研究의 動向」『歴史学報』215　歴史
　　　　学会、pp.371-396

T. Douglas Price（李熙濬訳）2013『考古学의 方法과 実際』（*Principles of Archaeology*）　社会評論

李熙濬 2013「7 世紀 初 新羅 古墳 出土 바둑알과 그 意味」『嶺南学』第 24 号　慶北大学校嶺南文化研究院、
　　　　pp.127-152

李熙濬 2014a「高霊 池山洞古墳群의 立地와 分布로 본 特徴과 그 意味」『嶺南考古学』第 68 号　嶺南考
　　　　古学会、pp.52-72

李熙濬 2014b「考古学으로 본 伽耶」『伽耶文化圏 実体究明을 위한 学術研究』加耶文化圏地域発展市長
　　　　郡守協議会、pp.135-196

李熙濬 2015a「三国時代　Ⅰ総説」『嶺南의 考古学』嶺南考古学会 、pp.331-336

李熙濬 2015b「池山洞古墳群과 大伽耶」『高霊 池山洞 大伽耶古墳群』大伽耶博物館、pp.287-308

李熙濬 2015c「考古学からみた 5 世紀における新羅の領域」『国際シンポジウム「よみがえれ古墳人」
　　　　記録集・資料集』よみがえれ古墳人東国文化発信委員会、pp.56-61

李熙濬 2016a「考古学 論文의 学術性 再考를 위하여」『韓国考古学報』第 100 輯　韓国考古学会、
　　　　pp.228-244

李熙濬 2016b「嶺南地方 3 ～ 5 世紀 木槨 構造 復元案들의 綜合討論」『野外考古学』25　韓国埋蔵文化
　　　　財協会、pp.39-74

李熙濬 2016c「第 3 章 斯盧国의 成立과 成長」『新羅의 建国과 成長』（新羅 千年의 歴史와 文化 研究
　　　　叢書 2）　慶尚北道文化財研究院、pp.78-107

李熙濬 2016d「第 1 章 斯盧国 時期 慶州의 遺蹟과 遺物」『新羅의 遺蹟과 遺物』（新羅 千年의 歴史와
　　　　文化 研究 叢書 20）　慶尚北道文化財研究院、pp.28-55

李熙濬 2016e「第 2 章 墓制」『遺蹟과 遺物로 본 新羅人의 삶과 죽음』（新羅 千年의 歴史와 文化 研究
　　　　叢書 21）　慶尚北道文化財研究院、pp.280-321

李熙濬 2017『大伽耶考古学研究』社会評論

Lee Heejoon　2019　The ancient tombs in Gyeongju, *Journal of Korean Art and Archaeology vol.13*,
　　　　National Museum of Korea, pp.48-65

（諫早直人・崔正凡 作成）

新羅王系図

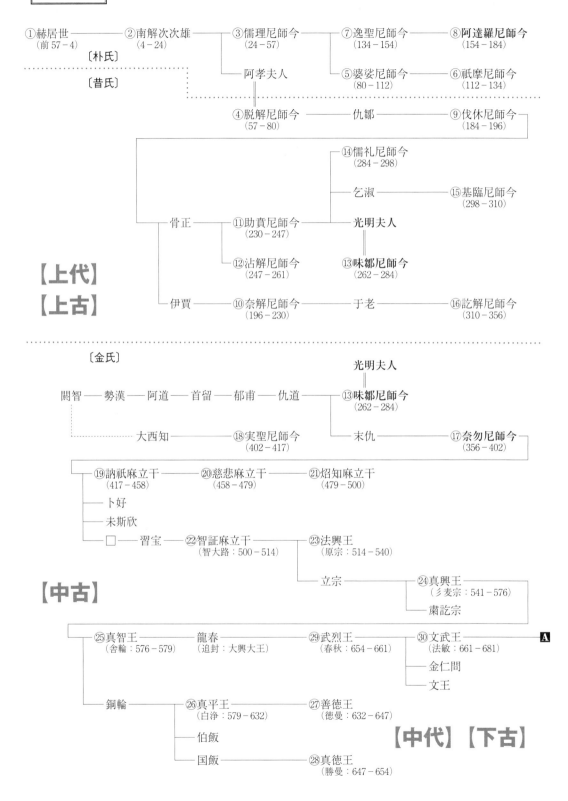

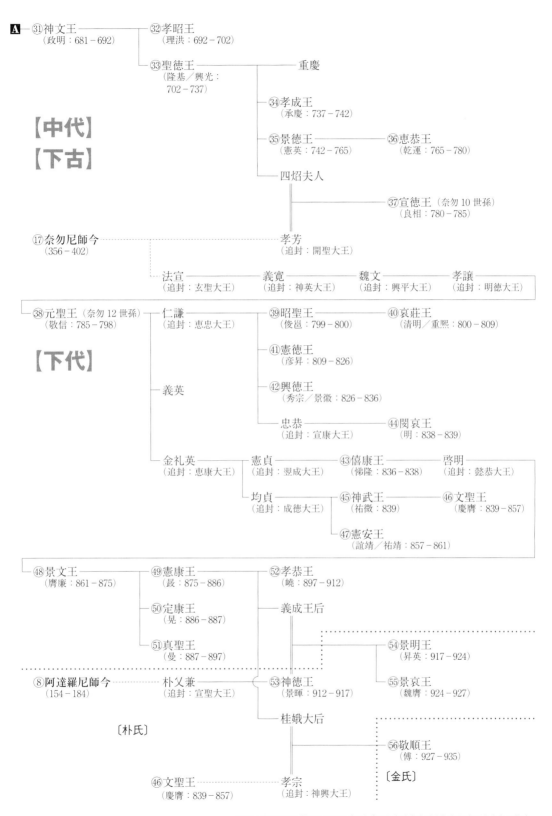

解　説

吉井秀夫

　本書の著者である李熙濬の博士学位論文『4～5世紀新羅の考古学的研究』は、1998年にソウル大学校に提出された。大韓民国（以下、「韓国」と表記する）では、碩士（日本の「修士」に該当する）論文や博士論文は、製本されて大学図書館や研究者に配布され、その内容を参照・引用することが慣習的に許されており、本論文は、提出直後から多くの研究者によって読まれ、韓国での考古学研究に少なからずの影響を与えていた。この学位論文にその後の研究成果を加えて、2007年末に満を持して刊行された『新羅考古学研究』は、現在も版を重ねており、「新羅考古学のマニフェスト」（「刊行にあたって」参照）としての役割を果たし続けている。こうした本書の日本語版がようやく刊行されることになったことを、何よりも喜びたい。

　本書は2部構成からなる。第1部では、歴史考古学としての新羅考古学を研究するための方法論が議論されている。具体的には、文献史料からみた新羅史の研究成果と、土器様式・威信財・高塚の定型性（pattern）の検討を総合しつつ、4・5世紀における新羅の領域を定め、該当地域における新羅古墳の編年案が示される。そして第2部では、4世紀に新羅（＝洛東江以東地方）が成長していく様相（第Ⅰ章）、5世紀における新羅の地方支配の様相（第Ⅱ章）、6世紀前半における新羅の伽耶（＝洛東江以西地方）服属過程（第Ⅲ章）が、それぞれ検討されている。

　本書において李熙濬は、新羅考古学は歴史考古学であり、文献史学の研究成果と考古学の研究成果の「接ぎ木」が必要である、という基本方針を貫いている。そして明示はされていないが、新羅史を主専攻とする文献史学者であり、慶北大学校での同僚であった朱甫暾の研究成果に大きな影響を受けている。紀元前後から紀元後3世紀までを新羅の「前史」と考える著者は、新羅考古学の時間的起点を、おおむね3世紀後半から4世紀前半におく。そして、日本では訥祇麻立干（在位417－458年）に比定されることが多い慶州・皇南大塚南墳の被葬者を奈勿麻立干（在位356－402年）と比定して、新羅様式土器の成立時期が4世紀後半である、という前提で議論を進めている。空間的には、『三国史記』の新羅関連記事のうち、建国から紀元後3世紀頃までのいわゆる「初期記録」の年代を修正して用いる立場から、4・5世紀の新羅の領域を、琴湖江より南側の洛東江以東、その北側の洛東江以東・以西であると定めた上で、慶州と各地域との関係の変遷が検討されている。こうした新羅考古学の時空的範囲についての著者の立場を理解するためには、植民地時代から現在に至るまでの、韓国における古代史・考古学の研究史について知る必要がある。

　植民地時代において日本人研究者は、『三国史記』の建国記事から紀元後3世紀頃までのいわゆる初期記録の史実性を基本的に否定し、同時代の歴史の記述に当たっては、『三国志』魏書東夷伝などの中国史書を主たる文献史料として用いた。また4世紀以降の歴史記述においても、『三国史記』よりも中国史書や『古事記』・『日本書紀』、そして広開土王碑文などの金石文を重視

263

解　説

した。

　その結果、紀元後3世紀までの辰・弁韓の段階を、戦前の日本人研究者は「楽浪郡時代」、あるいは「金石併用期」とした。つまり、朝鮮半島南部は楽浪郡の支配下、もしくは影響下にあったと考えたのである。また楽浪郡滅亡後に出現した新羅は、高句麗と大和朝廷からさまざまな影響を受けており、4・5世紀代におけるその領域は慶州周辺に限られたとした。そして、慶州周辺を除く慶尚道各地、および全羅道から忠清南道の一部の地域は、「任那」として歴史的な検討がおこなわれた。戦後すぐに梅原末治が著した『朝鮮古代の墓制』（1947年、座右宝刊行会）において、「古新羅の墓制概観」の章で、慶州周辺の墳墓の調査成果が説明され、それ以外の洛東江流域および全羅道各地における墳墓の調査成果が、「南鮮各地古墳の諸相」の章で説明されていることは、上記のような歴史観・地域観をよく反映しているといえよう。その後、任那日本府論に対する再検討が進む中で、「任那」が「伽耶」と呼びかえられるようになったものの、日本の古代史研究における新羅や伽耶に対する歴史観や『三国史記』の評価には、さほど大きな変化がみられないように思われる。

　日本の植民地支配から解放されてから、朝鮮民主主義人民共和国（以下、「北朝鮮」と表記する）では唯物史観に基づく朝鮮史の再構築が進められたが、韓国における古代史研究は、実証的な研究にとどまっていた。そうした状況が変化するきっかけをつくったのが、李熙濬の恩師であり、韓国考古学の父ともいえる存在の金元龍であった。金元龍は「三国時代の開始に関する考察」（『東亜文化』7、1967年）において、楽浪郡関連遺跡の分布と支石墓の分布などを手がかりとして、朝鮮半島における楽浪郡の軍事的・政治的な影響力は限られていたと判断した。そうした考古学的な根拠をもとに、彼は『三国史記』に記された三国の建国年代は信用しうると考え、『三国史記』に対する盲目的な不信の態度を捨てて、史料としての再検討が必要であると主張した。本論文がきっかけとなって、韓国の文献史学の研究者により、『三国史記』初期記録に対する本格的な見直しが進められることになった。

　その後の詳細な研究史の説明は割愛せざるをえないが、『三国史記』の初期記録をめぐっては、本書でも述べられる「前期論」と「前史論」が提起されることとなった。「前期論」は、『三国史記』初期記録の多くの部分を歴史的事実として認め、新羅史の起点を紀元前後、もしくは紀元前1世紀までさかのぼらせる立場である。その場合、『三国志』魏書東夷伝の諸記述は、紀元前3世紀〜1世紀頃の歴史的な事実を反映していると理解されることが多い。例えば、細形銅剣文化の検討成果と『三国志』魏書東夷伝などの記録を結びつけて、三韓社会の特徴を明らかにしようとした李賢惠の研究（『三韓社会形成過程研究』1984年、一潮閣）は、現在でも韓国の古代史や考古学の研究に一定程度の影響を与え続けている。また紀元前後から統一新羅時代に至るまでの、慶州を中心とする新羅古墳と出土遺物の変遷を論じた崔秉鉉の『新羅古墳研究』（1992年、一志社）では、紀元前1世紀頃から紀元後3世紀頃までの時期を、「新羅早期」と設定している。

　一方、李熙濬が依って立つ「前史論」は、『三国志』魏書東夷伝において辰韓諸国の一国として記録されている斯盧国を、新羅の前身であると考える。そして、年代を修正しつつ、『三国史記』初期記録の内容を、斯盧国が周辺地域を服属させて新羅を形成する過程を反映した資料として利用する。本書には、「前史論」の立場から「前期論」を批判することを目的とした議論

264

が含まれていることに留意されたい。また本書の評価に当たっては、個々の解釈の妥当性を云々する前に、「前史論」に対する基本的な理解と評価が必要であることを指摘しておきたい。

　次に、本書における新羅の空間的範囲の設定に関する、韓国での文献史学および考古学の研究史についてもふれておきたい。先述した通り、植民地時代の日本人研究者は、慶州以外の慶尚北道・慶尚南道の諸地域を、「任那」として認識した。そうした諸地域の歴史を、「伽耶」諸国の歴史として再構成しようとした文献史学者としては、『加耶連盟史』（1993年、一潮閣）を著した金泰植や、『大加耶連盟の興亡と「任那」―加耶琴だけが残った』（1992年、吉川弘文館）を著した田中俊明らがあげられる。また、発掘調査の進展を契機として、1980年代より「伽耶」諸地域の考古学的研究も進展した。例えば、金海・礼安里古墳群、釜山・福泉洞古墳群、金海・大成洞古墳群の調査を通して、申敬澈を中心とする釜山大学校の研究グループは、金海・釜山における古墳と出土土器の編年を体系化し、「金官伽耶」に関する研究を進めた。また、高霊・池山洞古墳群を中心として洛東江以西の諸地域に広く分布する、特徴的な墳墓と出土土器を手がかりとして、朴天秀らにより「大伽耶」に関する研究が進められた。そして、こうした伽耶考古学に関する研究は、日本考古学界に広く紹介されてきた。

　これに対して李熙濬は、『三国史記』の記録に基づいて、4・5世紀の洛東江以東地方の諸地域は「伽耶」ではなく、慶州の中央勢力から間接支配を受けた新羅の一部であった、と考える。そして、新羅と洛東江以西地方の諸地域との関係についても、伽耶考古学者との間で意見が異なる点が少なくない。中でも、釜山において福泉洞古墳群・蓮山洞古墳群を造営した被葬者集団の歴史的評価については、論文を通して、あるいはシンポジウムの場などで、新羅考古学者と伽耶考古学者との間で激しい議論が戦わされてきた。近年、蓮山洞古墳群の発掘調査が進み、新たな議論が展開されつつあるところではあるが、新羅考古学の立場からみて、釜山の古墳文化がどのように評価されてきたのかを知る上でも、本書での議論は参考になるであろう。

　先述の通り、本書において、4・5世紀における新羅の地方支配の様相を検討するための主たる考古資料として取り上げられるのが、土器様式・威信財・高塚である。これらの考古資料の定型的な分布圏は、「ある一定の社会単位である可能性が非常に高い」、と著者は主張する（第Ⅰ章序説）。こうした仮説には、戸惑う読者もおられるかもしれない。

　しかし、こうした考古資料の検討方法および解釈に対する議論は、日本の古墳時代研究における考古資料の分布に対する解釈をめぐる議論と通ずる面があるのではないか、というのが解説者の見立てである。例えば、上下交互透孔をもつ高杯に特徴づけられ、その分布的特徴から「洛東江以東様式」とされてきた土器群を、中心地をもたずに地域相互間の「様式的選択性」が作用した結果、成立したとするのが、従来の解釈であった。実のところ、5世紀代の釜山・昌寧・義城・星州などの諸地域における土器群は、形態的・製作技術的に、慶州で製作・使用された土器とは異なる面が少なくない。それに対して李熙濬は、これらの「土器様式」が慶州で一元的に成立して、他地域に広がったという説に立つ（第1部第Ⅱ章2−1）。具体的には、各地域における土器群間の差異点よりも共通性に注目し、それらの出現・展開過程を、慶州から他地域に拡散する過程で、

265

解　説

「様式的選択圧」が作用した結果である、と理解するのである。こうした広域にわたる「土器様式」の分布に対する理解の違いは、古墳時代前期における布留式土器の周辺地域への影響関係の解釈に対する議論と対比できるのではないだろうか。また冠・帯金具に代表される着装型威信財においては、冠の細かな形状の違いを根拠として、地域ごとに独自に製作されたと考える説を否定する。そして、これらが慶州から下賜されたものである、という前提により議論が展開される（第1部第Ⅱ章2-2）。こうした議論は、日本における銅鏡や武具・馬具などの製作・供給をめぐる議論と通じるところがあるだろう。

　一方、本書で扱われる「高塚」の出現時期・墳丘の規模や構造については、前方後円墳をはじめとする多様な形状・規模の墳丘を有する日本の「古墳」とは、少なからずの違いがあると思われる方もあるであろう。ただそうした違いは、日本の「古墳」が、墳丘がある程度築造された後に埋葬施設の構築がはじまり、墳墓が完成した段階で、埋葬施設が墳丘内に存在する墳墓（解説者のいう「墳丘先行型墳墓」）であるのに対して、新羅の「高塚」は、埋葬施設をまずつくり、そこへの被葬者の埋葬が完了してから墳丘がつくられる墳墓（解説者のいう「墳丘後行型墳墓」）であることに起因するところが少なくない。そして、こうした墳墓築造の基本原理において大きな違いがあるのにもかかわらず、高塚の出現・変遷過程に、慶州と各地域との政治的な関係が反映されているとする著者の解釈は、前方後円墳の分布や築造時期をめぐる日本での諸議論と対比できるのではないだろうか。

　以上のように、本書で展開されている、慶州とそれ以外の洛東江以東地方の諸地域における考古資料の分布とその歴史的解釈をめぐる議論は、日本の古墳時代における、近畿地方と他地方との関係の解釈をめぐる議論とも対比することが可能であろう。さらに百済の中央と地方の関係をめぐる議論とも対比できるはずである。韓国での古代史・考古学研究の中で、朝鮮三国の国家形成過程において、「中央と地方」の関係がどのように議論されてきたのかについてさらに知るためには、本書とほぼ同じ時期にソウル大学校に提出された博士学位論文を元にして刊行され、本書よりも先に日本語訳がなされた朴淳發『百済国家形成過程の研究：漢城百済の考古学』（原著は2001年刊行、木下亘・山本孝文訳、2003年、六一書房）や、李盛周『新羅・伽耶社会の起源と成長』（原著は1998年刊行、木村光一編訳；原久仁子共訳、2005年、雄山閣）などの著作にも目を通していただきたい。

　本書のキーワードである「接ぎ木」についても、解説者の所感を述べておきたい。李熙濬が「接ぎ木」を強調するのは、新羅の国家形成研究においては、『三国史記』などに立脚する文献史学による歴史的な枠組みを参照すべきである、という前提が存在するからである。それに対して、本書日本語序文で著者は、日本の古代国家形成研究においては、『日本書紀』がさほど大きな意味を持たず、ほぼ考古学に立脚して進められている、と評している。しかし、日本の古墳時代研究者の多くも、何らかの形で『古事記』・『日本書紀』を参照している（＝「接ぎ木」をしている）はずである。そして、李熙濬が文献史学と考古学の「接ぎ木」をするための方法論を意識的に模索し実践しているのに対して、日本考古学では、「接ぎ木」は暗黙の了解であり、そのための方法論についての意識的な議論が十分になされていない、というのが実態ではないだろうか。

266

また、古墳時代の日本列島と三国時代の朝鮮半島における地域間関係を考える上では、日本考古学と韓国考古学における「接ぎ木」の方法の違いについて、考慮する必要があるだろう。つまり、同じ考古資料を扱っていても、「接ぎ木」する文献史料とその方法が違えば、当然のことながら、導きだされる歴史的解釈は異ならざるをえないのである。日本考古学にとって、朝鮮三国時代の研究成果は、外来系考古資料の故地を探すために、あるいは、日本を中心とした対外交渉関係史を検討するために参照されてきたといえる。しかしそうした「国史」的な考古学から一歩踏み出して、東アジア世界における古代国家形成過程の諸様相を理解するためには、地域ごとの「歴史考古学」の方法（＝「接ぎ木」の方法）を知る必要があるだろう。そうした検討を進めていくための手がかりとしても、本書が参照されることを期待したい。

　最後にこの場を借りて、解説者と李熙濬先生（以下、敬称を用いることをご容赦いただきたい）との関係について記すことをお許しいただきたい。1990年10月から慶北大学校に留学した私は、製鉄遺跡として有名な慶州・隍城洞遺跡の第2次調査の現場で、はじめて李熙濬先生とお会いした。この調査では、国立慶州博物館・慶北大学校・啓明大学校・東国大学校慶州キャンパスの4チームが、調査区を分担しており、先生は、東国大学校慶州キャンパスチームの責任者として、現場を指揮しておられたのである。当時、李熙濬先生は、欧米の考古学に関する豊富な知識をもとに、考古資料の編年をめぐる理論的な論文を相次いで発表して注目されていた。1991年春学期には、先生は慶北大学校大学院で、Bruce G. Trigger 1989『A history of archaeological thought』の講読を担当された。まだ発掘調査が続く中、私も含む4人の大学院生が分担して、毎週1章ずつ韓国語に翻訳する、というかなりハードな講読であった。しかし私は、先生の指導の下、英語の読解能力だけではなく、韓国語で文章を書き発表する能力を高める貴重な機会を得た。

　私が留学生活を終えた直後の1993年3月から、李熙濬先生は慶北大学校で教鞭をとられることとなった。その前後から、矢継ぎ早に新羅考古学に関する研究成果を研究会などで発表され、それらをもとに1998年の博士論文にまとめていく過程で、研究にまつわるさまざまなお話をお聞きすることができたことは、私にとって本当に幸せなことであった。また、2度にわたる慶北大学校での研修時にお世話になるばかりではなく、京都大学で指導していた諫早直人・金宇大両氏の留学時に、さまざまな指導をしていただいた。このように長らくお世話になってきた李熙濬先生の主著の翻訳出版に関わることができたことを、心から感謝したい。

訳者あとがき

　あれからもう12年もの歳月が経ってしまった、というのが正直な感想である。個人的な話からはじめて恐縮だが、訳者は2006年3月から2008年2月まで、当時、李熙濬先生が教鞭をとっておられた慶北大学校人文大学考古人類学科に博士課程研究生として留学していた。原著の奥付をみると韓国語版が刊行されたのは2007年12月31日、年が明けて帰国の準備で慌ただしく過ごしていた中、先生の研究室に突然呼ばれ、本をいただいた時のことは今でもはっきりと覚えている。原著のもととなる『4～5世紀 新羅의 考古学的 研究』(서울大学校大学院考古美術史学科博士学位論文) は、訳者が留学していた頃、新羅考古学を研究する上でのバイブルだった（その役割は今、この本の原著が果たしている）。出来たての原著を手にした瞬間、翻訳して日本に紹介したいという思いが頭をよぎった。何事も勢いが大事である。あの時、先生の前でそのことを口にしていなければ、この本は生まれなかったかもしれない。

　ともあれ李熙濬先生から翻訳について快諾をいただいた私は帰国後、すぐに指導教授であった吉井秀夫先生に相談し、翻訳作業にとりかかった。出版が決まっていたわけでもないし、自分自身の博士論文の執筆と併行しながらではあったが、みずから言い出してしまった手前、何か使命感のようなものを感じながら翻訳作業に取り組んだ。自分の博士論文を書きあげる頃には荒訳も終わり、2010年春からは吉井先生や当時、考古学研究室にいた韓国考古学に関心のある後輩と一緒に輪読会を開きながら、急ピッチで翻訳文の推敲を続けた。縁あって奈良文化財研究所に就職する時点で、8割がたの作業は終了していたといってよい。

　それにもかかわらず、本書の刊行に12年もの歳月を要してしまった。就職や慣れない職務、結婚や育児がそのスピードを緩めたことは確かであるが、訳者の怠慢以外の何物でもなく、李熙濬先生や出版を引き受けてくださった雄山閣には深くお詫びする次第である。ただ、最後の詰めに思いのほか時間がかかった最大の理由は、李熙濬先生の存在そのものにあったのかもしれない。先生は学生が「赤ペン先生」と陰で呼ぶほどに、用語や文法などの誤りを厳しく指導されることで有名だった。それは日本人留学生の書く文章であっても同じで、私も初めて韓国語で書いた論文を（既に韓国人学生にみてもらっていたにもかかわらず、）真っ赤にして返されたことを鮮明に覚えている。韓国人考古学者の中で西洋考古学に関する本を最も多く翻訳し、論文における言葉使いに誰よりも強いこだわりを持たれていたことを知っているだけに、推敲を進めれば進めるほど一言一句の訳に迷いが生じた。韓国の文献史学に対する基礎的な知識が不足していることも痛感せざるをえなかった。時間はかかってしまったけれども、12年の間、曲がりなりにも韓国考古学と関わる研究を進めてきたことが、訳文にも何らかのかたちで反映されているのであれば、それも無駄な時間ではなかったと思うほかない。

　文献史学との「接ぎ木」による歴史考古学としての新羅考古学を確立し、従来の慶州中心の新羅考古学とはまったく異なる枠組みを提示した本書の意義については、既に「解説」で触れられ

訳者あとがき

ている通りであり、ここで改めて述べることはしない。日本語版序文でも述べられているように、本書に取って代わる新たな学説がいまだ提示されていないこと自体が、本書の韓国考古学における価値を何よりも雄弁に物語っている。李熙濬先生の著作の中には日本語で読むことのできるものもいくつかあるが、その研究成果を体系的に理解するには十分なものではなかった。ほぼ同時期の、隣接する地域の「古墳」に対するまなざしや方法論の違いに、日韓両国で大きな違いがあることに読者は戸惑うかもしれない。ただ、日本の古代国家形成を東アジアの中で理解しようとするのであれば、本書が必読文献となることだけは確かであろう。本書の刊行が日本考古学、とりわけ古墳時代研究にどのような影響を与えるのか（与えないのか）、今は楽しみに見守りたい。

　翻訳にあたっては、吉井先生や輪読会メンバーである金宇大さん、土屋隆史さん、金奎運さんとの議論が大変役に立った。当時の京都大学考古学研究室には崔英姫さんや金大煥さんも留学しており、そのような環境の中で翻訳作業を進められたことは、改めて振り返ると本当に幸運なことであったと思う。また京都府立大学の同僚の井上直樹さんには、文献史学に関する部分全般ついて相談に乗ってもらった。崔正凡さんには多くの図面を新たに作り直していただき、ライアン＝ジョセフさん、京都府立大学大学院生の稲本悠一さん、岡田大雄さんには校正などで助力を得た。訳文の誤りがすべて訳者の責任であるのは当然としても、曲がりなりにも出版できたのは、ここに挙げた方々のおかげである。出版にあたっては拙著同様、雄山閣にお世話になり、羽佐田真一さんにはまた編集でご面倒をかけた。皆様のご厚情に改めて感謝する次第である。

　最後に、遅々として進まない翻訳作業を辛抱強く見守ってくださり、また原著に対する執拗な質問にも常に温かく答えてくださった李熙濬先生の学恩に深く感謝したい。

　　2019 年 9 月

　　　　　　　　　　　　　　　　　　　　　　　　　　　　　　　　訳　　者

──── 著者・訳者・解説執筆者紹介 ────

《著者》
李 熙濬〔Lee Hee-joon〕
【略歴】
1954 年、韓国 慶尚南道鎮海にて生まれる。
1976 年、ソウル大学校社会科学大学外交学科卒業
1983 年、ソウル大学校大学院考古美術史学科（碩士）
1998 年、ソウル大学校大学院考古美術史学科考古学専攻（博士）
東国大学校考古美術史学科教授、慶北大学校考古人類学科教授を経て、現在、慶北大学校考古人類学科
名誉教授。慶北大学校博物館館長（2005 ～ 2008 年）、嶺南文化財研究院院長（2007 ～ 2011 年）、第 24
代韓国考古学会会長（2012 ～ 2013 年）などを歴任。
【著書】
『新羅考古学研究』社会評論、2007 年
『大伽耶考古学研究』社会評論、2017 年
【訳書】
Brian M. Fagan 著『考古学世界への招待』社会評論、2002 年
Colin Renfrew, Paul Bahn 著『現代考古学の理解』社会評論、2006 年
Mike Parker Pearson 著『死の考古学』社会評論、2010 年
Brian M. Fagan 著『世界先史文化の理解』社会評論、2011 年
T. Douglas Price 著『考古学の方法と実際』社会評論、2013 年
など多数（詳細は主要著作目録参照）

《訳者》
諫早 直人（いさはや なおと）
【略歴】
1980 年、東京都にて生まれる。
2003 年、早稲田大学教育学部卒業
2005 年、京都大学大学院文学研究科修士課程修了
2006 ～ 2008 年、韓国 国立慶北大学校大学院考古人類学科留学
2010 年、京都大学大学院文学研究科博士後期課程修了　博士（文学）
独立行政法人国立文化財機構 奈良文化財研究所研究員などを経て、現在、京都府立大学文学部准教授。
【著書】
『海を渡った騎馬文化　馬具からみた古代東北アジア』風響社、2010 年
『東北アジアにおける騎馬文化の考古学的研究』雄山閣、2012 年
『馬の考古学』（共編著）、雄山閣、2019 年

《解説執筆者》
吉井 秀夫（よしい ひでお）
【略歴】
1964 年、兵庫県にて生まれる。
1988 年、京都大学文学部卒業
1990 年、京都大学大学院文学研究科修士課程修了
1990 ～ 1993 年、韓国 国立慶北大学校大学院考古人類学科留学
1993 年、京都大学大学院文学研究科博士後期課程中途退学
京都大学文学部助手、立命館大学文学部専任講師・助教授を経て、現在、京都大学大学院文学研究科教授。

【著書】

『古代朝鮮　墳墓にみる国家形成』京都大学学術出版会、2010 年

『朝鮮史研究入門』（共著）、名古屋大学出版会、2011 年

『世界歴史大系　朝鮮史 1　―先史〜朝鮮王朝―』（共著）、山川出版社、2017 年

2019 年 12 月 25 日 初版発行　　　　　　　　　　　　　　　　　　　　《検印省略》

新羅考古学研究
しらぎこうこがくけんきゅう

신라고고학연구
（An Archaeological Study of the Old Silla）
By 이희준（Hee-joon Lee）
Copyright © 2007 by Hee-joon Lee
All rights reserved
Japanese Language copyright © 2019 Yuzankaku, Inc.
Japanese translation rights arranged with Sahoipyoungnon Academy Co., Inc.
through Eric Yang Agency, Inc. and Tuttle-Mori Agency, Inc.

著　者	李 熙濬（Lee Hee-joon）
訳　者	諫早直人
発行者	宮田哲男
発行所	株式会社 雄山閣
	〒102-0071　東京都千代田区富士見 2-6-9
	ＴＥＬ　03-3262-3231 ㈹／ FAX 03-3262-6938
	ＵＲＬ　http://www.yuzankaku.co.jp
	e-mail　info@yuzankaku.co.jp
	振替：00130-5-1685
印刷・製本	株式会社ティーケー出版印刷

©Naoto Isahaya 2019　　　　　　　　　　ISBN978-4-639-02674-7 C3022
Printed in Japan　　　　　　　　　　　　　N.D.C.221 284p 27cm